Mit fünfundzwanzig internationalen Bestsellern gehört Victoria Holt zu den populärsten und beliebtesten Romanautorinnen der Welt. Schon ihr Vater, ein englischer Kaufmann, fühlte sich zu Büchern stärker hingezogen als zu seinen Geschäften. In ihrem Domizil hoch über den Dächern Londons schreibt »die Holt« die spannenden, geheimnisumwitterten Geschichten aus vergangenen Zeiten, in denen sich der milde Glanz der Nostalgie, interessante Charaktere und aufregende Vorgänge aufs glücklichste ergänzen.

Von Victoria Holt sind außerdem im Knaur-Programm erhältlich:

»Der Teufel zu Pferde« (Band 679)
»Der Schloßherr« (Band 776)
»Meine Feindin, die Königin« (Band 790)
»Die Ashington-Perlen« (Band 1087)
»Tanz der Masken« (Band 1328)
»Verlorene Spur« (Band 1403)
»Die Lady und der Dämon« (Band 1455)
»Unter dem Herbstmond« (Band 1510)
»Das Vermächtnis der Landowers« (Band 1583)
»Tanz der Masken/Der Teufel zu Pferde/Verlorene Spur« (Band 1697)
»Die Ashington-Perlen/Meine Feindin, die Königin/Der Schloßherr«
 (Band 2924)

Vollständige Taschenbuchausgabe 1989
© 1987 by Droemersche Verlagsanstalt Th. Knaur Nachf., München
Titel der Originalausgabe »The Road to Paradise Island«
© 1985 by Victoria Holt
Aus dem Englischen von Margarete Längsfeld
Umschlaggestaltung Manfred Waller
Umschlagfoto Zefa-Vloo/Heaton
Druck und Bindung Ebner Ulm
Printed in Germany   5   4   3   2   1
ISBN 3-426-02084-X

Victoria Holt:
Die Insel Eden

Roman

Inhalt

Die Gewitternacht

In der Nacht, als das heftige Gewitter niederging, wurde unser Haus wie viele andere im Dorf beschädigt. Ich war damals achtzehn Jahre alt, mein Bruder Philip dreiundzwanzig, und in den folgenden Jahren fragte ich mich oft, wie wohl alles ohne dieses folgenschwere Gewitter verlaufen wäre.

Es war eine der heißesten Perioden seit Menschengedenken. Die Temperatur kletterte auf über 30°, und es gab kaum ein Gesprächsthema, das sich nicht ums Wetter drehte. Zwei alte Leute und ein Baby starben infolge der Hitze; sogar in den Kirchen wurde um Regen gebetet. Die greise Mrs. Terry, die neunzig Jahre alt war und sich nach einer frivolen Jugend und einem nicht gerade tugendhaften mittleren Alter mit siebzig der Religion zugewandt hatte, erklärte, daß Gott England im allgemeinen und Klein- sowie Groß-Stanton im besonderen strafe, indem er das Vieh verhungern, die Flüsse austrocknen und der Ernte nicht genügend Feuchtigkeit zukommen ließ. Der Tag des Jüngsten Gerichts sei nicht mehr fern, und in der Gewitternacht waren selbst die Skeptischsten unter uns geneigt, Mrs. Terry recht zu geben.

Ich hatte mein ganzes Leben unter Granny M.s Aufsicht in der alten Tudorvilla am Anger verbracht. Das »M« bedeutete Mallory, das war unser Familienname; die eine Großmutter wurde nämlich Granny M. genannt, um sie von Granny C. zu unterscheiden – Granny Cresset; denn mit dem Tod meiner Mutter, die bei meiner Geburt starb, war der Krieg der Großmütter entbrannt.

»Beide wollten uns haben«, hatte Philip erklärt, als ich vier war und er schon neun und sehr klug. Wir kamen uns sehr wichtig vor, weil wir so begehrt waren.

Philip erzählte mir auch, Granny C. habe vorgeschlagen, daß sie eins von uns Kindern und Granny M. das andere nehmen solle – sie wollte uns teilen wie zwei Landstriche, um die sich zwei Generäle zankten. Danach dauerte es lange Zeit, bis ich Granny C. wieder trauen konnte; denn der Mensch, der mir im Leben am meisten bedeutete, war Philip. Er war immer dagewesen, mein großer Bruder, mein Beschützer, der Kluge, der mir fünf Jahre Erfahrung voraus hatte. Gelegentlich stritten wir uns, aber bei solchen Meinungsverschiedenheiten wurde mir erst recht bewußt, wie sehr ich ihn liebte; denn wenn er mir grollte, war mir schrecklich elend zumute.

Der Vorschlag, uns zu teilen, hatte zu unserem Glück bei Granny M. größte Entrüstung hervorgerufen.

»Sie trennen! Niemals!« lautete ihr Schlachtruf, und sie behauptete mit einem Nachdruck, der keinen Widerspruch duldete, daß sie als die Großmutter väterlicherseits den größeren Anspruch besitze. Granny C. unterlag auf der ganzen Linie und war gezwungen, dem Kompromiß zuzustimmen: kurze Sommerferien einmal jährlich in ihrem Haus in Ceshire, gelegentliche Tagesvisiten, Geschenke in Form von Kleidern für mich und Matrosenanzügen für Philip, Strümpfe und Fäustlinge für uns beide zu Weihnachten und Geburtstagen.

Als ich zehn Jahre alt war, erlitt Granny C. einen Schlaganfall und starb.

»Die hätte uns was Schönes eingebrockt, wenn sie die Kinder gekriegt hätte«, hörte ich Granny M. zu Benjamin Darkin sagen. Der alte Benjamin gehörte zu den wenigen, die Granny M. ab und zu widersprachen; er konnte es sich leisten, weil er seit seinem zwölften Lebensjahr im »Geschäft« war und mehr von der Herstellung von Landkarten verstand als sonst ein Mensch auf der Welt, so sagte Granny M.

»Man kann die Dame kaum für Gottes Handeln zur Rechenschaft ziehen, Mrs. Mallory«, erwiderte er mit mildem Vorwurf, und weil er Benjamin Darkin war, ließ Granny M. es dabei bewenden.

Granny M. trat in Klein-Stanton stets als große Dame auf. Wenn sie, wie damals täglich, nach Groß-Stanton mußte, fuhr sie in ihrer Kutsche mit dem Kutscher John Barton und dem kleinen Tom Terry, einem Nachkommen jener Unheilsprophetin, der zur Tugend bekehrten, über neunzigjährigen Mrs. Terry, hinten drauf.

Als Philip achtzehn und für mich der klügste Mensch der Chri-

stenheit war, erklärte er mir, daß Leute, die »in etwas einheirate-
ten«, oftmals inniger daran hingen als jene, die hineingeboren waren. Womit er andeuten wollte, daß Granny M. keine geborene
Herrin war. Sie hatte Großvater M. geheiratet und war so eine der
Mallorys geworden, die in der Villa lebten, seit sie anno 1573 er-
richtet wurde. Dies wußten wir, weil die Zahl in die Front des
Hauses eingemeißelt war. Aber eine stolzere Mallory als Granny M. konnte es nicht geben.

Großvater M. habe ich nie gekannt. Er starb, bevor die große
Schlacht der Großmütter begann.

Granny M. regierte das Dorf ebenso tüchtig und selbstherrlich
wie ihren eigenen Haushalt. Sie organisierte Feste und Basare und
hatte ein wachsames Auge auf unseren gütigen Vikar und seine
»wirrköpfige« Frau. Granny M. sorgte dafür, daß die Morgen-
und Abendandachten gut besucht waren, und alle Dienstboten
hatten sich jeden Sonntag in der Kirche einzufinden – und wenn
bestimmte Pflichten dies verhinderten, mußte ein Schichtdienst
eingerichtet werden, so daß, wer einen Sonntag ausließ, zumindest am nächsten anwesend war. Philip und ich mußten selbstverständlich immer dabeisein. Sittsam, wie es sich sonntags gehörte,
gingen wir neben Granny M. über den Anger von der Villa zur
Kirche und nahmen unsere Plätze in der Bank der Mallorys ein,
neben der sich das Buntglasfenster mit der Darstellung Christi in
Gethsemane befand, das ein Vorfahre 1632 gestiftet hatte.

Granny M.s größte Liebe aber gehörte wohl dem »Geschäft«. Es
war ungewöhnlich, daß hohe Herrschaften sich mit geschäftlichen
Unternehmungen befaßten und sich dermaßen um einen »Laden«
kümmerten. Aber es war ja auch kein gewöhnlicher Laden. Es
handelte sich eigentlich mehr um einen Kult zum Gedenken an
lange verblichene Mallorys, denn die Mallorys waren große Erd-
umsegler. Seit Königin Elisabeths Zeiten hatten sie ihrem Vater-
land gedient, und Granny M. war überzeugt, daß das Land den
Mallorys ein gut Teil seiner Vorherrschaft zur See verdankte.

Ein Mallory war mit Drake gesegelt. Im 17. Jahrhundert hatten sie
auch selbständig Abenteuerreisen unternommen, nur die eine
Leidenschaft unterschied sie von anderen Abenteurern: Ihnen

ging es nicht darum, die Schiffe der feindlichen Spanier und Holländer zu kapern, sondern sie beseelte der heiße Wunsch, die Welt zu kartieren.

Sie, sagte Granny M., hatten ihren Namen nicht nur in die Geschichte Englands, sondern auch in die Geschichte der Welt eingegraben. Sie hatten Hunderten, nein Tausenden von großen Abenteurern auf der ganzen Welt die Navigation erleichtert. Was diese unerschrockenen Segler – und nicht nur sie, sondern auch diejenigen, die das Land erforschten – den Karten der Mallorys verdankten, war unermeßlich.

Das »Geschäft«, ein altes dreistöckiges Gebäude, lag an der Hauptstraße von Groß-Stanton. Im Erdgeschoß befand sich zu jeder Seite der Steintreppe, die zum Haupteingang führte, ein Bogenfenster.

Hinter dem Laden ging es über einen Hof zu einem weiteren Gebäude, in welchem drei dampfgetriebene Maschinen aufgestellt waren. Dies war verbotenes Terrain, es sei denn, wir wurden von einem Erwachsenen begleitet. Mich interessierten die Maschinen nicht besonders, aber Philip dafür um so mehr.

In einem der Bogenfenster war ein in herrlichen Blau-, Rosa- und Grüntönen gemalter Globus ausgestellt, der mich als Kind ungeheuer faszinierte. Wenn ich in Begleitung von Granny M. den Laden besuchte, zeigte Benjamin Darkin mir einen ähnlichen Globus, der in dem zur Straße gelegenen Raum stand. Er drehte ihn rundherum und wies mir die großen blauen Meere, die Länder und ihre Grenzen, und nie unterließ er es, mich auf die rosafarbenen Teile auf dem Globus aufmerksam zu machen – die Gebiete, die zu England gehörten und die, wie ich annahm, nur dank der berühmten Mallorykarten erforscht wurden.

Philip fand die Besuche im Laden genauso aufregend, und wir unterhielten uns oft darüber. Wenn Granny M. in unser Schulzimmer kam, fragte sie uns meist über Geographie aus. Das Fach hatte Vorrang vor allen anderen, und Granny M. war von unserem Interesse entzückt.

In dem anderen Bogenfenster des Ladens war eine riesige Weltkarte aufgehängt. Es war prächtig anzuschauen, wie sich vor uns die Kontinente Afrika auf der einen und Nord- und Südamerika auf der anderen Seite erstreckten. Das Meer war leuchtend blau, das Land meistens dunkelbraun und grün. Unsere Inseln sahen links neben dem komischen Tiger, der Skandinavien bildete, ziemlich unbedeutend aus. Aber das Prächtigste von allem war der in Gold in die rechte Ecke geschriebene Name unseres Vorfahren: *Jethro Mallory 1698.*

»Wenn ich groß bin«, sagte Philip, »dann hab' ich ein Schiff, und ich fahre hinaus und vermesse die Meere. Dann steht *mein* Name unten auf einer Karte.«

Granny M. hörte das mit glücklich strahlendem Gesicht, denn das war genau ihre Absicht; ich nahm an, sie gratulierte sich selbst, daß sie ihren Enkel aus den Klauen von Granny C. gerettet hatte, die vermutlich einen Architekten oder gar einen Politiker aus ihm hätte machen wollen, denn in ihrer Familie gab es mehrere, die diese Berufe ausübten.

Im Laufe der Jahre lernte ich etliches über unsere Familiengeschichte. Granny M. hatte sich nie mit der Ehe ihres Sohnes mit Flora Cresset abgefunden. Nach ihrem Porträt zu urteilen, das auf der Galerie hing, war Flora sehr hübsch, aber zart gewesen, was sich durch ihren Tod bei meiner Geburt bestätigt hatte; allerdings starben so viele Menschen im Kindbett – und auch Babys –, daß es schon ein kleiner Triumph war, wenn man überlebte. Ich sagte zu Philip, es sei ein Zeichen für die Zähigkeit der Frauen, daß die Menschheit noch nicht ausgestorben sei, worauf er erwiderte: »Manchmal redest du wirklich Unsinn.«

Philip war nüchterner als ich. Ich war eine romantische Träumerin. Er interessierte sich für die praktische Seite der Kartographie (Kartenherstellung), für Berechnungen und Messungen, und es juckte ihn in den Fingern, Kompasse und andere wissenschaftliche Instrumente in die Hand zu nehmen. Ich dagegen fragte mich, wer in diesen fernen Ländern wohl leben mochte, und wenn ich die Inseln inmitten der blauen tropischen Meere betrachtete, spann ich mir alle möglichen Geschichten zusammen, so zum Beispiel, daß ich dorthin ging, unter den Menschen lebte und ihre Sitten und Gebräuche kennenlernte.

Philip und ich hatten ganz verschiedene Auffassungen. Vielleicht verstanden wir uns deswegen so gut. Jeder hatte etwas, was dem anderen fehlte, und wir hingen sehr aneinander, auch weil wir mutterlos waren – und in gewisser Weise sogar vaterlos, obgleich unser Vater nicht tot war.

Als mein Vater seine Braut in die Villa brachte, hatte er im Geschäft der Familie gearbeitet. Er war natürlich, so wie jetzt Philip, dazu erzogen worden. Wenn unsere Mutter nicht gestorben wäre, wäre er wahrscheinlich dageblieben und hätte mehr oder weniger getan, was Granny M. wünschte. Doch als Mutter starb, konnte er das Leben in der Villa nicht mehr ertragen. Es gab wohl zu viele Erinnerungen. Vielleicht hatte er auch eine Abneigung gegen das Kind, das ihn seine geliebte Frau gekostet hatte. Wie dem auch sei, er beschloß, für eine Weile fortzugehen und in Holland bei einer anderen Firma zu arbeiten, die ebenfalls Landkarten herstellte – nur für kurze Zeit, bis er sich von dem Verlust seiner Frau erholt hätte. In Holland lebten etliche führende Kartographen, und Granny M. hielt es damals für eine gute Idee, ihm so über seine Trauer hinwegzuhelfen, wobei er gleichzeitig neue Erfahrungen sammeln konnte.

Mein Vater aber blieb in Holland. Er heiratete eine Holländerin namens Margareta, deren Vater ein wohlhabender Exportkaufmann war, und zu Granny M.s Leidwesen trat mein Vater in dessen Geschäft ein und gab die Kartographie für einen Beruf auf, den Granny M. verächtlich als »Kommerz« abtat. Ich hatte Halbbrüder und eine Halbschwester, die ich nie gesehen hatte.

Damals wurde erwogen, daß Philip zu seinem Vater gehen sollte, aber das wußte Granny M. zu verhindern. Ich glaube, sie fürchtete, Philip könnte der Faszination des Exportgeschäftes erliegen. So richtete sich denn mein Vater mit seiner neuen Familie in Holland ein und schien es zufrieden, seine Kinder aus erster Ehe der Obhut von Granny M. zu überlassen.

An meinem 18. Geburtstag, etwa drei Monate vor dem schlimmen Gewitter, verließ uns die Gouvernante, die ich sieben Jahre hatte. Da ich solcher Dienste nun nicht mehr bedurfte, wußte ich, daß Granny M. sich auf die Suche nach einem Ehemann für mich machte. Aber von den jungen Männern, die zu uns nach Hause eingeladen wurden, gefiel mir bis jetzt keiner. Auch konnte ich an so einer prosaischen Zurschaustellung von Ehekandidaten nichts Romantisches finden. Ich war gern mit den jungen Männern zusammen, aber der Gedanke, mein Leben mit einem von ihnen zu verbringen, war alles andere als aufregend.

Granny M. meinte: »Du mußt mehr gesellschaftlichen Schliff lernen, mein Liebes. Früher oder später muß eine junge Frau ihre Wahl treffen unter denen, die verfügbar sind. Wer die Wahl zu lange hinausschiebt, stellt oft fest, daß keine mehr da sind, unter denen man wählen könnte.«

Diese schreckliche Warnung traf bei einer Achtzehnjährigen auf taube Ohren. Das Leben war doch schön, warum es also ändern?

Granny M.s größere Umsicht galt jedoch Philip. Seine Ehefrau würde eines Tages in die Villa ziehen. Sie würde eine Mallory werden, ich hingegen würde bei meiner Heirat diesen berühmten Namen ablegen. Granny M. hatte Flora Cresset zweifellos mit Mißbilligung ins Haus kommen sehen. Sicher, sie hatte Granny M. zwei Enkelkinder geschenkt, aber Floras Zartheit hatte Granny ihren Sohn gekostet, der nun, wie Granny M. es ausdrückte, »von dieser Holländerin gekapert« worden war.

Nach der Heirat hatte sie für die Holländer nichts mehr übrig.

»Aber Granny«, erinnerte ich sie, »du hast doch selbst gesagt, daß einige der besten Kartographen aus jener Gegend stammen. Etliche der frühesten Forscher... und Mercator selbst war Flame. Bedenke doch, was wir ihnen verdanken.«

Granny M. war hin- und hergerissen zwischen der Freude, die sie immer befiel, wenn ich Interesse am Geschäft zeigte, und dem Unmut, wenn man ihr widersprach.

»Das ist lange her. Außerdem war es ein Holländer, der damit anfing, alte Schwarzweißkarten zu kaufen und zu kolorieren, um sie dann für viel Geld wieder zu verkaufen.«

»Das hat doch den anderen viel genützt!« sagte ich.

»Du bist ein eigensinniges Ding.« Aber Granny M. war nicht böse, und wie immer, wenn sie nicht sicher war, daß sie die Oberhand behalten würde, wechselte sie das Thema.

Sie freute sich, daß es für mich jedesmal ein Fest war, wenn ich das Geschäft besuchen durfte, und manchmal gingen meine Gouvernante und ich nachmittags nach Groß-Stanton, wo ich einige sehr angenehme Stunden im Geschäft verbrachte.

Ich unterhielt mich stets angeregt mit Benjamin. Landkarten waren sein Leben. Manchmal nahm er Philip und mich mit in das Gebäude, wo die Karten gedruckt wurden, und er berichtete von modernen Verbesserungen und daß man früher Holzblöcke benutzt und von Reliefdrucken gesprochen hatte, weil Teile des Holzes geschwärzt wurden, was sich beim Übertragen auf Papier reliefartig hervorhob.

»Heute«, sagte er stolz, »nehmen wir Kupfer.«

Die Technik langweilte mich, aber Philip stellte unzählige Fragen über die verschiedenen Arbeitsprozesse, während ich dabeistand, ohne richtig zuzuhören, und die Karten an den Wänden betrachtete. Die meisten waren Kopien derjenigen, die im 16., 15. und sogar 14. Jahrhundert angefertigt worden waren, und ich mußte an die unerschrockenen Forscher denken, die zum erstenmal in diese Gegenden kamen und neue Länder entdeckten.

Philip verbrachte viel Zeit im Geschäft, und als er 21 und mit seiner Ausbildung fertig war, arbeitete er dort den ganzen Tag mit Benjamin und lernte immer mehr. Granny M. war entzückt.

Es verdroß mich, übergangen zu werden, und Benjamin spürte das. Wie Philip, schien auch er mich zu bedauern, weil ich als Mädchen an diesem höchst faszinierenden Geschäft nicht teilnehmen konnte.

Eines Tages sprach Benjamin über das Kolorieren von Landkarten. Er meinte, daß es sehr bald eine Neuerung geben würde und wir farbige Lithographien auf den Markt bringen könnten.

Er zeigte mir einen Druck – keine Karte, sondern ein rührseliges Familienbild. Es war farbig.

»Das hat ein Mann namens George Baxter gemacht«, erklärte Benjamin. »Sieh dir diese Farben an. Wenn wir die in unsere Karten bringen könnten...«

»Warum geht das nicht?« fragte ich.

»Er hält seine Methode streng geheim. Aber ich habe eine Ahnung, wie es gemacht wird. Ich glaube, er benutzt eine Reihe Druckstöcke in verschiedenen Farben, aber dazu braucht er ein korrektes Raster. Bei Landkarten ist es allerdings schwieriger, da darf man keinen Millimeter verschieben. Sonst würde man ein Land um Kilometer größer oder kleiner machen, als es wirklich ist.«

»Also werden sie weiterhin von Hand koloriert?«

»Vorläufig ja. Bis wir uns eine andere Technik angeeignet haben.«

»Benjamin, könnte ich nicht auch kolorieren?«

»Du, Annalice? Aber das ist keine leichte Arbeit.«

»Wieso denken Sie, bloß weil sie schwer ist, kann ich sie nicht machen?«

»Nun, weil du ein Mädchen bist.«

»Mädchen sind nicht ganz blöd, Mr. Darkin.«

»Das habe ich nicht behauptet, Annalice.«

»Dann lassen Sie es mich versuchen.«

Man ließ mich einen Versuch machen, und ich machte es gut. Nach einiger Zeit durfte ich eine richtige Karte kolorieren. Welch ein Vergnügen! Das schöne Blau des Meeres... wie liebte ich diese Farbe! Während der Arbeit glaubte ich, die Wellen an Korallensträndern plätschern zu hören. Ich sah dunkelhäutige Mädchen mit Blumen um Hals und Fußknöchel, ich sah kleine braune Kinder nackt ins Meer laufen und lange Kanus durch die Wellen pflügen. Ich war im Geiste dort.

Das waren abenteuerliche Nachmittage. Ich kletterte auf Berge und überquerte Flüsse, und die ganze Zeit überlegte ich, welche Länder es noch zu entdecken gäbe.

Benjamin Darkin meinte, daß ich der Arbeit bald überdrüssig würde, aber da irrte er sich. Je mehr ich schaffte, um so aufregender fand ich es. Und ich machte meine Arbeit gut. Schließlich konnten sie es sich nicht leisten, diese Karten durch unsorgfältiges Kolorieren zu verderben. Meine wurden von Benjamin persönlich geprüft und für ausgezeichnet befunden.

Allmählich lernte ich einiges über die Kunst der Kartographie. Ich studierte die alten Karten und begann mich für die Männer zu interessieren, die sie gemacht hatten. Benjamin zeigte mir eine Kopie von Ptolemäus' etwa 150 n. Chr. entstandener Weltkarte und erzählte mir, auch der große Ptolemäus habe von Hipparchos gelernt. Ich vertiefte mich immer mehr in diese Arbeit und verbrachte lange Nachmittage mit Träumen von fernen Ländern und den Männern, die dort vor Jahren ihre Karten fertigten, damit andere den Weg leicht finden könnten.

Manchmal kam Granny M. und sah mir gedankenvoll bei der Arbeit zu. Ihre Enkelkinder machten ihr Ehre, beide waren von der Welt der Landkarten fasziniert. Mehr konnte sie nicht verlangen. Als die geborene Planerin tat sie nichts lieber, als anderer Leute Leben zu gängeln, denn sie war überzeugt, sie könne alles viel besser als die Betreffenden selbst.

Nun hatte sie sich in den Kopf gesetzt, daß Philip ein vernünftiges Mädchen heiraten sollte, die in die Villa ziehen und neue Mallorys zur Welt bringen würde. Die sollten das Geschäft in Groß-Stanton fortführen und gleichzeitig garantieren, daß der Gutsherrenstatus in Klein-Stanton beibehalten würde. Was mich betraf, wollte Granny M. warten, bis sie einen Mann für mich fand, der ihren Vorstellungen entsprach.

Bis dahin konnte ich weiter meine Ersatzabenteuer im Geschäft und das Leben in der Villa genießen.

Unsere Villa war ein höchst interessantes Haus. Es hieß, daß es hier spuke. Im zweiten Stockwerk gab es nämlich einen dunklen Winkel, dessen Bauweise ziemlich ungewöhnlich war. Am Ende eines Flurs befand sich unmotiviert eine Wand – fast als habe der Baumeister genug gehabt und beschlossen, den Flur vorzeitig abzuschließen.

Die Dienstboten gingen nach Einbruch der Dunkelheit nicht gerne durch diesen Flur. Warum wußten sie selbst nicht genau. Es war einfach so ein Gefühl. Es ging das Gerücht, daß vor vielen Jahren jemand im Haus eingemauert worden sei.

Als ich versuchte, von Granny M. etwas darüber zu erfahren, bekam ich zu hören: »Unsinn. So dumm würde kein Mallory sein. Es wäre höchst unbekömmlich gewesen.«

»Nonnen wurden auch eingemauert«, gab ich zu bedenken.

»Nonnen – die haben nichts mit den Mallorys zu tun.«

»Aber es war vor langer Zeit.«

»Meine liebe Annalice, es ist Unsinn. Und jetzt geh zu Mrs. Gow und bring ihr ein bißchen von der Kalbsfußsülze.«

Mrs. Gow war jahrelang unsere Haushälterin gewesen und lebte jetzt mit ihrem Sohn über dem Baugeschäft, das zwischen Klein- und Groß-Stanton lag.

Ich konnte nicht umhin, Granny M. zu bewundern, die einge- mauerte Vorfahren ebenso rigoros abtat, wie sie Granny C. be- schieden hatte.

Aber dieser Winkel im Flur ließ mir keine Ruhe. Nach dem Dun- kelwerden ging ich oft dorthin, und immer hatte ich so ein be- stimmtes gruseliges Gefühl. Einmal bildete ich mir sogar ein, et- was berühre mich sachte an der Schulter, und ich hörte ein zi- schendes Flüstern.

Ich glaubte dem uralten Gerücht, so wie ich auch von Korallen- stränden träumte, wenn ich meine Karten kolorierte.

Ich besuchte regelmäßig das Grab meiner Mutter und pflegte dort die Sträucher. Oft dachte ich an sie. Durch Granny C.s Erzählun- gen, die immer ein bißchen weinte, wenn sie von ihrer Flora sprach, hatte ich mir ein Bild von ihr gemacht. Flora war schön, zu gut für diese Welt gewesen, sagte ihre Mutter. Sie war ein sanftes, liebens- wertes Mädchen. Sie hatte mit sechzehn geheiratet, ein Jahr später wurde Philip geboren; sie war erst einundzwanzig, als sie starb.

Ich hatte Granny C. erklärt, wie furchtbar traurig es mich mache, daß Flora durch mich gestorben war. Granny M. hätte auf der- gleichen nur erwidert: »Unsinn. Du verstehst nichts davon und hast deshalb nichts dazu zu sagen. So was kommt vor, und sie war eine schwache Natur.«

Granny C. hingegen war gefühlvoller. Sie hatte gesagt, meine Mutter habe ihr Leben gern für mich hingegeben. Aber das be- kümmerte mich nur noch mehr. Nie ist einem schlimmer zumute, als wenn einem große Opfer gebracht werden.

Deshalb sprach ich mit Granny C. längst nicht so viel über meine Mutter, wie mir lieb gewesen wäre.

Doch ich besuchte ihr Grab. Ich pflanzte einen Rosenstrauch darauf und Rosmarin »zur Erinnerung«. Meistens ging ich heimlich hin, denn nicht mal Philip sollte wissen, daß ich mich an ihrem Tod schuldig fühlte. Manchmal sagte ich laut zu ihr, ich hoffe, sie sei jetzt glücklich, und es tue mir so leid, daß sie starb, als sie mich zur Welt brachte.

Eines Tages wollte ich Wasser für die Sträucher auf ihrem Grab holen. Ein Stück weiter weg waren eine alte Pumpe, Gießkannen und Krüge. Als ich mich vom Grab meiner Mutter abwandte, stolperte ich und fiel der Länge nach hin. Ich hatte mir die Knie etwas aufgeschürft, aber das war nicht von Bedeutung. Beim Aufstehen sah ich, daß der Stein, der meinen Sturz verursacht hatte, zu einer Einfassung gehörte.

Ich griff zwischen das Unkraut und entdeckte die Umfriedung einer kleinen Parzelle. Ich hatte immer gedacht, dieses Stück Land zwischen den Gräbern der Mallorys sei ungenutzt.

Neugierig rupfte ich etwas von dem wirren Gestrüpp aus, und tatsächlich – hier war ein Grab. Da es keinen Grabstein hatte, hatte ich es bisher nicht bemerkt. Aber jetzt entdeckte ich eine schmutzige Platte, deren Buchstaben fast unkenntlich waren.

Ich lief zur Pumpe und holte Wasser. Mit einem alten Lappen, mit dem ich mir nach dem Wässern der Pflanzen die Hände abzuwischen pflegte, wusch ich die Erde von der Grabplatte.

Ich fuhr bestürzt zurück. Ein Schauder lief mir den Rücken hinab, denn der Name auf der Platte hätte mein eigener sein können.

Ann Alice Mallory
gestorben am 6. Februar 1793
im Alter von 18 Jahren

Sicher, ich hieß Annalice, und auf der Platte waren die Namen getrennt... aber die Ähnlichkeit erschreckte mich.

Ein paar Sekunden lang hatte ich das unheimliche Gefühl, mein eigenes Grab zu betrachten.

Wie gebannt starrte ich darauf. Wer war sie, die da auf ewig zwischen den toten Mallorys ruhte?

Aufgewühlt kehrte ich nach Hause zurück. Langsam beruhigte ich mich. Warum sollte nicht eine meiner Vorfahrinnen einen Namen ähnlich dem meinen haben? Viele Familien behielten Namen durch Generationen bei. Ann Alice. Annalice. Achtzehn Jahre. Sie war so alt wie ich, als sie starb.

Beim Abendessen sagte ich zu Granny M.: »Ich hab' heute auf dem Friedhof ein Grab entdeckt...«

Sie zeigte kein großes Interesse.

Ich sah Philip an. »Der Name war fast wie meiner.«

»Ach«, sagte Philip, »ich dachte, du wärst die einzige Annalice.«

»Sie hieß Ann Alice Mallory. Wer war sie, Granny?«

»Der Name Ann kommt in der Familie häufig vor. Und Alice auch.«

»Warum habt ihr mich Annalice genannt?«

»Das war *meine* Idee.« Granny M. sagte das, als sei es die bestmögliche Wahl gewesen und die Sache damit erledigt. »Es gab so viele Anns und Alices in der Familie. Ich fand beide Namen etwas gewöhnlich, aber weil du eine Mallory warst, habe ich die beiden zu einem verschmolzen. Du mußt zugeben, er ist wirklich apart.«

»Wie ich schon sagte«, bemerkte Philip, »du bist die einzige.«

»Das Grab da draußen ist völlig vernachlässigt.«

»Das ist oft so mit Gräbern, wenn die Insassen eine Zeitlang tot sind.«

»Sie wurde vor fast hundert Jahren begraben.«

»Das ist lange her«, sagte Philip.

»Es war ein seltsames Gefühl... wie ich den Namen unter dem Unkraut fand... fast wie mein eigener...«

»Ich muß hingehen und nachsehen, ob's da nicht auch einen Philip gibt«, sagte mein Bruder.

»Sicher, es gibt mehrere Philips.«

»Du hast eine morbide Vorliebe für Grabinschriften«, meinte Philip.

»Ich denke gern über all die Mallorys nach... Menschen, die vor uns in diesem Haus gelebt haben... irgendwie sind sie mit uns verbunden... es ist eine lange Ahnenreihe.«

»Es freut mich, daß du so ein starkes Familiengefühl hast«, sagte

Granny M. kurz und bündig, und damit war das Thema für sie erledigt.

Als ich wieder zum Friedhof ging, um das Grab vom Unkraut zu befreien, bat ich einen Gärtner um einen Strauch, den ich dort pflanzen wollte. Er kratzte sich am Kopf und meinte, jetzt sei keine Pflanzzeit. Aber er gab mir einen Rosenstrauch, und ich sagte, ich wolle auch Rosmarin.

»Das geht nie an«, erklärte er mißmutig.

Dann würde ich eben neue Pflanzen setzen, sagte ich mir. Ich pflanzte die Sträucher ein und säuberte die Grabplatte. Jetzt sah das Grab schon anders aus, wie wenn jemand sich etwas aus Ann Alice Mallory machte.

Ich dachte oft an sie. Sie war vermutlich in der Villa geboren worden, hatte zweifellos achtzehn Jahre dort gelebt. Und zudem trug sie meinen Namen. Sie hätte ich sein können.

Sie drängte sich pausenlos in meine Gedanken. Das war ziemlich unheimlich.

1793 war sie gestorben, vor nicht ganz hundert Jahren. Wie mochte es damals hier zugegangen sein? Ziemlich wie heute vermutlich. In den Dörfern hatte sich das Leben nicht sehr verändert. Draußen in der Welt fanden damals große Umwälzungen statt. Die Französische Revolution war im Gange, und in Ann Alices Todesjahr wurden der König und die Königin von Frankreich hingerichtet.

Heute lebte niemand mehr, der Ann Alice gekannt hatte. Selbst Mrs. Terry war noch nicht geboren, als Ann Alice starb. Mrs. Gow war neunundsiebzig. Vielleicht hatte sie von ihren Eltern etwas gehört? Die könnten Ann Alice gekannt haben.

Bei meinem nächsten Besuch bei Mrs. Gow wollte ich das Thema zur Sprache bringen.

Mrs. Gow war vierzig Jahre lang unsere Haushälterin gewesen. Sie war mit achtundzwanzig Witwe geworden und war damals in Stellung gegangen.

Die Gows waren, wie Mrs. Gow selbst es ausgedrückt hätte, der übrigen arbeitenden Bevölkerung unserer Gemeinde »um einiges überlegen«. Sie waren etwas Besseres mit ihrem Bau- und Tischlereigeschäft, das nicht nur für Klein- und Groß-Stanton, sondern auch für die nähere Umgebung da war.

Mrs. Gow war, wie alle Gows, immer ein wenig überheblich. Als ob sie jedermann ständig daran erinnern müßten, daß sie aus besserem Holz geschnitzt seien.

Ich kannte Mrs. Gow seit meiner Kindheit. Damals war sie eine stattliche, würdige Gestalt in Schwarz, vor der Philip und ich einen gewissen Respekt hatten.

Auch später noch hatte ich immer das Gefühl, mich ihr fügen zu müssen. Einmal fragte ich Granny M., warum sie Mrs. Gow so respektvoll behandelte. »Was ist so Besonderes an Mrs. Gow? Warum müssen wir so rücksichtsvoll mit ihr sein?«

»Sie ist eine gute Haushälterin.«

»Manchmal benimmt sie sich, als ob ihr die Villa gehört.«

»Das ist nun mal die Art guter Dienstboten, ihre Treue zu beweisen.« Granny M. schwieg eine Weile nachdenklich, dann sagte sie, als wundere sie sich allmählich selbst darüber: »Die Gows wurden in diesem Haus stets geachtet. Sie haben Geld... Ein Glück für uns, daß wir eine Frau wie Mrs. Gow haben. Wir dürfen nicht vergessen, daß sie für ihren Lebensunterhalt nicht auf die Stellung angewiesen ist.«

Die Gows waren sichtlich etwas Besonderes. Granny M. verwöhnte Mrs. Gow stets etwas. Die gewöhnlichen Geschenke, die den Bedürftigen zukamen, waren nichts für sie – Decken und Kohle zu Weihnachten und dergleichen. Für Mrs. Gow mußte es ein Fasanenpaar sein, Kalbsfußsülze... fast die Geschenke einer Freundin. Mrs. Gow gehörte nicht zur Oberschicht, aber auch nicht zur Dienstbotenklasse, sie schwebte selbstsicher dazwischen. Ihr Schwiegervater und ihr Mann waren, als sie noch lebten, immerhin Handwerksmeister gewesen. Und William, Mrs. Gows einziger Sohn, führte das blühende Geschäft nun fort.

Ich wollte Mrs. Gow aufsuchen und sehen, ob ich nicht etwas über Ann Alice in Erfahrung bringen konnte.

Ich überreichte ihr das Marzipankonfekt, das ich der Köchin abgeschwätzt hatte, weil Mrs. Gow es besonders gern aß, setzte mich und begann zu fragen.

»Ich habe neulich auf dem Friedhof das Grab meiner Mutter besucht.«

»So eine liebe, nette Dame«, bemerkte Mrs. Gow. »Ich werde nie den Tag vergessen, an dem sie von uns ging. Wie lange ist das her?«

»Achtzehn Jahre.«

»Ich hab' immer gesagt, das steht sie nicht durch. Sie war zu zart. So ein hübsches Ding. Sie ging ihm über alles.«

»Sie meinen meinen Vater? Sie können sich bestimmt weit zurückerinnern, Mrs. Gow.«

»Ich hatte immer ein gutes Gedächtnis.«

»Ich hab' auf dem Friedhof ein Grab entdeckt. Es war sehr vernachlässigt. Ich habe die Steinplatte ein bißchen saubergemacht, und da stand fast mein Name. Ann Alice Mallory. Sie starb 1793 mit achtzehn Jahren.«

Mrs. Gow schürzte die Lippen. »Das liegt weit zurück.«

»Fast hundert Jahre. Haben Sie je von ihr gehört?«

»Ich bin noch nicht hundert, Annalice.«

»Aber Sie haben so ein gutes Gedächtnis. Vielleicht hat Ihnen jemand von ihr erzählt.«

»Ich bin erst in diese Gegend gekommen, als ich Tom Gow geheiratet habe.«

»Ich dachte, vielleicht hat irgendwer in der Familie mal etwas erwähnt.«

»Mein Tom war älter als ich, und er ist erst 1810 geboren, und da war sie ja schon lange tot, nicht? Komisch, von der Jahreszahl, die du nanntest, wurde in der Familie oft gesprochen.«

»So?«

»Wann, sagtest du, ist sie gestorben? 1793? Ja, in dem Jahr wurde unser Geschäft gegründet. Ich hab's mir gemerkt, die Zahl steht über dem Firmeneingang. ›Gegründet 1793‹ steht da. Das war dieselbe Zeit.«

Ich war enttäuscht. Mrs. Gow interessierte sich viel mehr für die Errungenschaften der Bau- und Tischlereifirma Gow als für das Grab. Sie ließ sich ausführlich darüber aus, wie beschäftigt ihr Sohn William sei und daß er daran denke, einen großen Teil seinem Sohn Jack zu übertragen. »Man muß ihnen Verantwortung geben, sagt William. Dann sieht man erst, Annalice, was zuverlässige gute Arbeit bewirken kann. Alle Welt weiß, daß die Gows die beste Arbeit leisten, und ich möchte einen hören, der mir da widerspräche.«

Bei Mrs. Gow kam ich nicht weiter, und ich beschloß, es bei Mrs. Terry zu versuchen.

Ich traf sie im Bett an. »Ah, Sie sind's«, sagte sie. Ihre Augen versuchten gierig in meinem Korb zu erspähen, was ich mitgebracht hatte.

»Diese Hitze läßt nicht nach«, stöhnte sie kopfschüttelnd. »Na ja, das haben sie sich selbst zuzuschreiben. Wissen Sie, daß sie letzten Samstag in der Scheune getanzt haben... und noch nach Mitternacht, bis in den Sabbath hinein. Was kann man da erwarten? Und mich fragen sie dann, was ist mit der Dürre, hm? Was ist mit dem Vieh? Was ist mit dem vertrockneten Gras?«

»Warum fragen sie Sie, Mrs. Terry?«

»Tja, warum? Sie sollten lieber in ihre eigenen Seelen gucken, jawohl. Es ist ein Gottesgericht, und es kommt noch schlimmer, wenn sie nicht vom Übel ablassen. Bereuet, sage ich zu ihnen, solange noch Zeit ist.«

»Haben Sie je von Ann Alice Mallory gehört?«

»Äh? Wie bitte? Das sind Sie doch, oder?«

»Nein, ich bin Annalice. Ich meine Ann Alice... zwei getrennte Namen.«

»Ich fand das immer überkandidelt. Warum konnten sie Sie nicht einfach Ann oder Alice nennen? Warum mußten sie so'n Kuddelmuddel machen und Ihnen zwei Namen in einem geben? Den Namen Ann hat man in der Villa oft gehört. Und Alice auch.«

»Ich meine beide zusammen. Ann Alice.«

»Nein, nie gehört.«

»Sie sind neunzig, Mrs. Terry. Ist das nicht wunderbar?«

»Das macht das gottesfürchtige Leben.« Sie besaß immerhin den Anstand, die Augen niederzuschlagen. Ihre Gottesfürchtigkeit währte erst zwanzig Jahre, und ich hatte gehört, daß Mrs. Terry, nachdem Jim Terry auf See den Tod gefunden hatte – und auch während seiner Abwesenheit zu seinen Lebzeiten –, nicht abgeneigt war, samstagsabends im Gebüsch oder gar in ihrer Hütte das zu treiben, was man hier »ein bißchen vom Besten« zu nennen pflegte.

»Ganz gewiß«, sagte ich und blickte so unschuldig drein, als hätte ich nie von ihrem heimlichen Tun gehört; denn ich wollte sie unbedingt bei guter Laune halten. »Ich hab' auf dem Friedhof ein Grab entdeckt. Ann Alice Mallory. Sah wie mein Name aus, und ich dachte mit Schaudern, daß mein Grab ganz ähnlich sein wird, wenn ich sterbe.«

»Passen Sie nur auf, daß es Sie nicht erwischt, wenn Sie mit all Ihren Sünden beladen sind.«

»Daran hab' ich eigentlich weniger gedacht.«

»Das ist ja das Schlimme. Die Jugend von heute – die denkt nicht. Ich habe mir von meiner Daisy versprechen lassen, daß sie, wenn's mit mir zu Ende geht, den Pastor holt, bloß daß er mir drüber weghilft... obwohl ich's nicht nötig hätte.«

»Bestimmt nicht. Ihr Platz im Himmel ist Ihnen sicher, und ich wette, man schickt Ihnen eine Engelschar, die Sie hinaufbegleitet.«

Sie schloß die Augen und nickte.

Ich war schrecklich enttäuscht. Kein Mensch schien etwas über Ann Alice zu wissen. Mrs. Terry war kurz nach ihrem Tod geboren. Sie war eine Hiesige, die ihr ganzes Leben in dieser Gegend zugebracht hatte. Der Name war doch gewiß mal erwähnt worden. Ich kannte nicht einen Dorfbewohner, den nicht interessierte, was in der Villa vorging.

»Mrs. Terry, das Mädchen in dem Grab starb, kurz bevor Sie geboren wurden. Haben Sie nie gehört, daß jemand sie erwähnt hat?«

»Nein. Darüber sprach man nicht.«

»Sprach man nicht? Meinen Sie, es war ein verbotenes Thema?«

»Ach, ich weiß von nichts.«

»Erinnern Sie sich, wovon man so in Ihrer Kindheit redete?«

»Ja, es ging immer um die Gows. Über die wurde dauernd geredet. Daß die Gows so hochnäsig waren und so... und daß sie's weit gebracht hatten mit ihrem eigenen Geschäft... darüber haben die Leute geredet. Meine Mutter sagte immer, ›guck sich einer die Mrs. Gow an. Die mit ihrer roten Haube... geht in die Kirche wie 'ne Dame. Keiner käm auf die Idee, daß die vor ein paar Jahren noch Habenichtse waren, wie wir anderen alle‹.«

»Jaja«, sagte ich etwas ungeduldig, »wir wissen, daß es die Gows zu was gebracht haben.«

»Oh, es war nicht immer so... wie ich gehört habe.«

»Ihr Geschäft besteht schon lange Zeit. Seit 1793, steht über dem Firmeneingang. Gegründet 1793. Das war das Jahr, in dem das Mädchen starb.«

»Die eine geht in die Ewigkeit ein, und die andere verdient eine Menge Geld und bildet sich ein, sie ist was Besseres als wir anderen.«

»Sie können sich also nicht erinnern...«

»Da war mal so ein Gerede... nein, ich kann mich nicht erinnern. Irgendwas über eine von den Damen in der Villa. Sie ist plötzlich gestorben, glaube ich.«

»Ja, Mrs. Terry, ja!«

Mrs. Terry zuckte die Achseln.

Ich half nach: »Sie müssen doch etwas gehört haben.«

»Ich weiß nicht. Alle Menschen sterben. Bleibt nur zu hoffen, daß sie vorher Zeit hatten zu bereuen.«

Sie seufzte, und schon war sie wieder bei den Gows. »'s war nicht recht. Gab 'ne Menge Gerede deswegen. Die konnten nichts falsch machen, diese Gows. Ich erinnere mich, ist schon lange her. Ich war damals noch ein kleines Küken. Erwischt haben sie ihn. Wie hieß er doch gleich? Verflixt, könnt' ich mich doch bloß erinnern. Ja doch, Tom, glaub' ich. Richtig, Tom Gow. Auf frischer Tat ertappt mit 'nem Fasan in der Joppe... hat gewildert. Wurde vor den Friedensrichter gebracht... und was geschieht? Die Gows gehen zum Herrn, und eh' man sich's versieht, stolziert Wilderer Gow auf dem Platz herum, stolz wie zwei Pfauen. Kommt ungeschoren davon. Wie finden Sie das? Die reinste Vetternwirtschaft. War nicht recht. So was mögen die Leute nicht. Der Herr hätte wohl alles getan für die Gows.«

»Das muß Jahre her sein«, sagte ich ungeduldig. Der Triumph der Gows interessierte mich nicht.

»Wie gesagt«, fuhr sie fort, »ich war damals noch 'n kleines Küken... Aber so war es immer. Die Gows hatten immer die Villa hinter sich. So sagten jedenfalls die Leute.«

»Sie haben es sehr weit gebracht. Ich finde, dafür muß man sie bewundern.«

»Mit Hilfe von oben... hieß es.«

»Es heißt aber auch, ›hilf dir selbst, so hilft dir Gott‹. Sie sollten das wissen, Sie stehen doch mit dem Allmächtigen auf viel vertrauterem Fuße als wir anderen.«

Ironie kam bei ihr nicht an. Sie nickte weise und sagte: »So ist es.«

Darauf verabschiedete ich mich. Mir war klargeworden, daß ich bei ihr nichts über Ann Alice Mallory in Erfahrung bringen würde.

Ich erzählte es Philip. »Warum dieses Interesse?« fragte er. »Bloß weil sie fast denselben Namen hatte wie du?«

»Es ist so ein Gefühl.«

Philip war immer skeptisch, was meine Gefühle betraf. Er lachte mich aus.

»Wollen wir reiten?« fragte er.

Ich ritt gern mit ihm und sagte ohne zu zögern zu. Aber Ann Alice ging mir nicht aus dem Sinn. Unentwegt dachte ich an die geheimnisvolle junge Frau in dem vergessenen Grab.

Die Hitze wurde noch schlimmer. In der Luft war eine Stille, die nichts Gutes zu verheißen schien.

Alle sagten, es sei zu heiß zum Arbeiten, zu heiß, sich zu rühren, fast zu heiß zum Atmen.

Es wird bald umschlagen, hieß es. Meine Güte, wir brauchen Regen.

Ich war wider alle Vernunft enttäuscht, weil meine Bemühungen, etwas über die Frau, die mich bis in meine Träume verfolgte, herauszufinden, sich als vergeblich erwiesen. Mrs. Gow war zu jung, um sich zu erinnern, und Mrs. Terry war so besessen von ihrem

Neid auf die Gows, daß sie sich nicht auf das eigentliche Thema konzentrieren konnte. Wen konnte ich sonst noch fragen?

Warum ging mir das so nahe? Warum war es mir so wichtig? Bloß weil ich ihr Grab entdeckt hatte und ihr Name ähnlich wie meiner und sie ungefähr in meinem Alter war, als sie starb? Es war fast, als wäre sie lebendig gegenwärtig. Es sei typisch für mich, mich mit so einer Sache abzugeben, sagte Philip. Was spielte es heute noch für eine Rolle, was mit dem Mädchen geschah? Sie war tot, oder?

Sie war unglücklich, dachte ich. Ich fühle es. Es ist im Haus. Ich habe es an ihrem Grab gespürt.

Warum war ihr Grab als einziges so vernachlässigt? Es war, als hätte jemand sie beerdigt und gewollt, daß sie vergessen wurde.

An diesem Nachmittag war es zu heiß, um draußen spazierenzugehen oder zu reiten. Ich machte es mir im Garten auf einem Sessel im Schatten bequem und lauschte auf die Bienen. Der Lavendel war schon stark gelichtet; die Blüten waren gesammelt und zu Säckchen für Schubladen und Schränke verarbeitet worden, deshalb machten sich die emsigen kleinen Insekten über den blauen Ehrenpreis her. Träge beobachtete ich eine Libelle, die über den Teich schoß, an welchem eine Hermesfigur wie im Flug erstarrt stand. Ich sah es golden aufblitzen, wo die Fische im Teich herumschwammen. Überall herrschte Stille, als warte die ganze Natur gespannt, daß etwas geschah.

Die Ruhe vor dem Sturm, dachte ich.

Nach dem Abendessen saßen wir müßig herum. Granny M. sagte, heute sei es ihr zu heiß gewesen, um nach Groß-Stanton zu fahren, und ich konnte ihr nur beipflichten.

Wir zogen uns früh zurück. Ich schlief schlecht bei der Hitze, und gegen zwei Uhr morgens kam das Gewitter. Ich hatte nicht tief geschlafen und war augenblicklich hellwach, als anscheinend direkt über meinem Kopf ein Donnerschlag loskrachte. Ich fuhr hoch. Das langerwartete Gewitter war endlich da.

Ein Blitzstrahl erhellte das Zimmer, gefolgt von einem weiteren Donnerschlag.

Der Himmel schien in Flammen zu stehen. Nie hatte ich solche

Blitze gesehen. Ich hörte Rumoren im Haus. Einige Dienstboten waren wohl auf den Beinen.

Die meisten Gewitter waren harmlos und gingen rasch vorüber. Dieses aber war direkt über uns, und die Donnerschläge folgten dicht nacheinander.

Ich stand auf, zog Morgenrock und Pantoffeln an, und da hörte ich den bislang lautesten Donnerschlag. Ich stand wie versteinert; mein Herz raste vor Schreck.

Dann hörte ich es wieder, direkt über uns. Ich vernahm ein Geräusch, wie wenn Mauern einstürzten.

Ich lief in den Flur hinaus. Philip war schon da.

»Irgendwo hat's eingeschlagen«, rief er.

»Du meinst... im Haus?«

»Ich weiß nicht.«

Wieder ein Krachen, dann noch eins und noch eins.

Granny M. erschien. »Was ist passiert?« wollte sie wissen.

»Wir wissen es noch nicht«, sagte Philip. »Ich glaube, es hat im Haus eingeschlagen.«

»Dann sollten wir lieber mal nachsehen.«

Ein paar Dienstboten waren hinzugekommen.

»Mr. Philip meint, es hat vielleicht eingeschlagen«, sagte Granny M. »Nur keine Panik. Viel kann es nicht sein, sonst hätten wir es längst gemerkt. Oh!«

Wieder ein Donnerschlag direkt über uns.

»Philip... und Sie, Jennings.« Sie wies auf den Butler, der soeben am Schauplatz erschienen war. »Sie gehen am besten mal nachsehen. Was meinen Sie, wo könnte es sein?«

»Ich würde sagen, es ist das Dach, Mrs. Mallory.«

»Dann regnet es sicher rein«, sagte Philip. »Das sollten wir schleunigst herausfinden.«

Ich hörte den Regen an die Fenster schlagen, als Philip mit Jennings und ein paar anderen die Treppe hinaufrannte.

Granny M. und ich folgten ihnen.

Dann kam ein Ausruf von Philip. »Das Dach ist beschädigt.«

Ich nahm Brandgeruch wahr, aber es war kein Feuer. Das hätte der Regen auch schnell gelöscht. Wasser ergoß sich in den Flur.

Granny M. blieb ruhig und Herrin der Lage. Behältnisse aller Art wurden herbeigeschafft, um den Regen aufzufangen. Über all der Geschäftigkeit und Aufregung wurde das Gewitter fast vergessen. Es donnerte immer noch.

Ein Hausmädchen schrie hysterisch.

»Das macht sie immer, wenn's donnert, Miss«, erklärte mir ein Mädchen. »Das ist wegen ihrer Tante, die hat sie im Schrank eingeschlossen, als sie fünf war, und ihr gesagt, Gott wäre böse und bestrafte die Welt...«

Zwei Mädchen gingen, ihre hysterische Gefährtin zu beruhigen.

Jennings war so ruhig wie Granny M. Er begutachtete den Schaden und sagte: »Vor morgen früh können wir nichts machen, Mrs. Mallory. Wir müssen Gow kommen lassen.«

Das Gewitter hielt eine Stunde an. Wir leerten Eimer voll Regenwasser aus und taten unser Bestes, um weiteren Schaden zu verhindern. Zu unserer großen Erleichterung hörte es dann zu regnen auf, und es tröpfelte nur noch in die Behältnisse.

»Was für eine Nacht«, sagte John Barton, der von seinem Quartier über dem Stall gekommen war, um zu helfen.

»Keine Sorge, Mrs. Mallory«, meinte Jennings. »Es ist halb so schlimm. Ich gehe zu Gow, sobald sie offen haben.«

»Und jetzt«, entschied Granny M., »könnten wir alle was Warmes vertragen. Heißen Punsch. Jennings, wollen Sie das bitte veranlassen. Für die Familie in meinem Salon, und sorgen Sie dafür, daß auch in der Küche serviert wird.«

Dann saßen wir in Granny M.s Zimmer und lauschten auf das schwache Donnergrollen in der Ferne, schlürften heißen Punsch und versicherten uns gegenseitig, daß wir ewig an diese Nacht zurückdenken würden.

Am nächsten Morgen kam William Gow, um den Schaden zu begutachten. Es habe auch in einem anderen Haus am Anger eingeschlagen, erzählte er. Die Leute sagten, es sei das schlimmste Gewitter seit hundert Jahren gewesen.

William Gow verweilte eine Zeitlang auf dem Dach, und als er herunterkam, machte er ein ernstes Gesicht.

»Schlimmer als ich dachte«, sagte er. »Gibt 'nen Haufen Arbeit ...
abgesehen von der Dachreparatur, und Sie wissen ja, Mrs. Mallory, wie schwer die richtigen Ziegel für diese alten Häuser zu kriegen sind. Sie müssen mittelalterlich und trotzdem robust sein. Aber das ist noch nicht alles. Das Gebälk ist zum Teil beschädigt und muß ersetzt werden.«

»Gut, Mr. Gow«, sagte Granny M., »geben Sie mir nur Bescheid, was alles repariert werden muß.«

»Ich würde mir gern die Holzverkleidung an der Stelle, wo es eingeschlagen hat, genauer ansehen. Ein Teil muß ausgewechselt werden, sonst fault es und bricht ein.«

»Untersuchen Sie nur alles gründlich«, gebot Granny, »und dann reden wir darüber.«

Den ganzen Vormittag verbrachte er mit Klettern, Abklopfen und Prüfen.

Dieweil machte ich einen Spaziergang durchs Dorf. Viele Sträucher waren zu Boden gedrückt, aber die Luft roch frisch. Überall waren Pfützen, und das ganze Dorf war auf den Beinen, um die neuesten Nachrichten auszutauschen.

In einer plötzlichen Eingebung besuchte ich Mrs. Terry. Sie hockte mit der Miene eines alten Propheten im Bett. »So ein Gewitter, was Wunder! Ich saß im Bett und sagte: ›Gib's ihnen, o Herr. Nur so kann man es diesen Sündern zeigen.‹«

Ich mußte an das Hausmädchen denken, das man als Fünfjährige in den Schrank gesperrt und dem man gesagt hatte, das Gewitter drücke den Zorn Gottes aus, und fand, die Rechtschaffenen konnten recht viel Unbill über die Welt bringen.

»Ich bin sicher, der Allmächtige war froh über Ihren Tip.« Ich konnte mir diese bissige Bemerkung nicht verkneifen.

»Man sagt, in der Villa hat es auch eingeschlagen«, fuhr Mrs. Terry fort, ohne auf meine Worte einzugehen. »Im Dach, nicht wahr?« Ich glaubte Enttäuschung zu vernehmen, weil der Schaden nicht größer war. »Und bei den Carters auch. Na, das sind ja auch richtige Herumtreiber. Und stellen Sie sich vor, ihrer Amelia haben sie ein goldenes Kettchen mit Medaillon gekauft. In ihrem Alter.«

»Und die Beschädigung ihres Hauses ist nun die Strafe, weil sie sich herumtreiben und ein goldenes Medaillon gekauft haben?«

»Ich weiß nicht. Alle Menschen bekommen ihre verdiente Strafe. So steht es in der Bibel.«

»So? Wo denn?«

»Ist doch egal wo. Hauptsache, es steht drin.«

»Ich bin richtig froh, daß Sie es überlebt haben, Mrs. Terry.«

»Oh, ich hab' gewußt, daß mir nichts passiert.«

»Offensichtlich stehen Sie unter dem Sonderschutz des Himmels. Aber die Rechtschaffenen kommen nicht immer davon. Denken Sie an die Heiligen und Märtyrer.«

Aber Mrs. Terry wollte sich nicht auf ein theologisches Streitgespräch einlassen. Sie murmelte nur: »Das wird ihnen eine Lehre sein... vielleicht.«

Als ich wieder zu Hause war, ging ich nach oben, um zu sehen, wie William Gow und sein Gehilfe vorankamen. Ich traf Gow in dem Flur, den ich den Spukwinkel nannte. »Ich hab' mir diese Wand angeguckt, Miss Mallory. Die Feuchtigkeit ist durchgedrungen. Sehen Sie sich das an. Die ist total morsch.«

»Was schlagen Sie vor?«

»Ich denke, wir sollten die Wand einreißen. Ich versteh' gar nicht, was die hier zu suchen hat. Die Vertäfelung ist nicht aus demselben Material wie der übrige Flur.«

»Meine Großmutter ist bestimmt einverstanden, daß Sie tun, was Sie für richtig halten.«

Er beklopfte die Wand und schüttelte den Kopf. »Ist schon merkwürdig«, meinte er. »Ich sprech' mal mit Mrs. Mallory.«

Es folgte eine ausführliche Besprechung über die nach dem Gewitter notwendig gewordenen Reparaturen. Der Schaden war gar nicht so groß, trotzdem waren mehr Arbeiten erforderlich, als ich anfangs dachte. Das Dach war von größter Wichtigkeit und wurde sofort in Angriff genommen, und anschließend nahmen sich William Gow und seine Leute das Innere des Hauses vor.

Mich interessierte besonders die Wand, die abgerissen werden mußte, weil sie sich in dem Flur befand, wo es, wie die Dienstboten meinten, spukte, und als die Leute damit anfingen, richtete ich es ein, daß ich zu Hause war.

Ich sah ihnen bei der Arbeit zu, und so kam es, daß ich als erste das Zimmer betrat.

Wir wollten unseren Augen nicht trauen. Eine Menge Staub, Steine und Gips bildete so etwas wie einen Nebel, aber da war es... ein richtiges Zimmer. Es sah aus, als hätte jemand es nur mal eben verlassen und jeden Moment zurückkehren wollen.

William Gow rief aus: »Ja, ist denn das die Möglichkeit!«

Sein Gehilfe murmelte: »Heiliger Strohsack!«

Ich starrte hinein und war schrecklich aufgeregt. »Es war also wirklich zugemauert!« rief ich. »Das ist höchst ungewöhnlich. Das mußte doch einen Grund haben.«

Ich trat hinein. »Seien Sie vorsichtig«, hielt mich William Gow zurück. »Es muß seit Jahren verschlossen gewesen sein. Die Luft ist bestimmt nicht gut. Warten Sie lieber noch etwas, Miss Mallory.«

»Also so was!« rief ich. »Es sieht aus, als wäre eben jemand hinausgegangen.«

»Bleiben Sie lieber weg von dem vielen Staub, Miss Mallory. Ist nicht gesund. Lassen Sie erst mal Luft rein. Wir reißen die ganze Wand runter, Bill. So was Seltsames hab' ich noch nie gesehen.«

Meine Ungeduld war so groß, ich mußte einfach in das Zimmer, aber ich beherrschte mich noch eine halbe Stunde. Ich stand wartend herum, fragte ständig, ob ich jetzt hineingehen könne. Schließlich meinte William Gow, als der Staub sich etwas gesetzt hatte, es sei genug frische Luft in das Zimmer gedrungen. Und zusammen gingen wir hinein.

Es war kein großer Raum, und wohl deshalb war es möglich gewesen, ihn zu verbergen. Er enthielt ein Bett mit blauen Samtvorhängen – jedenfalls schien das ihre Farbe zu sein, soweit man es unter der Staubschicht sehen konnte. Der Teppich auf dem Boden war dunkelblau. Außerdem gab es noch eine kleine Kommode, zwei Stühle und einen Frisiertisch. Auf einem Stuhl lagen ein Umschlagtuch aus Spitze und ein Paar Handschuhe. Ich betrachtete die Dinge voller Staunen. Man hatte den Eindruck, daß jemand hier gewohnt hatte bis zu der Minute, da beschlossen wurde, das Zimmer verschwinden zu lassen, und daß wer immer es war, keine Zeit hatte, das Tuch wegzuräumen oder die Handschuhe an sich zu nehmen. Es mußte eine Frau gewesen sein – falls ihr die Sachen gehörten. Und es war das Zimmer einer Frau, dessen war ich sicher. Es hatte etwas Feminines. Der Frisiertisch hatte einen gerüschten Volant, und obenauf lag griffbereit ein Handspiegel.

»Dort drüben war mal ein Fenster«, sagte William Gow neben mir.

»Natürlich. Es muß ein Fenster dagewesen sein.«

»Zugemauert«, stellte er fest. »Sieht aus, als wäre es in aller Eile gemacht worden.«

Ich starrte ihn an. »So etwas Seltsames«, staunte ich. »Wie kommt jemand dazu, ein Zimmer einfach zuzumauern und dann zu vertäfeln?«

Er zuckte die Achseln. Er war kein sehr phantasievoller Mensch.

Ich fuhr fort: »Ich hätte gedacht, man würde vorher noch die Möbel ausräumen.«

Er antwortete nicht. Seine Augen hatten etwas an dem Holz der Vertäfelung entdeckt.

»Was ist das?« fragte ich.

»Das Markenzeichen.«

»Was für ein Markenzeichen?«

»Gows Markenzeichen.«

»Wo?«

Er zeigte es mir. Es war ein winziges Eichhörnchen, das aufgerichtet saß, mit einer Nuß zwischen den Pfoten, den buschigen Schwanz in die Höhe gereckt.

Ich sah Gow fragend an, und er fuhr fort: »Ein Gow hat die Holzverkleidung gemacht. Muß mein Großvater gewesen sein. Er hat das Markenzeichen eingeführt. Wir benutzen es noch heute bei unseren Tischlerarbeiten.«

»Ja, das ist anzunehmen. Ihre Familie macht hier seit Generationen die Zimmermannsarbeiten.«

»Das versetzt einem einen ganz schönen Schreck«, sagte William Gow.

Ich fand das recht milde ausgedrückt, aber das eingeritzte Marken-zeichen interessierte mich nicht weiter. Ich war viel zu überwältigt von der Entdeckung des Zimmers, viel zu neugierig, wer es be-wohnt haben mochte und warum man es für nötig befunden hatte, es unzugänglich zu machen.

Als Granny M. es erfuhr, war sie baß erstaunt. Ich ging mit ihr und William Gow hinauf. Auch sie fand es seltsam, daß man die Möbel nicht entfernt hatte, bevor man das Zimmer hinter einer Holzverkleidung verbarg. »Und warum«, meinte sie, »haben sie es nicht einfach abgeschlossen, wenn sie es nicht mehr benutzen wollten?«

»Die Mallorys haben sich zeitweise schon recht merkwürdig be-nommen«, fuhr sie fort, womit sie sich sachte von der Familie di-stanzierte. Das tat sie sehr selten. Nur wenn sie nicht gerade vor-bildlich handelten, sagte sie sich vorübergehend von ihnen los.

»Es muß doch einen Grund gehabt haben«, überlegte ich.

»Das werden wir wohl nie erfahren«, entgegnete Granny M. »So, und was nun? Ich denke, wir untersuchen zuerst mal die Möbel. Sie sagten, da war mal ein Fenster? Das könnten wir doch als erstes wiederherstellen. Und die Möbel... wie lange mögen die wohl eingeschlossen gewesen sein? Wer kann das sagen? Die räumen wir sofort heraus.«

William Gow sagte: »Ich bitte um Verzeihung, Mrs. Mallory, aber lassen Sie sie lieber noch ein, zwei Tage stehen. Hier muß erst mal Luft rein. Es ist ungesund... verstehen Sie?«

»Gut, lassen wir Luft herein. Geben Sie allen Bescheid, daß nie-mand hier hinein darf, bis ich es erlaube. Es wird bestimmt eine Menge Gerede geben. Sagen Sie den Leuten, daß es hier nichts zu sehen gibt. Dies ist keine Ausstellung.«

»Geht in Ordnung, Mrs. Mallory. Und wer hier reingeht, soll sich ein bißchen vorsehen. Ich weiß nicht, in welchem Zustand die Bal-ken und der Fußboden nach so vielen Jahren sind.«

»Wir verändern nichts, bis Sie es uns sagen, Mr. Gow.«

»Ich möchte zuerst alles gründlich untersuchen, Mrs. Mallory, um sicherzugehen, daß keine Gefahr besteht, bevor etwas entfernt wird.«

»Wir werden uns danach richten.«

Ich ging mit Granny M. zu Philip hinunter. Er mußte unbedingt das Zimmer sehen. An diesem Abend sprachen wir fast nur über unsere Entdeckung.

Ich lag im Bett und konnte nicht einschlafen. Die Entdeckung hatte mich mehr erregt als alle anderen. Warum? fragte ich mich immerzu. Wie merkwürdig, daß jemand sich die Mühe machte, ein Zimmer verschwinden zu lassen. Warum es nicht einfach abschließen, wie Granny M. schon sagte?

Es ging mir nicht aus dem Sinn. Jede Einzelheit hatte ich mir eingeprägt. Das Bett mit den Samtvorhängen... grau geworden vom jahrelangen Staub. Spinnweben hingen an der Decke. Ich sah den Frisiertisch mit dem Spiegel vor mir, den Stuhl mit dem Tuch und den Handschuhen. Hatte sie sie gerade ausgezogen, oder wollte sie sie gerade anziehen? Die Kommode... was mochte wohl in den Schubladen sein?

Ich wälzte mich hin und her. Morgen früh wollte ich nachsehen. Was konnte das schon schaden? Ich würde vorsichtig sein. Was hatte William Gow angedeutet? Daß der Fußboden nachgeben könnte? Daß ich von der schlechten Luft vergiftet werden könnte?

Ich war plötzlich besessen von dem Verlangen, sogleich hinzugehen. Warum nicht? Ich blickte an die Decke. Dort die Treppe hinauf... den Flur entlang...

Mein Herz fing unangenehm rasch zu klopfen an. Ein leichter Schauder durchlief mich. Halb glaubte ich an das Dienstbotengerede, daß es dort spukte, und jetzt nach der Entdeckung schien es mir um so wahrscheinlicher.

Warte bis morgen früh, sagte mein feiges Ich.

Aber es war natürlich eine Herausforderung. Wie konnte ich denn schlafen, wenn mir diese Gedanken im Kopf herumgingen und ich mich ständig fragte: Warum? Warum?

Behutsam stieg ich aus dem Bett, fuhr in Pantoffeln und Morgenrock. Mit zitternden Fingern zündete ich eine Kerze an.

Dann öffnete ich meine Tür und lauschte. Es war ganz still im Haus. Ich stieg die Treppe hinauf, hielt auf jeder Stufe inne. Gottlob kannte ich das Haus so gut, daß ich genau wußte, wo die knarrenden Bretter waren.

Jetzt war ich in dem Flur. Der Staub hatte sich immer noch nicht ganz gelegt. Ich nahm einen seltsamen Geruch wahr, es roch nach Moder, Feuchtigkeit, nach etwas, das nicht ganz von dieser Welt war.

Ich stieg über ein herausgebrochenes Stück Holz und stand im Zimmer.

Ich leuchtete die Wände und die Decke ab. Im Kerzenlicht traten die Flecken noch deutlicher hervor als tagsüber bei dem Licht, das durch ein Fenster im Flur hereinfiel. Was waren das für Flecken an der Wand beim Bett... und auch auf der anderen Wand? Ich hob die Kerze hoch. Ja, auch an der Decke.

Fast hätte ich kehrtgemacht und wäre davongelaufen.

Ich hatte das Gefühl, daß dieses Zimmer ein schreckliches Geheimnis barg. Aber so verängstigt ich auch war, der Drang zu bleiben war stärker als meine Furcht. Es war eigentlich weniger ein Zwang, sondern eher eine Verlockung zu bleiben.

Vielleicht habe ich mir das hinterher nur eingebildet. Und doch glaubte ich, daß etwas... irgend jemand... mich in dieser Nacht hier heraufgerufen hatte... weil ich diejenige sein sollte, die es entdeckte.

Mir schien, ich stand minutenlang da, und doch konnten es nur Sekunden gewesen sein. Ich sah mich im Zimmer um, und immer wieder kehrten meine Augen zu den Flecken an Wänden und Decke zurück.

»Was hat das nur zu bedeuten?« flüsterte ich vor mich hin.

Gebannt lauschte ich, als erwartete ich eine Antwort.

Vorsichtig trat ich einen Schritt vor. Die Kommode zog mich magisch an, und impulsiv ging ich hin. Ich stellte meine Kerze darauf ab und versuchte die obere Schublade aufzuziehen. Es ging schwer, aber nach einiger Anstrengung bewegte sie sich. Ich bückte mich und blickte hinein: Ein kleiner Hut aus grauem Chiffon mit einer kleinen Feder, die mit einer mit Edelsteinen besetzten Brosche festgesteckt war, daneben ein zweiter Hut, mit Margeriten verziert.

Ich schob die Schublade wieder zu. Wie ein Eindringling kam ich mir vor. Mir war, als ob mir irgendwo in diesem seltsamen Zimmer mitten in der Nacht Augen folgten, und ich hatte das unheimliche Gefühl, daß sie mich zwangen, meine Suche fortzusetzen.

Während ich die Schublade schloß, bemerkte ich, daß aus einer zweiten etwas herausschaute – als sei sie in aller Eile zugeschoben worden. Mit ein wenig Mühe gelang es mir, sie zu öffnen. Sie enthielt Strümpfe, Handschuhe und Schals. Ich langte hinein und befühlte sie. Sie waren sehr kalt und feucht. Irgendwie stießen sie mich ab. Geh wieder ins Bett, gebot mir mein gesunder Menschenverstand. Was tust du hier mitten in der Nacht? Warte bis morgen und untersuche das Zimmer mit Philip und Granny M. Was würden sie sagen, wenn sie wüßten, daß ich schon hier war?

Ich hatte ein paar Sachen herausgenommen, und als ich sie wieder zurücklegte, berührten meine Finger etwas. Es war ein Stück Pergament, zusammengerollt wie eine Schriftrolle. Ich öffnete es. Es war eine Landkarte. Flüchtig betrachtete ich sie. Es schien sich um mehrere Inseln in einem weiten Meer zu handeln.

Vorsichtig rollte ich das Pergament wieder zusammen, und als ich es wegsteckte, stieß meine Hand an etwas anderes.

Mein Herz schlug so heftig wie nie. Es war ein großes, ledergebundenes Buch. Auf dem Deckel war das Wort *Tagebuch* eingeprägt.

Ich legte es auf die Kommode und schlug es auf. Nur mit Mühe konnte ich einen Schrei unterdrücken, denn auf dem Deckblatt standen die Worte: »Ann Alice Mallory zum 16. Geburtstag, im Mai 1790.«

Ich klammerte mich an der Kommode fest, denn mir war vor Schreck ganz schwindlig. Das Buch gehörte dem Mädchen in dem vergessenen Grab!

Ich weiß nicht, wie lange ich dort stand und die aufgeschlagene Seite anstarrte. Mir war, als sei ich von einer übernatürlichen Macht geleitet worden.

Sie hatte mich das Grab entdecken lassen und jetzt... das Buch.

Mit zitternden Fingern blätterte ich die Seiten um, die mit einer kleinen, leserlichen Handschrift beschrieben waren.

Jetzt glaubte ich, den Schlüssel zu meinem Geheimnis in Händen zu haben. Dies war das Mädchen, das in dem Grab beerdigt und vergessen wurde, die Besitzerin der flotten Hüte in der Schublade, des Umschlagtuches, der Handschuhe. Sie war Ann Alice Mallory – meine Namensvetterin.

Das alles mußte etwas zu bedeuten haben. Wie unter Zwang war ich zu der Entdeckung hingeführt worden, und mir war, als beobachte sie mich, das geheimnisvolle Mädchen in seinem Grab, als wünsche sie, daß ich ihre Lebensgeschichte erfahre.

Ich nahm das Tagebuch und wandte mich zum Gehen. Dann fiel mir die Landkarte ein, die ich in die Schublade zurückgelegt hatte. Ich nahm sie an mich, ergriff meine Kerze und ging leise aus dem Zimmer.

In meiner Schlafkammer sah ich mich im Spiegel der Frisierkommode. Weit aufgerissene Augen blickten mir aus bleichem Gesicht entgegen. Noch immer zitterte ich vor Erregung.

Ich betrachtete das Tagebuch, das ich auf meinen Frisiertisch gelegt hatte. Dann entrollte ich die Landkarte. In einem weiten Meer lag im Norden eine Inselgruppe und in einiger Entfernung eine einzelne Insel, daneben eine Beschriftung, klein und nicht sehr deutlich. Ich entzifferte die Worte: Insel Eden.

Gern hätte ich gewußt, wo sie lag. Ich mußte sie Philip und Benjamin Darkin zeigen. Die würden es sicher wissen.

Doch zuvor wollte ich unbedingt das Tagebuch lesen.

Irgendwo schlug eine Uhr eins. Heute nacht würde ich sowieso nicht schlafen, das stand fest. Ich würde nicht eher ruhen, bis ich wußte, was in dem Tagebuch stand.

Ich zündete noch eine Kerze an, zog Morgenrock und Pantoffeln aus und ging ins Bett. Aus Kissen machte ich mir eine Rückenlehne, dann schlug ich das Tagebuch auf und begann zu lesen.

Ann Alices Tagebuch

30. Mai 1790. Zu meinem 16. Geburtstag bekam ich unter anderem dieses Tagebuch geschenkt. Ich hatte vorher nie daran gedacht, Tagebuch zu führen, das heißt, als ich einmal auf die Idee kam, habe ich sie gleich wieder verworfen. Ich habe bestimmt nicht die nötige Ausdauer dazu, dachte ich. Ich würde ein, zwei Wochen eifrig hineinschreiben und es dann vergessen. Das ist nicht die richtige Art, ein Tagebuch zu führen. Aber warum eigentlich nicht? Am besten, ich schreibe nur die wichtigen Sachen auf. Wer will sich schon erinnern, daß gestern ein schöner Tag war oder daß ich mein blaues oder lavendelfarbenes Kleid anhatte? Solche Kleinigkeiten sind unwichtig.

Ich habe mir gelobt, hineinzuschreiben, wenn ich in der richtigen Stimmung bin oder wenn etwas wirklich Bedeutendes geschieht, damit ich mich später so daran erinnere, wie es gewesen ist; mir ist nämlich aufgefallen, daß Ereignisse sich im Gedächtnis der Menschen verändern, so daß sie im Rückblick glauben, etwas, das sie sich wünschten, sei tatsächlich eingetreten. So soll es bei mir nicht sein. Ich will mich um Wahrheit bemühen.

Das Leben hier in der Villa ist immer ziemlich gleich, von einem Tag auf den anderen. Manchmal glaube ich, es wird ewig so weitergehen. Worüber soll ich also schreiben? Heute morgen war ich wie gewöhnlich mit meiner Gouvernante Miss Bray zusammen. Sie ist lieb und hübsch und Anfang zwanzig, und ich war die letzten sechs Jahre sehr glücklich mit ihr. Sie ist die Tochter eines Pfarrers, und erst dachte mein Vater, sie wäre zu jung, aber ich bin froh, daß er sie trotzdem eingestellt hat, denn unsere Beziehung ist sehr harmonisch.

Beim Blick auf das Datum fällt mir ein, daß es nun zwei Jahre her ist, seit meine Mutter starb. Darüber möchte ich nicht schreiben. Es ist zu schmerzlich, und seitdem ist alles anders. Ich sehne mich nach den Tagen, als ich neben ihr saß und ihr vorlas. Das waren die schönsten Stunden des Tages. Seit sie tot ist, suche ich

Trost bei Miss Bray. Wir lesen zusammen Bücher, aber es ist nicht dasselbe.

Ich wollte, ich wäre nicht so viel jünger als mein Bruder Charles. Dadurch fühle ich mich oft einsam. Ich habe die Dienstboten sagen hören, ich sei ein »Nachkömmling«, und das ist nichts Besonderes. Ich glaube, Papa interessiert sich nicht besonders für mich. Er erfüllt natürlich seine Pflicht an mir, und das tut er, indem er die Sorge für mich anderen überläßt.

Ich gehe ein bißchen spazieren, ich reite ein wenig, ich besuche die Leute im Dorf und bringe ihnen sogenannte »Tröstungen«. Was für einen Sinn hat es also, ein Tagebuch zu führen?

20. Juni. Nun habe ich doch beschlossen, etwas in dieses Buch zu schreiben. Es ist etwas geschehen. Seit meinem ersten Eintrag ist fast ein Monat vergangen, und ich dachte, ich würde nie wieder etwas in dieses Buch hineinschreiben. Und jetzt ist etwas geschehen, und ich glaube, es gibt einem Trost, wenn man aufschreibt, was man fühlt, wenn man verzweifelt ist.

Es geht um meine liebste Miss Bray. Heute morgen kam sie zu mir und sah hübscher aus denn je. Ich sollte natürlich glücklich sein, denn sie ist es zweifellos. Ich finde es widersinnig, daß dasselbe Ereignis auf zwei Menschen, die sich so gern haben, eine so gegensätzliche Wirkung hat.

Während wir uns mit einem ziemlich schwülstigen Abschnitt in einem Roman plagten, sagte sie plötzlich zu mir: »Ich habe eine Neuigkeit, Ann Alice. Und du sollst es als erste erfahren.«

Ich hörte nur zu gern zu lesen auf und freute mich auf einen gemütlichen Plausch.

»James hat um meine Hand angehalten.«

James Eggerton, der Sohn des Pfarrers, stattete gerade seinem Vater einen seiner Besuche ab. Er hat etwa fünfzig Meilen von hier eine eigene Pfarrei und kann es sich somit leisten, zu heiraten.

»Aber dann gehen Sie ja fort, Miss Bray!« rief ich.

»Leider ja.« Sie lächelte und zeigte ihre Grübchen. »Aber du bekommst eine neue Gouvernante... eine viel klügere. Ihr werdet sicher gute Freunde werden.«

»Niemals.« Ich verzog verzagt das Gesicht.

Miss Bray nahm mich in die Arme und herzte mich auf ihre liebe Art.

»Ich hatte schon eine ganze Zeit das Gefühl, daß er mich fragen würde«, erklärte sie, »und als er es nicht tat, dachte ich, ich müßte mich geirrt haben, dabei hat er nur die ganze Zeit versucht, sich Mut zu machen.«

»Sie gehen ganz bald weg?«

»Ich frage deinen Vater, ob du uns besuchen kommen darfst.«

»Das wird aber nie so wie jetzt sein.«

»Wenn Veränderungen stattfinden, ist nichts wie früher. Das Leben wäre ziemlich fade, wenn es ewig gleich abliefe, oder?«

»Ich will, daß es fade ist. Ich will nicht, daß Sie weggehen.«

»Aber nicht doch«, beruhigte mich Miss Bray. »Dies ist doch wirklich ein sehr glückliches Ereignis.«

Ich sah ihrem Gesicht an, wie glücklich sie war, und ich fand es selbstsüchtig von mir, mich nicht mit ihr zu freuen.

4. Juli. Wie die Tage vergehen! Ich habe mich bemüht, mich für Miss Bray zu freuen, weil sie so glücklich ist. Und James Eggerton läuft herum, als wäre das Dasein ein ewiger Spaß und er schwebe im siebten Himmel.

Ich hab' meinen Vater heute morgen auf der Treppe getroffen. Er hat mir auf seine unbeholfene Art den Kopf getätschelt und gesagt: »Wir müssen eine andere Miss Bray finden, nicht wahr?«

»Papa«, sagte ich, »aber ich bin schon sechzehn. Vielleicht...«

Er schüttelte den Kopf. »O nein... du brauchst noch mindestens ein Jahr eine Gouvernante. Wir finden sicher eine, die so nett ist wie Miss Bray, keine Angst.«

Miss Bray ist mit der Zusammenstellung ihrer Aussteuer beschäftigt und völlig geistesabwesend. Ich glaube, sie nimmt gar nicht mehr wahr, wenn ich bei ihr bin, sondern ist in Gedanken immer bei ihrem Reverend James Eggerton.

Ich fühle mich einsam und verlassen. Ich gehe viel allein spazieren, und ich reite aus, aber da muß ich immer jemanden mitnehmen, und ein Stallbursche kann Miss Bray nicht ersetzen.

1. August. Miss Bray verläßt uns Ende des Monats. Sie fährt in die Midlands, wo sie zu Hause ist, und heiratet dort. Ich denke jetzt nicht mehr soviel an sie, weil ich mit meiner eigenen Zukunft beschäftigt bin. Morgen kommt die neue Gouvernante. Papa hat mich in sein Arbeitszimmer gerufen und es mir mitgeteilt. Er hat sich in London mit ihr getroffen. Ich hab' mich ein bißchen geärgert, weil ich finde, er hätte mich mitnehmen sollen. Schließlich bin ich diejenige, die ihre Zeit mit ihr verbringen muß. Ich erhoffe mir keine andere Miss Bray, aber ich wünsche mir eine, die ähnlich ist wie sie.

»Miss Lois Gilmour kommt morgen an«, sagte Papa. »Sie kommt, bevor Miss Bray geht, damit Miss Bray sie noch einweisen kann. Du wirst Miss Gilmour bestimmt mögen. Sie scheint mir eine sehr tüchtige junge Frau zu sein.«

Ich will keine tüchtige junge Frau. Ich will Miss Bray oder eine genau wie sie; und ich glaube nicht, daß man Miss Bray je hätte tüchtig nennen können. Sie war immer etwas geistesabwesend, und jetzt erst recht, und ihr Unterricht neigte zur Einseitigkeit. Bücher, Musik und so, und mir war es recht. In Mathematik ist sie hoffnungslos.

Miss Gilmour hört sich furchterregend an.

Mir ist sehr bange zumute.

2. August. Heute war ein großer Tag, nämlich der Tag der Ankunft von Miss Lois Gilmour.

Ich sah oben aus dem Fenster, als sie eintraf. Miss Bray war bei mir. Aus der Kutsche stieg eine große, schlanke junge Frau, schlicht, aber sehr elegant gekleidet.

»Die sieht aber nicht wie eine Gouvernante aus«, sagte ich und fragte mich sogleich, ob ich Miss Bray wohl gekränkt hatte, die bei aller Hübschheit kaum elegant zu nennen ist; sie ist ein wenig plump und klein geraten. Sie ist herzlich, lieb und weiblich – aber elegant war sie nie.

Kurz darauf wurde ich in den Salon gerufen.

Ich ging beklommen hinunter. Papa war da und bei ihm die elegante junge Frau, die ich hatte aus der Kutsche steigen sehen.

»Das ist Ann Alice«, stellte Papa vor.

»Guten Tag, Ann Alice.«

Als sie mir die Hand gab, sah ich ihr in die Augen. Sie waren groß und dunkelblau. Sie war recht hübsch, hatte klar umrissene, fast klassische Züge, eine ziemlich lange, aber ganz gerade Nase und volle Lippen. Warme Lippen und kalte Augen, dachte ich.

Aber ich bin voreingenommen, aus dem unvernünftigen Grund, weil sie nicht Miss Bray ist.

»Ann Alice, das ist Miss Gilmour, die sich darauf freut, dich zu unterrichten.«

»Wir werden uns bestimmt gut vertragen«, meinte Miss Gilmour.

Da bin ich nicht so sicher.

»Miss Bray war, wie Sie wissen, lange mit Ann Alice zusammen, nämlich...« begann Papa.

»Sechs Jahre«, ergänzte ich.

»Und jetzt geht sie fort, um zu heiraten.«

Miss Gilmour lächelte.

»Du kannst Miss Gilmour ihr Zimmer zeigen«, schlug mein Vater vor. »Und danach möchten Sie vielleicht mit meiner Tochter und mir Tee trinken, Miss Gilmour. Hinterher kann Ann Alice Sie Miss Bray vorstellen.«

»Sehr gern«, meinte Miss Gilmour.

Das war ein seltsamer Nachmittag. Ich zeigte Miss Gilmour ihr Zimmer und hatte dabei das Gefühl, daß sie alles abschätzte, das Haus, die Einrichtung und mich. Sie war mir zu rasch zu vertraulich geworden. Mehr als einmal hatte sie versichert, daß wir uns bestimmt gut vertragen würden.

Ich hatte den Eindruck, daß sie sich beim Teetrinken mit Vater wohler fühlte als mit mir allein. Ich wollte, ich könnte dieses unbehagliche Gefühl abschütteln. Sicher wird alles gut, denn wenn sie es will und ich auch, dann werden wir bestimmt glücklich miteinander, oder?

Miss Gilmour redete beim Tee sehr viel, und ich fand es seltsam, daß mein Vater, der um diese Zeit sonst selten zu Hause ist, sich die Mühe machte, sie nicht nur hier zu empfangen, sondern auch noch mit ihr Tee zu trinken. Mich schien er dabei gar nicht richtig wahrzunehmen. Man hätte meinen können, sie wäre seinetwegen und nicht als meine Gouvernante gekommen, sagte ich hinterher zu Miss Bray.

Miss Gilmour sprach viel über sich. Sie stammt aus Devonshire, wo ihr Vater ein kleines Gut besaß. Er war von einem skrupellosen Verwalter ausgeraubt worden, der mit dem Vermögen der Familie verschwunden war. Ihr Vater hatte sich nicht mehr von dem Schock erholt und einen Schlaganfall erlitten. Er hatte sie so gut wie mittellos zurückgelassen, so daß sie gezwungen war, ihren Lebensunterhalt zu verdienen, und das tat sie auf die einzige Art, die einer Dame mit einer gewissen Bildung offenstand.

Mein Vater zeigte sich überaus mitfühlend.

»Aber ich darf Sie nicht mit meinen Schwierigkeiten belasten«, entschuldigte sich Miss Gilmour, »zumal ich überzeugt bin, daß es nun damit vorbei ist. Ich habe das Gefühl, daß ich hier mit Ann Alice sehr glücklich werde.«

»Wir werden unser Bestes tun«, sagte mein Vater, als sei sie ein Ehrengast und nicht eine Frau, die in seinen Diensten steht.

Miss Gilmour ist vielleicht nicht gerade eine Schönheit, aber sie besitzt etwas, das ich nur als apart bezeichnen kann. Mir scheint, das ist auch meinem Vater aufgefallen.

Ich stellte sie, wie verabredet, Miss Bray vor. Ich war sehr gespannt, was Miss Bray von ihr hielt. Aber meine gute Gouvernante ist in Gedanken gar nicht mehr hier und sieht Miss Gilmour bereitwillig so, wie Miss Gilmour sich selbst sieht... genau wie mein Vater.

Mir wäre es lieber, ich hätte nicht dieses unbehagliche Gefühl, und ich bin froh, daß ich angefangen habe, in mein Tagebuch zu schreiben, denn nun kann ich festhalten, wie mir genau zu diesem Zeitpunkt zumute ist. Vielleicht kann ich bald schon über meine Dummheit lachen. Hoffentlich.

10. Oktober. Es ist geraume Zeit her, seit ich in mein Tagebuch schrieb, weil ich keine Lust dazu hatte. Ich bin seit Miss Brays Heirat sehr traurig gewesen. Warum weiß man die Menschen erst zu

schätzen, wenn man sie verloren hat? Ich war auf ihrer Hochzeit. Es war eine sehr fröhliche Angelegenheit, und alle außer mir finden, sie bilden ein ideales Paar. Für Miss Bray und ihren Pastor mag das ja ein Glück sein, aber für mich sicher nicht.

Ich weiß, das ist ein ziemlich egoistischer Standpunkt, und ich sollte mich für Miss Bray – jetzt Mrs. Eggerton – freuen. Aber es ist so schwer, wenn das Glück anderer für einen selbst Verzweiflung bedeutet. Verzweiflung ist vielleicht ein zu starkes Wort. Ich schreibe die merkwürdigsten Sachen in dieses Tagebuch. Es übt eine seltsame Wirkung auf mich aus. Es ist fast, als rede ich mit mir selbst. Vielleicht ist das der Sinn von Tagebüchern. Deshalb sind sie etwas so Intimes.

Und Miss Gilmour? Wie steht es mit ihr? Ich weiß nicht. Sie redet mir nicht zu, fleißig zu arbeiten. Sie ist interessant, sie ist klug und verständig, aber sie ist keine richtige Gouvernante.

Ich bin ziemlich betrübt, weil ich niemanden habe, dem ich mich anvertrauen kann. Mein Bruder Charles war immer in Groß-Stanton im »Geschäft«, wie sie es nennen, und hatte dort viel zu tun. Vor einigen Monaten ist er zu einer Expedition in noch unbekannte Gebiete aufgebrochen. Manchmal wünsche ich, ich wäre ein Mann, um an solchen Abenteuern teilnehmen zu können.

Aber ich möchte über Miss Gilmour nachdenken, deshalb muß ich über sie schreiben. Ich möchte sie näher kennenlernen, und wenn ich jetzt öfter in mein Tagebuch schreibe, erfahre ich mehr über andere Menschen und auch über mich selbst. Ich habe mich immer für Menschen interessiert, wollte immer alles über sie wissen. Gewöhnlich kann ich ihnen etwas entlocken. Bisher gelang es mir jedenfalls. Aber nicht bei Miss Gilmour. Ich habe immer das Gefühl, daß sie Geheimnisse hat. Ich bilde mir ein, Geheimnisse in ihren Augen zu sehen. Sie hat merkwürdige Augen. Sie glitzern richtig. Sie sind sehr, sehr dunkelblau, und ihre Brauen und Wimpern sind ganz schwarz – und ihre Haare auch. Ich glaube, sie färbt ihre Brauen und Wimpern, denn manchmal kommen sie mir dunkler vor als sonst.

Gestern lud mein Vater sie ein, ein Glas Sherry mit ihm zu trinken.

»Er möchte hören, was für Fortschritte du machst«, erklärte Miss Gilmour mir. »Was soll ich ihm sagen?« Sie sah mich mit einem verschmitzten Ausdruck an, der gar nicht zu ihr paßte, und wieder befiel mich dieses seltsame Unbehagen.

»Sie müssen sagen, was Sie denken«, meinte ich.

»Ich werde ihm sagen, daß du eine prima Schülerin bist und mir meine Aufgabe leicht und mich glücklich machst, ja?«

»Aber das stimmt doch gar nicht.«

»Ich möchte ihn glücklich machen. Ich möchte dich glücklich machen. Du möchtest doch nicht, daß ich ihm sage, du bist eine faule Schülerin, nicht wahr?«

»Nein, weil es nicht stimmt. Aber ich glaube Ihnen nicht, daß Sie mich prima finden.«

»Du bist wirklich ein kluges kleines Geschöpf«, meinte sie, »das läßt sich nicht bestreiten.«

Ihr Gesichtsausdruck verhärtete sich etwas. Sie ist immer leicht verstimmt, wenn ich auf ihr Angebot, Freundschaft zu schließen, nicht eingehe.

14. Oktober. Heute abend schreibe ich in mein Tagebuch, weil heute nachmittag etwas geschehen ist.

Eigentlich soll ich immer jemanden mitnehmen, wenn ich ausreite, aber ich halte mich nicht mehr strikt an diese Regel. Immerhin werde ich bald siebzehn, na ja, in sieben Monaten, und ich finde, ein Mädchen in meinem Alter dürfte ruhig ein bißchen Freiheit haben.

Die Stallburschen sagen nie etwas, wenn ich allein reite, und ich sattle mein Pferd immer selbst, damit sie nicht hineingezogen werden, falls es mal Ärger gibt.

Ab und zu reitet Miss Gilmour mit mir, aber für sie ist Reiten kein Vergnügen, sondern nur Mittel zum Zweck. Sie hat kein Gefühl für die Landschaft so wie Miss Bray. Miss Bray wußte eine Menge lustiger Geschichten von Tieren, Pflanzen und Menschen zu erzählen. Miss Gilmour weiß keine einzige. Unterwegs sein interessiert sie nicht, nur die Ankunft. Es ist keine rechte Lust, mit ihr zusammenzusein.

Heute nachmittag bin ich also allein ausgeritten und kam weiter hinaus als gewöhnlich. Als ich am Royal Oak vorbeikam, sah ich eins von unseren Pferden – das Miss Gilmour gewöhnlich reitet – vor dem Gasthaus angepflockt.

Da war noch ein zweites Pferd. Mich überkam die Neugier.

Ich stieg ab, band mein Pferd an und ging ins Gasthaus.

Nein, ich hatte mich nicht geirrt. Miss Gilmour saß an einem Tisch, einen Humpen vor sich, und unterhielt sich mit einem Mann. Er sah recht gut aus, und die weiße, sorgfältig gepuderte, sehr vornehme Perücke brachte seine dunklen Augen besonders zur Geltung. Sein langschößiger Rock und der breitkrempige Hut waren hochelegant.

Miss Gilmour war ausgesprochen schick. Ihr Kleid eignete sich ebenso zum Reiten wie zum Spazierengehen. Es hatte einen weiten Rock, ein schlichtes, enganliegendes Mieder mit einem duftigen weißen Halstuch. Sie trug einen schwarzen runden Hut auf dem Kopf mit einer Feder in demselben dunkelblauen Farbton wie ihr Kleid. Nie hatte ich eine Frau gesehen, die einer Gouvernante unähnlicher war. Noch hatte ich je eine gesehen, die so verblüfft war, als sie die Augen hob und mich erblickte.

Ich würde sogar sagen, es war ein regelrechter Schock für sie.

Sie erhob sich halb und sagte mit einer Stimme, die ich noch nie bei ihr gehört hatte: »Ann Alice.«

»Tag«, gab ich zurück. »Ich kam gerade vorbei und hab' Ihr Pferd draußen gesehen. Ich glaubte es zu erkennen und kam herein, um zu sehen, ob ich recht hatte.«

Sie faßte sich sehr rasch wieder. »Na, so eine nette Überraschung! Ich wollte hier im Gasthaus eine Erfrischung zu mir nehmen, und wen treffe ich – einen alten Freund meiner Familie.«

Der Mann war aufgestanden. Er war ungefähr in Miss Gilmours Alter, Ende zwanzig, schien es mir. Er machte eine tiefe Verbeugung.

»Ach ja«, sagte Miss Gilmour. »Fast hätte ich vergessen, was sich gehört. Das ist Mr. Desmond Featherstone. Mr. Featherstone, Miss Ann Alice Mallory, meine liebe kleine Schülerin.« Sie wandte sich mir zu. »Bist du allein?«

»Ja«, erwiderte ich trotzig. »Ich hab' nicht eingesehen, warum ich nicht...«

»Jaja, schon gut«, sagte sie, gar nicht gouvernantenhaft.

Es war, als seien wir alle Verschwörer.

»Vielleicht möchte Miss Mallory eine kleine Erfrischung?« meinte Mr. Featherstone.

»Möchtest du?« fragte Miss Gilmour.

»Ja gern, einen Apfelmost, bitte.«

Mr. Featherstone rief eine Bedienung herbei, ein hübsches Mädchen in einem über Kreuz geschnürten Mieder und weißem Häubchen.

»Apfelmost für die junge Dame, bitte«, bestellte Mr. Featherstone.

Das Mädchen lächelte Mr. Featherstone an, als sei es ihr ein Vergnügen, ihn zu bedienen. Ich beginne neuerdings diese Signale zu bemerken, die zwischen Angehörigen verschiedenen Geschlechts ausgetauscht werden.

Mr. Featherstone musterte mich aufmerksam. Seine flinken dunklen Augen schienen meine Gedanken erraten zu wollen.

In Sekundenschnelle hatte Miss Gilmour ihr Gleichgewicht wiedergewonnen. Sie wiederholte: »Ist das eine Überraschung! Zuerst Mr. Featherstone, dann Ann Alice... eine richtige kleine Gesellschaft.«

Sie war so sehr darauf bedacht zu betonen, daß sie Mr. Featherstone zufällig getroffen hatte, daß ich mich schon fragte, ob dem so war oder ob sie verabredet gewesen waren. Wie so viele Leute beging sie den Fehler, in mir ein Kind zu sehen, dabei wurde ich rasch erwachsen und dachte auch oft wie eine Erwachsene. Und ich bemerkte, daß die Anziehungskraft, die ich manchmal zwischen Männern und Frauen beobachtete, bei Mr. Featherstone und Miss Gilmour vorhanden war.

Der Apfelmost wurde gebracht. »Möge er Ihnen munden, Miss Mallory«, sagte Mr. Featherstone.

»Er schmeckt sehr gut«, erwiderte ich. »Ich war aber auch wirklich durstig.«

Er beugte sich vor. »Ich bin so froh, daß Sie hereingekommen sind. Es hätte mich sehr betrübt, wenn Sie sich anders entschieden hätten.«

»Wäre ich nicht hereingekommen, wüßten Sie nicht, daß diese Möglichkeit überhaupt bestand, und wie hätten Sie dann betrübt sein können?« fragte ich.

Miss Gilmour lachte. »Meine Schülerin ist kein einfältiges kleines Mädchen. Sie werden feststellen, daß sie schwer zu widerlegen ist, dessen kann ich Sie versichern. Sie müssen bedenken, sie wird von mir unterrichtet.«

»Ich werde es mir merken«, erwiderte er mit gespieltem Ernst.

Er erkundigte sich bei mir nach dem Kartographengeschäft. Ich erzählte ihm, daß ein Vorfahre von mir mit Drake gesegelt war und man sich seitdem in unserer Familie mit Landkarten befaßte.

»Die Herstellung von Landkarten ist nicht nur interessant, sondern auch einträglich«, fügte Miss Gilmour hinzu.

Er erkundigte sich über die Umgebung und unsere Villa, und ich erzählte ihm, daß meine Mutter tot ist und ich sie nach wie vor sehr vermißte.

Er tätschelte mir mitfühlend die Hand. »Aber Sie haben ja Ihren Vater. Ich möchte schwören, Sie sind sein Augapfel.«

»Er beachtet mich kaum.«

»Aber nein«, widersprach Miss Gilmour, »er ist der beste aller Väter. Er spricht mit mir sehr viel über dich.«

»Mit Miss Bray hat er nicht viel gesprochen.«

Miss Gilmour lächelte geheimnisvoll.

»Es ist ihm wirklich sehr daran gelegen, daß du in guter Obhut bist«, sagte sie.

Mr. Featherstone hatte seinen Stuhl näher an meinen gerückt. Hin und wieder berührte er meinen Arm, wie wenn er etwas bekräftigen wollte. Mir war unbehaglich zumute, und ich wünschte, er würde das lassen. Miss Gilmour schien sein Tun ebenfalls nicht zu behagen.

Ich sagte: »Sind Sie hier in der Gegend abgestiegen, Mr. Featherstone?«

Er sah mir lächelnd in die Augen und wollte meinen Blick festhalten, aber ich schaute weg.

»Ich würde gern annehmen, daß Ihnen daran gelegen ist, Miss Ann Alice«, sagte er.

»Ich hoffe natürlich, daß Sie eine angenehme Unterkunft haben.«

»Und ich hoffe, daß wir uns wieder einmal begegnen, wenn Sie übers Land reiten.«

»Ann Alice verstößt immer gegen die Regeln«, seufzte Miss Gilmour. »Sie darf nicht allein ausreiten. Gut, daß wir uns getroffen haben. Wir können zusammen zurückreiten, dann sieht es aus, als wären wir gemeinsam aufgebrochen.«

»Verstoßen Sie oft gegen die Regeln, Miss Ann Alice?« fragte Mr. Featherstone.

»Manche Regeln sind eigentlich bloß dazu da, daß man gegen sie verstößt... wenn sie unsinnig sind. Ich werde bald siebzehn. Alt genug, um allein zu reiten.«

»Allerdings. Siebzehn! Ein reizendes Alter. Ich nehme an, Sie sind eine kleine Rebellin.«

»Und ich nehme an«, sagte Miss Gilmour, »daß wir jetzt heimkehren sollten.«

Ich stand auf. Ich wäre sie am liebsten beide losgeworden. Ich wollte in mein Zimmer und die Begegnung in allen Einzelheiten in mein Tagebuch schreiben, bevor ich etwas vergaß.

Wir traten aus dem Gasthaus und bestiegen unsere Pferde. Mr. Featherstone ritt ein Stück mit uns und verließ uns dann mit einer übertriebenen Verbeugung.

»So ein Zufall«, wiederholte Miss Gilmour. »Laufe ich doch tatsächlich einem alten Freund meiner Familie über den Weg.«

Ja, dachte ich, Sie betonen das ein bißchen zu oft, Miss Gilmour.

Ich traue Miss Gilmour nicht.

Ich bin sofort in mein Zimmer gegangen, um alles aufzuschreiben.

1. Januar 1791. Der erste Tag des neuen Jahres.

Wie lange ist es her, seit ich zuletzt in mein Tagebuch schrieb. Mir scheint, ich habe eine Abneigung dagegen entwickelt, und heute bin ich bloß auf die Idee gekommen, weil es der erste Tag des neuen Jahres ist, und natürlich wegen Papa.

Ich bewahre das Tagebuch ganz hinten in der Schublade auf, damit es niemand findet. Ich möchte nicht, daß jemand meine geheimsten Gedanken liest.

Ich habe Mr. Featherstone ein- oder zweimal gesehen. Er macht es sich anscheinend zur Gewohnheit, öfter hierherzukommen. »Geschäftlich«, sagt er. Ich frage mich, was für ein Geschäft er betreibt und wo. Falls es in London ist – wie ich annehme –, dann ist es ziemlich weit weg. Ich weiß, man braucht nicht allzulange, um dorthin zu gelangen, aber warum nimmt er nicht dort Quartier?

Ich frage mich manchmal, ob er – wie sie in der Küche sagen – in Miss Gilmour »vergafft« ist. Sie ist jedenfalls eine, in die Männer sich leicht »vergaffen« können.

Hoffentlich ist es wahr. Dann heiratet er sie vielleicht und nimmt sie mit, wie James Eggerton es mit Miss Bray gemacht hat. Dann wäre ich sie los, und mein Vater würde bestimmt sagen, daß so eine reife Person wie ich keine Gouvernante mehr braucht.

Zudem finde ich Mr. Featherstones Benehmen etwas beunruhigend. Dauernd versucht er mir nahezukommen und läßt seine Hände schweifen, anders kann ich es nicht beschreiben. Er gestikuliert beim Reden, und seine Hände schießen vor und verweilen auf meiner Schulter, meinem Arm und manchmal auf meinem Haar. Seine Augen glitzern und starren mich an. Dieser prüfende Blick behagt mir nicht. Ich finde ihn ein bißchen unheimlich.

Aber da er ein Freund von Miss Gilmours Familie ist, kann ich verstehen, daß er sie ab und zu sehen will. Das ist ganz natürlich. Wahrscheinlich habe ich einfach eine zu lebhafte Phantasie, das hat Miss Bray auch immer gesagt.

Weihnachten war anders als letztes Weihnachten, ja als alle Weihnachtsfeste. Wir hatten einige Gäste wie immer, und mein Vater schlug vor, Miss Gilmour auch dazu zu bitten.

»Weihnachten ist Weihnachten«, erklärte er mir. Er war ungewöhnlich gesprächig. »Und da Miss Gilmour nun mal hier ist, können wir sie nicht ausschließen. Vielleicht solltest du sie bitten, Ann Alice, sich wie ein Mitglied der Familie zu uns zu gesellen. Wenn es von dir kommt, zeugt es von Rücksichtnahme und Feingefühl.«

Miss Gilmour nahm schon seit einiger Zeit ihre Mahlzeiten mit uns ein. Mein Vater meinte, ich müsse nun aufhören, im Kinderzimmer zu essen. Ich werde demnächst siebzehn. Deshalb solle ich, zusammen mit Miss Gilmour, ihm beim Essen Gesellschaft leisten. Miss Gilmour hielt das für eine ausgezeichnete Idee. Ihrer Meinung nach sollten junge Menschen nicht allzulange vom Leben der Erwachsenen ferngehalten werden.

So sitzen wir denn nun gemeinsam bei Tisch. Mein Vater hat sich in der Zwischenzeit sehr verändert, und das ist Miss Gilmours Gesellschaft zu verdanken. Sie ist geistreich und witzig, und er lacht viel über ihre Äußerungen, die sie in einer Mixtur aus Zurückhaltung und Raffinesse vorbringt. Sie ist bescheiden und doch keck, und Menschen vom anderen Geschlecht scheinen das sehr reizvoll zu finden.

Miss Gilmour machte ein verlegenes Gesicht, als wir auf Weihnachten zu sprechen kamen. Sie war unentschlossen, als ich sie einlud, mit uns zu feiern, und ich drängte sie nicht weiter. Bei Tisch kam sie wieder darauf zurück.

»Ich war so gerührt«, begann sie. »Aber ich denke, ich komme lieber nicht. Sie haben sicher gute Freunde da...«

»Aber Ann Alice würde sich sehr freuen, nicht wahr, mein Kind?«

Warum müssen Menschen, die für sich etwas wünschen, immer andere vorschieben?

Ich zögerte einen Moment, aber als ich sah, daß das Gesicht meines Vaters sich verfinsterte, sagte ich: »O ja... natürlich.«

Und ich verachtete mich für meine Lüge. Warum habe ich nicht die Wahrheit gesagt und geantwortet, nein, ich will nicht, daß Miss Gilmour Weihnachten bei uns ist. Mit ihr ist Weihnachten nicht wie sonst.

Und ich sollte recht behalten. Miss Gilmour übernahm Weihnachten das Regiment.

Kurz zuvor sagte sie zu meinem Vater: »Ich habe einen Freund... es ist ein Freund meiner Familie... er ist in einem Gasthof abgestiegen und kann Weihnachten nicht nach Hause. Ich bin ganz bekümmert, wenn ich daran denke, daß er ganz allein ist.«

Mein Vater bot sogleich an, sie müsse ihn zu uns nach Hause einladen.

Es überraschte mich nicht, als der Gast sich als Mr. Featherstone entpuppte.

Er war also mit ihr hier, und wenn sie uns das Weihnachtsfest nicht verdorben hätte, dann hätte er es getan.

Er tanzte mit mir. Seine Hände, diese schweifenden Hände... wie ich sie haßte! Sie erschienen mir in undeutlichen Träumen, aus denen ich immer voller Beklemmung erwachte, obwohl ich nie recht wußte warum.

3. Januar. Es fällt mir sehr schwer, dies aufzuschreiben, weil ich es eigentlich gar nicht glauben kann. Ich möchte lieber über andere Dinge schreiben, denn ich weiß, wenn ich es erst in meinem Tagebuch geschrieben sehe, muß ich mich damit abfinden. Aber schließlich kann man ja nicht so tun, als sei nichts geschehen.

Mein Vater rief mich in sein Arbeitszimmer und sagte: »Du sollst die erste sein, die es erfährt.«

Ich muß es wohl geahnt haben, denn ich hätte am liebsten geschrien: »Nicht. Sag es nicht. Es darf nicht wahr sein.«

Aber ich stand nur da und sah ihn still an, und er ahnte nichts von meinem Verlangen, ihn etwas anderes sagen zu hören als das, was ich befürchtete.

»Es ist lange her, seit deine Mutter starb, Ann Alice. Da wird ein Mann einsam. Verstehst du das?«

»Natürlich verstehe ich das«, erwiderte ich. »Ich wollte, die Leute würden nicht dauernd andeuten, daß ich nichts verstünde.«

Er machte auf meine gereizte Erwiderung ein verblüfftes Gesicht, fuhr jedoch fort: »Ich werde wieder heiraten. Lois und ich haben beschlossen, es dir gleich zu sagen... bevor wir es öffentlich bekanntgeben.«

»Lois! Miss Gilmour.«

»Es hat sich alles sehr glücklich ergeben. Ich war freudig überrascht, als Lois einwilligte. Sie ist sehr viel jünger als ich.«

Ich starrte ihn verzweifelt an, am liebsten hätte ich ihn angefleht, er möge mir sagen, alles sei nur ein Scherz.

»Findest du nicht«, fragte er, »daß es eine glückliche Lösung ist?«

Ich stotterte nur: »Ich... ich weiß nicht.«

»Es kommt überraschend für dich. Seit Lois als deine Gouvernante zu uns kam, ist das ganze Haus verändert.«

Ja, es hat sich für mich verändert wie für ihn.

»Es wirkt heller, genau wie früher, als –«

»Du meinst, als meine Mutter noch lebte.«

»Solche Unglücksfälle ereignen sich nun mal, Ann Alice. Wir müssen uns damit abfinden. Sie sind Gottes Wille. Aber wir dürfen nicht in unserem Kummer versinken. Das ist nicht nach Gottes Sinn. Wir müssen ihn überwinden und danach trachten, glücklich zu werden.«

Ich nickte und wandte mich ab.

»Ich bin so froh, daß du es verstehst«, sagte er. »Ich tu' es ja auch für dich.«

Ich hätte ihn am liebsten angeschrien: Denk nicht an mich. Ich will das nicht. Ich will, daß sie auf der Stelle weggeht... und Mr. Featherstone mit ihr.

»Wir geben am Dreikönigstag eine Abendeinladung«, fuhr er fort, »und dann machen wir es bekannt.«

Ich hätte kein Wort über die Lippen gebracht, ohne meine Gefühle zu verraten. Ich nickte nur und floh, sobald ich konnte.

Und nun sitze ich hier und starre auf die Worte in meinem Tagebuch. Mein Vater heiratet Miss Gilmour.

Das hatte ich seit langem befürchtet.

1. März. Heute haben sie geheiratet. Jetzt ist es still im Haus. Die Ruhe gemahnt mich an einen schlafenden Tiger... wenn er erwacht, wird alles, was war, zerstört.

Ich liebe mein kleines Zimmer. Ich ziehe die blauen Bettvorhänge zu und schließe mich ein. Dies ist mein kleines Refugium. Hierher kann ich mich zurückziehen, hier kann ich ganz allein sein.

Heute nachmittag sind sie zur Hochzeitsreise aufgebrochen. Nach Italien.

»Da wollte ich schon immer hin«, verkündete Miss Gilmour.

Sie wollen eine große Rundreise machen. Nach Frankreich können sie nicht, wegen der Unruhen dort. In Frankreich geschehen zur Zeit schreckliche Dinge. Es heißt, der König und die Königin sind in großer Gefahr. Wer seine fünf Sinne beisammen hat, wird jetzt nicht nach Frankreich reisen, sagte Papa. Darum sind sie nach Italien, ins Land der Seen, Berge und der herrlichsten Kunstschätze der Welt. Papa interessiert sich sehr dafür, und Miss Gilmour – aber sie ist ja nicht mehr Miss Gilmour; sie ist meine Stiefmutter –, sie interessiert sich, wofür sich Papa interessiert.

Sie ist für ihn die ideale Ehefrau.

Erst vor kurzer Zeit habe ich Miss Bray Lebewohl gesagt. Ach, warum mußte sie fort? Sie erwartet jetzt ein Baby und schreibt, daß sie die glücklichste Frau auf der Welt ist. Ist es egoistisch zu wünschen, daß sie nie mit ihrem Reverend James hätte fortgehen dürfen? Wäre sie geblieben, hätte ich jetzt keine Stiefmutter. Alles wäre wie früher, fade vielleicht, aber behaglich.

Und jetzt... alles ist so anders. Eine neue Atmosphäre durchdringt das Haus. Ob jemand außer mir das spürt? Ich glaube es eigentlich nicht, darum kann es sein, daß ich es mir nur einbilde.

Es ist, als habe sich etwas Böses ins Haus geschlichen... leise, wachsam, sprungbereit.

2. März. Heute bin ich allein ausgeritten und war noch nicht weit gekommen, als ich Mr. Featherstone traf.

Ich bin richtig erschrocken und bekam eine Gänsehaut, als er mich einholte. Wir waren nahe beim Wald, es war ziemlich einsam. Unwillkürlich fragte ich mich, ob er mir gefolgt war und diesen Moment abgepaßt hatte, um mich einzuholen.

»Was für eine freudige Überraschung!«

»Oh... Guten Tag, Mr. Featherstone.«

»Ich erlaube mir die Kühnheit, mit Ihnen zu reiten.«

»Ich hoffe, Ihre Geschäfte sind zufriedenstellend.«

»Könnten nicht besser sein.«

»Sicher sind Sie es schon leid, in einem Gasthaus zu wohnen. Ich schätze, Sie freuen sich darauf, wenn Ihre Geschäfte abgeschlossen sind und Sie nach Hause zurückkehren können.«

»Ich finde das Leben hier sehr kurzweilig. Ich habe ja auch einige reizende Bekanntschaften gemacht.«

Er ritt dicht an meiner Seite, und ich sah ihn an. Sein starrender Blick drückte aus, daß ich natürlich zu diesen reizenden Bekanntschaften zählte. Ich war froh, daß seine Hand mich nicht erreichen konnte, denn sonst hätte er sie mir auf den Arm oder die Schulter gelegt.

Ich stieß hervor: »An dieser Stelle galoppiere ich gern« und schoß davon. Aber natürlich wich er nicht von meiner Seite.

Bei der Straße angelangt, war ich gezwungen, das Tempo zu verlangsamen.

»Es muß sehr still bei Ihnen im Hause sein, seit Ihr Vater mit seiner jungen Frau auf Hochzeitsreise ist«, bemerkte er.

»Überhaupt nicht.«

»Ich dachte, Sie wären vielleicht einsam.«

»Keineswegs.«

»Zweifellos haben Sie eine Menge Freundinnen.«

»Ich habe genug zu tun.«

»Kein Unterricht mehr... da Sie eine Gouvernante verloren und dafür eine Stiefmutter bekommen haben.«

»Ich bin allmählich zu alt für Schulstunden.«

»Eine richtige junge Dame, wie ich sehe.«

»Auf Wiedersehen, Mr. Featherstone. Ich biege hier ab.«

»Ich habe denselben Weg.«

»Ich reite gleich nach Hause.«

»Dann war das aber ein kurzer Ritt.«

Ich gab keine Antwort, unterdrückte den Impuls, ihm ins Gesicht zu sagen, daß ich nur umkehrte, um ihm zu entfliehen.

»Da Sie nun... allein sind... könnten wir uns nicht mal treffen?«

»Oh, ich habe eine Menge zu tun.«

»Zu beschäftigt, um Freunde zu sehen?«

»O nein. Für meine *Freunde* habe ich Zeit.«

»Ach, Miss Ann Alice, ich hatte gehofft, daß Sie mich zu ihnen zählten.«

»Sie sind Miss Gilmours Freund.«

»Miss Gilmour? Oh... Mrs. Mallory natürlich. Es war sehr gütig von Ihrem Vater, mich in sein Haus einzuladen. Und da nun meine Freundin seine Frau ist, erwarte ich, öfter eingeladen zu werden.«

»Gewiß wird meines Vaters Frau entscheiden, wer jetzt eingeladen wird.«

»Dann bin ich sicher, daß ich willkommen bin.«

Wir waren am Anger angelangt, an dessen Südseite unser Haus steht. Ich ärgerte mich, weil ich meinen Ritt abkürzen mußte, aber ich wollte nicht länger mit diesem Mann zusammensein.

»Leben Sie wohl, Mr. Featherstone.«

Ich galoppierte über den Anger, aber er blieb neben mir.

»Wollen Sie mich nicht hereinbitten?«

»Das geht leider nicht... jetzt.«

Er machte ein betrübtes Gesicht. »Macht nichts. Ich besuche Sie, wenn Sie mehr Zeit haben.«

Er lüftete seinen Hut und machte wieder diese lächerlich übertriebene Verbeugung, die er sich wohl von dem Kreis um den Prinzen von Wales abgeschaut hatte, mit dem er angeblich so gut bekannt war.

Ich wollte, er würde nach London oder Brighton oder wo immer diese Leute sich aufhielten, zurückkehren und dort mit seinem gekünstelten Getue brillieren.

Erhitzt und wütend lief ich ins Haus.

Miss Gilmour – ich weigere mich, sie anders zu nennen – hatte mir mein angenehmes Leben in jeder Hinsicht verdorben.

6. März. Gibt es keine Möglichkeit, diesem Mann zu entkommen? Gestern war er wieder hier. Ich war ausgegangen, und als ich zurückkam, stand er in der Halle. Hätte er sich angesagt, hätte ich das Stubenmädchen hinunterschicken und ihm sagen lassen können, ich sei nicht zu Hause. Aber nun saß ich in der Falle.

Er sagte, er sei durstig, so daß das Mädchen es hören konnte; sie sah mich fragend an, und mir blieb nichts anderes übrig, als ihm Wein anzubieten. Dann mußte ich mit ihm trinken.

Ich führte ihn in den kleinen Empfangssalon, der von der Halle abgeht, und fragte mich, wie schnell ich den Mann wieder loswerden würde.

»So ein nettes Zusammensein«, fing er an.

Ich schwieg, unfähig, Einverständnis zu heucheln.

»Ich bin so froh, daß ich hierhergekommen bin«, fuhr er fort. »Es ist eine reizende Gegend, und London ist leicht zu erreichen.«

»Wäre es nicht bequemer, näher an London zu wohnen?«

»Schon möglich, aber nicht so angenehm. Es war wirklich ein glücklicher Tag für mich, als ich Ihre Stiefmutter traf und sie mich in Ihre Familie einführte.«

Wieder schwieg ich. Ich war eine sehr unliebenswürdige Gastgeberin.

»Wann erwarten Sie das glückliche Paar zurück?« fragte er.

»Ich nehme an, sie bleiben einen Monat fort. Für einen kürzeren Aufenthalt würde sich so eine weite Reise nicht lohnen.«

»Noch dazu eine Hochzeitsreise!« Seine dunklen Augen versuchten meinen Blick festzuhalten, und seltsamerweise hatte ich Mühe, meine Augen abzuwenden. Ich wünschte, gleichgültig sein zu können, aber obwohl ich ihn abstoßend fand, übte er eine gewisse Anziehungskraft auf mich aus. So muß einem Kaninchen angesichts einer Schlange zumute sein. »Können Sie sich das vorstellen? Florenz, Venedig, Rom... Bestimmt besichtigen sie all diese Städte. Würde Ihnen das nicht auch gefallen?«

»Es wäre sicher sehr interessant.«

»Dabei spielt die Begleitung auch eine große Rolle.«

Ich sah ihn scharf an. »Das ist immer so«, erklärte ich, »ob man nun in Venedig ist oder in Venezuela.«

»Woher wissen Sie das?« Er lachte. »Waren Sie schon mal in Venezuela?«

»Nein. Und in Venedig auch nicht.«

»Aber eines Tages werden Sie dort sein, und ich hoffe, in der richtigen Gesellschaft. Ich muß gestehen, auch ich war nie in Venezuela, aber Venedig... diese schöne Stadt ist mir nicht unbekannt. Ich würde Ihnen gern Venedig zeigen. Es würde Ihnen gefallen, in einer Gondel durch die Kanäle zu gleiten. Oder vielleicht in Florenz... einkaufen auf der Ponte Vecchio.«

»Wir träumen wohl alle davon, die Welt zu sehen.«

»Wie herrlich, wenn man diese Pläne verwirklichen kann, nicht wahr?«

»Nehmen Sie noch etwas Wein.« Ich bereute diese Worte sogleich, denn nun mußte ich mich ihm nähern. Seine Finger berührten meine, als ich ihm das Glas reichte.

»Dies ist ein sehr glücklicher Morgen für mich«, sagte er.

Ich antwortete nicht, und er fuhr fort: »Wollen Sie morgen mit mir reiten? Ich kenne ein sehr hübsches Gasthaus nicht weit von hier. Dort gibt es ganz köstliches Roastbeef.«

»Unmöglich, ich habe morgen Verpflichtungen.«

»Dann übermorgen.«

»Ich bin vollauf beschäftigt.«

»Was sind Sie doch für eine emsige junge Dame! Aber ich finde noch heraus, wann Sie frei sind. Zudem würde ich gern die Firma besichtigen, von der ich so viel gehört habe.«

»Sie interessieren sich für Landkarten?«

»Sie faszinieren mich ungemein. Ich möchte mir gern alles genau erklären lassen.«

»Dann sind Sie an die Falsche geraten«, gab ich triumphierend zurück. »Sie müssen nach Groß-Stanton ins Geschäft gehen und dort nachfragen. Wenn mein Bruder hier wäre, würde er sich mit Ihnen darüber unterhalten.«

»Ach, Sie haben einen Bruder?« Bildete ich es mir ein, oder war er wirklich leicht betroffen?

»O ja. Er ist gerade auf einer Expedition, um neue Länder und Meere zu erforschen. Das ist ein wesentlicher Bereich der Herstellung von Landkarten.«

»Aha, ich verstehe.«

»Er könnte Ihnen alles erzählen, was Sie wissen wollen. Er ist immer ganz begeistert von der Sache.«

»Er muß älter sein als Sie.«

»Ja, und leider hatte er nie viel Zeit für seine Schwester.«

»Arme kleine Einsame!«

»Überhaupt nicht einsam. Ich habe so viele Interessen. Ich brauche eigentlich niemanden.«

»Und dabei so zufrieden! Das ist etwas sehr Gutes.«

»Ja.«

»Und was ist nun mit unserem Ausflug?«

Er kam so beharrlich darauf zurück, daß es schwierig war, ihm eine eindeutige Absage zu erteilen, ohne ihm die Wahrheit zu sagen, nämlich daß ich seine Gesellschaft nicht mochte und daß er mich irgendwie ängstigte, ohne daß ich recht wußte warum.

»Diese Woche ist es ganz unmöglich. Und was nächste Woche ist, weiß ich noch nicht genau.«

Er begriff natürlich und sah mich sarkastisch an.

»Ich werde alles daransetzen, daß ich Sie eines Tages abfange.«

Seine Worte klangen irgendwie bedrohlich.

Ich war froh, als er ging.

10. März. Er hat es wirklich geschafft und mich schließlich erwischt. Ich wollte, ich hätte den Mut, ihm zu sagen, daß er mich in Ruhe lassen soll. Aber man hat mir ja so eindringlich gute Manieren beigebracht, daß ich nie imstande sein werde, absolut aufrichtig zu sein.

Also bin ich ihm ausgewichen und suchte ihm mit soviel Anstand wie möglich zu entkommen. Er gehört offenbar zu den Männern, denen es Spaß macht, herausgefordert zu werden, und je entschlossener ich ihm zu entkommen trachte, desto entschlossener versucht er, mit mir zusammenzutreffen.

Gestern war ein herrlicher Tag. Zwischen den Hecken leuchteten gelbe Schlüsselblumen, die Knospen an den Roßkastanien und Ahornbäumen begannen zu schwellen.

Es ging ein frischer Wind, und in der Luft war der liebliche Duft, der den Frühling ankündigt. Ich liebe diese Jahreszeit, wenn die Vögel schier übermütig werden vor Jubel und man hier und da Amsel und Drossel aus voller Kehle singen hört.

Liebliche Frühlingszeit! Es tut so gut, über die Weiden zu galoppieren und dann langsamer über die Feldwege zu zockeln, nach Wildblumen zwischen den Hecken und an den Böschungen Ausschau zu halten und sich auf die Namen zu besinnen, die Miss Bray alle kannte.

Vor zehn Tagen sind mein Vater und seine neue Frau nach Italien abgereist. Am 1. April kommen sie zurück. Dann wird alles anders. Ich fürchte ihre Rückkehr. Manchmal denke ich, ich sollte eigene Pläne machen. Was wird sein, wenn sie zurückkehren? Ich sollte mich darauf vorbereiten. Aber was kann ich schon tun? Ich habe niemanden, den ich um Rat fragen kann. Höchstens Miss Bray... Mrs. Eggerton, die werdende Mutter. Aber sie ist bestimmt ganz mit Vorbereitungen für das Baby beschäftigt und unfähig, an was anderes zu denken. Nein, ich darf ihre Seligkeit nicht stören. Ich muß einfach abwarten. Vielleicht wird es gar nicht so schlimm. Vielleicht übertreibe ich. Was hat Miss Gilmour mir denn schon getan? Sie war immer entgegenkommend. Nie hat sie mich gedrängt, fleißig zu lernen. Sie war bereit, Freundschaft zu schließen. Was ist es dann? Warum habe ich dieses beklommene Gefühl? Bei Mr. Featherstone ist es dasselbe.

Ich war nicht weit von dem Gasthaus entfernt, wo ich ihn zum erstenmal mit Miss Gilmour sah, als er mich einholte.

»Guten Tag«, sagte er. »Ist das ein unverhofftes Glück!«

»Ich bin gerade auf dem Nachhauseweg.«

»Das sind Sie wohl immer, wenn wir uns begegnen. Jedenfalls hat es keine Eile, oder?«

»Ich möchte mich nicht verspäten.«

»Ich weiß, Sie haben viele dringende Verpflichtungen, aber wollen Sie nicht einmal eine Ausnahme machen? Eine kleine Erfrischung gefällig? In diesem Gasthaus sind wir uns zum erstenmal begegnet, das könnten wir doch feiern, nicht wahr?«

Ich zögerte. Vielleicht war ich wirklich dumm. Die ganze Zeit war ich so schnippisch zu ihm gewesen, und das gehörte sich wirklich nicht. Und was konnte es schon schaden, wenn wir einen Becher Apfelmost tranken? Vielleicht gelang es mir, ihm einen zarten Hinweis zu geben, daß ich lieber allein ritt.

So willigte ich ein. Wir stiegen ab und gingen ins Gasthaus.

Wir setzten uns an den Tisch, wo ich ihn damals mit Miss Gilmour angetroffen hatte.

Der Apfelmost wurde gebracht. »Auf Ihr Wohl, Miss Ann Alice«, sagte Mr. Featherstone.

»Auf Ihr Wohl.«

»Freut mich, daß Sie auf mein Wohl trinken. Denn ich habe das Gefühl, daß mein zukünftiges Wohlergehen von Ihnen abhängt.«

»Sie erstaunen mich, Mr. Featherstone.«

»Sie sind nur erstaunt, weil Sie so reizend unschuldig sind. Sie stehen erst auf der Schwelle des Lebens.«

»Ich finde es recht ärgerlich, wenn die Leute dauernd betonen, wie jung ich bin. So jung bin ich gar nicht mehr.«

»Wahrlich nicht. Soviel ich weiß, werden Sie demnächst siebzehn. Wann? Am 21. Mai?«

»Woher wissen Sie das?«

»Wie sagt man doch gleich? Ein kleines Vögelchen...«

»So klein wird das Vögelchen wohl nicht gewesen sein. Sicher war es Miss Gilmour.«

»Nicht mehr Miss Gilmour. Die glückliche Mrs. Mallory. Und Sie sollten sich nicht ärgern, wenn jemand Ihre Jugend schätzt. Jugend ist die kostbarste Gabe der Götter. Leider dauert sie nicht. Sehr traurig, nicht wahr?«

»Ich hätte nichts dagegen, ein bißchen älter zu sein.«

»Wir alle wollen älter sein, wenn wir jung sind, und jünger, wenn wir alt sind. Das ist der Widersinn der menschlichen Natur. Aber warum reden wir von Allgemeinplätzen? Ich möchte lieber von Ihnen sprechen.«

»Kein sehr interessantes Thema.«

»Ein fesselndes Thema.« Seine Frage schreckte mich auf: »Was halten Sie von mir?«

Ich wurde rot. Ich konnte ihm doch nicht sagen, was ich wirklich von ihm hielt – und suchte nach den richtigen Worten. »Ich glaube, Sie sind wohl sehr... schlau.«

»Oh, danke schön. Was noch?«

»Hm, ich nehme an, ein Mann von Welt.«

»Ein schlauer Mann von Welt. Klingt gar nicht schlecht für den Anfang. Sonst noch was?«

»Ich verstehe nicht, warum Sie mir nachlaufen.«

Er lachte. »Soll ich Ihnen sagen, was ich von Ihnen halte?«

»Das interessiert mich nicht.«

»Sie werden langsam erwachsen, und Sie sagen nicht immer die Wahrheit. Jeder will wissen, was andere von ihm halten. Ich sage es Ihnen jedenfalls. Ich finde Sie bezaubernd.«

Ich errötete bis unter die Haarwurzeln.

»Und«, fuhr er fort, »ich sage die Wahrheit.«

Ich rang um Fassung. »Dann will ich auch ehrlich sein«, sagte ich.

»Ich bin überzeugt, daß Sie viele Menschen meines Geschlechts bezaubernd finden.«

»Wie kritisch Sie sind. Ich streite es nicht ab.«

»Das wäre auch sinnlos.«

»Und käme auch gar nicht in Frage, sofern dies ein Austausch von Wahrheiten sein soll. Aber«, fuhr er fort, »Sie sind die bezauberndste von allen.«

Ich warf ihm einen mißtrauischen Blick zu. »Der Apfelmost war gut, vielen Dank. Und jetzt muß ich wirklich gehen.«

»Wir sind doch eben erst gekommen.«

»Es dauert nicht lange, einen Becher Apfelmost zu trinken.«

»Aber sehen Sie, ich habe noch nicht ausgetrunken.«

»Das können Sie auch, wenn ich weg bin.«

»Ich kann Sie nicht allein nach Hause reiten lassen.«

»Ich bin ja auch allein gekommen.«

»Was wird Ihr Vater wohl zu Ihren einsamen Streifzügen sagen, wenn er zurückkehrt?«

»Er wird zu sehr von seiner jungen Frau gefesselt sein und kaum auf mich achten.«

Er streckte seine Hand über den Tisch, und es war zu spät, ihr auszuweichen. Er hielt meine fest und streichelte sie.

»Ach, sind Sie vielleicht eifersüchtig?«

»Ganz bestimmt nicht.«

»Stiefmütter sind im allgemeinen nicht sehr beliebt.«

»Ich möchte aber kein vorschnelles Urteil abgeben. Ich habe erst seit zehn Tagen eine Stiefmutter, und während dieser Zeit war sie verreist.«

»Eheschließungen liegen in der Luft«, sagte er. »Es heißt, sie sind ansteckend.«

Ich zuckte die Achseln, und es gelang mir, ihm meine Hand zu entziehen. Abrupt stand ich auf.

»Wollen Sie wirklich schon gehen?« fragte er.

»Allerdings.«

»Gerade, wo die Unterhaltung interessant wird.«

»Finden Sie sie interessant?«

»Und wie. Ich eröffne Ihnen gerade, wie sehr ich Sie verehre. Sie sind mehr als hübsch. Sie sind schön.«

Ich sah ihn spöttisch an. »Ich besitze einen ausgezeichneten Spiegel, Mr. Featherstone. Und sagt er mir auch nicht, was ich gern hören würde, so sagt er mir doch die Wahrheit.«

Ich dachte daran, wie die gute Miss Bray mich immer tröstete.

»Du magst zwar nicht gerade hübsch sein, Ann Alice, aber du hast ein interessantes Gesicht. Ja, ich denke, du wirst einmal eine sehr anziehende Frau sein.«

Und jetzt erzählte der mir, ich wäre schön!

»Ihre Haare haben einen reizenden Braunton, und Ihre Augen... Wie sind sie? Braun? Grün? Grau?«

»Allgemein bekannt als haselnußbraun«, erklärte ich kurz, »und wirklich ganz mittelmäßig.«

»Sie haben einen hübschen Mund.«

»Danke. Und dies ist der richtige Augenblick, um die Bewertung meiner Erscheinung abzuschließen.«

»Ich könnte endlos darüber reden.«

»Dann müssen Sie leider Selbstgespräche führen, weil ich Sie jetzt verlasse. Ich finde das Thema ziemlich langweilig.«

»Sie wollen dieses entzückende Tête-à-tête abbrechen?«

Er stand neben mir, nahm meinen Arm, hielt ihn fest. Sein Gesicht war meinem ganz nahe, und ich dachte schon, er würde mich küssen. Ich fuhr entsetzt zurück.

»Mögen Sie mich denn gar nicht?« fragte er fast weinerlich.

Ich entzog ihm meinen Arm und schritt zur Tür.

»Ich kenne Sie kaum, Mr. Featherstone«, sagte ich über die Schulter, »und bilde mir nie ein vorschnelles Urteil über Menschen.«

»Wenn Sie sich nur herbeilassen würden, mich kennenzulernen, könnten Sie mich vielleicht richtig gern haben.«

Er ließ es sich nicht nehmen, mir in den Sattel zu helfen. »Danke«, sagte ich. Er blieb ein paar Sekunden stehen und blickte zu mir herauf. Dann küßte er mir die Hand. Mir war, als hätte eine Schlange mich berührt.

Er sah mich flehend an. »Geben Sie sich die Chance, mich kennenzulernen.«

Ich wendete mein Pferd und antwortete nicht. Bildete ich es mir ein, oder entdeckte ich wirklich ein zorniges Glitzern in seinen Augen? Ich war nicht sicher, aber mir lief ein leichter Schauder über den Rücken.

Ich ließ das Gasthaus hinter mir, und er wich immer noch nicht von meiner Seite. Schweigend ritten wir nach Hause.

Mein Unbehagen wächst.

23. März. In einer Woche kommen sie zurück. Fast freue ich mich darauf. Das war ein seltsamer Monat für mich, wie von Mr. Featherstone verhext. Ich bin nicht mehr viel geritten, weil er mir immer nachstellt. Dauernd will er mir seine Liebe erklären.

Ich glaube ihm kein Wort. Manchmal denke ich sogar, er hat was gegen mich. Dann huscht ein ausgesprochen wütender Ausdruck über sein Gesicht. Vermutlich hat er früher leichte Eroberungen gemacht, und meine Unnahbarkeit ärgert ihn.

Einst glaubte ich, er wäre in Miss Gilmour verliebt. Ach, wäre es doch wahr gewesen, und sie wären zusammen fortgegangen! Dann wäre alles ganz anders geworden.

Wenn Miss Bray nicht ein Baby erwartete, würde ich zu ihr gehen. Aber ich könnte ihr nicht erklären, wie mir zumute ist. Da ist es schon besser, nichts zu unternehmen und das Katz-und-Maus-Spiel fortzusetzen, das Mr. Featherstone so gut gefällt. Ich muß dauernd an diesen Vergleich denken. Was macht die Katze, wenn sie die Maus fängt? Sie spielt mit ihr, tut so, als ließe sie sie laufen, fängt sie wieder ein, bevor sie entwischen kann, quält sie ... bis sie sie schließlich tötet.

Dieser Mr. Featherstone macht mich wirklich nervös. Manchmal wache ich nachts erschrocken auf, weil ich denke, er ist im Haus. Ich bin sogar schon aus dem Bett gestiegen, habe meine Tür aufgemacht und in den Flur gespäht, ob er vielleicht dort lauert. Manchmal stehe ich an meinem Fenster, das nach hinten herausgeht, von wo man nicht auf den Anger, sondern auf Wald und Felder sieht. Ich halte nach einer Gestalt Ausschau, die sich dort versteckt hält.

Dann lache ich mich aus. »Alberne Träume. Hirngespinste.« Aber es ist meine Angst, die diese Gedanken nährt.

Warum ist er mir so gegenwärtig? Es ist fast wie eine böse Vorahnung, eine Warnung.

Es wird bestimmt besser, wenn sie nach Hause kommen, sage ich mir ständig. Nur noch eine Woche.

3. Mai. Heute ist mir mein Tagebuch wieder eingefallen. Erst konnte ich es nicht finden, und ich hatte schon schreckliche Angst, ich hätte es verloren. Dabei überlegte ich, was ich hineingeschrieben hatte, und was meine Stiefmutter wohl denken würde, wenn es ihr in die Hände fiele. Ich hatte bestimmt einiges geschrieben, was nicht schmeichelhaft für sie war.

Vielleicht sollte ich vorsichtiger sein mit meinen Eintragungen, aber was wäre der Sinn eines Tagebuches, wenn man seinen eigenen Empfindungen gegenüber nicht ehrlich ist?

Zu meiner großen Freude fand ich es, wo ich es hingelegt hatte, ganz hinten in der Schublade. Das scheint ein gutes Versteck zu sein, hinter den Handschuhen und Schals.

Jetzt sind sie schon geraume Zeit zurück. Ich war hier, um sie zu begrüßen. Ich habe Papa eingehend gemustert. Er sah sehr glücklich aus. Miss Gilmour – ich muß mir angewöhnen, sie Stiefmutter zu nennen – strahlte. Sie hatte neue Kleider, sehr schick, »europäisch«, sagen sie in der Küche dazu. »Französisch angehaucht.« Obwohl sie natürlich nicht in Frankreich waren.

Allmählich denke ich, daß ich meine Stiefmutter falsch eingeschätzt habe. Alle sagen, es ist eine gute Fügung, und sie freuen sich, weil Papa »das Glück wiedergefunden« hat. Er war zu lange Witwer, meinen alle, und der Mensch müsse lernen, seine Trauer zu überwinden.

Dauernd hört man die gleichen Klischees; sie sind wirklich ein Segen, sie gehen so leicht von der Zunge, und die Leute dürfen immer sicher sein, »das Richtige« gesagt zu haben.

Meine Stiefmutter hat angefangen, das Haus zu verändern. Mehrere Zimmer sind neu möbliert. Den Dienstboten redet sie nicht viel drein, und das macht sie ziemlich beliebt. Allerdings finden einige es nicht schicklich, daß eine, die mehr oder weniger eine Angestellte war, nun zur Hausherrin aufgestiegen ist.

Aber auch das scheinen sie allmählich zu vergessen. Und meine Stiefmutter genießt ihre neue Stellung offensichtlich.

Sie haben befunden, daß ich ganz gut ohne neue Gouvernante auskomme, dennoch meinte meine Stiefmutter, ich solle unter ihrer Aufsicht jeden Tag ein wenig lesen. Mein Vater stimmte dem wohlgefällig zu, und ich muß zugeben, daß er jetzt viel väterlicher ist, als er es seit dem Tod meiner Mutter war.

Es gab eine kleine Auseinandersetzung, wie ich sie anreden soll. Ein-, zweimal ist mir der Name Miss Gilmour entschlüpft. Das paßte ihr nicht... und meinem Vater auch nicht.

Es ist erstaunlich, wie lange es einem gelingt, eine Anrede zu umgehen. Eines Tages, als wir gerade aus dem Eßzimmer gingen, legte Lois ihren Arm um mich und sagte mit vertraulicher, leiser Stimme: »Wäre es nicht nett, wenn du mich Mutter nennen würdest... oder Mama oder so ähnlich?«

»Oh... das kann ich nicht«, platzte ich heraus.

»Warum nicht?« Ihre Stimme klang nun scharf, und mein Vater machte ein gequältes Gesicht.

»Weil...«, stammelte ich, »weil, ich erinnere mich so gut an meine Mutter. Keine kann sein wie...«

Mein Vater blickte mich mißbilligend an, sie aber sagte begütigend: »Natürlich, natürlich...« Sie seufzte leicht und lächelte dann lieb. »Vielleicht Stiefmama. Könntest du das sagen?«

»Ja, ich denke schon.«

So werde ich sie denn Stiefmama nennen.

Aber ich weiß, daß ich sie die meiste Zeit gar nicht anreden werde.

1. Juni. Mr. Featherstone ist immer noch hier. Er hat nicht aufgegeben, mir nachzustellen, und ich weiche ihm aus, so gut ich kann.

Inzwischen habe ich beschlossen, nicht mehr höflich zu ihm zu sein, und so liefern wir uns hin und wieder Wortgefechte, die mir mehr liegen als die gezwungene Höflichkeit.

Als er sagte: »Sie versuchen mir auszuweichen, stimmt's?«, erwiderte ich: »Ja.«

»Warum?« wollte er wissen.

»Weil ich allein sein möchte.«

»Eine Willenskollision! Ich möchte nämlich mit Ihnen zusammensein.«

»Wieso eigentlich?«

»Ich finde Sie schön und aufregend. Und wie finden Sie mich?«

»Weder schön noch aufregend.«

»Die Antwort hab' ich mir selbst zuzuschreiben, wie?«

»Allerdings.«

»Was sind Sie doch für eine freimütige junge Dame.«

»Das will ich hoffen.«

»Sehr aufrichtig.«

»Ich bemühe mich.«

»Unfreundlich.«

»Nein, das bin ich nicht.«

»Sie treffen mich ins Mark.«

»Dann sollten Sie Ihr Mark nicht so bloßlegen.«

»Was kann ein liebeskranker Bursche denn machen?«

»Sich in ertragreichere Gefilde begeben.«

»Aber wo finde ich solche Schönheit und Schlagfertigkeit?«

»Fast überall auf Erden«, gab ich zurück.

»Sie irren sich. Das gibt es hier... nur hier... und hier ist mein Herz.«

Jetzt konnte ich über ihn lachen. Meine Furcht vor ihm schwand allmählich. Alles schien sich seit der Rückkehr meines Vaters und seiner Frau etwas zum Besseren gewendet zu haben. Mr. Featherstone verfolgte mich nicht mehr so beharrlich. An manchen Tagen konnte ich sogar ausreiten, ohne ihm zu begegnen.

Manchmal mache ich mir Gedanken über die Zukunft. Ich bin jetzt siebzehn. Meine Stiefmutter meinte, wir sollten mehr Gesellschaften geben. »Du darfst nicht vergessen«, mahnte sie meinen Vater, »du hast eine heiratsfähige Tochter.«

»Ich habe meine Pflichten vernachlässigt, bis du kamst, um mich daran zu erinnern, meine Liebe«, sagte er.

»Wir müssen an Ann Alice denken«, gab sie ihm zu verstehen.

»Ich werde Leute einladen.«

An diesem Abend kam Desmond Featherstone zum Essen zu uns. Ich hatte Angst. Mir ist es zuwider, wenn er im Haus ist. Es ist ein seltsames, unheimliches Gefühl, mir selbst unerklärlich, denn was kann er schon Schlimmes anrichten? Ich überlegte, ob ich Kopfweh vorschützen und nicht zum Essen erscheinen könnte. Aber das wäre zu auffällig gewesen. Außerdem würde es wohl nicht so schlimm, wenn andere zugegen waren.

Ich hatte recht. Es war nicht schlimm. Wenn er mich über den Tisch hinweg ansah, war es anders als sonst. Er gab sich leutselig... wie man sich zu einem sehr jungen Menschen verhält. Er redete mich förmlich mit Miss Mallory an, und es klang, als hielte er mich für eben erst dem Schulzimmer entwachsen. Es war kaum zu glauben, daß dies derselbe Mann war, der mir hatte einreden wollen, ich sei die junge Frau, die er liebte. Ich war nahezu überzeugt, daß er die ganze Zeit sein Spiel mit mir getrieben hatte.

Außerdem hatte ich das Gefühl, daß sein ganzes Gebaren etwas mit meiner Stiefmutter zu tun hätte, und eine seltsame Laune des Schicksals brachte mir die Bestätigung.

Als sie nach dem Essen in den Salon gingen, sagte ich, ich wolle zu Bett gehen. Das tat ich oft, denn sie würden nun Portwein trinken, und meistens blieben sie sehr lange auf. Obwohl ich wie eine Erwachsene mit ihnen speiste, hielt man es für unziemlich, daß ich in meinem Alter am weiteren Verlauf des Abends teilnahm.

Ich war sehr froh, mich in mein Zimmer zurückziehen zu können. Ich ging nach oben, um in mein Tagebuch zu schreiben und über Desmond Featherstones merkwürdiges Verhalten nachzudenken, das mal so, mal anders war.

Als ich saß und schrieb, hörte ich unten das Klappern von Pferdehufen. Ich trat ans Fenster. Desmond Featherstone kam aus dem

Stall, um sich in sein Quartier zu begeben. Ich fuhr rasch zurück. Ich wollte nicht, daß er mich sah.

Dann hörte ich eine Stimme. Es war die meiner Stiefmutter. Sie sprach in scharfem, entschiedenem Ton.

»Das muß aufhören«, sagte sie. »Es paßt mir nicht.«

Darauf er: »Es ist nichts... nur ein Spiel.«

»Es paßt mir nicht. Du mußt sofort zurück.«

»Ich sag' doch, es ist nur ein Spiel. Sie ist ja noch ein Kind.«

»Klüger als du denkst. Jedenfalls muß es aufhören.«

»Eifersüchtig?«

»Vergiß lieber nicht...«

Ihre Stimmen erstarben. Rasch wandte ich mich wieder dem Fenster zu. Er ritt fort, meine Stiefmutter sah ihm nach. Er drehte sich um und winkte, und sie winkte zurück.

Was hatte das zu bedeuten? Mir war klar, daß sie über mich gesprochen hatten. Sie wußte also von seinen Annäherungsversuchen und billigte sie offenbar nicht. Sie hat ihn gewarnt. Darüber war ich froh. Aber ich finde es äußerst seltsam, daß sie deswegen so aufgebracht war.

In Zukunft werde ich mein Tagebuch sehr sorgsam wegstecken müssen.

5. Juni. Heute habe ich mein Tagebuch wieder hervorgeholt, weil etwas Erstaunliches geschehen ist. Desmond Featherstone ist fort. Seltsam, er hat sich nicht verabschiedet. Er ist einfach verschwunden.

Seit jenem Abend, als ich das Gespräch zwischen ihm und meiner Stiefmutter belauschte, habe ich ihn nur noch einmal gesehen. Er muß ihre Warnung tatsächlich beachtet haben.

Mir kommt der Gedanke, daß ich meine Stiefmutter vielleicht falsch beurteilt habe. Meine Abneigung gegen sie war möglicherweise unbegründet. Man sollte immer einen Grund für seine Vorlieben oder Abneigungen haben. Im Rückblick frage ich mich jetzt, habe ich Lois Gilmour nur deswegen nicht gemocht, weil sie nicht Miss Bray war, an die ich mich so gewöhnt hatte? Die Menschen handeln zuweilen unvernünftig und unlogisch.

Bisher war sie immer sehr nett zu mir. Sie hat sich große Mühe gegeben, freundlich zu sein, und es liegt ihr anscheinend wirklich daran, geeignete junge Männer ins Haus einzuladen, um einen Ehemann für mich zu finden. Mein Vater ist mit seiner Ehe sehr zufrieden, und er muß ja wohl einen Grund dafür haben.

Vor ein paar Tagen ging es ihm nicht gut. Ich habe es erst nachmittags erfahren, weil ich gewöhnlich nicht viel von ihm sehe. Er kommt nicht regelmäßig zum Frühstück, aber wir nehmen es ja auch zu verschiedenen Zeiten ein und bedienen uns von den Wärmeplatten auf dem Buffet, so daß es leicht unbemerkt bleiben kann, wenn einer nicht erscheint.

Beim Mittagessen aber sagte mir meine Stiefmutter, er verbringe den Tag im Bett. Sie habe darauf bestanden, weil er sich etwas unwohl fühle. Es sei nichts Beunruhigendes, meinte sie. Wir müßten bedenken, er sei nicht mehr so jung, wie er zuweilen selbst glaubte.

Sie pflegt ihn äußerst gewissenhaft. Nachmittags ging ich zu ihm. Er saß im Bett und machte einen sehr zufriedenen Eindruck, weil meine Stiefmutter sich so besorgt zeigte. Sie fragte, ob es vom offenen Fenster ziehe und sie ihm den Schlafrock um die Schultern legen solle.

»Du verwöhnst mich, meine Liebe«, sagte er.

»Ach was. Du läßt dich doch gar nicht verwöhnen.«

»Aber du machst soviel Aufhebens, Lois.«

»Ich mache mir natürlich Sorgen um dich.«

Ich beobachtete sie. Er wirkte so glücklich – und sie ebenfalls. Ja, vielleicht habe ich sie wirklich falsch beurteilt.

Ich habe mir vorgenommen, sie gern zu haben. Es war ziemlich albern, Lois abzulehnen, bloß weil ich so bestürzt war über Miss Brays Verlust und weil sie dann den Platz meiner Mutter eingenommen hat. Ich muß vernünftig sein. Sie hat meinen Vater wirklich sehr glücklich gemacht, und alle sagen, daß es eine wunderbare Lösung für ihn ist.

2. September. Ich schäme mich, weil ich mein Tagebuch so lange vernachlässigt habe. Ich hatte es tatsächlich völlig vergessen. Vor

kurzem suchte ich nach einem Paar grauer Handschuhe, die zu meinem neuen Kleid paßten, und konnte sie zuerst nicht finden, da sie ganz hinten in der Schublade steckten. Als ich sie herauszog, fand ich mein Tagebuch. Ich habe mich so geschämt – nach all den guten Vorsätzen, einigermaßen regelmäßig hineinzuschreiben. Aber ich glaube, so gehen viele Menschen mit Tagebüchern um. Sie fassen – wie ich – gute Vorsätze, und dann vergessen sie es.

Dies ist ein guter Zeitpunkt, um wieder anzufangen. Ich habe durchgelesen, was ich früher geschrieben habe. Alles wird wieder so lebendig! Und wie jung ich war, als ich die ersten Eintragungen machte.

Ich führe inzwischen ein recht geruhsames Leben unter der Obhut meiner Stiefmutter. Zwar habe ich mich nach Kräften bemüht, sie gern zu haben, aber ich kann es wirklich nicht, auch wenn ich es selbst oft ungerecht von mir finde. Sie ist so lieb und gütig zu meinem Vater. Sie hat so gut für ihn gesorgt, wenn er seine Anfälle hatte. Es waren jetzt insgesamt drei, und sie besteht darauf, ihn zu pflegen. Er sagt, sie nimmt die Anfälle viel ernster, als sie wirklich sind.

Ich habe die Dienstboten über Männer reden hören, die sehr viel jüngere Frauen heiraten. Das Personal flüstert geheimnisvoll. »Es ist zuviel für ihn. Das kann er nicht durchhalten.«

Meine Stiefmutter bestand darauf, den Arzt aufzusuchen. Dr. Brownless konnte nichts Schlimmes feststellen. Er sagte nur, Vater müsse das Leben langsamer angehen. Er befolgt seinen Rat und geht nicht mehr jeden Tag nach Groß-Stanton. Meine Stiefmutter interessiert sich ihrerseits nicht besonders für den Laden, wie wir dazu sagen.

Ich glaube, es ist ein sehr einträgliches Geschäft, das überall im Land sehr geachtet ist. Eine ganze Anzahl Leute, die mit Kartographie zu tun haben, kommen nach Groß-Stanton zu meinem Vater und seinem Geschäftsführer. Oft werden sie bei uns zu Hause bewirtet, und dabei erweist sich meine Stiefmutter als perfekte Gastgeberin.

Ich hörte meinen Vater zu ihr sagen: »Es war der glücklichste Tag meines Lebens, als du kamst, um Ann Alice zu unterrichten.«

Und sie erwiderte inbrünstig: »Für mich auch.«

Wir sind also eine recht zufriedene Familie, und mein Vater ist bestimmt froh, mehr zu Hause und mit meiner Stiefmutter zusammenzusein. Im Laden arbeitet ein sehr tüchtiger Geschäftsführer, der mit allem gut allein fertig wird.

Den Sommer waren wir in Bath. Meine Stiefmutter meinte, die Kur würde Vater guttun, und er wollte es ihr zuliebe versuchen.

Meine Stiefmutter deutete an, daß unter den Leuten, die dort verkehrten, vielleicht ein geeigneter Mann für mich sein könnte. Es war aber unwahrscheinlich, daß ich unter den gichtigen alten Herren, die meistens von ihren geschwätzigen Ehefrauen begleitet waren, einen finden würde oder daß die feinen jungen Herren, die Beaus von Bath, von mir Notiz nehmen würden. Mehr als einmal hörte ich sie mit lauter Stimme erklären, sie fänden den Ort höllisch langweilig und würden am liebsten unverzüglich abreisen zu seiner königlichen Hoheit. Mitgiftjäger beäugten junge Damen durch ihr Monokel und verglichen zweifellos deren Reize mit ihrem angeblichen Vermögen; und gezierte junge Mädchen und nicht mehr so junge Damen hielten vermutlich nach Ehemännern Ausschau.

Ich hatte Heimweh nach den Feldern und Wiesen und einem Leben in Freiheit. Ich ließ Tauchbäder über mich ergehen, die wohl jedermann erdulden mußte, und kam mir mit Jacke und Unterrock und der höchst unkleidsamen Haube sehr lächerlich vor.

Die Tage erschienen mir ewig lang! Sie bestanden aus Heilwasser trinken, Bäder nehmen, in die Abtei zum Gottesdienst gehen, Konzerte und gelegentlich einen Ball im Kursaal besuchen.

Meine Stiefmutter war für dieses Leben wie geschaffen. Die meisten Leute fanden sie reizend. Ich sah, daß eine ganze Reihe Beaus ihr Augen machten, doch obwohl sie sich dessen offensichtlich bewußt war und ich ihre geheime Befriedigung bemerkte, wich sie nicht von meines Vaters Seite.

Sie schien interessiert, mich an den Mann zu bringen, doch manchmal fragte ich mich, ob ihr wirklich daran gelegen war. So ging es mir ständig mit ihr: Ich war nie ganz sicher.

Ich ritt ein wenig, aber immer in Gesellschaft meines Vaters und meiner Stiefmutter, und da sie keinen großen Wert darauf legte, taten wir es nicht oft. Aber ich wanderte jeden Morgen über die Wiesen. Weil dort viele Leute waren, durfte ich allein gehen, und dort war es auch, wo ich Desmond Featherstone begegnete. Ich war ganz verblüfft, nachdem ich ihn so lange nicht gesehen hatte. Er machte seine übertriebene Verbeugung, die mich jedesmal ärgerte. »Wenn das nicht Ann Alice ist! Wer hätte gedacht, daß man Sie hier trifft... und, was für eine Freude, allein! Ich bin überrascht, daß das erlaubt ist.«

»Es ist früh am Morgen, und ich bin inzwischen älter geworden.«

»Und so schön wie immer.«

»Sind Sie in Bath abgestiegen, Mr. Featherstone?«

»Wie förmlich! Ich hatte gehofft, Sie würden mich Desmond nennen. Ja, für einen kurzen Besuch. Und was halten Sie von Bath?«

»Sehr hübsch. Ich mag die bewaldeten Felsenhügel. Und der Baustil ist überaus elegant.«

»Und mischen Sie sich auch gern unter die *beau monde*?«

»Nicht besonders.«

»Ich wünschte, ich könnte Sie allein treffen. Ich möchte Ihnen so vieles sagen.«

»Ich sehe nichts, was Sie hindern könnte, das hier zu tun.«

»Es gibt sehr viel, das mich hindert. Sie zum Beispiel.«

»Ich erlaube Ihnen ja zu sprechen.«

»Wenn Sie mich doch nur ein wenig lieben könnten!«

»Was haben meine Vorlieben oder Abneigungen mit Ihrem Sprechvermögen zu tun?«

»Es macht Spaß, mit Ihnen zusammenzusein.«

»Wenn Sie eine Weile hier sind, werden Sie früher oder später meiner Familie begegnen. Hier macht man rasch Bekanntschaften, und viele Leute kennen sich schon, bevor sie hierherkommen.«

»Ann Alice.« Er war dicht an mich herangetreten und ergriff meinen Arm. Ich schreckte wie immer vor seiner Berührung zurück.

»Erzählen Sie Ihrer Stiefmutter am besten nicht... daß wir uns hier begegnet sind, hm?«

»Warum nicht?«

»Sie... hm... könnte etwas dagegen haben.«

»Ich brauche gewiß nicht ihre Zustimmung, um mit jemandem zu reden.«

»Gewiß, aber andererseits... erwähnen Sie es lieber nicht.«

»Es wäre mir ohnehin nicht eingefallen. Bis ich sie sehe, habe ich unsere Begegnung vermutlich längst vergessen.«

Er sah mich vorwurfsvoll an, dann lachte er. »Ich glaube nicht, daß Sie mich so leicht vergessen, wie Sie vorgeben.«

Ich errötete, denn er hatte recht. Selbst jetzt noch plagen mich diese seltsamen Träume von ihm. Und sogar hier auf offenem Gelände konnte er mir Unbehagen einflößen.

»Ich muß gehen«, sagte ich. »Leben Sie wohl.«

»Leben Sie wohl. Ich wünschte...«

Aber ich ließ ihm keine Zeit zu sagen, was er wünschte, sondern lief einfach weg.

Doch ich muß sehr viel an ihn denken. Er war ganz ernst, als er mich bat, meiner Stiefmutter nicht zu erzählen, daß ich ihn gesehen hatte. Und ich dachte: Sie will nicht, daß er mich belästigt. Sie versucht mich wirklich zu beschützen.

Das ist ein weiterer Grund, weshalb ich mich bemühen muß, sie gern zu haben.

Ich war froh, als der Kuraufenthalt vorbei war.

Fast unmittelbar nach unserer Rückkehr hatte mein Vater wieder einen Anfall – etwas schlimmer als früher. Meine Stiefmutter wollte den Doktor holen, aber mein Vater hielt das für überflüssig. Man hatte ihm gesagt, die Anfälle seien eine Folge von Überlastung, und die Kur in Bath war offenbar zu anstrengend für ihn gewesen.

Sie rief dennoch den Arzt, aber erst, nachdem mein Vater sich etwas erholt hatte. Sie sagte, sie sei besorgt und wolle, daß er sich gründlich untersuchen lasse. Ihr zuliebe willigte er ein.

Abgesehen von dem Aufenthalt in Bath und meiner Begegnung mit Mr. Featherstone gibt es nichts Berichtenswertes, und deshalb habe ich wohl bis heute nicht an mein Tagebuch gedacht.

Und jetzt sitze ich hier, kaue auf meinem Federhalter und denke zurück. Habe ich etwas Wichtiges ausgelassen? Ereignisse sollten

eigentlich sofort aufgeschrieben werden. Das ist die einzige Möglichkeit, die reine Wahrheit zu berichten. Aber rückblickend kann
ich nichts von großer Bedeutung erkennen, dessen es sich zu erinnern lohnte.

1. Februar 1792. Wieder eine lange Zwischenzeit. Ich bin wirklich
keine geborene Tagebuchschreiberin. Mein Leben ist so ereignislos, und nur wenn etwas Ungewöhnliches geschieht, fällt mir
mein Tagebuch wieder ein.

Und nun ist etwas geschehen. Heute hat meine Stiefmutter uns
von Freddy erzählt.

Ich hatte schon seit einer geraumen Weile den Eindruck, daß sie
etwas beschäftigte. Mein Vater merkte es auch und sagte zu mir:
»Meinst du, daß deine Stiefmutter sich wohl fühlt?«

Er war sehr besorgt.

»Warum fragst du?«

»Sie scheint mir... etwas bedrückt.«

Ich bestätigte, daß es mir auch aufgefallen sei.

»Ich habe sie gefragt, und sie sagt, ihr fehlte nichts.«

»Vielleicht haben wir es uns eingebildet.«

Offenbar doch nicht, denn heute kam es ans Licht.

Ich trank mit ihnen Tee; mein Vater hat es gern, wenn ich dabei
bin. Er möchte dauernd bestätigt haben, daß ich meine Stiefmutter liebe. Ich habe ihn äußern hören, wir kämen prächtig miteinander aus. »Es war das beste für Ann Alice, genau wie für mich«,
erzählt er den Leuten.

Er macht sich etwas vor, und weil ich ihn nicht enttäuschen will,
wenn er das in meiner Gegenwart sagt, lächle ich nur still vor mich
hin.

Ich wüßte gern, warum sie beschloß, in meinem Beisein davon zu
sprechen. Ich bin immer noch mißtrauisch gegen sie, und zuweilen denke ich, ich unterschiebe ihr Beweggründe, die gar nicht
vorhanden sind.

Plötzlich, als sie den Tee eingeschenkt und ich meinem Vater seine
Tasse gereicht und mir meine genommen hatte, platzte sie heraus:
»Ich muß euch etwas sagen.«

»Aha«, sagte mein Vater, »du hast also doch etwas.«

»Es geht mir schon seit einiger Zeit im Kopf herum.«

»Meine Liebe, du hättest es mich wissen lassen sollen.«

»Ich wollte dich nicht mit meinen Sorgen belasten.«

»Lois! Wie kannst du so etwas sagen! Ich bin doch da, um deine Sorgen mit dir zu teilen. Wenn ich daran denke, wie du dich um mich gekümmert hast...«

»Ach das«, sagte sie. »Das war etwas anderes. Es war meine Pflicht und mein Wunsch.«

Er wartete. Sie biß sich auf die Lippe, und dann sprudelte sie hervor: »Es ist... meine Schwägerin... sie ist gestorben... vor einem Monat.«

»Deine Schwägerin! Du hast nicht erzählt... Ich wußte gar nicht, daß du Verwandte hast.«

»Ihr Tod kam ziemlich plötzlich. Ich habe es erst nach dem Begräbnis erfahren.«

»Meine Liebe, es tut mir so leid.«

Sie schwieg ein Weilchen, mit leicht gerunzelter Stirn. Mein Vater sah sie zärtlich an und ließ ihr Zeit für ihre Erklärung.

»Mein Bruder hatte Streit mit meinem Vater und ging fort. Er kam nie wieder, und erst als er starb, erfuhren wir, daß er eine Frau hatte. Jetzt ist sie tot, und sie hat ein Kind zurückgelassen.«

»Wie traurig«, sagte mein Vater.

»Der Kleine ist jetzt ein Waisenkind, und... er ist mein Neffe.«

»Du willst das Kind besuchen?«

»Darüber wollte ich mit dir reden. Ich muß hin, weißt du. Ich muß irgend etwas unternehmen. Ich kann meinen Neffen nicht einfach sich selbst überlassen. Weiß der Himmel, was dann aus ihm wird.«

Mein Vater wirkte erleichtert. Ich weiß nicht, mit was für einer schlimmen Eröffnung er gerechnet hatte.

»Warum gehen wir nicht beide? Wo ist es?«

»In Schottland. Doch ich gehe wohl besser allein.«

»Nun gut, meine Liebe, wie du willst.«

»Ich muß irgendeine Lösung für den Jungen finden.« Sie senkte den Kopf und zerkrümelte den Kuchen auf ihrem Teller. »Ich wollte schon eine ganze Weile mit dir reden, aber ich war nicht imstande dazu. Es hat mich sehr beunruhigt.«

»Ich wußte doch, daß etwas dich bedrückt«, triumphierte mein Vater. »Und was nun, Lois? Du weißt, ich werde alles menschenmögliche tun, um zu helfen.«

»Ich – hm – ich möchte den Jungen hierherholen. Er kann sonst nirgends hin. Er müßte in ein Waisenhaus... und den Gedanken kann ich nicht ertragen. Schließlich ist er mein Neffe.«

»Meine liebe Lois, ist das alles? Natürlich ist dein Neffe hier herzlich willkommen.«

Sie kniete sich vor meinen Vater und küßte ihm die Hände.

Er war zu Tränen gerührt. Ich hätte auch gerührt sein sollen. Es war eine sehr ergreifende Szene. Aber ich konnte nur denken: Wie theatralisch!

Mir war, als sähe ich einem Rührstück zu.

1. März. Vor einer Woche ist Freddy Gilmour gekommen. Er ist ein kleiner blasser Junge, ziemlich fahrig und von Ehrfurcht für meine Stiefmutter erfüllt. Er betrachtet sie mit einer Bewunderung, als sei sie eine Göttin. Jetzt hat sie zwei Verehrer in der Familie.

Ich hatte Freddy vom ersten Augenblick an gern. Er ist acht Jahre alt, sieht aber jünger aus. Ich sagte, ich wolle ihn unterrichten, und meine Stiefmutter ist hocherfreut. Sie überschüttet mich mit Freundlichkeit, und das liegt natürlich an Freddy.

Es ist, als hätte ich einen kleinen Bruder bekommen. Charles war mir nie ein richtiger Bruder. Er hat immer auf mich herabgesehen, weil ich so viel jünger war. Aber ich behandle Freddy nicht so von oben herab. Ich habe ihn liebgewonnen, obwohl er erst so kurze Zeit hier ist.

Er scheint sehr dankbar zu sein, daß er bei uns sein darf. Wo er vorher war, hatte er wohl kein angenehmes Leben, und wenn ich ihn nach seiner Mutter frage, bleibt er verschlossen. Er mag nicht über die Vergangenheit sprechen. Vielleicht, weil seine Mutter erst so kurze Zeit tot ist. Aber wenn er Tante Lois erwähnt, wird er ganz ehrfürchtig.

Jeden Morgen beim Aufwachen überlege ich, was ich mit ihm lernen werde, denn Freddy ist sehr aufgeweckt. Aber ich merke, daß man sich kaum um seine Ausbildung gekümmert hat. Er ist lernbegierig und stellt dauernd Fragen.

Mein Vater ist ganz begeistert – von mir, von Freddy und natürlich besonders von meiner Stiefmutter.

Er ist glücklich, daß Freddy gekommen ist, weil er Lois damit einen großen Gefallen getan hat.

Nach außen hin sind wir eine sehr glückliche Familie.

3. April. Ich war viel zu beschäftigt, um an mein Tagebuch zu denken, aber jetzt, da etwas wirklich Wichtiges geschehen ist, fällt es mir wieder ein.

Es ist das Aufregendste seit langer Zeit!

Ich habe Magnus Perrensen kennengelernt!

Es fing ganz beiläufig an. Neulich eröffnete Papa uns beim Essen, ein Kartograph aus Skandinavien habe ihm von seinem Sohn berichtet.

»Nach dem, was sein Vater sagt, ist es ein sehr aufgeschlossener junger Mann. Er ist von einer Expedition im Pazifik zurückgekehrt. Offenbar interessiert ihn die praktische Seite der Kartenherstellung.«

»Ich habe immer gefunden, daß das der interessanteste Aspekt sein müßte«, sagte ich. »Neue Gebiete entdecken und die Entfernungen zwischen diesem und jenem Punkt messen.«

»Du siehst es mehr von der romantischen Seite, mein Liebes«, sagte mein Vater nachsichtig. Und zu meiner Stiefmutter: »Wir werden uns um ihn kümmern müssen. Er wird gewiß etwas einsam sein. Masters kann ihm in Groß-Stanton eine anständige Unterkunft bieten, denn sein Vater möchte, daß er eine Weile hierbleibt, um unsere Methoden zu studieren. Ich habe schon mit Masters gesprochen. Er hat in seinem Haus ein Zimmer frei und meint, Mrs. Masters könnte ein kleines Zubrot gut gebrauchen. Der junge Mann kann also bei Masters wohnen. Er bleibt sicher eine Weile hier.«

Masters war der Geschäftsführer der Firma, ein sehr tüchtiger

Mann, für den es offenbar nichts Wichtigeres gab als die Herstellung von Landkarten.

»Masters ist schon ganz aufgeregt«, fuhr mein Vater fort. »Die Perrensens haben einen guten Ruf. Sie sind auf die Anfertigung von Seekarten spezialisiert. Masters liegt sehr viel daran, den jungen Mann kennenzulernen, zumal er eben erst von seiner Reise zurückgekehrt ist. Wir wollen ihm jede Möglichkeit geben, unsere Arbeitsweise zu studieren, und er wird uns gewiß über die Fortschritte in seiner Heimat aufklären.«

»Das ist das Angenehme bei den Kartographen«, stellte ich fest. »Sie helfen sich alle gegenseitig. Bei ihnen scheint es nicht diesen Konkurrenzneid zu geben wie in anderen Berufen.«

Mein Vater lachte mich an. »Ich wünschte, dein Bruder wäre hier«, sagte er.

Ich nickte. Charles war vor langer Zeit fortgegangen. Wir wußten natürlich, daß die Männer auf solchen Entdeckungsreisen jahrelang unterwegs sein konnten. Aber er war wirklich schon sehr lange fort.

»Er kommt bestimmt eines Tages ganz unerwartet nach Hause«, meinte meine Stiefmutter. »Was er wohl sagen wird, wenn er mich hier vorfindet?«

»Er wird entzückt sein«, versicherte ihr mein Vater. »Er ist sehr verständig.«

»Ich hoffe, er macht eine Menge Neuentdeckungen«, warf ich ein. »Bislang unbekannte Orte ... große Landstriche, die vorher nie eines Menschen Fuß betreten hat.«

»Ann Alice ist zu romantisch.« Mein Vater lächelte erst mir, dann meiner Stiefmutter zu. »Hoffen wir, daß Charles bald wieder bei uns ist.«

»Das hoffe ich auch«, sagte ich. »Freddy interessiert sich ungeheuer für die Landkarten. Ich war gestern mit ihm im Laden. Masters war sehr angetan von ihm. Er sagte immer wieder ›guter Junge, guter Junge‹. Nie habe ich Freddy so aufgeregt gesehen.«

Mein Vater machte ein erfreutes Gesicht.

»Er ist ziemlich helle«, murmelte meine Stiefmutter stolz.

»Ja, das stimmt«, bestätigte ich.

»Und Ann Alice ist glücklich, weil sie jetzt einen kleinen Bruder hat«, sagte mein Vater.

Ich blickte auf. Die Augen meiner Stiefmutter ruhten auf mir. Sie glänzten. Sah ich Tränen darin? Möglich, aber sicher war ich mir nicht.

Ich war etwas verlegen und sagte rasch: »So, jetzt müssen wir uns mit diesem – wie heißt er doch gleich? Diesem – hm – Magnus befassen.«

»Magnus Perrensen. Ja, wir müssen ihm einen freundlichen Empfang bereiten.«

Weil ich ihm begegnet bin, muß ich in mein Tagebuch schreiben. Ich möchte den Augenblick festhalten, als er sich förmlich über meine Hand beugte, als seine strahlend blauen Augen in meine blickten. Ich wurde auf der Stelle von einer großen Erregung gepackt, die mich bis jetzt nicht verlassen hat.

Ich mag gar nicht glauben, daß ich ihn heute abend zum erstenmal gesehen habe. Mir ist, als ob ich ihn schon lange kenne. Ich wünschte, ich hätte mehr über Landkarten gelernt, um mich besser am Gespräch beteiligen zu können. Aber ich habe beschlossen, das nachzuholen, solange er hier ist; denn er begeistert sich ganz offensichtlich für Landkarten. Er glüht förmlich, wenn er davon spricht. Er ist eben erst von einer Kartographie-Expedition im Pazifischen Ozean zurückgekehrt. Er weiß viel über Karten und Inseln und erweckt in mir den Wunsch, diese Orte auch zu sehen.

Er hat eine starke, lebhafte Ausstrahlung. Ich bin überzeugt, daß alles, was er unternimmt, ihm auch gelingt.

Er ist sehr groß – nach unseren Maßstäben sehr einfach gekleidet, aber wir sind wohl etwas stutzerhaft geworden durch den Einfluß des Prinzen von Wales und seiner Kumpane. Ich glaube, die haben nichts anderes im Kopf als den Schnitt ihrer Röcke und die Art, wie man eine Krawatte binden sollte.

Magnus Perrensen trug schlichtes Grau. Sein Rock war von etwas hellerem Ton als seine Kniehosen, die Strümpfe waren in demselben Grau gehalten wie der Rock. Seine schwarzen Schuhe hatten Schnallen, aber die waren keineswegs erlesen. Er trug eine Perücke wie alle Männer, die seine jedoch war unauffällig und im

Nacken mit einem schmalen schwarzen Band zusammengehalten.

Aber es hätte keine Rolle gespielt, wie er sich kleidete; seine lebensprühende Art war es, die auffiel.

Er sprach fließend Englisch mit einem ganz schwachen Akzent, den ich überaus reizvoll fand.

Mein Vater stellte ihm eine Menge Fragen über die Expedition. Magnus erzählte uns, daß er Schiffbruch erlitten habe und schon dachte, er würde seine Heimat nie wiedersehen.

»Wie aufregend!« rief ich aus. »Sie hätten ertrinken können.«

»Ich schwamm lange Zeit auf einem Floß«, erklärte er mir, »ich hielt nach Haien Ausschau und fragte mich, wie lange das wohl dauern mochte.«

»Und was geschah dann?«

»Ich sichtete Land und kam zu einer Insel.« Ich weiß nicht, ob es Einbildung war: Ich glaubte, eine innere Erregung aus seiner Stimme herauszuhören. Als ob die Insel ihm etwas bedeutete.

»Eine Insel?« fragte ich. »Was war das für eine Insel? Ich möchte sie mir auf der Karte ansehen.«

»Irgendwann werde ich es Ihnen erzählen«, sagte er. Ich war sehr glücklich, weil er andeutete, daß wir öfters zusammensein würden.

»Und schließlich wurden Sie gerettet und gelangten nach Hause?«

»Ja.«

»Sie müssen Ihre Karten verloren haben, als Sie Schiffbruch erlitten«, sagte mein Vater. »Ein schlimmer Schlag.«

»Ja. Aber ich gehe wieder hin.«

»Es geschehen so viele Unglücksfälle«, bemerkte mein Vater traurig, und ich wußte, er dachte an Charles. Er fuhr fort: »Ich hoffe, Sie sind bei Masters gut untergebracht.«

»Allerdings. Mr. Masters weiß so viel. Es ist eine Ehre und ein Vergnügen, sich mit ihm zu unterhalten.«

»Sicher haben Sie viele Gemeinsamkeiten.«

»Und Mrs. Masters... Sie ist so nett. Sie meint, ich sei zu dünn, und droht mich zu mästen.«

»Sie ist eine gute Seele«, sagte mein Vater. »Ich glaube, ihr Mann bringt sie manchmal zur Verzweiflung, weil er sich mehr für Landkarten als für ihre Kochkunst interessiert.«

»Sie ist wirklich eine sehr gute Köchin.«

»Und wir hoffen, Sie oft hier bei uns zu sehen.«

Magnus lächelte mich über den Tisch hinweg an. »Dieser Einladung werde ich mit Vergnügen Folge leisten.«

Als er sich verabschiedete, war ich ganz aufgeregt. Ich wollte sofort in mein Zimmer und in mein Tagebuch schreiben. Bei der Niederschrift erlebt man alles noch einmal, und ich habe das Gefühl, daß dieser Abend sehr wichtig für mich ist. Bestimmt will ich wieder und wieder über ihn nachlesen.

3. Mai. Es war ein wunderbarer Monat. Ich verbrachte viel Zeit in Gesellschaft von Magnus Perrensen. Er ist den ganzen Tag im Geschäft, aber Freddy und ich fahren oft mit der Kutsche nach Groß-Stanton. Manchmal nehme ich einen Imbißkorb mit, und dann fahren wir alle zusammen aufs Land und machen Picknick; oder ich sitze mit Magnus im Laden, und wir essen belegte Brote und trinken Apfelmost, während wir uns unterhalten. So helfe ich Magnus, sich hier einzugewöhnen.

Er kann ungeheuer fesselnd erzählen, und Freddy und ich hören gebannt zu. Dann nimmt er eine von unseren Karten und zeigt uns die exotischen Orte, während er sie schildert. Er zeichnet eine Reise über Kontinente nach, aber am meisten reizt ihn immer noch das Meer.

Neulich sagte ich zu ihm: »Zeigen Sie uns doch bitte die Insel, auf der Sie gestrandet sind.«

Er schwieg einen Augenblick, dann nahm er plötzlich meine Hand und drückte sie. »Eines Tages werde ich Ihnen davon erzählen.«

Ich war erregt wie schon einmal, als er die Insel erwähnte, und ich wußte, es hatte eine besondere Bewandtnis damit, und er wollte es mir erzählen... mir allein.

Freddy war mit Masters in einer Ecke, der ihm ein Werkzeug zeigte. Ich hörte Masters sagen: »Das ist ein Stichel. Schau, die scharfe Klinge. Sie ist aus Stahl. Die ist zum Schneiden. Sieh dir

den Griff an. Woran erinnert er dich? An einen Pilz? Richtig. Jetzt
nimm ihn in die Hand. Die Finger mußt du um den Pilz schließen.
Jetzt drückst du die Klinge in das Kupfer. So, ganz gleichmäßig.«
Ich lächelte. »Er führt Freddy bereits in die Geheimnisse des Kar-
tenmachens ein.«
»Freddy ist auch ein gelehriger Schüler.«
Ich wußte instinktiv, daß es ihm unmöglich war, mir hier von seiner Insel zu erzählen. Er wollte, daß wir allein wären. Komisch,
obwohl ich ihn oft sah, waren wir nie wirklich allein. Im Laden waren immer andere dabei. Freddy war sozusagen der Anstandswauwau. Und wenn Magnus uns zu Hause besuchte, waren auch immer mehrere Leute anwesend.
Seine Gegenwart hat mein Leben verändert. Jeden Morgen stehe
ich voll Erwartung auf und denke sehr viel an ihn. Ich mag es, wie
seine Augenbrauen in den Winkeln nach oben gebogen sind. Er
hat etwas Fremdländisches an sich, das ich ungeheuer reizvoll
finde. Ich mag seinen schwachen Akzent und die etwas kuriose
Wortstellung.
Um ehrlich zu sein, ich bin in Magnus Perrensen verliebt.
Aber was empfindet er für mich?
Augenscheinlich ist er auch an mir sehr interessiert. Ich ahne, daß
er genauso verzweifelt ist wie ich über die Unmöglichkeit, allein
zu sein. Aber einmal wird es schon klappen.
Vor ein paar Tagen sagte meine Stiefmutter: »Wir dürfen deinen
Geburtstag nicht vergessen. Ich meine, das muß eine ganz besondere Feier werden. Du wirst achtzehn. Ich werde mit deinem Vater
sprechen.«
»Er wird wohl selber wissen, daß ich achtzehn werde.«
»Er ist in solchen Dingen etwas weltfremd. Wir sollten von jetzt
an mehr Gesellschaften für dich geben.«
Ich zuckte die Achseln. Die Gesellschaften haben nur den Zweck,
einen Ehemann für mich zu finden. Ich will das nicht. Abgesehen
davon, daß ich so eine Suche äußerst würdelos finde, gibt es jetzt
noch einen anderen Grund: Ich habe den einzigen gefunden, den
ich jemals lieben kann, und glaube, daß auch ich ihm nicht gleichgültig bin.

Wie dem auch sei, eine Geburtstagsfeier findet statt. Meine Stiefmutter stellt die Gästeliste zusammen, trifft Vorbereitungen.

»Wie schön, wenn man im Mai Geburtstag hat«, meinte sie. »Im Wonnemonat! Bei schönem Wetter können wir in den Garten gehen und eine Art ›fête champêtre‹ veranstalten.«

»Es wird dir Spaß machen, das zu arrangieren, meine Liebe«, sagte mein Vater nachsichtig. »Wie gut, daß wir dich haben. Du kümmerst dich so lieb um Ann Alice.«

Ich bekomme auch ein neues Kleid für das Fest. Die Dorfschneiderin wurde gerufen, und meine Stiefmutter studierte eifrig die Stoffmuster. Wir haben uns schließlich für rosafarbene Seide entschieden. Sie sagt, die würde mir gut stehen. Das Kleid ist schulterfrei und hat kurze gebauschte, spitzenbesetzte Ärmel. Das Mieder liegt eng an, und der Rock ist sehr weit und hat mit Spitze gesäumte Volants. Es ist ein sehr elegantes Kleid, und ich bin ganz begeistert. Wenn ich bei der Anprobe still stehe, während unsere kleine Schneiderin zu meinen Füßen kniet und mit Stecknadeln und Heftgarn hantiert, stelle ich mir vor, ich stünde vor Magnus. Ich glaube, er wird mich in diesem Kleid auch schön finden.

Ich bin meiner Stiefmutter dankbar, die soviel für mich tut. Mir scheint, als wolle sie sich erkenntlich zeigen, weil ich mich soviel um Freddy kümmere.

Fange ich langsam an, sie liebzugewinnen? Ich weiß nicht. Wenn man verliebt ist, sieht die ganze Welt anders aus, und man ist vielleicht eher geneigt, alle Menschen zu mögen.

Nein... nicht alle.

Ich bekam heute einen gehörigen Schrecken, und das ist eigentlich der Anlaß, weshalb ich in mein Tagebuch schreibe.

Ich war heute nachmittag im Garten. Im Haus war alles still. Mein Vater hatte sich hingelegt wie neuerdings fast jeden Nachmittag, seit er seine »Anfälle« hatte. Bestimmt haben sie ihn sehr geschwächt, auch wenn er es nicht zugibt.

Meine Stiefmutter war mit der Kutsche nach Groß-Stanton gefahren, um ein paar Einkäufe zu erledigen, und hatte Freddy mitgenommen. Sie wollte ihm etwas zum Anziehen kaufen. Er hatte kaum etwas besessen, als er zu uns kam.

Ich sitze gern im Garten. Von der Vorderseite unseres Hauses können wir auf den Anger sehen. Eine schöne Aussicht: der Rasen und die alte Kirche mit ihrem spitzen Turm, der in den Himmel ragt, und die sechs alten Hütten. Mitten auf dem Anger ist der Ententeich mit der Holzbank am Ufer. Aber die Aussicht auf der Rückseite des Hauses gefällt mir noch besser. Hinter unserem Rasen ist das Tannenwäldchen. Wenn ich im Garten bin, sitze ich meistens auf einem Korbstuhl in dem kleinen ummauerten Rosengarten.

Ich saß dort und tat so, als ob ich läse, aber in Wirklichkeit dachte ich daran, wann ich Magnus Perrensen wiedersehen würde. Allein, meine ich. Er sollte an diesem Abend zu uns zum Essen kommen, und ich freute mich schon darauf. Man hofft immer, daß sich eine Gelegenheit ergibt, über die Dinge zu sprechen, auf die es wirklich ankommt.

»Oh, Miss Mallory...« Es war ein Hausmädchen. »Ein Herr ist da.«

Ich sprang auf. Magnus beherrschte meine Gedanken, und dummerweise nahm ich an, er sei es, so daß ich mich gar nicht nach dem Namen erkundigte. Doch wie bestürzt war ich, als ich in die Halle trat und Desmond Featherstone erblickte.

Ich spürte wieder diese plötzliche Beklommenheit, die mich früher so oft überkam.

»Ann Alice. Welche Freude.«

»Oh... Mr. Featherstone... Wir haben Sie lange nicht hier gesehen.«

»Ich habe Sie schmerzlich vermißt.«

»Sie sind also wieder da.«

»Leider nur für einen kurzen Besuch.«

»Sie müssen – hm – kommen Sie in den Salon... Vielleicht möchten Sie eine Erfrischung?«

»Ich bin gekommen, um Sie zu sehen... alles andere ist unwichtig.«

»Kommen Sie herein.« Ich führte ihn in den kleinen Empfangssalon neben der Halle. »Bitte nehmen Sie Platz.«

Er legte seinen Hut auf den Tisch.

»Ich gehe Bescheid sagen, daß man etwas bringen soll. Möchten Sie Tee?«

»Klingt verlockend.«

»Ich komme gleich wieder.«

»Ach...« Er wunderte sich bestimmt, warum ich nicht einfach an der Klingelschnur zog und ein Mädchen kommen ließ. Ich hatte einen guten Grund dafür und eilte, so schnell ich konnte, hinaus.

Ich sauste in das Zimmer meines Vaters. Zum Glück war er auf und saß dösend in seinem Sessel.

»Papa, wir haben Besuch«, sagte ich. »Es ist der Freund meiner Stiefmutter. Ich meine, du solltest herunterkommen.«

»Gewiß. Gewiß.« Ein Freund meiner Stiefmutter mußte natürlich respektvoll behandelt werden. »Wer ist es?«

»Mr. Featherstone.«

»Ach ja, natürlich, ich erinnere mich.«

»Er ist im Salon. Gehst du zu ihm hinunter? Ich lasse Tee bringen.«

Er folgte mir nach unten und ging in den Salon. Als ich zurückkehrte, plauderte Desmond Featherstone zwanglos mit meinem Vater.

Featherstone warf mir einen vorwurfsvollen Blick zu.

Der Tee wurde gebracht. Sie sprachen vom Wetter, und Desmond Featherstone erkundigte sich besorgt nach Vaters Befinden. Mein Vater sagte, er habe sich nie besser gefühlt. Das stimmte nicht ganz, aber seit seiner Heirat behauptet er immer, es gehe ihm ausgezeichnet.

»Es ist geraume Zeit her, seit ich Sie zuletzt sah. Auch Ann Alice ist ein Stück gewachsen.«

»Sie feiert bald ihren 18. Geburtstag.«

»Was Sie nicht sagen! Das ist allerdings ein Grund zum Feiern!«

Ich war verärgert. Es war mir zuwider, wenn sie über mich sprachen, als wäre ich nicht anwesend, als wäre ich ein Kind, über dessen Wachstum man sich ausläßt.

»Ja«, erzählte mein Vater. »Wir feiern natürlich. Meine Frau ist so aufgeregt, als hätte sie selbst Geburtstag.«

»Und wann ist der große Tag?«

»In ein paar Tagen. Am 21., um genau zu sein. Ich weiß nicht, wie viele Gäste kommen. Die Liste wird ständig länger.«

»Ich nehme mir die Kühnheit heraus, als alter Freund der Familie von Mrs. Mallory um eine Einladung zu bitten.«

»Freunde von Mrs. Mallory sind immer willkommen, nicht wahr, Ann Alice?«

Ich war froh, daß er meine Antwort nicht abwartete, obwohl Mr. Featherstone mich erwartungsvoll ansah.

Mein Vater fuhr fort: »Hoffentlich sind die Götter gnädig und bescheren uns einen warmen Abend. Ich fürchte, es wird ziemlich eng werden, wenn wir drinnen feiern müssen.«

»Bestimmt sind die Götter gnädig bei einem so festlichen Anlaß«, sagte Desmond Featherstone.

Ich war verzweifelt. Er würde also auch auf meiner Geburtstagsfeier sein, und ich hatte jetzt schon das unbehagliche Gefühl, daß er mir das Fest verderben würde.

So lange habe ich nicht an ihn gedacht, und jetzt ist er wieder da.

Als meine Stiefmutter zurückkehrte, war sie bei seinem Anblick genauso bestürzt wie ich und begrüßte ihn ausgesprochen kühl.

»Ich bin wieder in dieser Gegend«, berichtete er. »Ich weiß, daß Sie mir nie verzeihen würden, wenn ich nicht vorspräche.«

»Wie lange?« fragte meine Stiefmutter ziemlich taktlos, was sonst gar nicht ihre Art war.

»Das hängt von meinen Geschäften ab.«

Mein Vater sagte: »Mr. Featherstone hat zugesagt, auf das Fest zu kommen.«

»Oh«, erwiderte meine Stiefmutter leise.

Ich war froh, als er ging.

Mir ist nicht wohl bei der Sache.

21. Mai. Mein Geburtstag! Und dazu der aufregendste Tag in meinem Leben! Wie wunderbar, daß es ausgerechnet an meinem Geburtstag geschah!

Der Tag begann ziemlich bewölkt, und wir waren besorgt, daß es regnen würde. Die Dienstboten liefen dauernd hinaus und sahen zum Himmel.

Ich habe mir im Laufe des Tages wenigstens zwanzigmal mein Kleid im Schrank angeschaut. Es ist das schönste Kleid, das ich je besaß. Ich hatte meine Stiefmutter gebeten, Freddy ausnahmsweise länger aufzulassen, und sie hat schließlich eingewilligt. Ich glaube, ihr Zögern war nur gespielt. Sie hat Freddy wirklich lieb, und unsere Zuneigung zu ihm verbindet uns – trotz meiner Abneigung gegen sie.

Am Nachmittag hellte es sich auf, und alle sagten, jetzt würde es doch noch schön. Der Wind legte sich, und solange es nicht regnete, meinten sie, wäre das Wetter fabelhaft für unser Gartenfest. Meine Stiefmutter war in ihrem Element und organisierte alles. Mein Vater sah ihr amüsiert zu. Wie er sich seit seiner Heirat verändert hat! Jedenfalls hat meine Stiefmutter ihn glücklich gemacht. Ich bin sicher, so war er früher nie, nicht mal, als meine Mutter noch lebte.

Ich, mein Vater, meine Stiefmutter und Freddy, der dastand wie der kleine Sohn des Hauses, empfingen die ankommenden Gäste. Welche Freude, als Magnus mit den Masters eintraf. Er sah ungeheuer elegant aus. Wie kleidsam diese schlichte Mode doch ist. Der modische Firlefanz, den diese Stutzer am Hofe eingeführt haben, ist mir von Herzen zuwider.

Das Wetter war herrlich. Der Mond schien und machte die Szenerie noch bezaubernder. Bald ergoß sich die Gesellschaft auf den Rasen und in den Garten. Das Essen wurde in der Halle und im Speisezimmer serviert, und die Leute konnten ihre Teller mit herausnehmen und sich zum Essen in den Garten setzen.

Eins aber verdarb mir die Freude: Desmond Featherstones Gegenwart. Und nichts hielt ihn davon ab, pausenlos hinter mir herzulaufen.

Wie froh war ich, daß Magnus ebenso entschlossen war, nicht von meiner Seite zu weichen. Gemeinsam gelang es uns, Desmond Featherstone abzuschütteln.

Freddy ging zu Bett, als es ihm befohlen wurde. Er ist ein folgsamer kleiner Junge. Offensichtlich ist er es gewöhnt, widerspruchslos zu tun, was man ihm sagt. Ich finde diese Unterwürfigkeit bemitleidenswert und frage mich oft, was für ein Leben er bei der

Schwägerin meiner Stiefmutter gehabt haben mag. Doch ich habe ihn nie gefragt, weil ich das Gefühl habe, daß er seine unselige Vergangenheit vergessen möchte.

Natürlich hatte ich an meinem Geburtstag auch anderen Gästen gegenüber Verpflichtungen. Ich mußte mit etlichen Freunden meines Vaters tanzen. Einige waren angesehene Kartographen, die eigens zu diesem Fest von weit her angereist waren.

Immerhin konnte ich mich kundiger als früher mit ihnen über Landkarten unterhalten, und das hatte ich Magnus zu verdanken.

Vielleicht war ich etwas geistesabwesend, dachte ich doch die ganze Zeit, wie ich wieder zu Magnus kommen könnte. Und als ich dann zu ihm stieß, wartete er schon auf mich, weil er ebenfalls meine Gesellschaft suchte.

Und dann kamen die herrlichen Minuten im Rosengarten. Der Rosenduft war köstlich. Ich werde stets an den Abend des 21. Mai im Jahre 1792 in dem ummauerten Garten denken, denn über dieser Nacht lag ein Zauber. Mein Leben lang werde ich mich daran erinnern.

Wir saßen Seite an Seite auf zwei Korbstühlen an der Mauer gegenüber dem schmiedeeisernen Tor, so daß wir Störenfriede sofort bemerken konnten. Aus dem Haus drangen entfernte Geigenklänge, und hin und wieder ertönte Gelächter. Die Luft war lind und mild.

Magnus küßte mir die Hände. »Von dem Augenblick, als ich dich sah, habe ich es gewußt«, sagte er.

»Ich auch.«

»Es war, als ginge etwas zwischen uns vor... wie ein geheimes Einverständnis. Ja?«

»Ja, genauso war es.«

»Das Leben ist schön. Ich glaube, solche Harmonie findet man selten.«

»Es ist etwas sehr Kostbares.«

»Wir wollen es uns bewahren.«

»Magnus, und was soll nun werden? Du bist hier nicht zu Hause.«

»Nein. Ich bleibe ein Jahr... vielleicht auch länger. Dann muß ich heim.«

»Ein Jahr«, sagte ich glücklich. »Ein Jahr für uns zwei.«

»Und dann«, fuhr er fort, »kommst du mit in meine Heimat. Wir werden heiraten.«

»Und leben glücklich immerdar... Wie im Märchen.«

»Wir werden viele Kinder haben. Sie werden mit uns arbeiten, sie werden die Welt erforschen. Es wird ein schönes Leben werden.«

»Ich bin so glücklich«, sagte ich. »Ich glaube, niemand hatte je einen glücklicheren 18. Geburtstag.«

Er schwieg eine Weile, dann sagte er: »Wir machen uns zusammen auf die Suche nach meiner Insel.«

»O ja, die Insel. Ich hatte oft den Eindruck, daß du mir davon erzählen wolltest.«

»Laß mich jetzt damit anfangen. Dieser schöne Garten ist gerade der richtige Ort dafür. Ich wollte schon so lange mit dir darüber sprechen. Manchmal ist es wie ein Traum, und ich könnte glauben, ich habe mir alles nur eingebildet.«

»Erzähl es mir. Ich möchte es so gerne wissen.«

Nach kurzem Zögern begann er: »Ich war auf der Expedition, um die Meere zu kartieren. Wir waren überzeugt, daß es viel mehr Inseln gab als die uns bekannten, und wollten sie finden. Ich glaube, ich habe eine neue entdeckt. Ich bin ganz sicher. Aber laß mich der Reihe nach berichten. Wir kreuzten im Pazifik... um die Sandwich-Inseln, wo Kapitän Cook zehn Jahre früher von Eingeborenen zu Tode geprügelt worden war. Wie kann ich dir beschreiben, wie das ist, auf See zu sein, vielleicht dort zu segeln, wo nie zuvor Menschen gesegelt sind? Kapitän Cook hatte so viel entdeckt, daß ich schon Angst hatte, es gebe nichts mehr zu finden.«

»Erzähl mir von der Insel, die du entdeckt hast.«

»Ja, du sollst es wissen. Ich möchte, daß wir uns beide auf die Suche nach ihr machen. Ich werde so lange keine Ruhe haben, bis ich sie wiedergefunden habe... und ich möchte, daß du dann bei mir bist.«

Ich streichelte seine Wange, und er nahm meine Hand und küßte sie wieder und wieder.

»Du wirst dasselbe empfinden wie ich«, fuhr er fort. »Du wirst den Ruf des Meeres spüren. Es ist dazu da, vom Menschen erforscht zu werden... er muß es bezwingen und sich nutzbar machen. Welch ein Glück, daß wir auf dieser Erde geboren sind. Aber zurück zu meiner Insel!«˙

»Ja, bitte. Manchmal denke ich, du hältst mit etwas zurück... du zögerst. Erst sagst du, du willst, und dann zauderst du. Was hat es mit der Insel auf sich?«

Er schwieg ein paar Sekunden, dann sagte er: »Das Meer war ruhig, so ruhig... kaum zu glauben, daß wir segelten. Und plötzlich kommt Sturm auf... Stürme, wie man sie sich nicht im Traum vorstellen kann, Ann Alice. Du ahnst ja nichts vom Wüten eines Hurrikans. Der Wind ist wie tausend Dämonen, er brüllt und peitscht die Wellen auf, daß die See ein schäumender Hexenkessel wird. Der Regen, vom Wind getragen, knallt waagerecht gegen das Schiff. Der Sturm scheint entschlossen, alles auf seinem Wege zu zerstören. Was für eine Chance hat ein Schiff bei solcher See in solchem Sturm? Ich wußte, daß etwas passieren würde. Wir beteten um ein Wunder, aber niemand glaubte daran, denn wir wußten, daß das Schiff dem Wüten nicht standhalten konnte. Ich dachte, mein letztes Stündlein hätte geschlagen. Merkwürdigerweise war ich ganz ruhig, und ich bedauerte nur, daß ich die vielen unbekannten Gebiete nie entdecken würde. Mein Name würde mit mir untergehen. Mein Leben war bedeutungslos. Dabei hatte ich so phantastische Träume gehabt. Magellan, Heinrich der Seefahrer, Drake, Cook, Ptolemäus, Mercator, Hondius... ich träumte, einer von ihnen zu werden. Ein Mann braucht Zeit, um sich zu bewähren. Ich habe seitdem oft an alle gedacht, die jung sterben mußten und nie eine Chance hatten zu tun, wovon sie träumten. Damals glaubte ich, mir sei dasselbe Schicksal bestimmt.

Die See warf uns herum wie einen Pappkarton, hierhin und dorthin. Der Wind brüllte mit dämonischem Gelächter über unsere Not, und Regen, Donner und Blitz taten ein übriges, unsere Lage zu verschlimmern. Und dann barst das Schiff draußen auf hoher, stürmischer See. Das Deck schien unter uns fortzuschlingern...

Schiffsteile rutschten ins Meer. Alle Hoffnung war dahin. Wir schwammen auf einem Wrack.

Ich klammerte mich an eine Holzplanke. Ein Teil vom Deck, nehme ich an. Mir war, als sei ich halb tot, und ich glaubte, mein Ende sei nicht mehr fern. Niemand konnte in solch aufgewühlter See überleben.

Ich wußte ungefähr, wo wir uns befanden, bevor der Sturm einsetzte, konnte aber nicht berechnen, wie weit wir seitdem gekommen waren und wohin uns die Wellen geworfen hatten. Ich hatte nur den einen Gedanken, mich an meine Holzplanke zu klammern. Die See warf das Brett hin und her. Ich tauchte unter... und dann war ich wieder über Wasser. Ich schloß die Augen und wartete auf den Tod.

Es heißt, wenn man ertrinkt, zieht das ganze Leben an einem vorbei. Man erinnert sich an Einzelheiten... Kindheit, Schulzeit. Ich weiß nicht, ob ich dafür zu benommen war. Ich weiß nicht, wie lange ich mich an mein Floß klammerte. Aber wie dem auch sei, Gedanken an meine Vergangenheit hatte ich nicht, nur das Bedürfnis, mich an der Planke festzukrallen, die alles war, was ich hatte, um mich gegen die tobende See zu verteidigen. Ich war zu Tode erschöpft und verlor das Bewußtsein.

Als ich die Augen wieder aufschlug, war alles verändert. Ich hörte sanftes Rauschen von Wellen, die auf Sand ausliefen, und nahm eine ganz schwache würzige Brise wahr. Der Himmel war strahlend blau, das Meer still wie ein See. So glatt, ein glasklares Blau. Später sollte ich entdecken, daß es auch leuchtend grün sein konnte. So hatte ich das Meer noch nie erlebt. Ich war an eine Insel geworfen worden, die so ganz anders war als alle anderen.«

»So bist du zu der Insel gekommen?«

»Ja. Als ich die Augen aufschlug, sah ich als erstes Menschen. Sie hockten in einiger Entfernung – große Männer und Frauen und nackte Kinder beobachteten mich mit weiten, erstaunten dunklen Augen. Ihre Haut war hellbraun, die Haare dunkel und üppig. Alle trugen Schmuck, offenbar aus Gold, und die Frauen hatten Blumen um Hals und Fußgelenke.

Der größte von den Männern – ich hielt ihn für den Häuptling –

trat zu mir und sagte etwas, das ich nicht verstehen konnte. Ich versuchte zu erklären... aber es bedurfte kaum einer Erklärung. Mein Zustand, die Holzplanke, die mich ans Ufer getragen hatte, sprachen für sich.

Wir verständigten uns mit Zeichen, Gesten und Mimik. Sie brachten eine Art Bahre – Holzstücke, mit Pflanzenfasern verknüpft – und legten mich darauf, denn ich war zu erschöpft, um zu gehen. Zwei Männer trugen mich in ein Haus. Später merkte ich, daß es das Haus des Häuptlings war. Es war ein Rundbau mit einem Dach aus Stroh, der Fußboden war aus Lehm und enthielt rohgezimmerte Bänke. Ich wurde sachte niedergelegt, und etliche Leute kamen und untersuchten mich. Sie brachten mir zu essen... Früchte, die ich nie zuvor gekostet hatte, Mangos und Papayas, süße Bananen und Nüsse. Sie gaben mir etwas Feurig-Scharfes zu trinken, wovon mir schwummerig im Kopf wurde, und als ich es verweigerte, brachten sie mir Kokosmilch in der Schale.

Ich fragte mich, was sie mit mir vorhatten, denn ich hatte Geschichten von der Grausamkeit der Eingeborenen auf fernen Inseln gehört. Auch Kapitän Cook war erschlagen worden, als er auf den Sandwich-Inseln ein gestohlenes Boot zurückholen wollte. Ich hätte mich auf ein grauenhaftes Schicksal gefaßt machen können – aber ich kam gar nicht auf so einen Gedanken. Ich spürte die Güte dieser Leute. Sie waren groß und stark. Sie hätten kriegerisch sein können, aber es ging so viel Sanftmut von ihnen aus, daß ich überhaupt keine Angst hatte.

Ich war dermaßen erschöpft, daß ich lange Zeit schlief. Wenn ich aufwachte, war immer wenigstens ein dunkles Augenpaar auf mich gerichtet. Man gab mir zu essen, Fruchtsaft und etwas, das ich nie zuvor gekostet hatte, ich glaube, man nennt es Brotfrucht. Ich muß mindestens vier Tage und Nächte von ihnen gepflegt worden sein, ehe ich wieder bei vollem Bewußtsein war.

Als ich aufstand, klatschten sie in die Hände. Sie riefen laut, und ein Mann lief aus dem Haus und schlug auf eine Trommel. Später erfuhr ich, daß sie auf diese Weise die Gemeinde zusammenriefen. Die Stunde, die dann folgte, werde ich nie vergessen. Sie kamen herein, um mich zu betrachten. Sie gingen um mich herum. Sie faßten mich an und staunten über meine weiße Haut. Sie blickten verwundert in meine hellen Augen, aber am meisten fesselten sie meine blonden Haare.

Ich hatte keine Angst vor ihnen. Das war ja das Wunderbare. Sie standen um mich herum, die großen Männer und Frauen mit ihrem glänzenden goldenen Schmuck und ihren Blumen. Sie hätten mich martern und auf grausame Weise töten können... aber das kam mir gar nicht in den Sinn.

Sie waren ein glückliches Volk. Ständig lachten sie. Sie hockten um mich herum, berührten meine Haare, boten mir Früchte und mit Flüssigkeit gefüllte Kokosnußschalen an.

Ich saß neben dem Häuptling. Ich hielt ihn für den Häuptling, weil er mehr goldene Schmuckstücke trug als die anderen. Außerdem strahlte er Autorität aus.

Ja... das also war meine Insel.«

»Und wie lange warst du dort?«

»Ich weiß es nicht. Ich habe die Tage nicht gezählt. Aber ich muß sie wiederfinden. Alles war dort so seltsam, und manchmal könnte ich glauben, daß es sie gar nicht gibt, daß ich mir alles eingebildet habe.«

»Erzähl mir mehr, erzähl mir alles. Ich möchte alle deine Abenteuer wissen.«

»Wir verständigten uns durch Zeichen. Ich lernte ein paar Worte ihrer Sprache. Gehen, kommen und dergleichen. Es war eine blühende Gemeinde, denn es gab alles auf der Insel, was sie begehrten. Sie hatten Fisch und Früchte im Überfluß. Sie trieben auch Ackerbau auf eine Art, die ich sonst nirgendwo gesehen hatte. Gekocht wurde in Lehmöfen. Die Gefäße waren aus Gold, wurden halb eingegraben und der heißen Sonne ausgesetzt. Manchmal kochten sie auch in einem Gerät, das wie eine Heukiste aussah. Sie ernährten sich hauptsächlich von Fisch, der sich fast mühelos fangen ließ. Ihre Kleidungsstücke waren aus Blättern und Pflanzenfasern gewebt. Sie lebten einfach, und nie habe ich solche Harmonie erlebt wie auf dieser Insel. Sie besaßen einen schlichten Glauben an die Güte. Sie arbeiteten gemeinsam, einer für alle und alle für einen. Es war wie im Garten Eden, Ann Alice.

Es gab Gold dort – so reich wie die Fische im Meer und das Obst an den Bäumen. Nahm man eine Handvoll Erde, schon fand man Gold darin. Die Leute hatten gelernt, es zu Hals- und Armbändern zu schmieden. Sie polierten es und hielten es in die Sonne. Ich nehme an, sie dachten, das Gold habe etwas von der Sonne eingefangen, und deshalb machten sie so ausgiebig Gebrauch davon. Sie beteten die Sonne als Lebensspenderin an. Sie sahen sie jeden Morgen aufgehen und begrüßten sie jubelnd, und sie waren immer sehr ernst, wenn sie sie abends verschwinden sahen. Ich stand mit ihnen am Strand und sah zu, wie der große rote Ball am Horizont versank. Sie verschwand ganz plötzlich. Es gab keine Dämmerung. Der Sonnenuntergang war anders als hier. Kaum zu glauben, daß es dieselbe Sonne ist. Ach, ich könnte ohne Unterlaß von meiner Insel erzählen.«

»Und ich höre so gerne zu.«

»Ich lebte bei ihnen... wie lange? Ich habe keine Ahnung. Ich wurde fast einer der Ihren.«

»Wolltest du nicht nach Hause... zu deiner Familie?«

»Merkwürdig, ich habe gar nicht an sie gedacht. Ich hatte meinen Ehrgeiz vergessen, über die Meere zu segeln und neue Länder zu entdecken. Ich war es zufrieden, mein Leben mit diesen Leuten zu leben. Ich fischte mit ihnen, ich baute mir mit ihrer Hilfe eine Hütte. Ich lebte wie sie und war von großer Zufriedenheit erfüllt. Es ist schwer zu erklären. Es hatte wohl mit der angeborenen Sanftmut dieser Menschen zu tun. Nie hätte ich geglaubt, daß es auf Erden so etwas geben könnte.«

»Warum bist du dann fortgegangen? Und wie hast du die Insel verlassen?«

»Manchmal denke ich, es ist etwas Mystisches an meiner Existenz. Deshalb widerstrebt es mir, darüber zu sprechen. Die Leute ernährten sich, wie gesagt, von Fisch, den es im Überfluß gab. Wir verbrachten einen guten Teil des Tages in den Booten. Es waren primitive Gefährte, ähnlich wie Kanus. Die Kanus faßten zwei Personen, und wir fischten immer zu zweit. Ich war oft mit einem unterwegs, dessen Namen sich wie Wamgum anhörte. Wir hatten uns angefreundet. Er lehrte mich ein paar Worte in seiner Sprache, und dann und wann gelang es mir, mich ein wenig verständlich zu machen. Ich brachte ihm auch ein paar Worte in meiner Sprache bei.

Eines Tages fuhren Wamgum und ich hinaus. Die Sonne stand hoch am Himmel und brannte sengend auf uns herab. Wir schützten uns mit Kopfbedeckungen aus Stroh. Wir fingen nicht sogleich an zu fischen. Wir paddelten so vor uns hin, und nach einer Weile ließen wir uns treiben. Ich blickte zurück zu der Insel, üppig grün und schön lag sie da. Ich sang ein Lied aus meiner Heimat, woran die Leute der Insel immer Gefallen hatten. Wamgum schloß beim Lauschen die Augen. Dann döste auch ich ein.

Als ich aufwachte, verdüsterten schwere Wolken die Sonne. Es war finster. Erschreckt weckte ich Wamgum auf. Er sah sich bestürzt um. Die Insel war nicht mehr zu sehen. Plötzlich rüttelte ein Windstoß das Kanu.

In den tropischen Meeren kommen Stürme ganz plötzlich auf. Regen strömte herab, der Wind heulte. Das Unwetter wiederholte sich, nur diesmal saß ich in einem zerbrechlichen Kanu. Wir konnten nicht gegen die Elemente ankämpfen. Wir fielen über Bord und klammerten uns an das Kanu. Auf einmal war Wamgum nicht mehr da. Eine große Welle erfaßte das Kanu, schleuderte es hoch in die Luft, und es zerbarst in zwei Teile. Ich hielt mich an einem Brett fest. Es war genauso wie damals. Wieder war ich dem Tode nahe und dachte, dies sei das Ende. Ich klammerte mich an das Brett, konnte mich hinaufhieven, so daß ich über Wasser war, und hielt mich fest. Ich wurde hin und her geworfen und geschüttelt, und es war wie ein Wunder, daß ich nicht losließ.

Es kann nicht wieder geschehen, dachte ich, es sei denn, ich werde zu einem bestimmten Zweck gerettet. Diesmal muß es das Ende sein.

Ich weiß nicht, wie lange ich mich so hielt. Alles passierte abermals, die Benommenheit, das Schwinden des Bewußtseins, das Warten, daß das Meer mich verschlinge. Ich verlor jedes Zeitgefühl. Ich wußte nicht, ob es Tag oder Nacht war. Ich konnte mich nur an mein Brett klammern und abwarten, ob die nächste Riesenwelle mich fortreißen würde.

Plötzlich legte sich der Wind. Die See war noch rauh, aber mein Stück Holz ritt auf den Wellen. Der Himmel war klar, die Sonne so unbarmherzig, daß ich mir fast den Sturm zurückwünschte. Matt und erschöpft glitt ich auf dem ruhigen Meer... wie lange, weiß ich nicht.

Ich wurde von einem Schiff aufgenommen, aber da wußte ich nicht mehr, wo noch wer ich war. Ich lag im Dunkeln auf dem Schiff, kühle Getränke wurden mir eingeflößt. Ich glaube, ich hatte Fieberphantasien. Ich sprach von der Insel.

Allmählich tauchte ich aus diesem Zustand auf. Der Schiffsarzt kam zu mir. Er sagte, sie segelten nach Rotterdam, und erklärte, ich habe meine Tortur wie durch ein Wunder überstanden. Kaum jemand sei dem Tode so nahe gewesen und davongekommen. Ich litt unter akutem Sonnenstich, Auszehrung und Erschöpfung. Aber ich war jung und stark, und bevor die Reise zu Ende war, war ich vollständig genesen.«

»Was für ein außergewöhnliches Abenteuer. Aber hättest du es nicht erlebt, wärst du jetzt nicht hier.«

Ich machte ein so betrübtes Gesicht, daß er lachen mußte. »Du hättest mich nie kennengelernt, also hättest du auch nicht um mich getrauert.«

»Ich lasse dich nie mehr ohne mich auf Reisen gehen.«

»Wir gehen zusammen.«

»Willst du immer noch hinaus, nach allem, was geschehen ist?«

»Ich muß. Es ist mein Leben... Ich muß neue Länder entdecken. Außerdem muß ich auf die Insel zurück.«

»Meinst du, du kannst sie wiederfinden?«

»Es wird nicht leicht sein. Ich habe den Seeleuten davon erzählt. Sie dachten, ich phantasiere. Eine Insel, wo die Wilden sanft sind, wo Liebe und Freundschaft walten, wo es Fische und Früchte im Überfluß gibt, wo man Gold aufsammelt und zu Kochtöpfen verarbeitet? Ich war in der Tat im Fieberwahn. Und glaub mir, Ann Alice, es gab Zeiten, da dachte ich wirklich, ich hätte mir das Ganze nur eingebildet. Ich hatte Schiffbruch erlitten, daran bestand kein Zweifel. Ich wurde von einem Schiff wieder aufgenommen und nach Hause gebracht. Lebte ich in jener Phantasiewelt, als ich halb bewußtlos auf meinem Brett hing? Existierte diese Welt auch außerhalb meiner Einbildung?«

»Aber du kannst doch nicht die ganze Zeit auf dem Brett gewesen sein?«

»Es war nur kurze Zeit. Ich konnte nicht länger als eine Woche auf der Insel gewesen sein. Dennoch schien es mir eine sehr lange Zeit... im Rückblick. Sonnenaufgang verschmelzend mit Sonnenuntergang. Die Tage waren lang. Ich bin mir nicht sicher. Manchmal glaube ich, die anderen haben recht. Deshalb muß ich die Insel wiederfinden.«

»Ich komme mit dir.«

»Ach, Ann Alice, ich wußte, du würdest genauso empfinden wie ich. Ich wußte es von dem Augenblick an, als wir uns begegneten, am allerersten Tag. Ich habe eine Karte angefertigt, die ich dir zeigen möchte. Ich habe die Stelle eingezeichnet, wo ich glaube, daß sich die Insel befindet. Ich weiß, wo wir gesegelt sind, und kann ungefähr bestimmen, wo wir waren, als der Sturm losbrach. Darum kann die Abweichung nicht groß sein.«

»O ja, bitte zeig mir die Karte.«

Er legte seinen Arm um mich und drückte mich an sich. Dann nahm er mein Gesicht in seine Hände und küßte mich. So standen wir ein paar Minuten und hielten uns umschlungen.

Kurz darauf vernahm ich von weitem Schritte, aber ich wollte mich nicht von Magnus lösen. Eine Stimme durchbrach die Stille.

»Ich verstehe dich nicht. Warum tust du es nicht? Es ist ganz leicht. Was ist los mit dir? Du hast dich verändert. Verliebt ins bequeme Leben, wie? Willst dich aus der Abmachung stehlen.«

Es war die Stimme von Desmond Featherstone. Er hörte sich grob und wütend an. Diesen Ton hatte ich bei ihm noch nie vernommen. Mit wem sprach er? Es konnte nur meine Stiefmutter sein. Aber nein, ich vermochte mir nicht vorzustellen, daß jemand es wagte, in diesem Ton mit ihr zu reden.

»Was ist das?« fragte Magnus.

»Ich dachte, da kommt jemand. Horch.«

Die Schritte entfernten sich.

»Sie haben es sich wohl anders überlegt«, meinte Magnus. »Sie überlassen uns den schönen Garten, wir haben ihn ganz für uns allein.«

»Ich denke, wir sollten zurückgehen. Man wird mich vermissen.« Ich seufzte. »Ich möchte am liebsten ewig hierbleiben.«

Wir küßten uns. »Wir werden Pläne machen«, flüsterte Magnus. »Morgen zeige ich dir die Karte von der Insel.«

Zusammen kehrten wir ins Haus zurück.

Und jetzt sitze ich in meinem Zimmer vor meinem Tagebuch. Ich bin so froh, daß ich mir angewöhnt habe, alles aufzuschreiben. Ich möchte jeden Augenblick dieses Abends festhalten und für immer bewahren. Es war der glücklichste Abend meines Lebens.

Doch während ich darüber nachsinne, höre ich dann und wann Desmond Featherstones Stimme. Sie verdirbt die Vollkommenheit dieses Abends. Ich möchte wissen, was er gemeint hat. Es gibt mir Rätsel auf, es zwängt sich zwischen mein Glück und überzieht die Vollkommenheit mit einem Hauch von Unbehagen.

30. Juni. Heute nachmittag war James Cardew hier. Anscheinend vergesse ich mein Tagebuch immer wieder, bis etwas Wundervolles oder etwas Furchtbares geschieht. Vielleicht ist es ganz gut so. Würde ich Alltägliches aufschreiben, wäre es bald ausgesprochen langweilig. So aber kann ich beim Durchlesen alle Höhepunkte noch einmal erleben – gute wie böse.

Es ist mehr als ein Monat vergangen, seit Magnus und ich uns unsere Liebe gestanden. Ein herrlicher Monat! Wir haben soviel besprochen! Und so viele Pläne geschmiedet. Es war ausgemacht, daß er ein Jahr in England bleibt, um sich mit unseren Arbeitsweisen vertraut zu machen. Seine Familie dachte, mein Bruder würde vielleicht im Austausch gern zu den Perrensens gehen und deren Methoden studieren. Und so wäre es wohl auch gekommen, wenn Charles hiergewesen wäre. Mein Vater hatte gemeint, Charles wäre das sicher recht gewesen.

Magnus bleibt auf jeden Fall hier, bis die Zeit abgelaufen ist. Sosehr er auch unsere Heirat herbeisehnt, er ist ganz besessen von der Kartographie und sehr an unserer Arbeit interessiert. Daran möchte ich ihn auf keinen Fall hindern.

Wir machten also Pläne. Anfang nächsten Jahres wollen wir heiraten, und ich werde mit ihm in seine Heimat gehen. Er erzählte viel von Norwegen, von den schönen Fjorden und Bergen. Er zeigte mir Landkarten von seiner Heimat und von dem Ort, wo seine Familie ein Landhaus hat. Ich bin so glücklich und lebe bereits in der Zukunft. Es wird wunderbar werden. Ich werde die Mitternachtssonne sehen, in den Fjorden in einem Boot liegen, werde mit Magnus schwimmen und angeln. Wir wollen durch die Wälder reiten. Und dann wollen wir auf die Suche nach seiner Insel gehen. Zusammen, immer zusammen.

Er zeigte mir die Karte mit der Insel. Er hatte sie die Insel Eden getauft.

»Hier muß sie sein.« Er zeigte auf die Karte. »Ich habe Karten von diesem Gebiet studiert, aber sie ist nirgends verzeichnet. Nördlich von hier sind die Sandwich-Inseln, hier unten liegt Tahiti... hier sind die Gesellschaftsinseln. Sie könnte mehrere Meilen südlich oder nördlich sein... ich weiß es nicht genau. Aber sie ist da... irgendwo. Diese ganzen Inseln wurden ja erst kürzlich entdeckt, und die Meere sind noch nicht alle kartiert. Ist es nicht aufregend, welche Entdeckungen uns noch bevorstehen? Ich mache noch eine zweite Karte, die schenke ich dir. Dann haben wir beide eine Karte mit meiner Insel Eden. Halte deine in Ehren, Ann Alice. Verwahre sie an einem sicheren Ort.«

Ich habe die Karte noch nicht, aber wenn, dann werde ich sie bestimmt an einem sicheren Ort aufbewahren. Ich stecke sie zu meinem Tagebuch in die Schublade. Magnus möchte nicht, daß jemand sie zu sehen bekommt. Ich glaube, er fürchtet, jemand anderer könnte die Insel vor ihm finden.

Mein Vater und meine Stiefmutter wissen, wie es zwischen Magnus und mir steht, aber ich glaube nicht, daß ihnen klar ist, wie ernst es uns ist. Sie denken wohl, es handelt sich um eine Romanze, eine jugendliche Schwärmerei, wie man so sagt. Sie vergessen offenbar, daß ich achtzehn bin und Magnus drei Jahre älter ist als ich. Wir sind keine Kinder mehr, aber Eltern fällt es vermutlich schwer, das einzusehen. Komisch, dabei hat meine Stiefmutter erst vor kurzem darüber gesprochen, sie wolle Gesellschaften für mich geben, damit ich meinen zukünftigen Ehemann kennenlernen könnte. Sie denken wohl, nur eine Heirat, die sie eingefädelt haben, ist ernst zu nehmen.

Der Gesundheitszustand meines Vaters hat sich in letzter Zeit verschlechtert. Manchmal wirkt er sehr müde. Meine Stiefmutter sorgt sich sehr um ihn. Sie schwirrt dauernd um ihn herum, eilt mit einer Decke für seine Knie herbei, wenn er im Garten sitzt und ein kalter Wind aufkommt, schiebt ihm ein Kissen unter den Kopf, wenn er einnickt. Er schilt sie immer, weil sie ihn wie einen Kranken behandelt. Dabei genießt er es sichtlich.

Ich war sehr froh, als Desmond Featherstone kurz nach meinem Geburtstag verschwand. Ich hatte schon Angst, er würde länger bleiben und mir wieder ständig auflauern. Es war eine große Erleichterung, als er fort war.

Ich schreibe dies alles nur, um den Augenblick hinauszuschieben, da ich von dem schrecklichen Ereignis schreiben muß.

Freddy und ich waren mit der Kutsche in Groß-Stanton gewesen. Es war ein herrlicher Nachmittag. Wir waren im Laden bei Magnus, und ich war wie im Glückstran nach Hause kutschiert. Als wir ins Haus gingen, kam ein Reiter auf uns zu.

Er hielt an und neigte den Kopf zum Gruß. »Sie sind doch Miss Mallory?« fragte er.

Ich war verblüfft, denn ich glaubte ihn zu kennen, konnte mich aber nicht besinnen, wer er war. »Ja«, erwiderte ich.

»Da habe ich Sie doch erkannt. Nur, damals waren Sie viel jünger.«

»Jetzt erinnere ich mich. Sie sind ein Freund meines Bruders.« Meine Stimme erstarb. Eine entsetzliche Vorahnung ergriff mich.

»Ich muß mit Ihnen sprechen. Darf ich mein Pferd in Ihrem Stall lassen und mit ins Haus kommen?«

»Was ist geschehen?« rief ich. »Sagen Sie's mir schnell. Handelt es sich um meinen Bruder?«

Er nickte ernst.

»Wir haben uns solche Sorgen gemacht«, sagte ich. »Er ist doch nicht etwa... tot?«

»Das Schiff ist vor der australischen Küste gesunken. Ich bin einer der wenigen Überlebenden«, erklärte er.

Mir wurde schwindlig. Ich packte Freddys Hand. »Freddy«, stieß ich hervor, »lauf zu Tante Lois. Sag ihr... wir haben Besuch.«

Ich führte James Cardew zum Stall. Wir schwiegen, als der Stallknecht ihm sein Pferd abnahm.

Langsam gingen wir ins Haus. »Ich kann Ihnen gar nicht sagen, wie es mich betrübt, der Überbringer einer solchen Nachricht zu sein«, sagte er schließlich. »Aber ich mußte Sie aufsuchen... und Ihren Vater.«

»Das ist lieb von Ihnen. Vater fühlt sich in letzter Zeit nicht ganz wohl. Lassen Sie mich es ihm zuerst sagen.«

Mein Vater war im Garten eingenickt. Ich ging zu ihm. »Wir haben Besuch. Mr. Cardew ist da. Erinnerst du dich an Mr. Cardew? Er hat Charles besucht... damals, bevor er wegfuhr. Ach, Papa, er bringt eine sehr traurige Nachricht. Charles...«

Nie werde ich das schmerzerfüllte Gesicht meines Vaters vergessen. Er wirkte plötzlich sehr alt und müde.

Meine Stiefmutter kam und setzte sich zu meinem Vater und hielt seine Hand. James Cardew erzählte von der Reise, von der schrecklichen Nacht des Schiffbruchs. Mir scheint, dies ist das Schicksal aller, die sich dem Meer verschreiben. Ich hatte von Magnus soviel über Seenotfälle gehört, und nun war es, als hörte ich die ganze traurige Geschichte noch einmal. Nur daß diese mit dem Tod endete.

James Cardew blieb nicht lange. Er spürte wohl, daß sein Anblick unseren Schmerz noch vermehrte.

Heute ist unser Haus ein Trauerhaus.

1. August. Wir sind sehr traurig. Wir können nicht glauben, daß wir Charles nie wiedersehen werden.

Meine Stiefmutter hat alles getan, um meinen Vater aufzuheitern. Doch einen Tag, nachdem James Cardew da war, hatte er wieder einen Anfall. Meine Stiefmutter ließ den Arzt kommen. Der meinte, angesichts des Schocks, den mein Vater erlitten habe, sei das nicht verwunderlich.

Es war ein besonders schlimmer Anfall, der meinen Vater eine Woche ans Bett fesselte. Meine Stiefmutter las ihm aus der Bibel vor, was ihm offenbar großen Trost spendete.

Ein paar Wochen nach diesem Vorfall raffte mein Vater sich auf, er begab sich nach Groß-Stanton, um seine Anwälte aufzusuchen.

Hinterher sprach er mit mir darüber. »Weißt du, Ann Alice, Charles' Tod hat alles verändert. Unsere Mallory-Linie stirbt aus. Jahrhundertelang haben Mallorys in diesem Haus gelebt. Jetzt bricht die Kette ab.«

»Spielen Namen denn eine so große Rolle?«

»Bei manchen Familien schon. Ich muß an dieses Haus und alles denken. Wenn du heiratest und ins Ausland gehst, was dann? Die Familie ist zerstreut, der Name verweht. Charles hätte ihn hier weitergeführt.«

»Ja, ich verstehe«, sagte ich. »Aber ist es denn alles in allem so wichtig? Die Menschen sollen doch letztendlich glücklich sein. Sie finden ihr Glück mit anderen Menschen, nicht in Häusern und Namen.«

»Du sprichst wie ein verliebtes Mädchen. Es ist Magnus, nicht wahr?«

»Ja.«

»Ein kluger junger Mann. Weitgereist und von der Kartographie wie besessen, so wie ich es selbst nie war. Masters ist auch so. Masters sagt, Magnus hat ein besonderes Talent dafür. Und dazu hat er Abenteurerblut. Dein Bruder Charles war genauso.« Er schwieg ein Weilchen, dann fuhr er fort: »Ich mußte den alten Grampton aufsuchen.«

Grampton, Söhne und Henderson sind unsere Anwälte.

»Ich habe an das Haus gedacht. Du solltest es bekommen. Was würdest du damit machen? Hoffentlich nicht verkaufen.«

»Nein, Papa, bestimmt nicht.«

»Ich hoffe, es bleibt stets das Heim deiner Stiefmutter, solange sie lebt. Ich habe für sie vorgesorgt. Natürlich ist dein Cousin John noch da. Ich habe in letzter Zeit nicht viel von ihm gehört. Aber er ist ein Mallory... darum meine ich, er sollte das Haus erben,

falls... falls du zufällig nicht hier wohnen bleiben möchtest...
und deine Stiefmutter nicht mehr lebt.«
»Du sprichst, als ob du sterben würdest, Papa.«
»Das habe ich noch lange nicht vor. Aber ich wollte sichergehen,
daß alles in Ordnung ist... und angesichts dessen, was Charles
zugestoßen ist...« Seine Stimme erstarb.
Ich nahm seine Hand. Es geschah selten, daß wir uns so nahe fühlten.
Ich mag solche Gespräche nicht. Es ist fast, als denke mein Vater,
er würde sterben.
Ein seltsamer Monat war das. Eine gedrückte Stimmung lag über
dem Haus, und nur wenn ich bei Magnus bin, fühle ich mich freier.
So glücklich zu sein und gleichzeitig zu wissen, daß das Unglück
jeden Moment über uns hereinbrechen kann, gibt mir zu denken.
Und in dieser nachdenklichen Stimmung greife ich zu meinem Tagebuch.

3. September. In unserem Haus herrscht Trauer. Mein Vater ist
heute nacht gestorben. Meine Stiefmutter hat ihn gefunden. Sie
kam zu mir, das Gesicht schneeweiß, die dunkelblauen Augen ge-
weitet, mit zitterndem Mund.
»Ann, Ann Alice, komm... sieh deinen Vater.«
Er lag auf dem Rücken, das Gesicht weiß und still. Ich berührte
seine Wange. Sie war ganz kalt.
Ich sah meine Stiefmutter an. »Er ist... tot.«
»Das kann nicht sein«, ereiferte sie sich, als flehe sie mich an, ihr
zuzustimmen. »Er hatte schon öfter solche Anfälle.«
»Einen wie diesen hatte er noch nie«, sagte ich. »Wir müssen den
Doktor holen.«
Sie ließ sich in einen Sessel sinken und schlug die Hände vors Ge-
sicht. »Ach, Ann Alice, es kann einfach nicht wahr sein.«
Ich war erstaunlich ruhig. Es war beinahe, als sei ich darauf gefaßt
gewesen. »Ich schicke sofort jemanden zum Arzt.«
Ich ging hinaus und ließ sie allein bei ihm.
Die Haushälterin kam mit mir zurück. Sie fing an zu weinen, als

sie meinen Vater sah. Meine Stiefmutter saß stumm da, das Gesicht in den Händen geborgen.

Ich trat zu ihr und legte ihr meinen Arm um die Schultern. »Du mußt dich damit abfinden. Er ist tot.«

Sie sah mich mitleiderregend an. »Er war so gut zu mir«, schluchzte sie zitternd. »Er... er hatte diese Anfälle schon öfter. Vielleicht...«

Ich schüttelte den Kopf. Ich hielt es in dem Zimmer nicht aus. Ich ging hinaus und ließ sie allein. An der Haustür, von der man den Anger überblickt, wartete ich auf den Arzt.

Es schien Stunden zu dauern, bis er kam.

»Was gibt es, Miss Mallory?«

»Es ist mein Vater. Er muß in der Nacht gestorben sein.«

Ich führte ihn ins Totenzimmer. Er untersuchte meinen Vater und sprach sehr wenig dabei.

Als er fertig war, sagte er zu mir: »Er hat sich von der Schreckensnachricht vom Tode Ihres Bruders nicht erholt.«

Und nun sitze ich hier vor meinem Tagebuch und schreibe die Ereignisse dieses traurigen Tages nieder.

Ich muß dauernd an ihn denken und daran, wie er sich verändert hat, als er meine Stiefmutter heiratete, und daß wir erst durch sie fast so etwas wie eine richtige Familie wurden. Seine letzten Jahre waren glücklich gewesen, und ich sollte meiner Stiefmutter dankbar dafür sein. Ich wünschte nur, ich könnte es.

Und jetzt ist er tot. Ich werde ihn nie mehr in seinem Sessel schlummern sehen, nie mehr voll Zufriedenheit mit seinem Familienleben am Kopfende des Tisches sitzen sehen.

Eine düstere Stimmung herrschte im Haus. Und bald müssen wir ihn zu Grabe tragen. In tiefes Schwarz gekleidet, werden wir zum Kirchhof gehen, den Worten des Pastors lauschen, zusehen, wie sie den Sarg ins Grab senken, und die Totenglocke wird läuten.

Dann werden wir ins Haus zurückkehren... in ein anderes Haus. Ohne ihn.

Wie wird das sein? Es fällt mir schwer, es mir vorzustellen.

Meine Stiefmutter wird hiersein. Freddy wird hiersein. Ich habe in kurzer Zeit meinen Vater und meinen Bruder verloren.

Aber bei den Masters in Groß-Stanton hat Magnus sein kleines Zimmer. Er wird an mich denken wie ich an ihn. Es gibt nichts zu befürchten, solange er da ist...

Würde ich mich denn fürchten, wenn Magnus nicht hier wäre? Ich halte inne, um darüber nachzudenken. Ja, ich glaube, ich hätte Angst. Aber wovor? Vor einem düsteren Haus, einem Haus des Todes? Vor einem Leben ohne meinen Vater?

Weshalb sollte mir deswegen beklommen zumute sein?

Nein, es gibt nichts zu befürchten. Magnus ist ja da... er wartet auf den Tag, da wir für immer zusammensein werden.

10. September. Heute wurde mein Vater beerdigt. Mir ist, als hätte ich seit dem Tag, an dem er starb, eine lange Zeit durchlebt, dabei ist es erst eine Woche her.

Unmittelbar nach dem Tod meines Vaters hatte meine Stiefmutter einen Zusammenbruch. Sie war richtig krank. Ich habe sie nie zuvor weinen sehen, aber jetzt weinte sie um meinen Vater. Sie muß ihn wirklich geliebt haben. Jedenfalls schien es so, aber ich habe ihr nie recht geglaubt. Ich hatte, als sie damals zu uns kam, eine solche Abneigung gegen sie gefaßt, die durch nichts, was sie tat, gemildert werden konnte.

Ich glaubte schon, sie sei zu krank, um an der Beerdigung teilzunehmen, aber sie stand auf und legte ihre Witwentracht an, diese schwarzen Kleider, die ihr nicht stehen. Sie ist eine Frau, die Farben braucht.

Das traurige Läuten der Totenglocke schien nicht enden zu wollen. Die Kutsche, die Pferde mit schwarzem Federschmuck, die Leichenbestatter mit ihren feierlichen Zylinderhüten und schwarzen Röcken, der Leichenzug... das alles machte uns unseren Verlust noch mehr bewußt.

Warum müssen die Menschen den Tod so zelebrieren? Wäre es nicht besser, wir hätten ihn einfach still in sein Grab gelegt?

Ich ging an der einen Seite meiner Stiefmutter, Freddy an der anderen, er hielt ihre Hand. Sie stützte sich ein wenig auf mich und führte dann und wann ihre Hand an die Augen.

Ein kleine Gruppe Dorfbewohner hatte sich versammelt, um unseren Zug zu beobachten. Ich hörte jemand sagen: »Die Ärmste. Sie war so glücklich mit ihm. Es tat so wohl, sie beisammen zu sehen. Und nun ist er für immer von ihr gegangen.«

Meine Stiefmutter hörte das und schluchzte auf.

Die Andacht in der Kirche dauerte nur kurz, und ich war dankbar dafür. Wir verließen die Kirche und folgten den Sargträgern. Ich hörte die Erdklumpen auf den Sarg fallen. Meine Stiefmutter warf einen Strauß Astern hinunter. Dann ergriff sie meine Hand und drückte sie.

Als ich aufblickte, sah ich in einigem Abstand von der Gruppe rund um das Grab Desmond Featherstone.

Mein Herz schlug schneller. Jählings überkam mich die Angst. Seine Augen waren auf meine Stiefmutter gerichtet.

Als wir uns vom Grab abwandten, trat er zu uns.

»Meine lieben, lieben Damen«, sagte er. »Ich habe von diesem traurigen Ereignis gehört. Ich bin gekommen, um Ihnen mein Beileid auszudrücken.«

Ich sagte nichts. Meine Stiefmutter schwieg ebenfalls.

Sie beschleunigte ihren Schritt. Sie wollte wohl, daß er zurückblieb, aber als wir bei der Kutsche anlangten, die uns nach Hause zurückbringen sollte, war er immer noch neben uns. Er half uns hinein und trat zurück, seine Miene war ernst. Doch ich bemerkte ein seltsames Glitzern in seinen Augen, als er sich vor uns verbeugte.

Dieser düstere Tag ist nun zu Ende. Ich kann den Anblick von Desmond Featherstone nicht vergessen, wie er dort in der Nähe des Grabes stand. Noch jetzt schaudert es mich bei der Erinnerung.

1. November. Alles hat sich so verändert. Ich habe es geahnt. Ich glaube, ich würde mich schrecklich ängstigen, wenn Magnus nicht wäre.

Magnus ist mein Rettungsanker. Er bringt mir meine Lebensgeister zurück. Er macht mich glücklich, er läßt mich meine Furcht vergessen. Ich gehe jeden Tag zu ihm. Wir machen Pläne. Nicht mehr lange, dann sind wir verheiratet, sagt er. Dann gehen wir zusammen fort.

Manchmal habe ich das seltsame Gefühl, daß böse Mächte am Werk sind, um mein Glück mit Magnus zu zerstören, und daß mir noch etwas anderes, Schreckliches, bestimmt ist.

Als das Testament meines Vaters verlesen wurde, entdeckte ich, daß er beträchtlich reicher war, als ich dachte. Das Kartographiegeschäft war ein blühendes Unternehmen. Es konnte von Masters und seinen Leuten fortgeführt werden, doch sollte es in der Familie bleiben und würde mir gehören. Ich brauchte mich nicht direkt daran zu beteiligen, aber mein Vater wünschte, daß es fortbestand. Im Falle meiner Heirat, oder wenn ich es abgeben wollte, sollte es an den entfernten Cousin John Mallory fallen, der nach meinem Tode auch das Haus erben sollte.

Alles war reichlich kompliziert. Meine Stiefmutter hatte ein ansehnliches Einkommen, aber der Hauptteil des Vermögens steckte im Geschäft und im Haus mitsamt Grund – und gehörte mir.

Für mich am schwersten zu ertragen war, daß mein Vater meine Stiefmutter zu meinem Vormund bestimmt hatte. Er hatte in seinem Testament geäußert, daß er dem Urteilsvermögen meiner Stiefmutter vorbehaltlos vertraue und deshalb seine Tochter ihrer Obhut übergebe, bis diese Tochter 21 Jahre alt sei bzw. bis sie heiratete. Er glaubte, dies sei das Beste, was er unter den gegebenen Umständen tun könne. Seine Tochter sei bis zu seiner Wiederverheiratung ohne mütterliche Fürsorge gewesen. Deshalb überlasse er sie der Obhut der einzigen, der er vollkommen vertraue – seiner lieben Gattin Lois.

Ich war über diese Verfügung wirklich verärgert, aber glaubte anfangs nicht, daß sich dadurch für mich etwas ändern würde.

Jetzt aber geht etwas vor. Das Haus scheint mir nicht mehr mein Heim zu sein. Es hat etwas Unheimliches. Und ich weiß, was es ist.

Drei oder vier Wochen nach dem Begräbnis erschien Desmond Featherstone wieder. Ich war mit Freddy im Garten, als er kam. Als ich aufblickte und ihn sah, zog sich mein Herz beklommen zusammen, wie jedesmal, wenn ich ihn sehe.

»Guten Tag«, begann er. »Ich bin gekommen, um den Trauernden meine Aufwartung zu machen.«

»Oh. Meine Stiefmutter ist drinnen. Ich gehe ihr Bescheid sagen, daß Sie da sind.«

Ich wandte mich ab, aber er packte meinen Arm. »Sie wollen doch nicht immer noch unfreundlich sein?«

Ich sagte: »Freddy, laß uns gehen und Tante Lois Bescheid sagen, daß sie Besuch hat, ja?«

Freddy war sehr aufgeweckt und paßte rührend auf mich auf. Er hat wohl den flehenden Ton in meiner Stimme herausgehört.

»O ja, komm.«

Er zog mich fort. Desmond Featherstone sah uns mißgestimmt nach.

Und damit begann es.

Er blieb zum Mittagessen und dann zum Abendbrot. Und dann sagte er, es sei zu spät, um noch aufzubrechen. Und er blieb. Er blieb auch am nächsten Tag, und er ist immer noch da.

Ich weiß nicht, wie meiner Stiefmutter dabei zumute ist. Manchmal denke ich, sie wünscht auch, daß er geht. Aber warum fordert sie ihn nicht auf, das Haus zu verlassen?

Was mir angst macht, ist sein Verhalten mir gegenüber. Er stellt mir nach.

Wenn ich allein in einem Zimmer bin, dauert es nicht lange, bis er auch da ist. Im Haus verfolgt er mich auf Schritt und Tritt. Wenn ich ausreite, ist er an meiner Seite. Oft nehme ich Freddy mit. Er fungiert als Aufsicht *en miniature*. Er macht das sehr gut und hält es wohl für seine Aufgabe, mich zu beschützen.

Oft gehe ich zu Magnus ins Geschäft, und manchmal reiten wir zusammen aus und verzehren draußen den Imbiß, den ich mitgebracht habe. Einmal besaß Desmond Featherstone sogar die Unverfrorenheit, uns zu begleiten.

Mit ihm ist ein neuer Geist ins Haus gekommen, ein Unbehagen, mehr noch, eine Atmosphäre des Schreckens... jedenfalls für mich. Ich fürchte mich vor Desmond Featherstone!

6. November. Ich habe jetzt öfter das Bedürfnis, in mein Tagebuch zu schreiben. Es ist mir wie ein Freund, dem ich mich anvertrauen kann. Immer noch habe ich dieses unbehagliche Gefühl, daß ich

meiner Stiefmutter nicht trauen kann, obwohl sie lieb zu mir ist und so beklagenswert in ihrem Kummer. Ich frage mich oft, warum sie Desmond Featherstone nicht sagt, er soll gehen, denn mir scheint, daß sie ihn ebensowenig hier haben mag wie ich. Gestern sah ich sie zusammen. Ich schaute zum Fenster hinaus und entdeckte sie im Garten. Sie hatte einen Korb am Arm und pflückte recht lustlos die letzten Chrysanthemen. Er sagte etwas zu ihr, und sie antwortete ziemlich erregt. Ich wünschte, ich hätte verstehen können, was sie sprachen.

Magnus hat mir die Kopie der Karte gegeben. Ich verwahre sie mit meinem Tagebuch hinten in der Schublade. Ich wünschte, ich hätte einen Tresor oder etwas Ähnliches, ein verschließbares Kästchen, wo ich meine geheimen Dinge aufbewahren könnte. Aber vielleicht ist hinten in der Schublade das sicherste Versteck. Niemand käme auf die Idee, in meinen Handschuhen und Schals zu kramen; würde ich dagegen etwas abschließen, käme man vielleicht auf die Idee, ich hätte etwas zu verbergen.

Oft nehme ich die Karte heraus und betrachte sie und träume davon, auf dem Meer, zwischen diesen Inseln zu segeln. Wie gern würde ich Hawaii besichtigen oder Haiti oder andere, neuentdeckte Inseln.

Eines Tages werden Magnus und ich unsere Insel finden. Dann werde ich auf diese Zeit zurückblicken und darüber lachen.

Desmond Featherstone war ein paar Tage fort. Was für eine Wohltat! Wahrscheinlich steigere ich mich geradezu in meine Ängste hinein, was diesen Mann betrifft. Was hat er denn schon getan, außer sich uns aufzudrängen und mir einen besonderen Widerwillen einzuflößen? Andererseits hätte er nicht im Haus bleiben können, wenn meine Stiefmutter es nicht zugelassen hätte. Wenn sie wollte, könnte sie ihn einfach wegschicken. Ich würde ihr darin nur beistehen. Manchmal meine ich, sie möchte es auch. Aber warum tut sie es dann nicht?

Leider war er nur kurze Zeit weg und ist nun wieder bei uns. Er ist bei den Mahlzeiten zugegen, genießt die Speisen, die aufgetragen werden, und besonders den Wein aus unserem Keller. Er streckt seine Beine aus und sieht sich mit Besitzermiene zufrie-

den im Zimmer um. Das ärgert mich. Warum sagt meine Stiefmutter ihm nicht, daß er gehen soll?

Ich habe vorher nie mit Magnus darüber gesprochen, aber als ich
heute bei ihm war, platzte ich damit heraus. »Ich hasse diesen
Mann. Er macht mir angst. Er bewegt sich ganz leise. Man ist in
einem Zimmer... blickt auf... und er ist da und beobachtet einen.
Ach, Magnus, zu Hause ist es nicht mehr wie früher.«

»Das kann man nicht erwarten... nach dem Tod deines Vaters.
Du hattest ihn lieb...«

»Ich habe meinen Bruder verloren. Mein Vater ist tot. Du siehst,
eigentlich bin ich ganz allein.«

»Wie kannst du allein sein, wenn ich hier bin?«

»Es ist wunderbar, daß du da bist. Das macht mich sehr glücklich.
Ich habe nur dieses entsetzliche Gefühl, daß etwas passieren
könnte, bevor... bevor ich für immer dein bin.«

»Was meinst du damit?«

»Ich weiß es nicht. Irgend etwas... Die Wartezeit scheint mir so
lang.«

»Im April fahren wir zu mir nach Hause. Dort bleiben wir eine
Weile und machen Pläne. Dann gehen wir auf Forschungsreisen
und bleiben für den Rest unseres Lebens zusammen.«

»Und finden deine Insel.«

»Was hältst du von der Karte?«

»Sie sagt mir nicht viel. Ich sehe nur blaues Meer und die Insel...
und das Festland und die anderen Inseln. Ich wünschte, ich hätte
Bilder von der Insel.«

Er lachte. »Wir gehen sie suchen.«

»Wollen wir nicht dort leben?«

»O nein, ich glaube nicht, daß wir es könnten. Wir werden die Inselbewohner nur besuchen, vielleicht etwas von ihrer Zufriedenheit einfangen, und möglicherweise helfen wir ihnen, ihr Gold zu
vermarkten.«

»Würde sie das nicht verändern? Ich dachte, ihr Glück käme von
der Schlichtheit. Der Gedanke, daß sie auf ihre goldenen Koch-
töpfe verzichten, um sie an reiche Kaufleute zu verkaufen, zerstört
diese Illusion.«

»Wir gehen hin und entscheiden gemeinsam, was wir tun werden. Solange wir nur zusammen sind, bin ich glücklich.«

»Ich wünschte, wir hätten schon April.«

»Vielleicht geht es ja auch schon früher?«

»Oh... meinst du?«

»Ann Alice, du hast doch nicht wirklich Angst, nicht wahr?«

»N – nein. Ich glaub' eigentlich nicht. Es ist wohl bloß die Ungeduld, unser gemeinsames Leben zu beginnen.«

Wir lachten, wir küßten und umarmten uns. Die Zeit, die wir zusammen verbringen, bedeutet für mich uneingeschränktes Glück.

Während ich schrieb, hörte ich Schritte auf der Treppe. Ich lauschte. Es klopfte leise an meine Tür. Hastig schob ich mein Tagebuch in eine Schublade.

Es war meine Stiefmutter. »Ich dachte mir schon, daß du noch nicht im Bett bist«, sagte sie.

»Du siehst blaß aus«, stellte ich fest. »Fühlst du dich nicht wohl?« Dabei fragte ich mich, ob sie der Blässe nicht künstlich nachhalf, denn sie hatte geheimnisvoll aussehende Tiegel voller Wässerchen und Cremes, mit denen sie ihr Gesicht behandelte, und ich dachte, sie sei womöglich imstande, je nach Laune bleich oder gesund auszusehen.

Sie griff sich an den Kopf. »Ich habe dauernd Kopfschmerzen, seit dein Vater tot ist. Es war ein schlimmer Schock für mich. Manchmal glaube ich, ich komme nie darüber hinweg.« Sie lächelte mich wehmütig an. »Dies ist ein Haus der Trauer. Kein Ort für ein junges Mädchen.«

»Du meinst, für mich. Es ist aber mein Zuhause. Er war schließlich mein Vater.«

»Meine liebe Ann Alice, ich weiß, du konntest mich nicht leiden, als ich damals hierherkam. Du hingst so sehr an Miss Bray, nicht wahr? Es ist immer schwer, die Nachfolge einer geliebten Person anzutreten.«

Ich schwieg, und sie fuhr fort: »Ich habe getan, was ich konnte. Ich glaube, du hattest auch etwas gegen meine Heirat. Das ist verständlich. Stiefmütter sind oft nicht gerade beliebt, nicht? Wie sollten sie auch, wenn sie die Stelle der inniggeliebten Mutter einnehmen? Aber ich habe mich ehrlich bemüht. Vielleicht habe ich versagt.«

Ich wußte nicht, was ich erwidern sollte, und stammelte: »Du hast meinen Vater sehr glücklich gemacht.«

Sie lächelte, und da sah sie wieder aus wie früher. »Ja, das ist wahr. Und er hat mir ein heiliges Vermächtnis hinterlassen.«

»Und ein beträchtliches Einkommen obendrein, glaube ich.«

Sie sah mich vorwurfsvoll an. »Daran denke ich nicht. Ich denke an dich. Ich nehme dieses Vermächtnis sehr ernst.«

»Das ist nicht nötig. Ich weiß gar nicht, warum mein Vater das so gewollt hat. Ich bin doch kein Kind mehr.«

»Du bist achtzehn. Das ist noch kein Alter. Und du hattest eine sehr behütete Kindheit. Er meinte, du neigtest zu Überschwenglichkeiten und ließest dich leicht fortreißen.«

»Oh. Hat er das gesagt?«

»O ja. Die Freundschaft mit Magnus Perrensen machte ihm etwas Kummer.«

»Dazu bestand kein Grund«, sagte ich spitz.

»Er fürchtete, du könntest überstürzt handeln. Du kennst schließlich erst sehr wenige junge Männer.«

»Ich kannte unsere Nachbarn zur Genüge, und einige sind jung. Außerdem waren etliche Männer bei uns zu Besuch...«

»Ein junger Mann, der über die sieben Weltmeere gesegelt ist... der sogar Schiffbruch erlitt. Sehr romantisch. Dein Vater hat oft mit mir darüber gesprochen. Er meinte, die Perrensens sind eine angesehene Familie... als Kartographen kennt man sie in ganz Europa. Aber Magnus ist jung... und du erst recht. Dein Vater sagte immer, falls es zu einer Verlobung käme, müsse sie von langer Dauer sein.«

»Das ist absurd. Wir sind nicht so jung oder so dumm, daß wir uns über unsere Gefühle nicht klar wären.«

»Meine liebe Ann Alice, ich denke nur an dich. Ihr seid beide noch so unerfahren....«

»Ich werde ihn heiraten. Wenn er fortgeht, gehe ich mit ihm.«

Sie schwieg eine Weile und sagte dann: »Bist du dir vollkommen sicher?«

»Vollkommen.«

Sie seufzte. »Ich würde es lieber sehen, wenn du einen reiferen Mann heiratest. Du bist sehr heißblütig und brauchst jemanden, der dich führt... mit starker Hand.«

»Ich bin doch kein Pferd, Stiefmutter!«

»Mein liebes Kind, das wollte ich damit nicht ausdrücken. Begreife doch, alles, was ich sage, alles, was ich tu', ist nur zu deinem Besten. Vergib mir, daß ich so offen spreche. Aber... wie gut kennst du Magnus Perrensen?«

»Gut genug, um alles zu wissen, was ich wissen will.«

»Weißt du, daß Mrs. Masters' Nichte auch dort im Haus wohnt?«

»Mrs. Masters' Nichte? Was hat die mit uns zu tun?«

»Eine junge Frau. Wohnt mit ihm unter einem Dach. Bestimmt sehen sie sich oft. Und junge Männer... na ja, sind eben junge Männer.«

»Willst du andeuten, daß Magnus und Mrs. Masters' Nichte...«

»Meine liebe Ann Alice, ich meine nur, du solltest wissen, was die Leute reden.«

Ich war wie vor den Kopf geschlagen. Ich glaubte ihr kein Wort.

Sie hob die Schultern. »Ich habe dich hoffentlich nicht beunruhigt. Ich tue nur, was ich für meine Pflicht halte. Meine liebe Ann Alice, du bist wirklich noch sehr jung. Ich kenne einen, der dir zugetan ist, der dich schon seit langem liebt. Einen Mann, der älter ist und, sagen wir, verläßlicher.«

»Ich weiß nicht, wovon du redest«, sagte ich.

»Ich denke an Mr. Featherstone.«

»Mr. Featherstone! Du machst wohl Witze. Den kann ich überhaupt nicht leiden. Ich habe ihn nie gemocht.«

»Das ist oft der Beginn einer großen Liebe.«

»So? Nicht bei mir und diesem Mann. Ich kann ihn nicht ausstehen. Und da du so offen bist, will ich es auch sein. Was tut er eigentlich hier? Es ist mein Haus. Wieso wohnt er hier?«

»Er wohnt nicht hier. Er ist ein Gast. Dein Vater war stets gastfreundlich und gestand es mir ebenfalls zu. Er sagte, meine Freunde seien in diesem Haus immer willkommen.«

»Gut, wenn er ein Freund von dir ist, kannst du ihn vielleicht überreden, seine Aufmerksamkeit auf dich zu beschränken. Immer ist er da, wo ich bin, und das mag ich nicht.«

»Er liebt dich, Ann Alice.«

»Sag das bitte nicht. Ich glaube es nicht. Und ich will nicht mehr über diesen Menschen sprechen.«

Meine Stiefmutter führte die Hand an die Augen und schüttelte den Kopf. »Du mußt mir vergeben«, sagte sie. »Ich habe zu offen gesprochen. Dein Glück liegt mir so am Herzen.«

»Ich bin achtzehn Jahre alt«, hielt ich ihr entgegen. »Alt genug, um zu heiraten und mir meinen Mann selbst auszusuchen. Merk dir das, ich heirate den, den ich will, und niemand – *niemand* – wird mich zwingen, einen zu heiraten, den ich nicht mag. Das hätte ich mir nicht einmal von meinem Vater befehlen lassen. Und von jemand anderem erst recht nicht.«

»Mein Liebes, verzeih mir. Du bist ja ganz außer dir. Denke bitte immer daran, ich meine es doch gut.«

»Laß uns nicht mehr davon reden. Es ist mir zuwider...«

»Verzeihst du mir?«

Sie nahm mich in ihre Arme. Seltsam, ich konnte es nie über mich bringen, sie von Herzen zu küssen.

»Gute Nacht, mein liebes Kind, gute Nacht.«

Als sie fort war, setzte ich mich auf mein Bett. Die Worte, die sie gesagt hatte, klangen mir dauernd in den Ohren. Mrs. Masters' Nichte!

»Es ist nicht wahr«, sagte ich laut.

Ich dachte: Sie will verhindern, daß ich Magnus heirate. Sie will mich zwingen, diesen Desmond Featherstone zu heiraten.

Fast hätte ich darüber gelacht, wenn ich Mrs. Masters' Nichte hätte vergessen können.

Dann nahm ich mein Tagebuch wieder heraus und schrieb alles auf.

7. November. Alles ist gut. Ich bin wieder glücklich. Ich wußte ja, daß alles gut sein würde, sobald ich mit Magnus gesprochen hatte. Er lachte mich aus, als ich ihm erzählte, was meine Stiefmutter

von Mrs. Masters' Nichte gesagt hatte. Ja, die Nichte wohne im Haus. Ich solle gleich mit ihm gehen und sie kennenlernen.

Gesagt, getan. Sie ist eine mollige, freundliche Frau. Sie muß mindestens 35 sein. Sie ist Witwe und hat einen Sohn im Internat. Sie ist ausgesprochen hausbacken und hat nichts von einer *femme fatale*. Sie hat Magnus gern, wie alle Masters. Die Andeutungen meiner Stiefmutter entbehren jeder Grundlage.

Wir lachten darüber, als wir allein waren. Ich berichtete: »Sie redet von einer langen Verlobungszeit... und ich sagte, was uns betrifft, kommt das überhaupt nicht in Frage.«

»Vielleicht im März. Was hältst du davon? Dann bleiben dir drei Monate zur Vorbereitung.«

»Ich brauche keine Vorbereitungszeit. Ich bin bereit.«

»Ich bin neugierig, wie du meine Heimat findest.«

»Ich werde sie lieben.«

»Triffst du immer Entscheidungen, bevor du Zeit hattest, sie zu prüfen?« fragte er.

»Wenn's um dich geht, ja«, gab ich zurück.

Wir waren so glücklich, und wenn ich bei ihm bin, kommen mir meine Zweifel lächerlich vor.

Das ändert sich leider, sobald ich nach Hause komme. Ich verabscheue den trüben November. Ich liebe den Frühling und den Frühsommer, nicht sosehr wegen der Wärme, sondern wegen des Lichtes. Im November ist es schon um vier fast dunkel. Das ist mir verhaßt. Die Abende sind so lang.

Es war ungefähr halb fünf, als ich hereinkam, und ich mußte schon eine Kerze anzünden. Die Dienstboten sammeln sie ein, wo immer im Haus sie welche finden, und bringen sie in die Eingangshalle. Dort ist stets ein ausreichender Vorrat zur Verfügung, von dem wir uns bedienen.

Als ich den Flur betrat, der zu meinem Zimmer führt, überkam mich wieder dieses unheimliche Gefühl. Ich wußte gleich, was es war. Desmond Featherstone stand am Ende des Flurs.

Ich hielt meine Kerze in die Höhe, als er auf mich zukam. Das Licht meiner Kerze warf seinen Schatten überlang an die Wand. Meine Knie begannen zu zittern.

»Guten Abend«, sagte ich. Ich ging zu meiner Tür, doch als ich den Knauf berührte, stand er neben mir.

Ich ging nicht ins Zimmer. Das fehlte mir noch, daß er mit in mein Schlafzimmer kam!

Er trat ganz dicht zu mir. »Wie schön, Sie allein zu sehen«, sagte er leise.

»Was wollen Sie?« fragte ich schroff.

»Nur Ihr geneigtes Ohr für ein paar Worte.«

»Bitte machen Sie es kurz. Ich habe viel zu tun.«

»Warum sind Sie so unfreundlich zu mir?«

»Das ist mir gar nicht bewußt. Sie genießen doch die Gastfreundschaft in meinem Hause.«

»Sie sind so schön... und so stolz. Ann Alice, wollen Sie mir denn gar keine Chance geben?«

»Eine Chance? Wofür?«

»Mich liebzugewinnen.«

»Keine Chance. Niemals.«

»Sind Sie wirklich entschlossen, mich zu hassen?«

»Das hat nichts mit Entschlossenheit zu tun.«

»Warum sind Sie nur so gefühllos?«

»Das ist nicht meine Absicht. Ich habe nur andere Dinge zu tun.«

Ich zögerte noch aus Furcht, er würde mir folgen.

»Ich muß Sie bitten, mich jetzt allein zu lassen«, sagte ich.

»Nicht, bevor Sie mich angehört haben.«

»Ich bat Sie, sich kurz zu fassen.«

»Sie sind sehr jung.«

»Bitte, hören Sie auf damit. Ich weiß, wie alt ich bin. So jung ist das gar nicht.«

»Und Sie kennen so wenig von der Welt. Ich möchte Sie unterweisen, liebstes Kind. Ich werde Sie sehr glücklich machen.«

»Ich bin glücklich, vielen Dank. Ich brauche keine Unterweisungen. Und jetzt gehen Sie...«

Er musterte mich ironisch. Er wußte, daß ich die Tür nicht öffnen mochte aus Angst, er könnte mir folgen.

»Sie sind herzlos«, sagte er. »Nur ein kleines Momentchen... liebste Ann Alice.«

Er wollte mich in die Arme nehmen. Ich war so entsetzt, daß ich ihn zurückstieß. Damit hatte er nicht gerechnet, er taumelte gegen die Wand. Rasch schlüpfte ich durch meine Tür und schloß sie hinter mir. Schwer atmend stand ich dagegen gelehnt und lauschte. Mir war, als müsse mein Herz zerspringen, und ich zitterte heftig.

Wie konnte er es wagen! Hier in meinem Haus. Er muß fort! Ich sage meiner Stiefmutter, daß ich ihn nicht länger unter meinem Dach dulden werde.

Ich lehnte mich ganz fest gegen die Tür. Er war imstande und versuchte hereinzukommen. Ich war ihm schutzlos ausgeliefert! Es gab auch keinen Schlüssel zu meiner Tür. Bisher hatte ich nie das Bedürfnis gehabt, mich einzuschließen. Irgendwo muß noch ein Schlüssel sein. Ich kann nicht ruhig schlafen, solange der Mann im Haus und meine Zimmertür unverschlossen ist. Ich glaube, der ist zu allem fähig.

Ich lauschte. Nichts war zu hören. Er hat einen schleichenden Gang. »Wie eine Katze«, habe ich zu Magnus gesagt.

Kein Laut. Im Flur war alles still. Ich stand da, wagte nicht, die Tür zu öffnen aus Angst, ihn dort stehen zu sehen.

Allmählich schlug mein Herz wieder normal, aber ich zitterte immer noch. Vorsichtig öffnete ich die Tür und spähte hinaus. Der Flur war leer.

Drinnen schob ich einen Stuhl vor die Tür.

Inzwischen war es Zeit, mich zum Abendessen anzukleiden. Gleich würde ein Mädchen mir warmes Wasser bringen.

Ich rückte den Stuhl von der Tür ab. Ich wußte nicht, wie das Mädchen es auslegen würde, wenn sie ihn dort sah, aber sie würde es mit Sicherheit in der Küche berichten, und man würde Vermutungen anstellen.

Mir scheint der April noch so fern! Aber vielleicht geht es ja schon im März. Doch auch dann ist die Wartezeit noch lang.

Beim Abendessen schien er ganz normal. Er erwähnte die Szene im Flur mit keinem Wort.

Als ich mich in mein Zimmer zurückzog, verbarrikadierte ich mich, sonst hätte ich keinen Schlaf gefunden. Das letzte, was ich zu mir sagte, ehe ich in einen unruhigen Schlummer sank, waren die Worte: »Morgen lasse ich einen Schlüssel machen.«

8. November. Triumph! Liebevoll betrachte ich den Schlüssel. Er verkörpert Sicherheit.

Heute morgen ging ich als erstes zu Thomas Gow. Er hat eine kleine Hütte auf dem Anger, die er als Werkstatt benutzt. Er schlägt sich als Zimmermann, Schlosser und Gelegenheitsarbeiter in Klein-Stanton durch. In Groß-Stanton gibt es einen Zimmermannsbetrieb, und ich habe gehört, die bekommen die besten Aufträge, während Thomas Gow nur Unwichtiges zu erledigen kriegt.

Ich ging zu ihm und fragte ihn, ob er mir einen Schlüssel anfertigen könne. Ich bräuchte ihn schnell, am besten noch heute.

Das lasse sich machen, sagte er.

Er kam mit zu meinem Zimmer, und ehe der Tag zu Ende war, brachte er mir meinen kostbaren Schlüssel. Er ging mit mir nach oben, und gemeinsam probierten wir den Schlüssel in der Tür.

Ich dankte ihm vielmals und zahlte ihm das Doppelte dessen, was er verlangte. Er konnte ja nicht ahnen, was der Schlüssel für mich bedeutet.

Gleich gehe ich ins Bett, aber vorher schreibe ich noch in mein Tagebuch. Von meinem Stuhl aus kann ich den Schlüssel im Schloß stecken sehen. Ich habe ihn herumgedreht und mich eingeschlossen.

Jetzt fühle ich mich sicher und werde heute nacht gut schlafen.

1. Dezember. Bald ist Weihnachten. Die Zeit vergeht so langsam. Ich bin richtig erleichtert, weil Desmond Featherstone nicht immer hier ist. Er fährt häufig nach London, aber wenn er zurückkehrt, kommt er ins Haus, als wäre es sein Heim. Ich habe mit meiner Stiefmutter darüber gesprochen, doch sie schüttelt immer nur den Kopf und sagt: »Er war ein guter Freund meiner Familie. Ich kann nichts machen... wirklich nicht.« Und unweigerlich fügt sie hinzu: »Dein Vater hat immer gesagt, daß alle meine Freunde hier willkommen sind.«

Ich tröste mich damit, daß es nur noch drei Monate bis März sind. Magnus meint, Anfang März soll die Hochzeit sein. Das Datum rückt langsam näher, das ist mir ein großer Trost.

Auch Desmond Featherstones Abwesenheit – obwohl es eine Erleichterung ist, wenn er nicht hier ist – schafft eine gespannte Atmosphäre. Man weiß nie genau, wann er zurückkommt, und immer, wenn ich nach oben gehe, rechne ich damit, ihm unerwartet zu begegnen. Es ist, als würde man von einem Gespenst verfolgt.

Manchmal wache ich nachts auf und bilde mir ein, mein Türknauf drehe sich langsam herum. Wie froh bin ich über den Schlüssel.

Als Gegenleistung habe ich mich bemüht, Thomas Gow den einen oder anderen Auftrag zu verschaffen. Und wenn bei uns mal etwas zu tun ist, werde ich nicht zu der großen Firma in Groß-Stanton gehen, sondern zu Thomas Gow.

Ich glaube, Gow ist sehr ehrgeizig. Er ist bestimmt bereit, hart zu arbeiten, und solchen Leuten muß man eine Chance geben.

Heute hatte ich eine unangenehme Überraschung.

Ich dachte, wir würden Weihnachten feiern wie üblich. Als ich meine Stiefmutter darauf ansprach, machte sie ein entsetztes Gesicht.

»Aber meine Liebe, dies ist ein Haus der Trauer. Wir werden Weihnachten still verbringen. Etwas anderes kommt nicht in Frage.«

»Ich meinte ja nicht, daß wir ein ausgelassenes Fest feiern sollten... nur ein paar Freunde.«

»Überhaupt keine Gäste. Dein Vater ist erst zu kurze Zeit tot.«

Ich zuckte die Achseln. »Hm, dann vielleicht bloß Magnus Perrensen.«

»O nein, überhaupt keine Gäste.«

»Mein Vater hat aber gesagt, wir müssen dafür sorgen, daß er sich heimisch fühlt. Er hat doch sonst niemanden. Wir laden nur ihn ein.«

Ich lächelte in mich hinein. Das wäre das beste. Nur Magnus. Wir würden morgens ausreiten und einen stillen Tag miteinander verbringen.

»Daran habe ich schon gedacht«, erwiderte meine Stiefmutter. »Ich habe bereits mit Mrs. Masters gesprochen. Sie sagt, Mr. Perrensen kann Weihnachten selbstverständlich bei ihnen verbringen. Er kam herein, als wir es besprachen, sie lud ihn sogleich ein, und er war einverstanden.«

Ich war wütend. »Mir scheint, hier werden Pläne gemacht, ohne daß ich gefragt werde.«

»Ach, das tut mir leid. Aber es war ja nicht richtig geplant. Es schien nur unter den gegebenen Umständen das einzig Wahre.«

Meine Stiefmutter hat manchmal etwas sehr Gebieterisches. In einer Situation wie dieser kann sie einem das Gefühl geben, man sei unvernünftig und stelle sich wegen einer Kleinigkeit albern an.

27. Dezember. Weihnachten ist vorüber. Wie bin ich froh! Ich bin froh über jeden Tag, der mir den März näher bringt.

Es ging einigermaßen gut, außer daß wir den widerlichen Desmond Featherstone wieder bei uns hatten.

Morgens begleitete er uns zur Kirche, und wir sangen »Herbei, o ihr Gläubigen«. Er hat eine laute bellende Stimme, die man aus allen anderen heraushören kann, und während wir sangen, rückte er immer näher an mich heran.

Dann gingen wir über den Anger nach Hause.

Meine Stiefmutter war ein bißchen traurig. Sie sagte, sie müsse immer an letzte Weihnachten denken, als Vater noch bei uns war.

In der Kirche sah ich Magnus. Er saß bei den Masters, und als er mich anschaute, war ich glücklich. Seine Augen sagten deutlich: Nicht mehr lange. Nächstes Jahr um diese Zeit, wo sind wir dann?

Ich überließ mich seligen Zukunftsträumen.

So ging Weihnachten vorüber. Bald beginnt das neue Jahr.

2. Januar 1793. Welch seltsamer Beginn des neuen Jahres.

Ich war mit Freddy über Land gewesen. Er reitet schon recht gut, dabei hatte er, bevor er zu uns kam, noch nie auf einem Pferd gesessen. Ich nehme ihn jetzt öfters mit.

Als wir ins Haus kamen, erschien ein Mädchen und meldete, zwei Herren seien da und wünschten entweder Mrs. oder Miss Mallory zu sprechen.

»Wer sind sie?« fragte ich.

»Sie nannten keinen Namen, Miss Ann Alice. Aber sie sagten, es sei wichtig.«

»Wo ist Mrs. Mallory?«

»Sie ist momentan nicht da.«

»Dann spreche ich mit ihnen. Sind sie im Salon?«

Sie bejahte. Ich bat Freddy, in sein Zimmer zu gehen, versprach ihm, später zu ihm zu kommen, und ging in den kleinen Empfangssalon.

Einer der Herren kam mir bekannt vor, und als er vortrat, wußte ich, wer er war.

Das letzte Mal hatte er schlechte Nachrichten gebracht.

»Ich bin's, James Cardew, Miss Mallory.«

»Ja... ja, ich erinnere mich.«

»Und das ist Mr. Francis Graham.«

Wir begrüßten uns.

»Mr. Graham ist soeben aus Australien gekommen. Angesichts dessen, was er mir zu sagen hatte, dachte ich, ich sollte Sie unverzüglich aufsuchen. Es betrifft Ihren Bruder, Miss Mallory. Es tut mir so leid, daß Sie bei meinem letzten Besuch einen solchen Schock erlitten hatten, denn wie es scheint, ist Ihr Bruder noch am Leben.«

»Oh...« Meine Stimme klang matt. Freude erfüllte mich. Charles lebte! Eine wunderbare Nachricht. Mr. Cardew wandte sich an seinen Begleiter. »Mr. Graham wird es Ihnen erklären.«

»Bitte, nehmen Sie doch Platz«, bat ich.

Wir setzten uns, und Mr. Graham erzählte mir die Geschichte. Charles war offenbar, nach mehreren Tagen im Wasser treibend, gerettet worden. Man barg ihn mehr tot als lebendig auf ein Schiff, das nach Sydney unterwegs war, und Charles war so erschöpft, daß er nicht mehr wußte, wer er war.

»Er hatte sein Gedächtnis verloren«, berichtete Mr. Graham. »Er war so abgemagert, daß man glaubte, er würde nicht überleben.

Und auch als er sich etwas erholte, kehrte sein Gedächtnis nicht zurück. Das erklärt, warum Sie die ganze Zeit nichts von ihm gehört haben. Ich war als Passagier auf dem Schiff und geschäftlich zwischen England und der neuen Kolonie unterwegs. Als wir Ihren Bruder aufnahmen, interessierte mich sein Fall, und als wir in Sydney anlegten, behielt ich ihn im Auge. Es war offensichtlich, daß er aus guter Familie und Engländer war, und noch auf dem Schiff versuchte ich, ihm zu helfen, sich wieder zu erinnern. Das gelang ihm immerhin so weit, daß er ein paar Angaben zu seiner Herkunft machen konnte, und in Sydney brachte ich ihn zu Freunden von mir, die ihn aufnahmen. Als ich später nach Sydney zurückkehrte, besuchte ich ihn. Nun, kurz und gut, ich erfuhr, daß sein Name Charles war... kein ungewöhnlicher Name. Und als wir uns ein paar Karten ansahen, fiel der Name Mallory. Das brachte in seinem Gedächtnis etwas zum Klingen.

Ich kannte die Mallory-Karten. Mr. Cardew war ein Freund von mir. Es verging eine Weile, bis ich mit ihm Verbindung aufnehmen konnte, aber es gelang schließlich, und wir sind sicher, daß dieser Mann Ihr Bruder ist. Ich wollte ihn nicht hierherbringen, bevor ich nicht ein paar Dinge mit Ihnen und Mr. Cardew geklärt hatte, deshalb ist er noch bei meinen Freunden. Aber wir sind wirklich überzeugt, daß er Ihr Bruder ist. Er wird in Kürze ein Schiff nehmen und vielleicht im März in England sein.«

»Eine wunderbare Nachricht«, rief ich aus. »Ich wünschte, mein Vater hätte das noch erleben können.«

»Er ist gestorben, nicht wahr?« fragte James Cardew.

»Ja. Er kränkelte schon eine ganze Weile, aber die Nachricht vom Tode meines Bruders hat ihn um seinen Lebenswillen gebracht; er erlag seiner Krankheit.«

»Ich wünschte, ich hätte Ihnen jene Nachricht erspart.«

»Es war ganz richtig, daß Sie gekommen sind. Wir mußten ja Bescheid wissen. Wir hatten uns bereits Sorgen gemacht, weil wir so lange nichts von ihm gehört hatten.«

»Ja. Dies ist ein glücklicherer Grund für eine Visite als letztesmal.«

Meine Stiefmutter kam herein. Sie hatte gehört, daß wir Besuch hatten.

»Dies sind Mr. James Cardew und Mr. Francis Graham. Sie haben eine wundervolle Nachricht überbracht. Charles lebt!« rief ich. »Charles...«

»Mein Bruder, den wir auf See verloren glaubten. Er wurde geborgen.«

»Geborgen...« Sie machte große Augen. »Das kann nicht sein! Nach so langer Zeit.«

Ich hatte den Eindruck, sie wünsche einen Beweis, daß der Mann, den man geborgen hatte, nicht mein Bruder war.

»Auf See geschehen die seltsamsten Dinge«, sagte Francis Graham. »Ich habe schon öfter von ähnlichen Fällen gehört.«

»Das ist einfach unglaublich.«

Sie war sehr blaß. Sie hatte Charles natürlich nicht gekannt, und ich konnte kaum von ihr erwarten, daß sie meine Freude teilte.

»Ist es nicht wunderbar, er kommt nach Hause!« jubelte ich. »Ich kann Ihnen gar nicht genug danken für diese gute Nachricht. Jetzt wollen wir auf das Wohl meines Bruders trinken und auf die guten Menschen, die sich um ihn gekümmert haben.«

Meine Stiefmutter faßte sich. Sie rief ein Hausmädchen, ließ Wein bringen und noch zwei Gedecke auflegen.

Dies war ein glücklicher Tag!

Jetzt endlich fühle ich mich wieder geborgen. Bald kommt Charles nach Hause.

Zwar wird mir plötzlich klar, daß das Haus nun nicht mehr mir gehört. Aber so soll es auch sein. Es wäre mir arg gewesen, fortzugehen und es zurückzulassen, denn das muß ich natürlich, wenn ich Magnus heirate...

Welch ein glücklicher Tag! Ein wunderbarer Beginn des neuen Jahres.

4. Januar. Heute ist Desmond Featherstone gekommen. Ich trat ins Haus, als er gerade die Treppe herunterkam.

Ich blieb abrupt stehen und starrte ihn an. »Sie sind also wieder da!«

»Was für eine nette Begrüßung! Da fühle ich mich gleich wie zu Hause.«

»Mir scheint, Sie haben dieses Haus sowieso zu Ihrem Heim gemacht.«

»Sie sind alle so gastfreundlich!«

Wieder schauderte es mich, und ich bekam eine Gänsehaut.

Wieso eigentlich? Es war hellichter Tag. Die schlimmste Zeit ist vorüber, die Tage werden wieder länger. Es wird immer noch früh dunkel, aber jeden Tag ein bißchen später. Und bald ist es März. Wovor fürchte ich mich?

Er wirkt beunruhigt, wie ich beim Essen feststellte. Offensichtlich ist er so wütend über etwas, daß er es nicht verbergen kann. Ich weiß natürlich, was es ist. Es ist wegen Charles. Er ärgert sich darüber, daß Charles lebt!

Natürlich hat er mich in seine Pläne einbezogen. Er dachte, das Haus und das Geschäft gehören mir. Kein Wunder, daß er mich heiraten will.

Aber damit ist es jetzt aus. Der Erbe lebt. Charles wird zurückkommen und Herr dieses Hauses sein. Dann ist darin bestimmt kein Platz mehr für Mr. Desmond Featherstone.

Komm bitte bald nach Hause, Charles.

Heute bin ich glücklich. Die Tage werden wieder länger. Ich habe meinen Schlüssel, damit ich mich einschließen kann. Und bald ist der März da.

1. Februar. Ich kann diese Geschichte nicht glauben. Wie kann die Pest nach Groß-Stanton kommen? Wenn ich an die Pest denke, fällt mir der Unterricht bei Miss Bray ein. Ein rotes Kreuz an der Tür. Die Totenkarre und »Bringt eure Toten heraus«.

So etwas kann es heutzutage doch nicht mehr geben!

Ich war heute im Geschäft. Ich bin gerne dort. Ich sehe immer zu, daß ich gerade in der Mittagspause da bin. Mrs. Masters schickt dann ein Tablett herüber. Ihre Wohnung liegt bloß über die Straße, aber Mr. Masters will den Laden nicht verlassen. Er ist stets mit dem einen oder anderen Auftrag beschäftigt und läßt sich deshalb sein Essen bringen.

Und ich leiste ihnen oft dabei Gesellschaft. Es ist immer eine fröhliche Stunde.

Das Hauptgesprächsthema der letzten Woche war die Hinrichtung des Königs von Frankreich. Wir waren alle sehr erschüttert. Es ist eine schreckliche Geschichte, und wir unterhalten uns ausführlich darüber, wie sich die Ereignisse in Frankreich entwickeln werden... und auch in England. Magnus ist ungeheuer interessiert, und weil er vom Festland kommt, sieht er alles ein wenig anders. Er ist ein guter Erzähler und diskutiert gern.

Aber das ist nun alles vergessen. Bei uns ist etwas geschehen, das viel wichtiger ist.

Ein gewisser Mr. Grant und sein Sohn Silas sind soeben mit Stoffballen aus Dalmatien zurückgekehrt. Sie sind Schneider. Vor ein paar Tagen befiel Mr. Grant senior eine seltsame Krankheit: hohes Fieber, Übelkeit und Delirium. Der Doktor war ratlos, und als er im Begriff war, einen zweiten Arzt hinzuzuziehen, bekam Mr. Grant einen dunklen fleckigen Hautausschlag. Die Flecken wurden zu eitrigen Schwären, und alles spricht dafür, daß es sich um die Beulenpest handelt, die seit Beginn dieses Jahrhunderts in England nicht mehr aufgetreten ist.

Mr. Grant starb binnen kurzer Zeit.

Vielleicht hätte man den Vorfall vergessen, wären nicht kurz nach dem Tod seines Vaters bei Silas dieselben Symptome aufgetreten.

Nun ist eindeutig erwiesen, daß es die Pest ist. Allenthalben herrscht Besorgnis, denn wenn diese Krankheit erst einmal eingeschleppt ist, besteht große Ansteckungsgefahr.

Wir sprachen von diesem merkwürdigen Vorfall, während wir Mrs. Masters' vorzügliches Hühnchen aßen.

Magnus war wie gewöhnlich der Wortführer. Er sprach ausführlich über die Pest damals in London 1665, die verheerend im Land wütete. Seitdem waren wir lange Zeit verschont geblieben, weil wir gelernt hatten, daß die Hauptursachen mangelnde Sauberkeit und faule Abwässer sind.

»Nur zweimal in unserem Jahrhundert hat sie Westeuropa heimgesucht«, erklärte uns Magnus. »Sie brach in Rußland und Ungarn aus und verbreitete sich bis Preußen und Schweden; und wenn sie einmal da ist, ist sie schwer einzudämmen. Später trat sie in Südfrankreich auf... das war schon recht nahe. Im Russisch-Türkischen Krieg lebte sie abermals auf, und das ist kaum mehr als zwanzig Jahre her, und dann noch mal in Dalmatien.«

»Ja, und daher sind die Grants gekommen«, sagte ich.

»Die Leute sehen die Gefahr«, sagte Mr. Masters.

»Mit Recht«, fand Magnus.

Während unseres Gesprächs kam John Dent, einer unserer Arbeiter, herein und sagte, er habe soeben gehört, daß Silas Grant gestorben sei.

»Zwei Tote«, sagte Mr. Masters. »Jetzt wird es ernst.«

»Man munkelt, die Stoffballen, die sie mitbrachten, sind vielleicht verseucht«, erklärte John Dent. »Sie befinden sich alle zusammen in einem Raum über dem Laden. Das ganze Bettzeug soll verbrannt werden, aber keiner will die Stoffballen anrühren. Sie wollen den Raum zumauern und meinen, das sei das einzig Wahre.«

»So was Dummes!« rief ich. »Man sollte sie lieber verbrennen.«

»Der Raum könnte ebenfalls verseucht sein«, sagte Mr. Masters. »In dem Fall täten sie recht.«

»Nun, wenn es damit erledigt ist, wird sich erweisen, ob sie richtig gehandelt haben«, bemerkte Magnus.

Ich muß dauernd daran denken.

Beim Essen sprach ich mit meiner Stiefmutter darüber. Desmond Featherstone war dabei. Sie zeigten kein großes Interesse. Mir schien, sie waren mit den Gedanken ganz woanders.

4. Februar. Eine gute Nachricht. Als ich heute ins Geschäft ging, merkte ich, daß Magnus unbedingt mit mir allein sprechen wollte. Ich spüre alle seine Stimmungen genau. Zwischen uns besteht eine besondere Bindung. Wir wissen jeder, was der andere denkt.

Er flüsterte mir zu: »Ich fahre morgen nach London. Mr. Masters möchte ein paar Leute treffen und meint, es sei gut, wenn ich ihn begleite. Dort werde ich mich wegen unserer Reise erkundigen und die Fahrkarten kaufen, damit alles gut vorbereitet ist.«

»O Magnus, wie wunderbar!« rief ich.

»Jetzt dauert es nicht mehr lange«, sagte er und küßte mich.

Als ich nach Hause kam, ging ich geradewegs in mein Zimmer. Ich muß mich schließlich vorbereiten. Noch muß ich den Rest dieses Monats überstehen. Gott sei Dank ist der Februar der kürzeste Monat des Jahres. Zwar nur um wenige Tage, gewiß, aber jeder Tag kommt mir wie eine Ewigkeit vor.

Doch bald, ganz bald...

Ich bin so glücklich, so aufgeregt. Ich weiß, daß ich meine Gefühle verrate, denn Freddy sagte zu mir: »Du bist ja so fröhlich, Ann Alice.«

»Wie kommst du darauf?«

»Dein Gesicht verrät es.«

Ich drückte nur seinen Arm, und er sagte: »Ist es ein Geheimnis?«

»Ja. Du wirst es demnächst erfahren.«

Er hob die Schultern und lachte. Er liebt Geheimnisse.

»Wann?«

»Oh... bald.« Dann fiel mir ein, daß ich ihn verlassen würde, und das bekümmerte mich.

Er sagte nichts mehr, aber ich merkte, daß er mich beobachtete; er lächelte, wenn unsere Blicke sich trafen, als teilten wir ein Geheimnis. In gewisser Weise stimmt es ja: das Wissen, daß es ein Geheimnis gibt.

Eigentlich war ich unvorsichtig. Ich hätte mit niemandem darüber sprechen sollen, nicht einmal mit Freddy.

Morgen früh bricht Magnus auf.

Nachdem ich dies geschrieben hatte, steckte ich mein Tagebuch weg und ging zu Bett. Ich war überhaupt nicht müde. Ich überlegte hin und her, was ich alles mitnehmen würde. Auf einmal hörte ich ein Knarren. Jemand ging ein Stockwerk tiefer durch den Flur. Es mußte meine Stiefmutter sein. Ihr Zimmer liegt unten.

Ich lauschte. Schleichende Schritte. Ich blickte auf meinen kostbaren Schlüssel in der Tür. Er verhieß mir Sicherheit.

Ich stand auf, huschte zur Tür und horchte.

Ja, jemand schlich da unten über den Flur.

Ganz leise schloß ich auf und spähte in den Flur. Auf Zehenspitzen ging ich zum Geländer. Kerzenlicht flackerte die Wand entlang. Es kam von der Kerze, die Desmond Featherstone trug. Er war barfuß und hatte einen Schlafrock lose umgehängt. Ich sah ihn die Tür zum Zimmer meiner Stiefmutter öffnen und hineingehen.

Ich klammerte mich ans Geländer und überlegte, was das bedeuten konnte. Sie waren ein Liebespaar!

Oder war es möglich, daß er ihr plötzlich etwas mitzuteilen hatte? Unsinn. Er war ganz selbstverständlich hineingegangen, hatte nicht einmal angeklopft. Worüber würde er auch um Mitternacht sprechen wollen?

Ich stand zitternd da und mußte abwarten und sehen, was geschah. Um drei Uhr war er noch nicht wieder erschienen. Also konnte es keinen Zweifel geben.

Ich schlich in mein Zimmer zurück und schloß mich ein.

Sie waren wahrhaftig ein Liebespaar. Wie lange schon? Er war ihretwegen hierhergekommen. Waren sie schon ein Paar, als mein Vater noch lebte?

Die regelmäßigen Besuche... War er gekommen, um mit meiner Stiefmutter ins Bett zu gehen? Und gleichzeitig machte er mir den Hof! Sie wußte es. Sie unterstützte ihn dabei. Sie hatte Lügen über Magnus und Mrs. Masters' Nichte erfunden.

Was hatte das nur zu bedeuten?

An Schlaf war nicht mehr zu denken. Ich hätte es ahnen müssen. Dabei hatte meine Stiefmutter mich fast für sich gewonnen. Ich hatte ihr ihren Kummer geglaubt. Fast war ich bereit gewesen, ihre Freundin zu sein.

Verzweifelt suchte ich nach einer Erklärung.

Und mein Vater? Er hatte sie so geliebt. Vielleicht war es erst nach seinem Tod... Ich erwog hundert Möglichkeiten.

Ich habe mir mein Tagebuch wieder vorgenommen und schreibe alles nieder. Das beruhigt mich.

Mein erster Gedanke war: Ich erzähle Magnus, was ich gesehen habe. Aber er kommt ja erst in einer Woche zurück. Wie bin ich froh, daß ich dieses Haus bald verlasse!

5. Februar. Ich verbringe den Tag in meinem Zimmer, habe Kopfweh vorgeschützt. Ich konnte den beiden nicht ins Gesicht sehen. Ich weiß nicht, wie ich mich verhalten soll.

Manchmal habe ich Lust, sie zur Rede zu stellen. Dann wieder halte ich es für besser zu schweigen.

Tatsache ist, ich fürchte mich vor ihnen. Dieses Haus macht mir angst. Mein ganzes Unbehagen, mein Instinkt riet mir, einen Schlüssel anzuschaffen und mich einzuschließen.

Alles hat sich verändert, seit Lois Gilmour ins Haus gekommen ist. Vorher war alles frei und heiter. Sie erst hat diese finstere Atmosphäre hier hereingebracht.

Mittags kam sie zu mir. Ich lag auf dem Bett, und als ich sie kommen hörte, schloß ich die Augen.

»Mein liebes Kind«, sagte sie, »du bist so blaß.«

»Es ist bloß Kopfweh. Ich glaube, ich bleibe heute in meinem Zimmer.«

»Ja, das ist wohl das beste. Ich lasse dir etwas heraufbringen.«

»Ich habe keinen Appetit.«

»Nur etwas Suppe.«

Ich nickte und schloß die Augen. Sie ging leise hinaus. Freddy war vor der Tür. »Nein, Schätzchen«, sagte sie. »Du kannst nicht hinein. Ann Alice fühlt sich heute nicht wohl. Laß sie, sie muß sich ausruhen.«

Ich blickte zur Tür und lächelte ihm zu. Er sah mich mitfühlend an. Er ist so ein lieber kleiner Kerl.

Ich aß die Suppe, das genügte mir. Ich lag auf dem Bett und dachte nach.

Was sollte ich daraus schließen? Ein Liebespaar? ... und seit wann? Wohl schon seit damals, als ich Desmond Featherstone zum erstenmal in dem Gasthaus mit ihr zusammen gesehen hatte. Aber dann hatte sie meinen Vater geheiratet, und mein Vater war gestorben. Er hatte sie als ziemlich wohlhabende Frau zurückgelassen. Sie war als Gouvernante gekommen, und da hatte sie sicher nicht viel besessen. Und nun wollte ihr Freund – ihr Liebhaber – mich heiraten. Ich war vollkommen durcheinander.

Natürlich waren sie verstört über die Nachricht, daß Charles gerettet war. Warum? Weil Charles erben würde. Für mich war selbstverständlich gesorgt, aber ich würde nicht so reich sein, wie wenn mein Bruder tot wäre.

Alles paßte zusammen.

»Lediglich Mutmaßungen«, sagte ich mir.

Du mußt es so sehen, ermahnte ich mich. Mein Vater ist seit einiger Zeit tot. Vielleicht ist sie eine Frau, die einen Liebhaber braucht. Vielleicht hat das Verhältnis erst vor kurzem angefangen. Vielleicht will er mich jetzt nicht mehr heiraten. Vielleicht heiratet er sie.

Aber wie konnte ich sicher sein, daß meine Vermutungen stimmten? Und wenn...? Die Anfälle meines Vaters? Was hatten die zu bedeuten? Er hatte sie vor der Heirat nie gehabt.

Was, wenn sie eine Mörderin war? Was, wenn sie gemeinsam einen Anschlag verübt hatten? Was, wenn sie jetzt abermals einen planten? Wollte er mich heiraten und mich dann ermorden, wie Lois meinen Vater...

Es beruhigt sehr, meine Gedanken so aufzuschreiben, wie sie mir in den Sinn kommen. Sie sind vielleicht etwas unzusammenhängend, aber es hilft mir nachdenken.

Das Haus ist mir unheimlich geworden.

Ich habe Angst. Ach, Magnus, ich wünschte, du wärst hier. Dann würde ich sagen, bring mich fort, bring mich noch heute abend fort. Ich will keine weitere Nacht mehr unter diesem Dach verbringen.

Von allen Seiten fühle ich mich bedroht. Was ich zunächst für kindische Phantastereien hielt, gewinnt nun eine unheimliche Realität.

Was soll ich nur tun?

Dann habe ich mir etwas ausgedacht. Vielleicht könnte ich es heute nacht ausprobieren: Ich horche, wenn er in ihr Zimmer geht. Neben ihrem Zimmer ist eins mit einer Tür zum Flur und einer anderen zu ihrem Zimmer. Wenn ich dort wäre, könnte ich vielleicht mit anhören, worüber sie sprechen. Heute nachmittag, wenn sie aus dem Haus sind, gehe ich nachsehen, ob ich mich in diesem Zimmer verstecken kann. Wenn ja, müßte es möglich sein zu hören, was nebenan gesprochen wird.

Es ist jetzt Nachmittag. Ich habe erkundet, was ich wissen wollte. Ich bin im unteren Stockwerk gewesen. Die Tür zwischen den beiden Zimmern ist auf beiden Seiten verriegelt. Sie hängt etwas schief. Wenn ich auf einen Hocker steige, kann ich eine Ritze oben an der Tür erreichen. Durch die müßte ich hören können, was auf der anderen Seite gesprochen wird.

Ich glaube, Mr. Featherstone hat eine große Vorliebe für Portwein und trinkt gern nach dem Abendessen. Das wäre vielleicht auch eine günstige Zeit, sie zu belauschen. Aber dann sind sie womöglich vorsichtiger, und Dienstboten haben ihre Ohren überall. Ich versuche es lieber heute nacht.

Es ist ein Uhr. Ich zittere so sehr, daß ich meinen Federhalter kaum halten kann. Aber ich muß es aufschreiben, solange es frisch in meinem Gedächtnis ist. Ich hörte sie heraufkommen. Es war nach Mitternacht. Ich meine, er ging etwas unsicher. Er muß sehr viel getrunken haben. Nicht zu viel, hoffte ich, sonst war er womöglich müde und nicht zum Reden aufgelegt.

Ich schlich leise hinunter in das Zimmer. Ich ließ die Tür und auch die Tür meines Zimmers weit auf, damit ich, wenn nötig, schleunigst in mein Zimmer flüchten konnte.

Meine Schrift ist ganz zittrig vor lauter Angst.

Es klappte besser als erwartet. Mr. Featherstone war streitsüchtig. Auf dem Hocker stehend, das Ohr an der Ritze, konnte ich ihn einigermaßen deutlich hören.

»Was ist los mit ihr?« fragte er.

»Sie sagte Kopfweh«, antwortete meine Stiefmutter.

»Die Teufelin führt etwas im Schilde.«

»Gib es auf. Laß sie mit ihrem Schweden ziehen oder was immer er ist.«

»Ich muß mich über dich wundern, Lo. Du bist so weit gegangen, und nun verlierst du die Nerven! Du wolltest den Alten nicht mehr loswerden, was? Wie lange du dafür gebraucht hast! Du liebtest das behagliche Leben. Ich glaube, du hattest den alten Kerl sogar gern.«

Sie sagte leise: »Er war ein guter Mensch. Ich wollte ihn nicht...«

»Ich weiß. Wolltest einen Rückzieher machen, wie?«

»Hör auf zu streiten und komm ins Bett.«

»Du hättest den Plan am liebsten aufgegeben. Du hast unseren Kleinen hergebracht. Das war fein eingefädelt. Hattest es dir hübsch gemütlich eingerichtet. Du bist kleinbürgerlich, Lo, jawohl. Kommst her, machst dir und dem Jungen ein kleines Nest und willst es dabei belassen. Und wo bleibe ich dabei, hm?«

»Schrei nicht so«, zischte sie.

»Wer kann mich schon hören? Und jetzt kommt auch noch der Bruder zurück. Was wird nun aus unserem Plan, sag?«

»Geh fort, Desmond. Laß alles, wie es ist.«

»Sehr nett für dich, wie? Und ich? Ich muß das Mädchen heiraten. Du hattest den Alten. Es ist nur recht und billig. Sie ist zwar nicht so gut gepolstert, wie wir dachten... aber sie bringt immer noch ganz schön was mit.«

»Sie will dich nicht.«

»Das werde ich ihr schon beibringen.«

»Wie?«

»Laß mich nur machen.«

»Was hast du vor? Willst du sie verführen... vergewaltigen? Das würde ich dir ohne weiteres zutrauen.«

Ich war so von Entsetzen übermannt, daß ich mich bewegte. Der Hocker rutschte unter meinen Füßen weg. Ich sprang auf die Erde.

Bestimmt hatten sie das Geräusch gehört.

Ich flitzte in mein Zimmer, und hier bin ich nun.

Ich habe solche Angst. Morgen verlasse ich das Haus. Ich gehe zu Mrs. Masters und erzähle ihr, was ich weiß, und warte dort auf Magnus.

Meine Schrift ist vor Zittern kaum noch leserlich. Was war das? Ich dachte, ich hätte ein Geräusch gehört. Schritte...

Ich höre Stimmen... Unten geht etwas vor.

Sie kommen...

Raymond

Beim Lesen von Ann Alices Tagebuch verlor ich jedes Zeitgefühl, und als ich zu Ende war, war es bereits heller Morgen.

Ich war bei ihr gewesen. Ich hatte das Gefühl, daß ich sie und ihren Geliebten kannte, ihre Stiefmutter und den finsteren Desmond Featherstone. Ich war ganz enttäuscht über das plötzliche Ende. Wie gern hätte ich gewußt, was in jener Nacht geschah. Es war die Nacht ihres Todes, denn das Datum stand auf ihrem Grabstein.

Ich konnte ihre Angst nachfühlen... hörte die Schritte auf der Treppe. Ich sah sie hastig ihr Tagebuch in die Schublade stecken und sie nicht ganz schließen, so daß der verräterische Schal hervorlugte.

Und was war dann geschehen? Steckte der Schlüssel im Schloß, oder hatte sie vergessen abzuschließen? O nein, niemals. Ihr hatte soviel an dem Schlüssel gelegen. Doch nach dem, was sie gehört hatte, war sie völlig verstört gewesen.

Was war geschehen?

Wie seltsam, daß ich die erste war, die diese Worte las, die vor fast hundert Jahren geschrieben wurden. Es war, als seien sie für mich aufgezeichnet worden. Ich hatte ihr Grab entdeckt, ich war als erste in ihr Zimmer getreten und hatte das Tagebuch gefunden.

Ich brannte darauf, Philip von meiner Entdeckung zu erzählen. Ich dachte sogar daran, ihn aufzuwecken, aber dann ließ ich es lieber bleiben. Ich mußte mich gedulden. Er war ohnehin ein Frühaufsteher und würde um halb acht am Frühstückstisch sitzen. Ich war schon vor ihm da. »Philip«, rief ich, »heute nacht ist etwas höchst Ungewöhnliches geschehen.«

Ich erzählte es ihm, und er war genauso aufgeregt wie ich. Ganz besonders aber interessierte ihn die Karte.

»Geh sie holen«, sagte er.

Ich brachte sie ihm, und er studierte sie eingehend. »Ich kenne das Gebiet«, sagte er. »Diese Inseln... die sind uns bekannt. Aber diese Insel Eden? Hört sich ziemlich phantastisch an.«

»Es gibt die Freundschaftsinseln und die Gesellschaftsinseln. Warum nicht die Insel Eden?«

»Ich zeig' Benjamin die Karte. Er müßte etwas darüber wissen.«

Wir aßen beide nicht viel, dazu waren wir viel zu aufgeregt. Ich meinte, wir sollten Granny M. erzählen, was wir entdeckt hatten. Sie würde sehr ungehalten sein, wenn wir sie nicht einweihten.

Wir gingen in ihr Zimmer, wo sie wie üblich ihren Tee und Toast mit Marmelade auf einem Spezialtablett, das sie für ihr Bettfrühstück benutzte, einnahm... Ihr einziges Zugeständnis an ihr Alter.

Sie hörte aufmerksam zu. Doch ihre erste Bemerkung war eine Rüge für mich.

Hatte man mir nicht untersagt, das Zimmer zu betreten? Es hätte gefährlich sein können.

»Es war wie ein innerer Drang, Granny«, gestand ich. »Er war unwiderstehlich.«

»Mitten in der Nacht!« fügte Philip hinzu.

»Darum nahm ich die Kerze und ging hinauf.«

»Sehr tapfer angesichts des ganzen Geredes von Gespenstern«, meinte mein Bruder. »Was hättest du gemacht, wenn dir ein kopfloser Mann mit klirrenden Ketten begegnet wäre?«

»Wenn du das Tagebuch gelesen hast, sprichst du nicht mehr so leichtfertig von den Toten«, gab ich ernst zurück.

Ich holte das Tagebuch aus meinem Zimmer und zeigte es ihnen.

»Und du warst die ganze Nacht wach und hast es gelesen?« fragte Philip erstaunt.

»Hättest du das etwa nicht getan? Und als ich einmal angefangen hatte, konnte ich nicht mehr aufhören.«

»Ich hätte bis zum Morgen gewartet.«

»Was hältst du von der Karte, Philip?« fragte Granny M.

»Die ist nicht von einem Laien gemacht. Ich kenne das Gebiet. Aber diese Insel Eden habe ich noch auf keiner Karte gesehen. Ich möchte, daß Benjamin sich die Karte ansieht. Wir müssen sie mit anderen vergleichen.«

»Ich bin gespannt, was er dazu zu sagen hat«, meinte Granny M. »Laß das Tagebuch hier. Ich will es auch lesen.«

Das war ein seltsamer Vormittag. Ich war hellwach, trotz der schlaflosen Nacht. Als ich wieder in das Zimmer hinaufging, sah es anders aus als in der Nacht. Wohl deshalb, weil die Arbeiter da waren. Ich mußte ständig an Ann Alice denken. Es war fast, als lebte ich ihr Leben und erwartete, daß der niederträchtige Desmond Featherstone auch mir jeden Augenblick erschien.

Die Lektüre des Tagebuches hatte einen nachhaltigen Eindruck auf mich gemacht.

Beim Mittagessen konnte Granny M. von nichts anderem sprechen als von dem Tagebuch. Sie war den ganzen Morgen mit der Lektüre im Bett geblieben.

»Eine schreckliche Geschichte«, gab sie zu. »Was glaubst du, was dem Mädchen zugestoßen ist?«

»Meinst du, sie sind heraufgekommen und haben sie ermordet?«

»Das halte ich für sehr wahrscheinlich.«

»Und hinterher haben sie das Zimmer verschwinden lassen?«

»Warum denn nur?«

»Ich weiß es nicht. Zumindest haben sie sie begraben. Schließlich habe ich das Grab gefunden.«

»Es ist ein Rätsel, das zu lösen wir nicht hoffen können. Ich bin neugierig, was uns die Karte sagen wird. Diese Insel, von welcher der junge Mann sprach... wo liegt sie? Vielleicht existiert sie gar nicht. Wir wissen nicht viel von dem jungen Mann. Das Mädchen war so in ihn vernarrt, daß sie nur die guten Seiten in ihm gesehen hat.«

»Aber ich bin sicher, daß er sie geliebt hat. Er hat an die Insel geglaubt. Ich wüßte gern, was aus ihm geworden ist.«

»Ja, ich auch. Vielleicht ging er auf die Insel, nachdem das Mädchen tot war.«

»Sich vorzustellen, wie er zurückkam und sie tot fand!«

»Es wird jedenfalls interessant sein zu hören, was Benjamin zu der Karte zu sagen hat.«

Ich war so neugierig, daß ich nachmittags ins Geschäft ging. Ich fand Philip und Benjamin inmitten von alten Karten.

Philip schüttelte den Kopf. »Sie ist nirgendwo verzeichnet.«

»Wenn sie existierte, wäre sie inzwischen längst entdeckt worden«, sagte Benjamin. »Diese Meere sind alle kartiert.«

»Möglicherweise wurde sie übersehen«, warf ich ein.

Benjamin zuckte die Achseln. »Kann schon sein.« Er zeigte auf die Karte. »Die hat einer angefertigt, der sein Handwerk verstand.«

»Ja. Er war ein Fachmann.«

»Mr. Mallory hat mir von der Entdeckung des Tagebuches erzählt. Meiner Meinung nach hat sich der junge Mann in der Gegend geirrt.«

»Aber irgendwo in diesem Gebiet müßte sie schon sein...«

»Das ist kaum wahrscheinlich. Dann wäre sie unterdessen entdeckt worden. Sie sagen, die Karte wurde vor fast hundert Jahren gefertigt. Wir haben seitdem große Fortschritte gemacht.« Er schüttelte den Kopf. »Freilich, man kann nie wissen. Sie könnte natürlich falsch sein. Ich nehme an, er hat sie aus dem Gedächtnis gezeichnet.«

»Ich gäbe was darum, die Insel zu finden«, sagte Philip.

»Falls sie existiert«, ergänzte Benjamin.

»Sie existiert«, gab Philip zurück. »Ich habe so ein bestimmtes Gefühl.«

Wir redeten uns die Köpfe heiß. Philips Eifer steckte mich an. Wie lieb ich ihn hatte! Er besaß eine so wunderbare Lebhaftigkeit, und wenn er sich für etwas interessierte, tat er es nie halb.

Er war von der Insel so besessen wie ich von Ann Alice. Unsere Neugier ging ein wenig in verschiedene Richtungen. Mich verlangte es zu erfahren, was in jener Nacht geschehen war. Philips Gedanken dagegen galten einzig und allein der Insel.

Ich dachte später noch oft an jenen Nachmittag im Geschäft zurück und wünschte dann, ich hätte die Karte nie gefunden.

Philip konnte von Stund an von nichts anderem mehr sprechen. Oft traf ich ihn mit alten Karten an, die er vor sich ausgebreitet hatte.

»Sie könnte in einem anderen Erdteil gewesen sein«, meinte er.

»Hör zu«, sagte ich. »Er war Kartograph. Er würde sich ebensowenig in der Gegend geirrt haben wie du.«

»Jeder kann Fehler machen.«

Seine tiefblauen Augen blickten in die Weite. »Annalice«, sagte er, »ich möchte die Insel finden.«

Er konnte nicht davon ablassen. Er war wie besessen. Granny M. bemerkte es mit Sorge.

Gow und seine Leute waren fertig mit dem Dach und arbeiteten nun in dem Zimmer. Die ganze textile Einrichtung war zerstört, Vorhänge, Teppiche waren nur noch Fetzen. Aber einige Möbel waren noch erhalten und sollten restauriert werden.

Ich sah die Garderobe von Ann Alice durch, das wollte ich unbedingt selbst tun. Die Handschuhe, Schals, Hüte und Kleider... ihre ganze persönliche Habe. Ich wies die Dienstmädchen an, einige Kleider zu waschen. Viele waren brüchig, die übrigen packte ich mit ihren Hüten und Schuhen in eine Truhe auf dem Dachboden.

Ich behandelte die Sachen mit Ehrfurcht, denn ich fühlte mich Ann Alice sehr nahe; und manchmal hatte ich das merkwürdige Gefühl, daß sie mich beobachtete und mir dankte.

Später ging ich in das Zimmer hinauf, bevor sie anfingen, die Vertäfelung zu reparieren und die Wände zu streichen. Ich fragte Gow nach den Flecken an den Wänden.

Er meinte, nach so langer Zeit sei es schwer zu sagen, was sie verursacht hatte. Möglicherweise Feuchtigkeit... Verfärbung.

»Sieht wie verspritzt aus«, gab ich zu bedenken. »Könnte es... Blut sein?«

»Blut, Miss Annalice? Hm, schon möglich... So wie das aussieht... ja, könnte sein. Aber ich wäre nicht drauf gekommen. Feuchtigkeit und die Zeit können Gebäuden sehr zusetzen. Wieso glauben Sie, es ist Blut, Miss Annalice?«

»Nur so ein Gedanke.«

»Was immer es ist, bald sehen die Wände aus wie neu. Wird ein schönes Zimmer, wenn wir das Fenster wieder eingesetzt haben.«

»Und das Fenster kommt genau dahin, wo es vorher war?«

»Muß ja. Wo es zugemauert wurde. Man kann es von außen sehen, wenn der Efeu weggeschnitten ist. Ich nehme an, deshalb haben sie ihn da wachsen lassen. Sie können den Unterschied an den

Ziegelsteinen erkennen. Ja, das wird ein schönes Zimmer, wenn wir fertig sind.«

Jetzt sind sie fertig. Die restaurierten Möbel sind wieder da. Das Bett, die Kommode, die Stühle. So muß es ausgesehen haben, als Ann Alice hier saß und ihr Tagebuch schrieb.

Allerdings wollen die Dienstboten nach dem Dunkelwerden immer noch nicht hineingehen. Sie sagen, es sei ihnen unheimlich.

Ich aber sitze am frühen Abend oft dort. Manchmal spreche ich zu ihr. »Ann Alice«, sage ich, »ich wünschte, du kämst zurück und würdest mir alles erzählen.«

Manchmal glaube ich eine Gegenwart zu spüren. Aber das bilde ich mir wohl nur ein.

Das Haus scheint verändert seit der Entdeckung in der Gewitternacht. Ann Alice kommt mir so oft in den Sinn, und es gibt seltsame Momente, da ich sie fast neben mir spüre. Zwischen uns besteht eine besondere Verbindung. Wir sind vom selben Blut, wir haben fast denselben Namen, wir haben in demselben Haus gelebt. Nur die Zeit trennt uns. Oft denke ich: Was ist Zeit? Ist es möglich, sie zu überbrücken?

Aber so etwas spreche ich nie aus. Granny M. und Philip sind viel zu nüchtern und würden über meine Phantasievorstellungen lachen. Aber auch Philip hat seine Phantasien.

Er spricht ständig von der Insel. Ich sehe ihm an, daß er im Geiste Pläne macht, und Granny M. ist darüber sehr besorgt.

Eines Tages sagte Philip beim Essen: »Ich wollte immer schon neue Gebiete erforschen und an Ort und Stelle kartieren. Die praktische Seite des Geschäftes hat mich immer gereizt.«

Ich kannte ihn so gut, daß es mich nicht überraschte, als er fortfuhr und erklärte, David Gutheridge, ein Botaniker – ein Schulfreund von ihm, der aus einer Seefahrerfamilie stammte –, plane eine Expedition in die Südsee. »Er hat mir vorgeschlagen, mit ihm zu kommen«, sagte Philip.

Granny M. schwieg. Sie zeigte sich keineswegs überrascht.

»Das war immer schon mein Wunsch«, fuhr Philip fort. »Heutzutage haben wir hochentwickelte Instrumente... von denen man sich vor hundert Jahren noch nicht träumen ließ. Ich möchte einige von unseren Karten überprüfen. Ich glaube – und Benjamin stimmt mit mir überein – daß sie in diesen Gewässern hier und da fehlerhaft sind.«

Am Abend kam Granny M. in mein Zimmer. »Er ist entschlossen zu fahren«, sagte sie.

Sie sah mit einemmal sehr kläglich aus – das hatte ich bei ihr nie für möglich gehalten.

»Ich wußte, daß es so kommen mußte«, sagte sie. »Es ist ganz natürlich.«

»Du wirst nicht versuchen, ihn zurückzuhalten?«

Sie schüttelte den Kopf. »Nein, das wäre falsch. Es ist sein Leben... seine Bestimmung. Er hat ja recht. Soll er nur in die Welt hinausziehen. Benjamin hätte es seinerzeit auch tun sollen. Dann wäre er jetzt ganz oben. Daß Philip geht, habe ich immer schon gewußt.«

»Wir werden ihn schrecklich vermissen.«

»Ist ja nur für ein Jahr oder so. Dann kommt er zurück, bereichert, erfüllt. Natürlich werde ich ihn auch vermissen. Aber ich habe ja dich, mein Liebes. Ich kann dir gar nicht sagen, was für ein Trost ihr zwei Kinder mir seid.«

Ich war vor Enttäuschung wie gelähmt. Wie gern wäre ich mit Philip gezogen!

Hätte ich mit ihm Pläne machen können, wäre ich glücklich gewesen.

Ich war drauf und dran gewesen, es Philip vorzuschlagen, und war gespannt, wie er reagieren würde. Aber ich sah ein, daß ich bei Granny M. bleiben mußte.

Eines Tages würde ich vielleicht auch hinausziehen in diese geheimnisvollen Gewässer. Ich sehnte mich danach, Magnus' Insel Eden zu entdecken.

Das war Ann Alices Wunsch gewesen. Und es war auch meiner.

Mir war ganz melancholisch zumute.

Das Leben schien mir unbefriedigend und enttäuschend.

An einem strahlenden Tag Anfang Oktober fuhren Granny M. und ich nach Southampton, meinen Bruder zu verabschieden.

Philip war mit seiner ganzen Ausrüstung vorausgefahren. Er schlief schon einige Nächte auf dem Schiff, bevor es auslief.

Ich war sehr traurig, und Granny M. ebenfalls. Aber sie war überzeugt, daß Philip das einzig Richtige tat, und ich mußte ihr zustimmen. Es war das erste Mal, daß Philip fortging – abgesehen von der Schule natürlich. Schon damals war ich immer ganz trostlos, aber jetzt war es noch viel schlimmer!

Ich hatte ihm bei den Vorbereitungen geholfen, und in den letzten Wochen standen wir uns näher denn je.

»Ich wünschte, du würdest mitkommen«, sagte er. »Das wäre herrlich.«

»Ach, wie gern käme ich mit! Es wird entsetzlich langweilig sein ohne dich.«

»Oftmals war ich drauf und dran zu sagen, du sollst mitkommen. Aber wir könnten die alte Dame nicht beide verlassen, nicht?«

»Nein, natürlich nicht.«

»Wenn ich die Insel gefunden habe, werden wir sie gemeinsam besuchen. Ich wette, Granny M. ist dann mit von der Partie.«

»Komm nur bald zurück«, sagte ich.

Er hatte vorgeschlagen, ich solle ihm eine Kopie von der Karte anfertigen. »Dann hast du auch eine. Und es ist auf alle Fälle besser, wenn zwei vorhanden sind.«

»Ich glaube, ich könnte sie beinahe aus dem Gedächtnis zeichnen.«

»Ich möchte, daß sie ganz genau ist.«

»Ist gut.«

Ich zeichnete die Karte. Ich war ziemlich stolz darauf und zeigte sie Philip. »Hervorragend«, sagte er. »Genau bis ins kleinste Detail. Verwahre sie an einem sicheren Ort.«

Fast ohne zu überlegen, sagte ich: »Ich lege sie hinten in meine Schublade.« Sogleich hatte ich das seltsame Gefühl, daß Ann Alice dasselbe gesagt – oder gedacht – haben mußte, als sie die Karte bekam.

Dann fuhr er ab.

Granny M. stand blaß und traurig mit mir am Kai, und das Schiff glitt aus dem Hafen, während Philip an Deck stand und winkte.

Wir blieben, bis wir ihn nicht mehr sehen konnten.

Das Leben war eintönig geworden. Die Tage wurden mir lang und waren nun, als sie kürzer wurden, recht deprimierend. Wenn ich im Garten war, blickte ich oft zu dem neu eingesetzten Fenster hinauf, und manchmal glaubte ich, dort ein Gesicht zu sehen. Man bildete sich allerhand ein an düsteren Nachmittagen in einem großen Haus, das neuerdings von Schatten belebt war.

Es wurde Weihnachten. Ich wünschte, es wäre schon vorbei. Ohne Philip war es nicht so wie sonst, und an solchen Tagen wurde uns besonders bewußt, wie sehr wir ihn vermißten.

Wir bemühten uns, fröhlich zu sein. Wir redeten über Geschenke und dergleichen. Doch das einzige Weihnachtsgeschenk, das ich mir wünschte, war, Philip hereinspazieren zu sehen.

Wir machten gegenseitige Besuche in der Nachbarschaft, speisten mit dem Pastor und seiner Frau, und am Tag nach dem zweiten Weihnachtstag gestalteten wir in unserer Villa die Feier für die Dorfkinder. Alles war genauso wie immer. Wir bemühten uns, ein ganz normales Weihnachtsfest zu feiern.

»Die Zeit vergeht schnell«, sagte Granny M. »Bald kommt er nach Hause. Er will sich bloß vergewissern, ob diese Insel existiert. Dann kommt er heim.«

Da war ich nicht so sicher. Er hatte immer auf See gehen wollen, den Ozean befahren, neue Entdeckungen machen... und ich wäre am liebsten mit ihm gegangen.

Im Februar kam ein Brief von ihm. Was für eine Aufregung! Ich las ihn, Granny M. las ihn; ich las ihn ihr vor, sie las ihn mir vor, denn beim Lesen war uns, als sei Philip leibhaftig bei uns.

Liebe Granny und Annalice!

Sydney

Hier bin ich! Ich kann gar nicht glauben, daß ich wirklich angekommen bin und Ihr zwei auf der anderen Seite der Erde seid.

Wir hatten eine ziemlich glatte Überfahrt – zumindest sagte man mir, sie sei glatt verlaufen. Ich selbst hätte sie kaum so

143

bezeichnet. Es gibt ein paar amüsante Burschen in der Bota-
nikergesellschaft. Sie sind momentan hier in Sydney und
brechen morgen auf. Dann bin ich auf mich allein gestellt.
Ich gedenke die Inseln ein paar hundert Meilen vor der
hiesigen Küste zu erforschen. Jeden Mittwoch geht ein Schiff
dorthin. Das wäre übermorgen... ich möchte diesen Brief
aufgeben, bevor ich ablege.
Ich hoffe, daß er Euch erreicht. Er hat einen weiten Weg,
aber man versichert mir, daß die Post gut ankommt und
daß wöchentlich vierhundert Postsäcke von Australien nach
England gehen.
Ich wünschte, Ihr wärt hier. Dann wäre alles viel schöner.
Ich habe mehrere Leute in Sydney kennengelernt, aber niemand hat mir bislang Auskunft über die Insel Eden geben
können. Ich habe etliche Karten studiert, aber sie ist
nirgends verzeichnet. Das alles ist ziemlich mysteriös.
Sobald ich mehr weiß, schreibe ich Euch wieder. Mir geht
es prima. Ich habe mich nie wohler gefühlt und kann es
kaum erwarten aufzubrechen.
Vielleicht seht Ihr mich bald wieder.
Euer Euch liebender Enkel und Bruder
Philip

»Mir scheint, er findet das Leben dort amüsant und interessant«,
sagte Granny M.
»Philip findet das Leben fast immer amüsant und interessant.«
»Es hat ihn ja immer gedrängt, auf Reisen zu gehen. Aber nachdem er es nun einmal gekostet hat, sehnt er sich vielleicht nach der
heimischen Behaglichkeit?«
Da hatte ich meine Zweifel.

Ein Tag folgte auf den anderen. Täglich wartete ich auf einen Brief
von Philip.
»Natürlich kann man sich nicht darauf verlassen, daß die Post von
so weit her auch ankommt«, meinte Granny M. »Bestimmt gehen
manche Briefe verloren.«

Ich pflichtete ihr bei. Aber ich sehnte mich so nach Neuigkeiten! Der Laden hatte seine Anziehungskraft für mich verloren. Wenn ich dort war, dachte ich immer nur an Philip. Wenn ich die Karten der fernen Meere betrachtete, fielen mir die Schreckensdinge ein, die passieren konnten, die Stürme, von denen in Ann Alices Tagebuch die Rede war. Wo war Philip? Wie erging es ihm auf der tükkischen See? Er wollte doch ein Schiff zu den Inseln nehmen. Ob er noch dort war?

Gespräche mit Benjamin brachten wenig Trost. Er gab sich große Mühe, fröhlich und zuversichtlich zu sein, aber das wirkte nur deprimierend auf mich.

Granny M. tat alles, um uns aus unserer Melancholie herauszureißen. Mit der ihr eigenen Vernunft fand sie, wir müßten aufhören, uns Gedanken zu machen. Es sei wundervoll, von Philip zu hören, aber wenn nicht, müßten wir an die Schwierigkeiten im Postverkehr denken und nicht gleich das Schlimmste annehmen. Unser Leben müsse weitergehen, so oder so.

Als sie hörte, daß in London eine Kartographenkonferenz stattfand, verkündete sie ihre Absicht, mit mir und Benjamin daran teilzunehmen. »Das wird höchst interessant«, erklärte sie.

Die Konferenz sollte drei Tage dauern. Benjamin wurde angewiesen, im Hotel Blake, wo die Familie bei Londonbesuchen immer abstieg, Zimmer für uns zu buchen. Es war ein sehr seriöses Haus, ein sogenanntes »altmodisches« Hotel am Piccadilly. Ich hatte schon einmal dort gewohnt und war immer von neuem beeindruckt von der feierlich gedämpften Atmosphäre, die durch schwere Vorhänge und dicke Teppiche, Gepäckträger in dunkelblauen, nur von schimmernden Messingknöpfen aufgehellten Livreen, von geräuschlos sich bewegenden Kellnern und diskreten Zimmermädchen noch unterstrichen wurde.

In einem pompöseren Hotel sollten mehrere Versammlungen und ein Ball stattfinden.

Die Vorbereitungen nahmen ihren Lauf. Wir brauchten neue Ballkleider. Es wurde lebhaft im Haus, und die Aufregung lenkte uns vorübergehend von unseren Gedanken um Philip ab.

London war eine faszinierende Stadt, und man mußte einfach guter Dinge sein bei all dem Trubel und der Geschäftigkeit. Ich staunte über die Straßenhändler, die Straßenmusikanten und die Menschen, die dermaßen mutig über die Straßen eilten, daß ich dachte, sie müßten augenblicklich von den Pferden erfaßt werden, welche die zahlreichen Einspänner, Broughams und Landauer zogen.

Unwillkürlich wurde man von der Geschäftigkeit angesteckt. Besonders die Auslagen gefielen mir, und ich nahm mir vor, noch manche Stunde mit Einkaufen zu verbringen, bevor ich nach Hause zurückkehrte.

Die Konferenz schien interessant zu werden. Sie wurde in einem großen Saal in einem vornehmen Hotel abgehalten. Es gab Vorträge über verschiedene Themen, unter denen die Einführung der Farbdrucke einen breiten Raum einnahm.

Benjamin war schon vorgegangen, weil Granny M. und ich noch in einem Geschäft vorbeischauen wollten. »Machen Sie sich keine Sorgen um uns. Wir sehen uns nach dem Vortrag. Sie brauchen uns keine Plätze freizuhalten. Wir kommen schon allein zurecht«, verabschiedete sie ihn.

Unglücklicherweise wurde unser Einspänner im Verkehr aufgehalten, und als Granny M. und ich eintrafen, sollte der Vortrag gerade beginnen.

Etwas ratlos stellten wir fest, daß der Saal voll war und es offenbar keine freien Plätze mehr gab. Ein junger Mann in der letzten Reihe sah unsere hilflosen Gesichter und bot Granny M. sogleich seinen Platz an. Sie zögerte noch, als ein Saalordner mit zwei Stühlen herbeikam, die er hinter die letzte Reihe stellte, wo der junge Mann und ich uns hinsetzen konnten.

Ich sagte: »Haben Sie vielen Dank. Das war sehr liebenswürdig von Ihnen.«

»Es war mir ein Vergnügen«, erwiderte er mit entwaffnendem Lächeln.

Dann zog der Vortrag mein Interesse auf sich. Auch der junge Mann hörte gespannt zu, aber ich merkte, daß er mich ab und zu von der Seite ansah. Ich muß zugeben, daß auch ich ihm hin und wieder einen Blick zuwarf. Er war mittelgroß, nur wenig größer als ich, hatte hellbraune Haare und etwas dunklere Augen, feine, doch nicht außergewöhnliche Züge. Das Nette an ihm aber war sein offenes, gewinnendes Lächeln.

Nach dem Vortrag dankte Granny M. ihm noch einmal, und er wiederholte, es sei ihm ein Vergnügen gewesen. Er fügte hinzu, jetzt werde eine kleine Erfrischung serviert. Ob wir ihm Gesellschaft leisten wollten? Er sei allein.

Granny M. sagte: »Wir haben noch einen Freund hier. Er ist vorausgegangen. Ich nehme an, er ist irgendwo weiter vorne.«

»Vielleicht finden wir ihn. Ich glaube, es gibt auch Tische für vier Personen.«

Während wir uns unterhielten, kam Benjamin hinzu.

»Das ist Mr. Benjamin Darkin, Geschäftsführer unseres sogenannten Ladens in Groß-Stanton.«

»Sagen Sie bloß, Sie sind Mrs. Mallory!«

»Allerdings«, erwiderte Granny M.

»Es ist mir eine große Ehre, Sie kennenzulernen. Ich bin Billington... Raymond Billington.«

»Es ist wahrlich eine Ehre, *Sie* kennenzulernen, mein Herr«, sagte Benjamin.

»Das ist das Schöne an solchen Versammlungen«, erklärte ich, »daß Leute, die sich nie begegnet sind, trotzdem voneinander wissen.«

»Und eine Chance haben, sich kennenzulernen, was viel befriedigender ist, als nur voneinander zu wissen«, lachte Raymond Billington.

Wir begaben uns alle zusammen in den Raum, wo die Erfrischungen serviert wurden, und Granny M. und ich setzten uns an einen Vierertisch, während die Herren uns etwas zu essen holen gingen.

Anschließend diskutierten wir lebhaft über den Vortrag, tauschten Ansichten aus, stimmten zu, machten Einwände, erläuterten eigene Ideen. Die Herren führten das Wort, weil sie sich besser auskannten, aber Granny M. und ich konnten uns ebenfalls am Gespräch beteiligen.

Wir brachen nur ungern auf. Raymond Billington meinte, den nächsten Vortrag sollten wir zusammen besuchen, denn es sei so interessant, hinterher darüber zu diskutieren.

Später sollte dann ein Podiumsgespräch stattfinden, an dem er teilnahm. Er wollte uns Karten für die erste Reihe besorgen.

Er war in seinem eigenen Brougham gekommen, denn die Billingtons hatten ihre Kontore in London, und er wohnte, wie er sagte, ein wenig außerhalb in Knightsbridge.

Er brachte uns zu unserem Hotel, und wir verabschiedeten uns, nachdem wir ein Wiedersehen verabredet hatten.

Granny M. war sehr von ihm angetan.

»So ein netter junger Mann«, lautete ihr Kommentar, und das hieß sehr viel, denn sie neigte eher zur Kritik, besonders an der Jugend.

Benjamin war fast überwältigt, weil er einen aus der Familie Billington kennengelernt hatte. »Sie kennen ihren Ruf, Mrs. Mallory.«

»Sehr gute Reputation, aber natürlich nicht so eine alte Familie wie die Mallorys.«

»Aber nein, Mrs. Mallory, gewiß nicht. Sie gehen erst ungefähr hundert Jahre zurück.«

»Weniger«, berichtigte Granny M. »Höchstens siebzig. Aber Ehre, wem Ehre gebührt. In der Welt der Karten haben sie einen sehr guten Ruf.«

»Der junge Mann gefällt mir«, sagte Granny M. später.

Mir gefiel er auch. Er half mir, Philip eine Zeit zu vergessen.

Während der nächsten Tage ergab es sich, daß wir, wohin wir auch gingen, von Mr. Raymond Billington begleitet wurden.

Er zeigte uns die Geschäftsräume seiner Familie. Es war eine interessante Besichtigung. Er stellte uns seinem Vater und seinem jüngeren Bruder Basil vor, der soeben ins Geschäft eingeführt wurde. Sie waren recht sympathisch und genau so, sagte Granny M., wie man es von Raymond Billingtons Familie erwartete.

Granny M. meinte, Raymond müsse nach Groß-Stanton kommen, und wir würden ihm unsere Arbeitsweise zeigen.

Wir waren beeindruckt von ihm auf der Podiumsdiskussion. Er beantwortete die gestellten Fragen ohne Umschweife und kenntnisreich.

Wir bedauerten, daß die Konferenz zu Ende ging. Es waren anregende Tage gewesen.

Raymond fragte, ob er uns auf den Ball begleiten dürfe, der den Abschluß der Veranstaltung bildete, und die Erlaubnis wurde natürlich gerne gegeben.

Es wäre falsche Bescheidenheit, wenn ich nicht zugäbe, daß die Aufmerksamkeit, die er uns zukommen ließ, hauptsächlich seinem Interesse an mir zu verdanken war. Und es wäre mehr denn falsch, wenn ich leugnete, daß mich das freute.

Er gefiel mir. Er gefiel mir bedeutend besser als die jungen Männer aus unserer Nachbarschaft. Er war interessant, charmant, gebildet, ja er war genau so, wie ein junger Mann sein sollte.

Er tanzte gut und trug mich mit sich fort. Ich fühlte mich vollkommen eins mit ihm.

Er sagte: »Das war eine aufregende Konferenz. Die beste, an der ich je teilgenommen habe.«

»Sie findet jedes Jahr statt, nicht wahr? Ich war zum erstenmal hier. Vielleicht treffen wir uns nächstes Jahr wieder.«

»Oh, schon früher, will ich hoffen.«

Ich lachte. »Ja, ein Jahr ist sehr lang.«

»Ihre Großmutter hat mich eingeladen, Ihre Firma in Groß-Stanton zu besichtigen.«

»Sie hängt sehr daran, aber geleitet wird sie von Mr. Darkin.«

»Sie kennen sich aber auch sehr gut aus.«

»Ja, es interessiert mich. Alle sagen, ich sehe es mehr von der romantischen Seite. Ich betrachte die blauen Meere und sehe Palmen und Eingeborene in Kanus.«

»Das gehört auch dazu.«

»Aber Sie interessieren sich sicher mehr für Astrolabien und die Instrumente zum Messen von Entfernungen und dergleichen. Das ist mir viel zu nüchtern. Mein Bruder ist auch so.«

Ich hielt inne. Philip hatte sich eingeschlichen und mit ihm die Traurigkeit.

»Ihr Bruder? Wo ist er?«

»Das wissen wir nicht. Wir machen uns große Sorgen. Er ist letztes Jahr im Oktober zu einer Expedition aufgebrochen.«

»Und seitdem haben Sie nichts von ihm gehört?«

»Nur einen Brief.«

»Das ist nicht schlecht. Die Postverbindung ist schwierig von so weit her.«

»Ja, ich weiß.«

Wir tanzten schweigend.

»Jetzt sind Sie traurig«, sagte er nach einer langen Pause.

»Ich denke an ihn.«

»Erzählen Sie mir mehr von ihm.«

»Ach, Sie wissen ja, wie das ist. Zwei Kinder... sich selbst überlassen. Meine Mutter starb, mein Vater hat wieder geheiratet. Er lebt mit seiner Familie in Holland. Meine Großmutter hat uns aufgezogen.«

»Eine sehr charmante Dame, aber ich kann mir vorstellen, daß sie auch streng sein kann.«

»Allerdings. Aber Philip und ich hielten zusammen.«

»Erzählen Sie mir von Ihrer Kindheit. Ich möchte alles über Sie wissen.«

»Das ist nicht besonders interessant. Es ist gleich erzählt.«

»Für mich ist es von größtem Interesse.«

Er legte seinen Arm fester um mich.

»Die Musik ist zu Ende«, sagte ich.

»Ja, leider. Der Tanz ist aus.«

Wir kehrten zu Granny M. und Benjamin zurück. »Sollen wir etwas zu essen besorgen?« fragte Raymond.

Er kümmerte sich wirklich großartig um uns. Wir sicherten uns einen der besten Tische, und er und Benjamin gingen zum Buffet und holten etwas zu essen.

»Das war eine vergnügliche Konferenz«, fand Granny M. »Noch nie habe ich eine Veranstaltung so genossen, und das ist zum großen Teil dem reizenden jungen Mann zu verdanken. Ist dir schon mal aufgefallen, Annalice, wie kleine Vorfälle unser Leben bestimmen? Hätten wir uns nicht verspätet, wären wir ihm womöglich nicht begegnet.«

»Er hat uns seinen Platz überlassen. Das kann man kaum ›unser Leben bestimmen‹ nennen.«

»Das nicht, aber vielleicht die Bekanntschaft mit ihm.« Sie blickte recht selbstzufrieden drein. Ich wußte, was sie dachte. Hier war ein junger Mann, der sich zu mir hingezogen fühlte. Sie hatte sich Sorgen gemacht, weil ich so wenig Gelegenheit hatte, Bekanntschaften zu knüpfen, und sie dachte wohl, die jungen Männer aus unserer Nachbarschaft wären nichts für mich.

Und ich? Was empfand ich? Er gefiel mir. Er gefiel mir sehr. Und wie würde mir zumute sein, wenn ich ihm für immer Lebewohl sagte? Traurig... ausgesprochen traurig. Ein bißchen wehmütig?

War dies, was man sich verlieben nannte? Es war nichts Wildbewegendes. Keine atemberaubenden Momente, keine absolute Gewißheit, daß dies der einzig Richtige war. Es war einfach angenehm – ja, und ausgesprochen erfreulich.

Die Herren kamen mit Lachs, kleinen neuen Kartöffelchen und grünen Erbsen zurück. Ein Kellner brachte den Champagner, den Raymond bestellt hatte. Und da saßen wir am letzten Tag der Konferenz, lachten, scherzten, ergingen uns in Erinnerungen an die Vorträge und machten über dies und das unsere Bemerkungen.

»Ein wundervoller Abschluß«, sagte Granny M. »Ich möchte Ihnen danken, Mr. Billington, daß Sie sich so liebenswert um uns gekümmert haben.«

»Aber das war doch nicht der Rede wert.«

»Unsinn. Sie wissen, worauf es ankommt, wie man so sagt. Und Sie haben es uns doppelt angenehm gemacht. Nicht wahr, Annalice? Benjamin?«

Wir bejahten.

»Und Sie kommen unser kleines Geschäft besichtigen, ja?«

»Ich komme, sobald ich darum gebeten werde.«

»Na, wie wäre es mit übernächster Woche? Würde Ihnen das passen, Benjamin? Oder haben Sie etwas Besonderes vor, das dem im Wege stünde?«

»Nein, nichts«, sagte Benjamin.

»Vielleicht überlegen Sie es sich, Mr. Billington.«

»Da gibt es nichts zu überlegen. Ich komme gern, wann immer es Ihnen recht ist.«

»Dann ist es abgemacht. Stanton ist nicht weit von London. Sie werden natürlich unser Gast sein. Wir wohnen in Klein-Stanton in der Villa am Anger.«

»Es wird mir ein Vergnügen sein«, erwiderte er, wobei er mich ansah.

Unsere Sorge um Philip trat etwas in den Hintergrund, als wir uns auf Raymond Billingtons Besuch vorbereiteten.

»Wir müssen ihm etwas bieten«, sagte ich. »Wir sollten ein paar Abendeinladungen arrangieren.«

»Daran soll es nicht fehlen«, meinte Granny M. »Sicher möchte er auch die Umgebung kennenlernen. Ich habe ihm gesagt, daß du reitest. Vielleicht möchte er mit dir ausreiten?«

Granny M. war leicht zu durchschauen. Sie sah in ihm den idealen Schwiegerenkel. Er war wohlhabend, sah gut aus, besaß Charme und gute Manieren. Außerdem hatte er mit dem faszinierenden Gewerbe der Kartographie zu tun. Ich glaube aber, von ausschlaggebender Bedeutung für sie war, daß er nicht allzu weit entfernt wohnte.

Im Geiste sah sie schon ihre Enkelin mit den Kindern in der Villa zu Besuch. Und sich selbst zu Gast bei der glücklichen Familie. Ich merkte, was in ihrem Kopf vorging.

Die gute Granny M., sie litt mehr unter Philips Abwesenheit, als sie zugab. Sie tat stets zuversichtlich, was seine Rückkehr betraf, aber ich fragte mich, ob sie insgeheim wirklich an seine Heimkunft glaubte.

Inzwischen stürzte ich mich mit Feuereifer in die Vorbereitungen für Raymonds Besuch, teils, weil ich ihn sehr gern mochte und mich freute, ihn wiederzusehen, hauptsächlich aber wohl, um meine Gedanken von Philip abzulenken, sofern das überhaupt möglich war, denn mit jedem Tag, der ohne Nachricht von ihm verging, wuchs meine Besorgnis.

Raymond kam und war charmanter denn je. Er war begeistert von der Villa und fasziniert vom Geschäft. Er verbrachte viel Zeit bei Benjamin und studierte Geräte und Karten.

Ich ritt mit ihm aus, und er genoß es wie alles andere. Ich zeigte ihm die Umgebung, wir kehrten in einem kleinen Gasthaus ein, wo wir Apfelmost tranken und warmes Brot direkt aus dem Ofen aßen, mit Käse und Obst, manchmal auch mit Speck und Rindfleisch.

Er erzählte mir viel von sich, meistens dann, wenn wir in einer Gaststube saßen oder, bei gutem Wetter, auf einer Bank vor dem Gasthaus.

Er war mit Landkarten groß geworden. Das war Familientradition. Sie hatten natürlich noch nicht so lange mit Kartographie zu tun wie die Mallorys. Sein Großvater hatte das Geschäft im Jahre 1820 gegründet. Eine lange Zeit, gewiß, aber verglichen mit den Mallorys war das so gut wie gar nichts.

Ich erzählte ihm von Philip, und dabei fiel mir viel von meinem Bruder ein, das ich vergessen hatte.

»Ich sehe, er bedeutet Ihnen sehr viel.«

»Ja. Er ist großartig.«

»Ich könnte mir vorstellen, daß Sie ihn gern auf seinen Reisen begleitet hätten.«

Ich nickte. »Und wie. Aber ich hätte meine Großmutter nicht allein lassen können.«

»Es wäre sehr ungewöhnlich für eine junge Dame, in die Südsee zu ziehen. Aber schließlich sind Sie ja auch eine ungewöhnliche junge Dame.«

»Ich wäre mit ihm gegangen, wenn Granny M. nicht wäre.«

Er verstand mich. »Ich hoffe, daß ich Ihren Bruder eines Tages kennenlerne.«

»Das hoffe ich auch.«

»Und ich möchte, daß Sie auch meine Familie kennenlernen.«

»Sehr gern.«

»Wir haben ein Landhaus in Buckinghamshire. Das Haus in London ist eigentlich nicht unser Heim. Wir wohnen da, um näher am Geschäft zu sein. Wenn ich kann, fahre ich aufs Land. Ich habe eine Großmutter wie Ihre. Eine wunderbare alte Dame. Sie müssen sie unbedingt kennenlernen. Sie ist beträchtlich älter als Mrs. Mallory, aber lebhaft und geistig vital, wenn auch ein wenig behindert durch ihren Rheumatismus. Wollen Sie kommen und sie besuchen?«

»Herzlich gern.«

»Bevor der Sommer zu Ende ist. Ich fahre meistens im August hin. Ich werde Ihre Großmutter dann zu uns einladen. Meinen Sie, daß es ihr recht ist?«

»Daran habe ich nicht den geringsten Zweifel.«

»Ich sage es ihr heute abend.«

»Ja, tun Sie das. Ich bin sicher, sie wird begeistert annehmen.«

Dieses Gespräch fand im Gasthaus statt. Durch die kleinen Fenster fiel etwas Licht auf sein Gesicht. Es war sehr liebevoll, zärtlich, und er strahlte nahezu vor Zuneigung. Ich fühlte mich zu ihm hingezogen. Er empfand wohl dasselbe, denn er langte über den Tisch und nahm meine Hand.

»Ich möchte, daß wir uns gegenseitig noch besser kennenlernen«, sagte er.

»Ja«, erwiderte ich. »Ich würde mich darüber freuen.«

Als wir in den Sonnenschein hinaustraten, spürte ich ein tiefes Einvernehmen zwischen uns. Dennoch war ich ein ganz klein wenig unsicher. Ich mochte ihn sehr gern, und wir würden ihn vermissen, wenn er fort war.

Vielleicht hatte ich zu viele romantische Träume geträumt. Ich fand seine Gesellschaft sehr vergnüglich, aber es war nicht das berauschende Erlebnis, das ich mir unter »sich verlieben« vorgestellt hatte.

Im Laufe des Sommers festigte sich unsere Freundschaft mit Raymond Billington. Oft kam er übers Wochenende, dann ritten wir gemeinsam aus, oder er verweilte einige Zeit bei Benjamin im Geschäft.

Seine Besuche trugen dazu bei, daß wir nicht mehr soviel über Philips Abwesenheit grübelten.

Wir mochten uns gut leiden. Unsere gegenseitige Zuneigung war freundlich, aber keineswegs atemberaubend.

Ich hörte, wie die Hausmädchen Raymond als Miss Mallorys »Zukünftigen« bezeichneten.

Bald wurde ich neunzehn. In diesem Alter war Ann Alice gestorben. Unwillkürlich identifizierte ich mich mit ihr, obgleich sie mir, seit ich Raymond kannte, ein wenig entrückt war. Ich dachte mit einer gewissen Wehmut an die Zeit, bevor ich das Tagebuch fand; denn hätte ich es nicht entdeckt, wäre Philip noch bei uns. Er hätte sich nicht auf die Suche nach einer geheimnisvollen Insel gemacht, die den Kartographen zufolge gar nicht existierte.

Es tat mir wohl, auf Raymonds Besuche zu warten und vorsichtige Zukunftsvisionen zu wagen.

Mit Raymond verheiratet sein. Ich glaubte, es könnte Wirklichkeit werden... falls ich es wünschte. Wünschte ich es denn? Teils ja. Die meisten Menschen heirateten, und wenn nicht, waren sie oft unzufrieden und dachten mit Bedauern daran, was ihnen entgangen war. Was hatte Granny einmal gesagt? Man muß seine Wahl treffen, und wenn man die Wahl zu lange hinausschiebt, sind womöglich keine Herren mehr da, unter denen man wählen könnte.

Ich nahm an, die meisten Menschen gaben sich mit einem Kompromiß zufrieden. Nur junge Mädchen waren romantisch veranlagt, sie hatten unmögliche Träume von Rittern auf Rössern, leuchtenden Helden, die im alltäglichen Leben keinen Platz hatten.

Raymond war wirklich ein äußerst annehmbarer Freier. Ich mochte ihn sehr gern. Ich wäre enttäuscht gewesen, wenn er seine Besuche eingestellt oder einer anderen seine Aufwartung gemacht hätte. Durch ihn wurde unser Leben abwechslungsreich, und warteten wir auch nach wie vor auf Post von Philip, so war ich doch überzeugt, daß sogar Granny M. nicht mehr ganz so verzagt war wie vor der Konferenz. Das hatte Raymond bewirkt, und als er uns einlud, seine Familie in Buckinghamshire zu besuchen, war mir, als würde mir ein unausgesprochener Wunsch erfüllt.

Raymond erzählte uns, sein Großvater habe das Haus in Buckinghamshire im Jahre 1820 gekauft. Es war ein altes Gebäude, das durch einen Brand beschädigt, jedoch nicht ganz zerstört worden war, von dem ursprünglichen Bau waren noch Teile erhalten. Seitdem lebte die Familie dort.

»Du wirst feststellen, es ist stilistisch ein ziemlicher Mischmasch. Zum Teil ist es reiner Tudorstil, und ich finde, die Baumeister haben einen Fehler begangen, als sie es nicht nach den alten Plänen restaurierten. Um 1850 wurde das Haus im Stil der damaligen Zeit erweitert – bombastisch und prunkvoll, was wirklich nicht richtig dazu paßt. Aber wir lieben es trotz seiner Mängel.«

Granny M. und ich fuhren mit der Eisenbahn, und Raymond holte uns am Bahnhof ab. Alsbald rumpelten wir über die grünen Feldwege von Buckinghamshire. Wir bogen in eine Auffahrt ein, dann ging es nach einer Viertelmeile um eine Kurve – und vor uns stand das Haus. Es war genau, wie Raymond es beschrieben hatte, aus grauem Stein und mit allerlei Schnörkeln überladen. Es hatte eine große, mit Kletterpflanzen überwachsene Veranda, und an einer Seite erstreckte sich ein geräumiger Wintergarten.

»Wir sagen immer, man hat draufgepackt, was nur irgend ging«, erklärte Raymond. »Ein Beispiel für die viktorianische Architektur. Man mag es bombastisch finden, aber es ist ganz gemütlich.«

»Es sieht sehr interessant aus«, fand ich. »Ich bin gespannt, wie es drinnen ist.«

»Und die Mitglieder meiner Familie, die dich noch nicht kennen, sind ihrerseits gespannt, deine Bekanntschaft zu machen.«

Granny M. schnurrte geradezu vor Zufriedenheit. Ich merkte ihr an, daß alles, was mit Raymond zu tun hatte, ihr von Mal zu Mal besser gefiel.

Die Familie erwartete uns. Sein Vater und Basil, die wir schon kannten, begrüßten uns wie alte Freunde. Er stellte uns seiner Mutter, seiner Schwester Grace und seinem jüngsten Bruder James vor.

Raymonds Mutter, eine kleine Dame mit hellen, lachenden Augen, sagte: »Wir haben so viel von Ihnen gehört, nicht nur von Raymond, auch von Vater und Basil. Wie schön, Sie endlich kennenzulernen.«

Ich sah die lächelnden Gesichter und war sehr glücklich, von der Familie so herzlich empfangen zu werden.

»Zeig ihnen zuerst ihre Zimmer«, schlug Raymond vor. »Danach wollen wir Tee trinken und plaudern.«

»Komm mit mir, Grace«, sagte Mrs. Billington. Und zu uns: »Ich hoffe, daß Sie sich bei uns wohl fühlen.«

»Ganz bestimmt«, erwiderte ich.

»Es war sehr liebenswürdig von Ihnen, uns einzuladen«, fügte Granny M. hinzu.

»Das war schon lange unser Wunsch. Raymond hat uns von Ihrer Begegnung auf der Konferenz erzählt. Landkarten... das ist alles, was sie im Kopf haben. Die Gespräche in diesem Haus! Landkarten und noch mal Landkarten, nicht wahr, Grace?«

Grace bestätigte es. »Erst waren es Raymond und Vater. Und jetzt fängt James auch schon an.«

»Das liegt in der Familie«, sagte Mrs. Billington. Sie hielt auf der Treppe inne, wohl weil sie dachte, die Stufen seien etwas zu steil für Granny M. »Die Gästezimmer liegen im zweiten Stock«, fuhr sie fort. »Die Treppe ist ein bißchen anstrengend, aber oben haben Sie eine hübsche Aussicht. Das Haus ist ziemlich groß und hat keinen guten Grundriß. Man kann sich leicht verlaufen. Aber nach einer Weile kennt man sich aus. So, da wären wir. Dies ist Ihr Zimmer, Mrs. Mallory, und Annalice – ich hoffe, Sie haben nichts dagegen, meine Liebe, aber unter uns nennen wir Sie immer Annalice, und da ist es mir so herausgerutscht.«

»Ich freue mich«, erwiderte ich. »Da fühle ich mich gleich heimisch.«

»So soll es auch sein. Sie wohnen hier. Gleich nebenan.«

Sie öffnete eine Tür. Glastüren führten auf einen gemauerten Balkon, auf dem blühende Topfpflanzen standen. Das Zimmer war hell und luftig, im Gegensatz zu den Räumen in unserer Tudorvilla. Ich hielt vor Staunen den Atem an, was unsere Gastgeberin sichtlich freute.

»Wunderhübsch«, stieß ich hervor.

»Diese Zimmer liegen nach vorne heraus. Sie sind etwas größer als diejenigen, die nach hinten herausgehen.«

»Wir wollten einen guten Eindruck machen«, sagte Grace.

»Grace!« rief ihre Mutter mit gespieltem Vorwurf.

»Sicher möchten sich die Damen vor dem Tee gern frisch machen, Mutter«, meinte Grace.

»Daran habe ich schon gedacht. Das heiße Wasser wird gleich gebracht. Ah, da ist es schon. Komm herein, Jane.«

Das Mädchen knickste. Ich lächelte sie an.

»Stell es dahin, Jane«, sagte Mrs. Billington. »Fünfzehn Minuten, ja? Reicht das?«

»Aber gewiß, nicht wahr, Granny?« Granny M. bejahte.

Binnen zehn Minuten war ich bereit, hinunterzugehen. Ich ging in Granny M.s Zimmer. Sie war auch schon fertig. »Reizend«, sagte sie. »Eine nette Familie. Ich wünschte...«

Ich wußte, was sie wünschte, und sagte: »Vielleicht hören wir ja bald von ihm. Raymond meint, die Post verzögert sich oft bei diesen Entfernungen.«

Wir gingen hinunter zum Tee. Der Tisch war mit warmen Milchbrötchen und allerlei Gebäck gedeckt.

Das Wohnzimmer war groß und hoch. Es hatte einen riesigen Kamin mit geschnitzten Engeln zu beiden Seiten. Auf dem Sims stand eine große Marmoruhr, und an den Wänden hingen Bilder von viktorianisch gekleideten Männern. »Unsere Vorfahren«, erklärte Grace, meinem Blick folgend. »Wir haben nicht viele aufzuweisen, darum stellen wir die wenigen besonders heraus. Wie ich höre, ist es bei den Mallorys ganz anders. Raymond hat uns Ihr Haus in allen Einzelheiten geschildert.«

»Stell mich nicht bloß«, rügte Raymond.

»Er findet Ihr Haus wunderbar«, erklärte Grace.

»Ich hoffe auf eine Einladung, es zu besichtigen«, sagte Basil.

»Die haben Sie hiermit«, ließ sich Granny M. vernehmen.

»Oh, vielen Dank, Mrs. Mallory.«

Wir unterhielten uns über die Landschaft und den Unterschied zwischen unseren Dörfern, und selbstverständlich landete das Gespräch bald bei der Kartographie.

»Merkwürdig«, meinte Mrs. Billington, »wie sich dieses Metier in der Familie hält.«

»Bei uns ist es genauso«, bestätigte Granny M. »Mein Enkel Philip ist damit aufgewachsen, und es war für ihn schon in frühem Alter selbstverständlich, daß für ihn nichts anderes in Frage kam.«

»Wie ich höre, ist er auf einer Expedition.«

»Ja, im Pazifik.«

»Da möchte ich auch gern hin«, seufzte James.

»Hört ihn euch an!« rief Basil. »Alle wollen sie auf Abenteuer gehen. Sie denken, das ist eine vergnügliche Kreuzfahrt. Aber davon kann keine Rede sein.«

»Waren Sie schon mal unterwegs?« fragte ich.

»Ja, mit sechzehn.«

»Ich dachte, es wäre gut für ihn«, sagte Mr. Billington. »James wird demnächst auch gehen. Das ist das beste Mittel, sie mit der Wirklichkeit vertraut zu machen. Sie merken bald, daß eine Expedition alles andere ist als eine vergnügliche Kreuzfahrt, wie Basil sagt. Es gibt doch allerlei Widrigkeiten.«

»Das kann ich nur bestätigen«, sagte Basil.

»Mein Enkel ist seit vorigen Oktober unterwegs«, erklärte Granny M.

»In einem Jahr kann man nicht viel schaffen«, meinte Mr. Billington.

»Wir haben eine ganze Weile nichts von ihm gehört«, sagte ich zittrig.

»Das kommt vor. Der Postverkehr ist schwierig. Ich glaube, Basil, wir haben die ganze Zeit, als du unterwegs warst, nichts von dir gehört.«

»Ich wollte mir nicht die Mühe machen, Briefe zu schreiben, die vielleicht nie ankämen.«

»Woraus Sie sehen können«, sagte Grace, »daß unser Basil nicht der Eifrigste unter den Sterblichen ist.«

Ich suchte Raymonds Blick, und er schenkte mir ein warmes, glückliches Lächeln.

Nach dem Tee gingen Raymond und ich im Garten spazieren, während Mrs. Billington und Grace Granny M. durchs Haus führten.

Raymond versicherte mir, wie froh er sei, daß ich gekommen war.

»Kaum zu glauben«, fügte er hinzu, »daß seit dem Kongreß erst drei Monate vergangen sind.«

»Die Zeit ist so schnell verflogen. Ist sie dir lang geworden?«

Er nahm meinen Arm. »Beides, lang und kurz. Nicht lang genug... und kurz, wenn wir zusammen sind, und doch habe ich das

Gefühl, dich schon seit Jahren zu kennen... und so gesehen, scheint es lang.« Er sah mich ernst an und fuhr fort: »Der Garten ist die ganze Freude meiner Mutter. Sie arbeitet viel darin. Sie hat ihren Garten und ihre Vorratskammer, die sie dir bestimmt zeigen will.«

»Sie ist ganz reizend«, sagte ich.

»Ich hatte gehofft, daß ihr beiden euch versteht.«

»Ich kann mir nicht vorstellen, daß jemand sich nicht mit ihr versteht.«

»Oder mit dir.«

»Oh, das ist etwas ganz anderes.«

Er lachte und drückte meinen Arm. Wir sprachen über die Blumen, aber ich glaube, keinem von uns war es wirklich darum zu tun.

Am Abend speisten wir in dem großen Eßzimmer mit dem wuchtigen Kamin und der prunkvollen Decke. Die Holzschnitzereien waren zwar erlesen, aber fast zu üppig, und man hatte den Eindruck, daß man das Haus mit allem bestückt hatte, was nur irgend möglich war.

Wir waren eine fröhliche Gesellschaft, und sogar die Dienstboten schienen von der Heiterkeit angesteckt, als sie, vom Butler überwacht, umhertrippelten und die verschiedenen Gerichte auftrugen. Ich wurde auf allen Seiten interessiert begutachtet.

Unsere Hausmädchen hatten von Raymonds »Zukünftiger« gesprochen. Ich hatte den Eindruck, daß man hier dasselbe dachte.

Und immer wieder kam das Gespräch auf Landkarten! Ganz wie bei uns zu Hause. Ständig redeten wir davon.

Diese Familie war wie unsere, nur größer. Die Billingtons machten auf mich den Eindruck, daß sie im Leben genau das taten, was sie wollten, daß sie ihre Ziele erreichten und nicht vergaßen, dem Schicksal dafür zu danken, daß es ihnen so viel gewährte.

Ich könnte leicht ein Mitglied dieser Familie werden und mein Leben als eine Billington in diesem bombastischen viktorianischen Steinhaus verbringen, welches ein Purist wohl als architektonische Monstrosität bezeichnen würde. Sicher, dem Bau fehlte der Reiz des Altertums, die Eleganz eines früheren Zeitalters, aber mir gefiel das Haus mitsamt seinen üppigen Schnitzereien, seinen Ornamenten und Schnörkeln, den steinernen Löwen und Drachen, und ich wußte, die Billingtons hätten es nicht mit der vornehmsten Villa tauschen mögen. Ich konnte das gut verstehen.

Im Vergleich dazu würde unsere Villa ein wenig traurig wirken. Aber wir wollten ja wenigstens eine Woche hierbleiben. Ich freute mich auf die Zeit und brauchte noch nicht an die Abreise zu denken – und keine übereilten Entscheidungen zu fällen.

Der Kaffee wurde im Wohnzimmer serviert. Die Herren gesellten sich zu uns, nachdem sie beim Portwein saßen, während Granny M., Mrs. Billington, Grace und ich miteinander plauderten.

»Es ist so nett, die ganze Familie kennenzulernen«, sagte Granny M. Darauf eröffnete uns Grace: »Oh... wir sind noch nicht vollzählig.«

»Ach, ich dachte, Sie wären alle versammelt«, sagte Granny M.

»Ja, bis auf Großmutter«, erklärte Grace.

»Großmutter ist achtzig Jahre alt«, sagte Raymond. »Sie möchte dich so gern sehen, aber sie fühlte sich gestern nicht wohl, und der Arzt meinte, sie müsse heute ruhen. Wenn es ihr morgen besser geht, bringen wir dich zu ihr.«

»Sehr gern.«

»Sie lebt sehr viel in der Vergangenheit«, sagte Mrs. Billington.

»Sie kann herrliche Familiengeschichten erzählen, wenn sie in Fahrt kommt«, fügte Basil hinzu.

Der Abend verging mit angenehmen Plaudereien, und Granny M. und ich schwätzten noch etwas in ihrem Zimmer, bevor wir zu Bett gingen.

»Eine reizende Familie!« sagte sie. »Ich wünschte, wir wären auch so zahlreich. Ich muß an deinen Vater in Holland denken... mit seinen Kindern. Eigentlich sollten wir alle zusammensein.«

»Kannst du ihn nicht bitten, herzukommen?«

»Ich weiß nicht recht. Er weiß, daß ich es mißbillige, daß er dort lebt und aus dem Geschäft ausgestiegen ist. Das war ein schwerer Schlag. Ich weiß nicht, was ich ohne Benjamin angefangen hätte. Ich beneide diese Menschen. Drei Söhne... und das Mädchen versteht auch etwas vom Geschäft.«

»Kartographie hat etwas Faszinierendes. Unser ganzes Leben dreht sich darum.«

»Ja... sonst wären wir nicht hier. Du hättest Raymond nie kennengelernt. Er gefällt mir, Annalice. Ich bin eine gute Menschenkennerin, und er gefällt mir sehr. Ich mag die ganze Familie. Ich möchte gern öfter mit ihnen zusammensein.«

»Ich weiß, was du meinst.«

»Du hast ihn gern. Und an seinen Gefühlen für dich besteht kein Zweifel.«

»Auch ich mag ihn sehr.«

»Gefühle werden stärker mit der Zeit. Manchmal dauert es etwas. Ach, es wird soviel Unsinn geredet über Liebe auf den ersten Blick. Kümmere dich nicht darum. Manchmal, wenn das ganze Drum und Dran stimmt... ist es viel besser. So war es bei deinem Großvater und mir. Alles paßte zusammen, und ich hatte ihn gern. Früher habe ich immer gewünscht, du wärst ein Junge, damit du dich gründlich mit der Kartographie befassen und sie zu deinem Beruf machen könntest. Mädchen haben es schwerer. Sie haben nicht viele Möglichkeiten. Ihnen bleibt nur die Ehe, und wenn man jung ist, denkt man nicht an die Zukunft.«

Ich legte meine Arme um sie und gab ihr einen Kuß. »Schon gut, Granny. Du brauchst ihn mir nicht zu verkaufen. Ich mochte ihn vom ersten Augenblick an und mag ihn mit jedem Tag mehr.«

Sie lächelte und erwiderte meinen Kuß herzlich, was bei ihr selten vorkam, denn sie war keine überschwengliche Natur.

»Ihr Kinder seid mein ein und alles«, sagte sie. »Ich muß oft an Philip denken. Angenommen, er kommt nie zurück?«

»Sag so etwas nicht, Granny! Du darfst es nicht einmal denken!«

»Das ist nicht klug. Besser, man rechnet mit allem, so unerfreulich es auch sein mag. Man wird dann besser damit fertig, falls das Unglück eintritt. Ich sagte, angenommen, nur mal angenommen, Philip käme nicht zurück... dann wäre einer von den Jungen in Holland der Erbe. Wer weiß, vielleicht möchte einer von ihnen Kartograph werden.«

»O Granny, ich mag nicht, wenn du so sprichst. Nicht heute abend, nicht hier. Ich möchte unsere Sorgen vergessen.«

»Du hast ja recht, mein Kind. Wir machen uns Sorgen wegen etwas, das gar nicht eingetreten ist. Ich möchte nur, daß du siehst, wie gut es ist, wenn man eine Familie um sich hat. Das Glück kommt nicht so mir nichts, dir nichts des Weges, wie junge romantische Mädchen vielleicht denken. Man muß es sich schaffen.«

»Du glaubst, Raymond wird um meine Hand anhalten, nicht wahr?«

Sie nickte. »Ein kleines Zeichen von dir, und er würde es tun.«

»Granny, ich kenne ihn erst drei Monate.«

»Ihr habt euch in dieser Zeit sehr oft gesehen.«

»Ja, das ist wahr.«

»Und gewinnt er nicht bei näherer Bekanntschaft?«

»Ich denke schon.«

Granny M. nickte hocherfreut.

Am nächsten Tag wurde ich der Großmutter vorgestellt. Grace brachte mich zu ihr. »Sie ist etwas schwerhörig«, warnte sie mich. »Sie gibt es nicht zu und tut oft, als hörte sie, obwohl sie nichts versteht.«

Ich nickte.

»Aber sie weiß, daß Sie hier sind und möchte Sie unbedingt sehen.«

Ich stand vor ihrem Sessel, und sie musterte mich. Ihre Augenbrauen waren grau und struppig, doch die dunklen Augen blickten wach. »Aha. Sie sind also die junge Dame, von der ich so viel gehört habe.«

»So? Hoffentlich nur Erfreuliches.«

Sie lachte leise. »Überaus erfreulich. Gefällt es Ihnen hier, meine Liebe?«

»Sehr gut, danke.«

»Es tut mir leid, daß ich in meinem Zimmer bleiben mußte, als Sie ankamen. Dieser junge Arzt. Manchmal wird man regelrecht herumkommandiert, wenn man in die Jahre kommt.«

»Aber nein, Großmutter«, widersprach Grace. »Das würdest du dir doch nicht gefallen lassen.«

»Nein, nicht wahr? Ich hab' meinen eigenen Willen. Aber das hat man Ihnen gewiß schon erzählt. Nicht schlecht, wenn man weiß, was man will.«

»Ich finde, es ist ein großer Vorteil.«

»Und ich glaube, junge Dame, daß Sie das nicht nur finden, sondern selbst diesen Vorteil haben.«

»Vielleicht. Ich habe noch nicht viel darüber nachgedacht.«

»Das beweist, daß es stimmt. Setzen Sie sich doch. Erzählen Sie mir von Ihrer Tudorvilla. Ihre Familie lebt seit Generationen dort, soviel ich weiß.«

»O ja. Das Haus ist von Anfang an in Familienbesitz.«

»Interessant. Ich wünschte, wir könnten das auch von unserem Haus sagen.«

»Großmutter möchte sich immer in die Vergangenheit versetzen, nicht wahr, Großmutter?« sagte Grace.

»Ich denke gern an die Menschen, die früher gelebt haben. Ich hoffe, Sie bleiben eine Weile bei uns, meine Liebe, und laufen nicht gleich wieder weg, kaum daß Sie angekommen sind.«

»Wir bleiben bis Ende der Woche.«

»Dann kommen Sie mich noch mal besuchen, ja?«

»Mit dem größten Vergnügen.«

»Wir wollten bloß mal reinschauen und sehen, wie's dir geht, Großmutter. Annalice kommt morgen wieder.«

»Wirklich, meine Liebe? Es würde mich freuen.«

»Sie ist jetzt müde«, sagte Grace, als wir draußen waren. »Dann ist sie immer etwas geistesabwesend. Deshalb dachte ich, wir machen nur einen kurzen Besuch bei ihr. Sie können morgen nachmittag wieder zu ihr, wenn Sie Lust haben.«

Ich sagte, es würde mir ein Vergnügen sein.

Zum Abendessen kamen Gäste aus der Nachbarschaft, und wir verbrachten wieder einen reizenden Abend. Am nächsten Morgen ritten Raymond und ich aus. James wollte uns begleiten, aber seine Mutter rief ihn zurück und schickte ihn in die Stadt, um eine Besorgung zu machen.

Ich nahm an, James war zurückgerufen worden, damit Raymond und ich allein sein konnten.

Es war ein wunderschöner Tag. Wir hatten Ende August. Auf den Feldern wogte das Korn. Raymond sagte: »Dieses Jahr gibt es eine Rekordernte.« Der Wind, der durch die reifen Ähren rauschte, erinnerte mich an das Steigen und Fallen der Wellen an einem Sandstrand, und eine flüchtige Traurigkeit überkam mich, weil ich an Philip denken mußte.

Aber dies war kein Morgen zum Traurigsein. Ich war so gut wie entschlossen, ja zu sagen, falls Raymond mir einen Heiratsantrag machte. War ich auch nicht über beide Ohren verliebt, so hatte ich mich doch gern auf die Beziehung eingelassen. Ich wünschte, dieser Besuch ginge nie zu Ende. Raymond würde mir fehlen, wenn wir nach Hause zurückkehrten. Ich versuchte mir vorzustellen, wie mir zumute wäre, wenn er heute abend verkündete, er werde eine andere heiraten. Gestern beim Abendessen waren zwei sehr hübsche Mädchen dagewesen. Hatte ich nicht ein leises Unbehagen empfunden, als ich ihn mit ihnen lachen und schwätzen sah? War das ein blasser Anflug von Eifersucht?

Granny M. hatte recht. Mein Leben mit ihm würde sehr angenehm sein. Ich wäre verrückt, wenn ich die Gelegenheit nicht ergreifen würde, die sich mir bot. Die tiefe, unvergängliche Liebe konnte sich aus Zuneigung entwickeln – und die spürte ich gewiß für ihn.

Ich malte mir aus, wie erfreut alle sein würden, wenn wir unsere Verlobung bekanntgäben, und hatte das Gefühl, daß sie darauf warteten ... vielleicht an unserem letzten Abend. Dann würde ich das Haus als Verlobte verlassen.

Dann kämen die vielen Vorbereitungen auf uns zu. Es gäbe so viel zu tun, daß wir gar keine Zeit hätten, uns zu fragen, wo Philip sein mochte, und ich würde hin und wieder vergessen, nach einem Brief zu schauen.

Ja, es war sehr wahrscheinlich, daß Raymond mir einen Antrag machen und ich ja sagen würde.

Aber an diesem Morgen fragte er mich nicht. Vielleicht hatte ich ihn meine Unsicherheit spüren lassen.

Der Großmutter ging es am nächsten Tag nicht so gut, deshalb besuchte ich sie nicht. »Warten Sie noch ein, zwei Tage«, meinte

Grace. »Wenn sie sich erholt hat, ist sie wirklich sehr umgänglich. Neulich war sie nicht ganz bei sich. Normalerweise ist sie ganz munter.«

Ich meinte, das sei sie neulich auch gewesen, doch Grace sagte: »Ach, Sie kennen Großmutter nicht. Sie kann sehr gesprächig sein, wenn sie in Form ist.«

Die Tage vergingen. Wir ritten zusammen aus: Raymond, Basil, Grace und ich. Ich genoß die Abende, wenn wir mit der Familie und manchmal mit den Nachbarn beim Essen saßen. Die Billingtons waren sehr gesellig. Die Gespräche verliefen stets lebhaft, und wenn Gäste da waren, wechselte die Unterhaltung von Kartographie zu Politik. Ich hörte aufmerksam zu, und da ich mich stets für die politische Lage interessierte, trug auch ich zur Unterhaltung mit bei.

Das Vergnügliche bei den Billingtons war, daß jedes Thema hitzig, ja leidenschaftlich diskutiert wurde, es aber nie zu Mißhelligkeiten kam. Man debattierte, ohne zu streiten.

Ich war angetan von der ganzen Familie und dem großen, ziemlich häßlichen viktorianischen Haus, das so behaglich war.

Wenn ich Raymonds Antrag nicht annähme, würde ich es bestimmt mein Leben lang bereuen.

Am nächsten Morgen gingen wir wieder reiten. Es war einer der schönen Tage Ende des Monats, wenn ein erster Herbsthauch in der Luft liegt und man weiß, der September ist nicht mehr fern mit Kühle am Morgen und Nebel in den Tälern.

Wir kehrten in einem Gasthaus ein, um ein Glas Apfelmost zu trinken. Raymond lächelte mich über den Tisch hinweg an und sagte: »Ich glaube, du hast meine Familie recht liebgewonnen.«

»Wie könnte es auch anders sein?« gab ich zurück.

»Sie sind alle recht umgänglich.«

»Das kann ich nur bestätigen.«

»Je näher du sie kennst, um so mehr wirst du sie lieben. Du mußt dich mit Graces Geistesabwesenheit abfinden, mit Basils Besserwisserei und mit James' Bemühen, ihn noch zu übertreffen, mit der Vorliebe meines Vaters für Landkarten und mit dem Faible meiner Mutter für ihren Garten, und mit meiner... nein, meine

Fehler verrate ich dir nicht. Ich hoffe, daß du sie lange Zeit nicht entdeckst.«

»Ich weigere mich zu glauben, daß ihr irgendwelche Mängel habt. Ihr seid eine ideale Familie und paßt alle so gut zusammen. Granny und mir tut es wirklich leid, euch zu verlassen.«

»Ihr kommt wieder... du kommst wieder... und bleibst dann ganz lange.«

»Wenn wir eingeladen werden, bestimmt.«

Ich glaube, er hätte mich jetzt gefragt, ob ich ihn heiraten wolle, aber ausgerechnet in diesem Moment kamen etliche lärmende Gäste in die Gaststube. Sie unterhielten sich lauthals über das Wetter und den Jägerball, der bald stattfinden sollte, und sie wollten uns unbedingt an ihrer Unterhaltung beteiligen.

Er war drauf und dran gewesen, mich zu fragen. Und ich war überzeugt, daß er es tun würde, bevor wir abreisten.

Und in diesem Augenblick war ich meiner Antwort sicher. Ich würde ihm sagen, daß ich ihn heiraten wollte.

Ich hätte es getan. Aber dann geschah etwas.

Zweimal stattete ich der Großmutter einen Besuch ab. Sie saß mir gegenüber, und wenn sie sprach, ließen ihre lebhaften Augen unter den buschigen Brauen mein Gesicht nicht los.

Sie sei sehr stolz auf ihre Familie und auf das, was die Billingtons erreicht hatten, sagte sie. »Sie haben einen beachtlichen Ruf unter den Kartographen.«

»O ja«, bestätigte ich. »Mit meiner Familie ist es genauso. Dadurch haben wir ja auch Raymond kennengelernt. Bei der Konferenz... aber das ist Ihnen ja bekannt.«

Sie nickte. »Es waren immer die Karten. Da steckt Geld drin. Man könnte sagen, dieses Haus ist auf Landkarten erbaut.«

»Ja, es ist ein recht einträgliches Gewerbe. Natürlich sind die Forschung und die Herstellung der Karten mit Gefahren und harter Arbeit verbunden.«

Sie lächelte. »Ihre Familie also auch. Wie ich höre, stammen Sie aus einer Familie, die sich bis in die Zeit der großen Elisabeth zurückverfolgen läßt.«

»Das ist richtig. Meine Großmutter sagt, unsere Vorfahren seien mit Drake gesegelt.«

»Ich wollte, ich könnte das von unserer Familie auch sagen. Aber da kommen wir bald zu einem Stillstand. Die Billingtons sind Neulinge in meiner Familie. Mein Vater hat dieses Haus erbaut. Ich war ein Einzelkind. Und weil ich ein Mädchen war, bedeutete dies das Ende des Familiennamens. Ich habe Joseph Billington geheiratet, und das war der Beginn der Billingtons.«

»Ich verstehe.«

»Ich dachte daran, einen Familienstammbaum zu machen. Ich habe ihn angefangen... als Stickerei. Aber meine Augen waren nicht gut genug. Es war zu anstrengend. Zudem kam ich nicht weiter zurück als bis zu meinem Vater – es wäre also ein sehr kurzer Stammbaum geworden. Ich nehme an, Sie haben einen mit vielen Verzweigungen.«

»Daran habe ich nie gedacht. Vielleicht gibt es einen irgendwo im Haus. Ich werde nachsehen, wenn ich wieder zu Hause bin.«

»Ich finde solche Dinge höchst interessant. Ich wünschte, ich wüßte etwas über den Vater meines Vaters. Seine Mutter war zweimal verheiratet... das zweite Mal nach seiner Geburt, und wir wissen kaum etwas darüber. Ich zeige Ihnen meine angefangene Stickerei, wenn Sie wollen.«

»Sehr gern.«

»Sehen Sie die Schachtel da drüben, auf dem Bord. Die Stickarbeit ist da drin bei den bunten Seiden. Ich habe die Namen mit Bleistift geschrieben und dann in der Farbe gestickt, die ich jeweils für die am besten geeignete hielt. Ich habe unten angefangen. Es sollte ja ein Baum werden, von der Wurzel ausgehend, sozusagen.«

»Eine gute Idee.«

»Ja, aber es ist so wenig. Er umspannt bloß etwa hundert Jahre.«

»Ich würde ihn trotzdem gern sehen.«

Sie nahm ehrfürchtig ein Stück Leinen aus der Schachtel. »Da sehen Sie: ›Frederick Gilmour.‹ Das ist mein Vater. Aber ich weiß nicht, wer sein Vater war... bloß, daß er ein Mr. Gilmour gewesen sein muß. Seine Mutter hieß Lois. Sie war erst Mrs. Gilmour, dann hat sie einen George Mallory geheiratet.«

Mir war etwas flau geworden. Ich rief aus: »Was... Freddy Gilmour —«

»Frederick Gilmour, meine Liebe. Das war mein Vater. Und über seinen Vater weiß ich nicht viel. Wenn ich es herausfinden könnte... dann könnte ich vielleicht weiter zurück.«

»Lois Gilmour«, wiederholte ich. »Und sie hat ein zweites Mal geheiratet... einen George Mallory...«

Worte aus dem Tagebuch schwammen mir vor den Augen. Es war beinahe, als läse ich es abermals. Es mußte stimmen. Die Namen sagten alles. Raymonds Urgroßvater war der Freddy aus dem Tagebuch. Ich rechnete geschwind nach. Wie alt war er gewesen, als er in die Villa kam? Sieben oder acht. Die Großmutter mußte um 1810 geboren sein, wenn sie jetzt achtzig war. Freddy wäre dann damals etwa fünfundzwanzig gewesen.

»Was ist mit Ihnen, Sie sind plötzlich so schweigsam.«

»Ich habe soeben eine Entdeckung gemacht. Einer meiner Vorfahren hat eine Lois Gilmour geheiratet. Er war George Mallory.«

»Sie meinen, Sie sind eine Mallory?«

»Ja. Wußten Sie das nicht?«

»Meine Güte, ich glaube nicht, daß ich Ihren Nachnamen schon mal gehört habe. Sie sprachen immer nur von Annalice.«

»Ich bin Annalice Mallory. Unsere Familien müssen irgendwie miteinander verknüpft sein. Was — was ist aus dieser Lois Gilmour... oder Mallory geworden?«

»Das wissen wir nicht. Hier komme ich nicht weiter. Mein Vater Frederick war ein erfolgreicher Hersteller von Landkarten und Drucken. Er hat gut verdient. Er erwarb dieses Haus. Ich bin hier geboren. Als ich Joseph Billington heiratete, zog er hierher. Als mein Vater starb, erbte ich das Haus, das Geschäft und alles. Von da an hieß die Firma Billington.«

»So etwas Sonderbares«, sagte ich. »Ich bin ganz fassungslos.«

»Ich nehme an, wenn wir unsere Vorfahren weit genug zurückverfolgen könnten, würden wir feststellen, daß wir alle miteinander verwandt sind. Bedenken Sie, wie die Bevölkerung damals aussah, und wie sie heute ist. Sie wissen also in Ihrer Familie von meinem Vater?«

»J – ja. Ich weiß von dieser Heirat, und daß Frederick Gilmour eine Zeitlang in unserer Villa lebte. Was später aus ihm wurde, weiß ich nicht, wohin er ging oder ob seine Mutter dort blieb. Ich weiß nichts, außer daß er dort war.«

»Jedenfalls bestand eine verwandtschaftliche Beziehung. Sehen Sie, ich habe ihn in den Stammbaum eingestickt. Da ist Lois, aber ich weiß nichts über Lois' ersten Mann, den Vater meines Vaters. Ich habe die zweite Heirat hier nicht berücksichtigt; weil ich dachte, sie sei nicht von Bedeutung. Hier geht ein Zweig aus von Frederick und Ann Grey, meiner Mutter. Dann heiratete ich Joseph Billington, und das ist der eigentliche Beginn.«

Ich betrachtete die feinen Striche, und die ganze Zeit klangen mir Worte aus dem Tagebuch in den Ohren und tanzten vor meinen Augen. *Du hast unseren Kleinen hergebracht. Das war fein eingefädelt.*

Ich hätte der alten Mrs. Billington sagen können, wer ihr Großvater war, aber sie war so in ihren Familienstammbaum vertieft, sie erzählte Geschichten über diesen und jenen, so daß ihr meine Geistesabwesenheit nicht auffiel.

Als ich sie verließ, ging ich in mein Zimmer und dachte über die Verbindung zwischen unseren Familien nach: Raymonds Urgroßmutter war die Frau eines Mallory.

Ich wollte nicht darüber sprechen. Wie hätte ich es können, ohne zu erklären, daß ich Ann Alices Tagebuch gefunden hatte? Davon konnte ich Raymond nichts erzählen. Ich konnte ihm nicht sagen: Dein Ururgroßvater war ein Verbrecher, ein Mörder, deine Ururgroßmutter war eine Mörderin. Unmöglich. Solche Dinge läßt man am besten in Vergessenheit geraten. Wenn wir anfangen, im Leben unserer Vorfahren zu stöbern, wer weiß, was wir da alles aufdecken. Solche Dinge bleiben am besten geheim.

Ich sprach mit keiner Menschenseele über die Sache.

Am übernächsten Tag sollten wir abreisen. Mrs. Billington meinte, am letzten Abend sollte die Familie unter sich bleiben, das sei uns allen bestimmt lieber. Ich wußte, sie warteten auf die Ankündigung. Im Haus herrschte eine erwartungsvolle Stimmung.

Raymond und ich gingen reiten. Er war etwas schweigsamer als sonst.

Wir kehrten wie üblich auf ein Glas Apfelmost in einem Gasthaus ein, und in der Gaststube bat er mich, ihn zu heiraten.

Ich blickte über den Tisch in sein liebes Gesicht und glaubte darin einen Schatten wahrzunehmen. Ich hatte mir aus Ann Alices Tagebuch ein klares Bild von Desmond Featherstone gemacht, und nun schien sein böser Geist über Raymond zu schweben.

Ich war von Abscheu erfüllt. Ich hatte in der Nacht, als ich ihr Tagebuch las, mit Ann Alice gelebt. Mir war, als sei ich dort bei ihr gewesen. Und wenn es dunkel wurde, vermeinte ich noch heute Desmond Featherstones Gegenwart – und die etwas schattenhaftere von Lois – in unserem Haus zu spüren. Und in Raymond war beider Blut; er war aus ihrem Samen hervorgegangen.

Es war natürlich töricht von mir. Sind wir für unsere Vorfahren verantwortlich? Wie weit kann jeder einzelne von uns zurückblikken? Aber ich kam nicht dagegen an.

Wenn ich ihn wirklich geliebt hätte, wären mir vielleicht keine Zweifel gekommen. Ich hätte womöglich darüber gelacht und mich gefragt, was die Vergangenheit mit der Gegenwart zu tun hat. Warum soll ein Mensch für die Fehler anderer verantwortlich sein? Kinder für die Sünden der Väter zu strafen war mir stets als ungerecht erschienen.

Und doch... deswegen konnte ich ihm mein Jawort nicht geben... jedenfalls jetzt noch nicht. Später würde vielleicht mein gesunder Menschenverstand obsiegen.

Jetzt zögerte ich. »Was ist?« fragte er sanft.

»Ich bin nicht sicher«, erwiderte ich. »Die Ehe ist so ein großes Unterfangen. Eine Entscheidung fürs Leben. Ich finde, wir kennen uns erst so kurze Zeit.«

»Meinst du nicht, wir wissen alles, was wir wissen müssen? Wir sind glücklich zusammen, nicht? Unsere Familien verstehen sich gut.«

»Das ist wahr. Aber es geht um mehr.«

»Du meinst, du liebst mich nicht.«

»Ich habe dich sehr gern. Ich bin gern mit dir zusammen. Ich finde alles hier so behaglich und anregend, aber ich bin trotzdem nicht sicher.«

»Habe ich dich voreilig gedrängt?«

»Vielleicht.«

»Du möchtest Zeit zum Überlegen.«

»Ja, ich glaube, das ist es.«

Er lächelte liebevoll. »Ich verstehe. Wir werden uns oft sehen. Ich komme zu euch, und du kommst hierher. Du brauchst einfach mehr Zeit.«

Es war mehr als das. Hätte er mich ein paar Tage früher gefragt, ich hätte bestimmt ja gesagt. Das Gespräch im Zimmer der Großmutter hatte mich erschüttert. Ich hätte es ihm so gern erklärt. Aber ich konnte ihm Ann Alices Geschichte nicht erzählen – und selbst wenn ich es getan hätte, wäre es unlogisch gewesen, sich von der Vergangenheit dermaßen beeinflussen zu lassen.

Ich verstand mich selbst nicht. Ich glaube, als ich das Tagebuch las, habe ich mich mit Ann Alice identifiziert. Es ging mir nicht aus dem Kopf, daß dieser junge Mann, so sympathisch er schien, aus der Vereinigung zweier Mörder hervorgegangen war.

Ich würde darüber hinwegkommen. Ich wollte Raymonds Freundschaft nicht verlieren. Seine Gesellschaft tat mir wohl. Mit ihm hatte ich seit Philips Fortgang die glücklichsten Tage verbracht. Es war dumm von mir, das große Glück auszuschlagen.

Mein gesunder Menschenverstand würde mit der Zeit obsiegen, aber vorerst konnte ich Raymond mein Jawort nicht geben.

Ich spürte die Enttäuschung im Haus. Und deshalb war ich eigentlich froh, daß wir am nächsten Tag abreisten.

Granny M. kam abends, nachdem wir uns zurückgezogen hatten, in mein Zimmer.

Ich bürstete mir gerade die Haare und ging in Gedanken die Geschehnisse des Tages durch, das Geplauder beim Essen, das Lächeln, die spürbare Erwartung.

Das Abendessen ging vorüber, ohne daß die Ankündigung erfolgte – es wurde nur über unsere bevorstehende Abreise gesprochen. Alle waren enttäuscht.

Granny M. setzte sich in einen Sessel und kam bezeichnender-
weise sofort auf das Thema zu sprechen.

»Ich dachte, Raymond würde dir einen Heiratsantrag machen.«

»Hat er auch.«

»Und du hast abgelehnt!«

»Nein, nicht direkt. Ich konnte nicht ja sagen. Ich weiß nicht, ob
ich es jemals können werde.«

»Mein liebes Kind, du bist ja verrückt.«

Ich schüttelte den Kopf. »Ich habe... um Zeit gebeten.«

»Zeit! Du bist kein Kind mehr.«

»Liebe Granny, ich bin mir meines fortgeschrittenen Alters
durchaus bewußt.«

»Red keinen Unsinn. Sag mir, was passiert ist.«

»Er hat mich gefragt, und ich hab' einfach erwidert, ich kann
nicht. Granny, ich muß dir etwas sagen. Es hat mit dem Tagebuch
zu tun.«

»Tagebuch? Meinst du Ann Alices?«

»Ja. Ich habe eine ungewöhnliche Entdeckung gemacht. Die Großmutter erzählte mir von ihrer Familie. Sie war eine Gilmour und
hat einen Billington geheiratet.«

»Eine Gilmour!«

»Du erinnerst dich an Lois Gilmour aus dem Tagebuch. Sie war die
Großmutter von Raymonds Großmutter. Ihr Vater war Freddy,
der Junge, den Lois Gilmour in die Villa geholt hat.«

»Das ist ja unglaublich.«

»Anfangs dachte ich an einen ungewöhnlichen Zufall. Aber wenn
man darüber nachdenkt, erscheint alles ganz logisch. Freddy hat
sich für die Mallory-Karten interessiert, nicht? Ann Alice erwähnte es. Er muß später diesen Beruf ergriffen haben. Ich nehme
an, er ist nicht länger im Haus der Mallorys geblieben. Charles
Mallory ist zurückgekommen. Er muß in der Villa gewohnt und
das Geschäft übernommen haben. Was aus Lois wurde, wissen wir
nicht. Vielleicht zog sie fort, als Charles nach Hause kam. Ob
Freddy dageblieben ist? Wie dem auch sei, er wurde Kartograph,
was ganz natürlich war, da er in seiner Kindheit soviel davon mit-
bekam.«

»Und so sind wir nun zusammengetroffen!«

»Das ist ganz natürlich. Wir sind alle in demselben Gewerbe tätig. Die Leute kommen aus dem ganzen Land zu diesen Konferenzen. Die führenden Kartographen des Landes und aus dem Ausland sind anwesend. Da ist es kaum verwunderlich, daß wir uns begegnet sind.«

»Nein«, sagte Granny bedächtig. »Aber das ist alles so lange her.«

»Ich weiß, aber... seit ich Ann Alices Grab fand, habe ich so ein komisches Gefühl. Als sei alles vorbestimmt. Ich habe das Tagebuch als erste gefunden. Manchmal ist mir, als wäre ich ein Teil von ihr, als wären sie und ich eins.«

»So einen Unsinn habe ich noch nie gehört«, sagte Granny M. »Aber ich verstehe, was du meinst, wenn du sagst, es ist ganz natürlich, daß wir bei Kartographenkonferenzen Leute unseres Gewerbes kennenlernen. Du denkst also, Raymond ist ein Nachfahre dieser Lois Gilmour.«

»Daran besteht kein Zweifel. Alles paßt zusammen. Die Familie, der Zeitpunkt, die Tatsache, daß Lois Gilmour Mrs. Mallory wurde.«

»Was hast du der Großmutter erzählt?«

»Daß wir Mallory heißen und daß Lois Gilmour in zweiter Ehe mit einem Vorfahren von uns verheiratet war. Ich sagte nicht, daß es gar keinen ersten Ehemann gab und daß Freddys Vater ein Mörder war.«

»Aber dadurch ist Raymond doch nicht blutsverwandt mit uns.«

»Natürlich nicht. Aber die Verbindung ist vorhanden, und Desmond Featherstone... dieser Unmensch... war sein Vorfahre.«

»Hast du das Tagebuch erwähnt?«

»Nein, mit keinem Wort.«

»Sag auch nichts davon. Wenn wir auf unsere Geschichte zurücksähen, würden wir auch viele Schurken und Bösewichter finden. Besser, man weiß nichts davon. Dieser Featherstone war ein gemeiner Schuft – es sei denn, Ann Alice hätte phantasiert. Woher wissen wir, ob sie die ganze Geschichte nicht erfunden hat?«

»Aber sie ist in jener Nacht gestorben. Das Zimmer wurde zugemauert. Ich weiß, daß sie die Wahrheit schrieb. Sie hat aufgezeichnet, was sie sah und hörte. Das hat sie sich bestimmt nicht ausgedacht.«

»Nun gut. Es wäre nicht sehr angenehm, mit der Tatsache konfrontiert zu werden, daß die Ururgroßeltern Mörder waren. Ich an deiner Stelle würde mit keiner Menschenseele darüber reden, was du in dem Tagebuch gelesen hast. Das hat absolut nichts mit der Gegenwart zu tun.«

»Ich weiß, trotzdem muß ich immer an diesen Desmond Featherstone denken. Wenn ich Raymond anschaue, sehe ich ihn. Deshalb konnte ich ihm mein Jawort nicht geben. Ich kann nicht vergessen, daß die zwei Raymonds Ururgroßeltern waren.«

Granny schüttelte den Kopf. »Es ist bloß der Schock. Diese Entdeckung kam so unerwartet. Du wirst darüber hinwegkommen. Es ist für uns alle enttäuschend, aber es schadet ja nicht, eine Weile zu warten. Mit der Zeit wirst du schon einsehen, was richtig ist.« Sie gab mir einen Kuß. »Ich bin froh, daß du's mir gesagt hast. Schlaf schön. Morgen müssen wir zeitig raus.«

Aber ich konnte nicht ruhig schlafen. Wilde, seltsame Träume suchten mich heim. Ich war in dem Zimmer, das fast hundert Jahre lang versperrt war. Meine Tür war abgeschlossen. Ein riesiger Schlüssel steckte darin. Ich hörte Schritte auf der Treppe. Jemand probierte die Tür. Ich starrte unverwandt auf den Schlüssel. Die Tür war abgeschlossen. Aber dann gab es ein lautes Geräusch, und die Tür krachte auf. Ein Mann kam herein. Es war Raymond. Ich schrie freudig auf und streckte meine Arme nach ihm aus, aber als er zu mir kam, verwandelte sich sein Gesicht in das von Desmond Featherstone. Ich schrie, als er näher kam.

Damit wachte ich auf.

Ich starrte in die Dunkelheit.

Wenn ich ihn heiratete, würde ich immer solche Träume haben. Ich würde in meinem Mann den Bösewicht suchen.

Ich fürchtete mich, wieder einzuschlafen, weil der Traum womöglich wiederkäme. Aber ich döste trotzdem, und als ich aufwachte, stand das Mädchen mit dem heißen Wasser in meinem Zimmer. Es war Zeit aufzustehen.

Bei Tageslicht sah alles gleich ganz anders aus. Ich besann mich, wo ich war, und der Gedanke, daß dieser fröhliche Besuch nun zu Ende war, stimmte mich traurig. Ich würde Raymond sehr vermissen.

Ich hatte mich kindisch benommen. Mit der Zeit würde ich die Sache anders sehen. Dann würde alles gut, und ich würde über meine dummen Phantastereien lachen.

Amsterdam

Die Heimkunft war recht betrüblich. Keine Nachricht von Philip. Das Haus wirkte so still. »Weil wir gerade aus einem Haus voller Leben kommen«, meinte Granny M. »Das ist eine glückliche Familie. Große Familien haben etwas für sich. Ich wünschte, wir hätten Nachricht von Philip, und dein Vater käme nach Hause.«

Während ich in meinem Zimmer meine Sachen aufhängte, dachte ich daran, wann ich sie getragen hatte und wie wir uns beim Abendessen an den Tischgesprächen ergötzt hatten.

Ja, unser Haus wirkte recht still, und ich wünschte, wir wären noch bei den Billingtons. Nie zuvor war mir aufgefallen, wie ruhig es bei uns zuging. Als Philip noch bei uns war, war mehr Leben im Haus gewesen. Jetzt kehrte die Sehnsucht nach ihm wieder, und wir spürten die Leere, die seine Abwesenheit bewirkte.

Hier wurde die Erinnerung an ihn wieder lebendig, und täglich warteten wir auf Nachricht von ihm.

Ja, ich wünschte, wir wären bei den Billingtons geblieben. Wie dumm war ich gewesen! Ich hätte Raymonds Antrag annehmen sollen. Es mußte wohl doch Liebe sein, denn ich vermißte ihn sehr. Bei ihm zu Hause hatte ich nicht unentwegt an Philip gedacht. Jetzt war die Sehnsucht nach meinem Bruder, war die Sorge um ihn wieder da.

Hätte ich Raymond mein Jawort gegeben, so würden meine Gedanken jetzt um meine bevorstehende Hochzeit kreisen. Granny und ich würden aufgeregt Pläne machen. Ich wünschte, es wäre so. Ich war dumm gewesen.

Ich ging nach oben und setzte mich in Ann Alices Zimmer.

»Hätte ich dein Tagebuch nicht gefunden, wäre jetzt alles anders«, sagte ich zu Ann Alice, als wäre sie anwesend. Oft hatte ich das Gefühl, sie sei wirklich da. »Philip wäre nicht von dem Drang besessen gewesen, die Insel zu finden. Er wäre noch bei uns, und ich würde mich auf meine Hochzeit mit Raymond vorbereiten. Du hast alles verändert, Ann Alice!«

Es war ganz still. Kein Laut, nur das sanfte Rauschen des Windes in den Zweigen der Eibe vor dem neu eingesetzten Fenster. Ich bildete mir ein, Stimmen im Wind zu hören. In diesem Zimmer ging meine Phantasie mit mir durch.

Granny hatte recht. Die Vergangenheit war abgetan. Es war töricht, sie die Gegenwart bestimmen zu lassen. Die Entdeckung, daß Raymonds Vorfahren mit meinen verbunden waren, hatte mich erschüttert. Die seinen hatten Ann Alice ermordet, und Freddy, der kleine Freddy, über den nicht viel geschrieben war, der aber ein reizender Junge zu sein schien, war Raymonds Urgroßvater. Doch Freddy war das Kind von Mördern.

Wieder und wieder wünschte ich, ich hätte das Tagebuch nie gefunden. Ich wünschte, ich hätte die Verbindung zwischen unseren Familien nicht entdeckt. Es gibt vieles im Leben, von dem man besser nichts weiß.

Ich saß in dem Zimmer am Fenster und dachte an Ann Alice, an ihren letzten Abend, als ich plötzlich Schritte auf der Treppe hörte. Langsam, schwerfällig kamen sie über den Flur.

In diesem Augenblick *war* ich Ann Alice. Ich starrte auf die Tür. Ich sah, wie der Knauf sich langsam drehte. Ich erlebte alles noch einmal. Zwischen mir und dem Mädchen bestand ein geheimnisvolles Band.

Langsam öffnete sich die Tür. Ich erwartete ihn, den Bösewicht. Ich hatte mir ein Bild von ihm gemacht – auffallend gut aussehend, mit dicken sinnlichen Lippen und dunklen stechenden Augen, die gierig betrachteten, was er begehrte, ohne Rücksicht darauf, ob er die zerstörte, die ihm im Weg standen.

Ich stieß einen leisen Laut der Erleichterung aus, als Granny M. ins Zimmer trat. »Du bist schon wieder hier oben! Du bist ja ganz weiß, zu Tode erschrocken siehst du aus. Du bist genauso schlimm wie die Dienstboten mit ihren Gespenstern... aber die haben wenigstens soviel Verstand, wegzubleiben.«

Sie setzte sich aufs Bett, und sogleich wirkte das Zimmer ganz normal.

»Was machst du hier oben? Immer bist du hier. Am liebsten ließe ich es wieder zumauern.«

»Es ist wie ein Zwang«, gestand ich ihr. »Ich habe deine Schritte auf der Treppe gehört, und einen Augenblick dachte ich…«

»Du dachtest, ich wäre jemand, der von den Toten auferstanden ist! Wirklich, Kind, du mußt damit aufhören. Es ist purer Unsinn. Deine Phantasie geht mit dir durch. Wenn das Gewitter nicht gewesen wäre…«

»Das sag' ich mir oft. Wenn das Gewitter nicht gewesen wäre…«

»Sinnlos, das jetzt zu sagen. Es ist nun einmal geschehen, und damit basta. Warum kommst du hierher? Du bist schon ganz besessen von dem, was du in dem Tagebuch gelesen hast.«

»Ja, siehst du, Granny, zuerst habe ich ihr Grab gefunden und dann ihr Tagebuch, und jetzt noch die Entdeckung, daß Freddy Raymonds Urgroßvater war. Alles fügt sich nahtlos.«

»Das ist doch ganz logisch, Liebes. Darüber waren wir uns doch schon einig. Freddy hat natürlich die Kartographie erlernt, er war ja schon als Kind davon begeistert. Was seine Eltern getrieben haben, geht uns nichts an. Es ist lange her. Die Menschen haben damals allerhand getan, wovon wir heute nichts wissen. Wir haben Raymond kennengelernt, weil er in demselben Gewerbe tätig ist. Daran ist nichts Geheimnisvolles. Schlag dir das aus dem Kopf. Du hast eine zu rege Phantasie, und das ist manchmal gar nicht gut. Denk nicht mehr daran. Es ist vorbei und erledigt. Wenn ich bedenke, daß du Raymonds Antrag wegen deiner Schrullen abgelehnt hast, dann frag' ich mich, was ich bei eurer Erziehung falsch gemacht habe. Philip begibt sich auf ein fruchtloses Unterfangen…«

Sie brach ab. Wir sahen uns an. Dann trat ich zu ihr, und wir hielten uns einen Augenblick umklammert.

Sie befreite sich sogleich. Sie hielt nichts von gefühlvollen Szenen.

»Es war ein sehr angenehmer Besuch«, sagte sie, »und jetzt sind wir daheim und vermissen die netten Menschen. Ich werde Raymond zum Wochenende einladen. Den Bruder und den Vater aufzufordern hat keinen Zweck. Sie werden in Buckinghamshire erwartet. Aber alle werden Verständnis dafür haben, wenn ich Raymond zu uns bitte. Das ist dir doch recht, oder?«

Ich bejahte.

»Du solltest ihn öfter sehen. Du mußt deine makabren Phantasien vergessen. Vielleicht kommst du dann zur Vernunft.«

»Ich will es hoffen, Granny.«

»Ich auch, mein liebes Kind.«

Raymond war jetzt beinahe jedes Wochenende bei uns. Er sagte, seine Familie würde sich freuen, wenn wir sie wieder einmal besuchten.

Einerseits wollte ich es auch, andererseits aber war ich mir noch unsicher und scheute ihre Erwartung, solange ich keine endgültige Zusage geben konnte. Es war ungerecht gegen Raymond, der so gütig und verständnisvoll war. Manchmal war ich drauf und dran zu sagen: »Ich heirate dich, sobald du möchtest.«

Ich konnte über alles mit ihm sprechen, nur nicht über die Niedertracht seiner Vorfahren. Und solange ich dazu nicht imstande war, blieb eine Barriere zwischen uns. Wenn ich im hellen Tageslicht darüber nachdachte, dünkte es mich recht unvernünftig. Aber ich hatte nun mal diese grauenhafte Angst, daß ich bei ihm auf Züge von Desmond Featherstone stoßen würde. Ich hatte das unheimliche Gefühl, daß Ann Alice mich warnte.

Das war natürlich alles Unsinn. Ich war einfach besessen von der Entdeckung des Grabes und des verschlossenen Zimmers – und des Tagebuches, das so viel enthüllt hatte.

Wenn ich mit Raymond ausritt, wenn er mit Granny und mir und unseren Freunden speiste, war alles anders. Ich freute mich, wenn er bei Diskussionen glänzte, wenn alle sagten, was für ein reizender Mensch er sei, und wenn er sich mit Benjamin Darkin unterhielt und der alte Mann ihm großen Respekt erwies.

Ich glaube, Granny ärgerte sich über mich. Eine bevorstehende Hochzeit hätte auch ihre Gedanken von Philip abgelenkt: die Heirat und später dann Babys. So hätte sie es gern gehabt.

Manchmal dachte ich, ich sei dazu imstande, aber dann kamen wieder diese Träume... beängstigende Träume, vor allem der eine, wo ich in dem Zimmer war, Schritte auf der Treppe hörte und Raymond sich in Desmond Featherstone verwandelte.

Ich glaubte eine innere Stimme zu vernehmen: »Noch nicht. Noch nicht.« Und manchmal gaukelte meine Phantasie mir vor, es sei Ann Alice, die zu mir sprach.

Es war Oktober geworden. Philip war nun ein Jahr fort. Granny M. und ich fürchteten den Jahrestag seiner Abreise. Sie sorgte dafür, daß Raymond an dem Tag bei uns war, und ich muß sagen, daß wir es dadurch beträchtlich leichter überstanden.

Dann kam der November mit seinen dunklen, trüben Tagen, an denen die Erinnerungen zurückkehrten.

Die Billingtons luden uns über Weihnachten zu sich ein. Ein schöneres Weihnachtsfest hätten wir uns nicht wünschen können, obwohl es unvermeidlich war, daß wir an die früheren Weihnachtstage dachten, als Philip bei uns war. Keine von uns beiden erwähnte ihn an den Feiertagen, das war wie eine unausgesprochene Abmachung. Wie zu erwarten stand, wurden all die alten Bräuche befolgt. Große Feuer loderten in den Kaminen. Es gab die traditionellen Speisen; es ging sehr fröhlich zu, und die ganze Nachbarschaft nahm daran teil.

Am Morgen des zweiten Weihnachtstages ritten die jüngeren Familienmitglieder aus, und wie üblich sonderten Grace, Basil und James sich wie beiläufig ab, so daß Raymond und ich allein waren.

Ich war so glücklich, wie es in Anbetracht meiner wachsenden Sorge um Philip nur möglich war. Raymond verstand mich, und er sprach über Philip. Er versuchte nicht, mich zu beschwichtigen. Seiner Meinung nach war Philip ein Unglück zugestoßen, und ich sollte mich auf eine schlimme Nachricht gefaßt machen.

Es war ein strahlender, frostiger Tag, der die Haut rosig glühend machte. Die Pferde waren unruhig, und wir galoppierten über eine Weide. Als wir an eine Hecke gelangten, hielten wir abrupt an. Raymond fragte: »Ein Glas Apfelmost gefällig?«

Ich bejahte. Heute, am zweiten Weihnachtstag, würden wir gewiß allein in der trauten Gaststube sein. Ich hoffte, daß Raymond seinen Antrag nicht erneuern würde, denn ich war nach wie vor unsicher.

Ein großes Feuer brannte in der Gaststube, am Fenster stand ein

Weihnachtsbaum, und an den Bildern an den Wänden steckten Mistelzweige.

»Damit wir nicht vergessen, daß Weihnachten ist«, sagte Raymond. Er bestellte den Apfelmost. Wir waren die einzigen Gäste.

»Sind kaum Leute unterwegs heute morgen«, sagte der Wirt, als er die Getränke brachte. »Die meisten sitzen zu Hause am Kamin.«

Raymond hob sein Glas. »Auf uns, und besonders auf dich, Annalice. Hoffentlich erhältst du bald Nachricht.«

Ich wurde traurig, denn ich wußte, daß er Philip meinte.

»Es ist schon lange her.« Raymond nickte. »Im Oktober war es ein Jahr«, fuhr ich fort. »Und seither nur ein einziger Brief. Da stimmt doch etwas nicht. Philip würde schreiben, er weiß doch, daß wir uns Sorgen machen.«

Raymond starrte stumm in sein Glas.

»Ich wünschte, ich könnte dorthin. In den Südpazifik. Ich möchte am liebsten selbst nachforschen...«

»Du... dorthin!« Er setzte sein Glas ab. »Du meinst, du... allein dorthin!«

»Warum nicht? Ich hasse diese albernen Konventionen, die einem einreden wollen, weil man eine Frau ist, sei man schwachsinnig.«

»Ich weiß, was du meinst, aber das könnte eine riskante Reise werden.«

»Ich wäre nicht die erste. Wir hatten unerschrockene Forscherinnen. Manche sind in äußerst gefährliche Gebiete gereist.«

»Würdest du das wirklich tun?«

»Ich spiele schon seit geraumer Zeit mit dem Gedanken.«

»Ist das der Grund, weshalb du mich nicht heiraten willst?«

»Nicht allein. Nicht daß ich dich nicht gern hätte. Aber was die Liebe betrifft, bin ich mir nicht sicher. Ich nehme an, das ist etwas anderes. Ich denke, lieben ist mehr als verliebt sein.«

»Liebe ist dauerhafter. Verliebt sein ist oft flüchtig. Man verliebt sich leicht, warum sollte man sich da nicht ebenso leicht ›entlieben‹?«

»Liebst du mich, oder bist du in mich verliebt?«

»Beides.«

»Raymond, du bist so gut, und ich bin so dumm.«

»Nein. Du willst deiner sicher sein. Das verstehe ich.«

»Du bist der verständnisvollste Mensch, dem ich je begegnet bin. Du verstehst das mit Philip, nicht wahr?«

»Ja, ich denke schon.«

»Ich habe keine Ruhe. Ich brauche Gewißheit. Wenn ihm etwas zugestoßen ist, will ich es wissen. Dann kann ich mich vielleicht damit abfinden, mit der Zeit. Aber diese Ungewißheit kann ich nicht ertragen.«

»Das ist verständlich.«

»Und du hältst mich nicht für dumm, weil ich diese Untätigkeit nicht aushalte und etwas unternehmen möchte?«

»Das ist doch ganz natürlich. Mir würde es genauso ergehen.«

»Du bist ein Schatz. Du bist so einsichtig.«

»Danke.«

»Ich glaube, ich will dich heiraten... nur später. Das heißt, wenn du mich dann noch willst.«

»Ich werde warten.«

Ich wandte mich gerührt ab. Er beugte sich zu mir herüber. »Ich glaube, das ist es, was zwischen uns steht«, sagte er. »Die Furcht, daß deinem Bruder etwas zugestoßen ist. Wenn er nach Hause käme, hättest du deinen Frieden, und wenn du das Schlimmste erführest, würdest du bei mir Trost suchen.«

»Vielleicht ist es so. Ich denke fast die ganze Zeit an ihn. Manchmal glaube ich, ich werde nie Gewißheit haben. Wir sind schon so lange ohne Nachricht. Und ich kann mich wohl nie auf die Suche nach ihm machen. Ich kann meine Großmutter nicht allein lassen, nicht wahr?«

»Zu schade, daß ihr nur zu zweit seid. Wärt ihr eine große Familie...«

»Ich habe noch zwei Brüder und eine Schwester. Halbgeschwister allerdings. Sie leben in Holland.«

»Ja, ich weiß, dein Vater hat wieder geheiratet.«

»Granny M. ist böse auf ihn, weil er der Kartographie untreu wurde und ins Exportgeschäft eingestiegen ist.« Ich mußte unwillkürlich lächeln. »Sie ist wirklich verärgert, aber ich glaube, am meisten schmerzt sie, daß sie in Holland Enkelkinder hat, die sie nicht kennt.«

»Wenn du heiratest, mußt du sie auch verlassen.«

»Ja, aber das ist etwas anderes. Sie hofft, daß ich dich heirate. Sie stellt sich das ganz gemütlich vor. Wir wären nicht weit fort, und sie hofft auf Enkelkinder. Sie mag manchmal streng sein, aber sie liebt Kinder. Und sie denkt an den Fortbestand der Familie und dergleichen.«

»Jammerschade, daß du die übrige Familie nicht wenigstens mal kennengelernt hast.«

»Sie leben in Amsterdam. Mein Vater schreibt ab und zu, das ist alles. Seine neue Familie nimmt ihn ganz in Beschlag. Wir sind so weit voneinander entfernt, und da meine Geburt meine Mutter das Leben kostete, tut es ihm vielleicht weh, wenn er an mich denkt.«

»Eine Familie sollte nicht getrennt sein, außer man kommt nicht miteinander aus. Aber bei euch scheint es sich mehr um ein Auseinanderleben zu handeln.«

»Ganz recht. Kein Streit, nichts dergleichen, nur ein Auseinanderleben.«

»Wenn diese Enkelkinder bei deiner Großmutter wären, dann wäre deine kleine Erkundungsreise vielleicht nicht so unmöglich.«

»Sicher wäre Granny nicht gleich einverstanden, aber ich könnte ihren Widerstand überwinden, wenn sie jemanden bei sich hätte, der sie tröstete.«

»Davon bin ich überzeugt.«

»Ach, ich wünschte, Philip käme nach Hause.«

»Trinken wir darauf.«

Er sah mir über das Glas hinweg in die Augen, und ich dachte: Doch, ich liebe ihn. Er ist so gütig, so zärtlich, so lieb und verständnisvoll. Was bin ich doch für ein Dummkopf.

Doch die grausamen Erinnerungen überkamen mich wieder. An einem Ort wie diesem hatte Ann Alice Desmond Featherstone zum erstenmal gesehen. Er hatte an so einem Tisch gesessen. Das Bild stand mir lebendig vor Augen.

Vielleicht würden diese Erinnerungen allmählich verblassen... mit der Zeit.

Im Februar machte Raymond uns eine Eröffnung. Er verbrachte das Wochenende bei uns, was ihm bereits zur Gewohnheit geworden war; er kam immer, außer wenn er zu Hause in Buckinghamshire erwartet wurde. Er war gerade angekommen, und beim Tee in Granny M.s kleinem Salon sagte er: »Ich mache im März mit meinem Vater eine Geschäftsreise ins Ausland. Nach Frankreich, Deutschland und Holland.«

»Wir werden Sie vermissen«, sagte Granny M.

»Wie lange bleibst du fort?« fragte ich.

»Etwa einen Monat.«

Ein Monat ohne ihn! dachte ich. Jeden Tag aufstehen, nach Post von Philip sehen, die nicht kommt, fragen, immer wieder fragen, warum wir nichts von ihm hören. Wir fanden uns allmählich damit ab, daß ihm etwas zugestoßen sein mußte, aber das machte es uns nicht leichter. Wenn wir nur Gewißheit hätten, dachte ich immer wieder. Dann kämen wir vielleicht darüber hinweg.

Und nun die betrübliche Aussicht auf einen Monat ohne Raymond.

»Grace möchte gern mitkommen«, fuhr Raymond fort.

»Grace!« rief Granny M. aus.

»Wir... unsere Familie... wir glauben, es bekommt Mädchen ebenso gut wie Knaben, wenn sie etwas von der Welt sehen. Ich denke, sie kriegt meinen Vater herum. Er kann ihr fast nichts abschlagen. Aber sie wäre ziemlich viel allein, während wir unsere Geschäfte abwickeln, und das wäre recht langweilig für sie. Doch wenn sie jemanden bei sich hätte... wir meinen, wenn sie Gesellschaft hätte... kurz, wir haben uns gefragt, ob Annalice uns begleiten möchte.«

Ich starrte ihn an. Ich war mit einemmal sehr glücklich. Fortgehen, eine Weile vergessen... reisen. Ich hatte immer schon den Wunsch, etwas von der Welt zu sehen, die Länder zu besuchen, die bislang nur ein blaßgrüner oder brauner Tupfer auf unseren Landkarten waren.

Ich sah Granny M. an. Ihr Gesicht war ausdruckslos.

»Es wäre schön für Grace, und natürlich auch für meinen Vater und mich. Deine Zustimmung würde über Graces Schicksal entscheiden. Sie ist sehr gespannt auf deine Antwort.« Er wandte sich an Granny M.: »Ich weiß, Sie würden Annalice sehr vermissen. Meine Mutter meint, Sie könnten solange zu ihr kommen. Sie fände es reizend, Sie bei sich zu haben. Sie wissen ja, wie sie ist, mit ihrem Garten und ihren Rezepten. Sie wünscht sich jemanden, mit dem sie darüber plaudern kann. Niemand von uns interessiert sich dafür, klagt sie.«

Es war ganz still. Ich wagte nicht, Granny M. anzusehen. Ich wußte, ich würde meine Gefühle verraten.

»Ich könnte nicht einen ganzen Monat fort«, sagte sie dann. »Das Geschäft...«

»Wir überlassen unsere Firma den Händen unserer Geschäftsführer«, sagte Raymond. »Ihr Benjamin Darkin scheint mir ein ausgesprochenes Juwel zu sein. Ich wünschte, er würde bei uns arbeiten. Manchmal hätte ich Lust, ihn abzuwerben.«

Granny M. sagte: »Ich denke, es würde Annalice guttun.«

Ich stand auf und gab ihr einen Kuß. Ich konnte nicht anders. »Du bist so lieb«, sagte ich, »so schrecklich lieb...«

»Unsinn. In der Gegend herumreisen. Ich weiß nicht, ob das richtig ist für ein junges Mädchen.«

»Ich wäre ja in guten Händen.«

»Geh, setz dich hin«, sagte Granny M. »Was soll Raymond von uns denken?«

Ihre Augen glänzten verräterisch. Sie fürchtete, eine Träne zu vergießen. Am liebsten hätte ich gesagt: »Laß sie doch fließen, Granny. Ich liebe dich dafür.«

Raymond strahlte eine solche Ruhe aus. Er meisterte jede Situation. »Mein Vater ist viel gereist«, sagte er, als habe unsere gefühlvolle Szene gar nicht stattgefunden. »Er hält das für einen wichtigen Teil des Geschäftes. Ist es abgemacht? Darf ich Grace mitteilen, daß Annalice sie auf der Reise begleitet?«

»Ich denke schon«, sagte Granny M. »Aber wir hatten kaum Zeit zum Überlegen. Was meinst du, Annalice?«

»Wenn du einen Monat ohne mich auskommst...«

»Was heißt hier auskommen? Ich schaff' das schon, da kannst du ganz beruhigt sein.«

»Das weiß ich doch, Granny. Trotzdem wäre ich besorgt um dich.«

»Warum? Ich geh' nach Buckinghamshire, da man mich so freundlich eingeladen hat. Ich werde mich dort bestimmt sehr wohl fühlen...«

Raymond sagte: »Morgen fahre ich nach Hause und überbringe die gute Nachricht. Es wird bestimmt schön für dich, Annalice. Wie wäre es, wenn ihr beide nächstes Wochenende zu uns kämt? Dann können wir alles Weitere besprechen.«

Wir sagten zu.

Ich war so aufgeregt, daß meine Besorgnis um Philip etwas nachließ. So eine Reise war genau das richtige, um meine Ängste zu vertreiben.

Wir wollten Mitte März aufbrechen und im April zurückkehren. Unsere beiden Familien berieten sich, und ich hatte den Eindruck, daß Granny M. angesichts der Reise genauso aufgeregt war wie ich. Sie wußte, daß es das beste war, um unsere Niedergeschlagenheit zu mildern.

Ich war entschlossen, etwas wegen Philip zu unternehmen. Der Gedanke, mich auf die Suche nach ihm zu machen, nahm immer mehr Gestalt an. Ich würde in Sydney beginnen. Jemand mußte doch etwas wissen! Aber wie sollte ich dorthin gelangen? Eine Frau allein! Wenn schon diese Europareise nur in Begleitung möglich war.

Eines Morgens gingen Raymond und ich reiten. Ich fühlte mich viel besser, seit wir Reisepläne machten, und das war mir wohl anzumerken. Mit Raymond konnte ich offen über das sprechen, was mir im Kopf herumging, und ich sagte: »Ob es mir wohl jemals möglich sein wird, mich auf die Suche nach Philip zu machen?«

»Träumst du immer noch davon?«

»Er schrieb, vor der australischen Küste gebe es mehrere Inseln, zu denen jeden Mittwoch ein Schiff hinausfahre. Er muß dieses

Schiff genommen haben. Ich möchte gern nach Australien und mit diesem Schiff zu den Inseln fahren. Ich habe das Gefühl, daß ich dort etwas erfahren könnte.«

Raymond sah mich eindringlich an. »Nicht wahr, du meinst auch, ich soll es tun«, sagte ich zu ihm. »Du hältst es nicht für einen unmöglichen Traum.«

»Nein, ich halte es nicht für unmöglich, und ich weiß, daß du keine Ruhe findest, bis du weißt, wo dein Bruder ist und warum er so lange schwieg. Du wirst nicht glücklich sein, bis du Gewißheit hast, und ich will, daß du glücklich bist. Ich möchte, daß du mich heiratest.«

»Ach, Raymond, ich kann dir gar nicht sagen, wie glücklich du mich machst. Und nun diese Reise. Ich glaube, du hattest die Idee, Grace mitzunehmen, bloß um mich dabeihaben zu können.«

Er lächelte. »Du mußt einfach mal raus. Du mußt aufhören zu grübeln, denn das hilft dir nicht weiter.«

»Ich weiß, aber was kann ich dagegen tun?«

»Ausbrechen aus dem täglichen Einerlei. Ein neues Leben anfangen. Was immer mit deinem Bruder passiert ist, mit deinen Sorgen kannst du es nicht ändern.«

»Deswegen kann ich eben nicht zu Hause herumsitzen und dauernd daran denken. Weißt du, wir standen uns näher als die meisten Geschwister. Das lag vermutlich daran, daß unsere Mutter tot war. Ich habe sie nie gekannt, aber er konnte sich an sie erinnern, er war ja damals schon fünf. Und dann der Krieg der Großmütter. Beide wollten uns haben, die Mutter meines Vaters und die Mutter meiner Mutter. Eine Zeitlang wußte Philip nicht, was aus uns werden sollte. So etwas prägt einen. Er dachte, er würde womöglich von mir getrennt. Ich war damals noch zu klein, um es mitzubekommen, aber als er es mir später erzählte, war ich entsetzt. Und auf diese Weise entstand eine enge Bindung zwischen uns. Ich weiß ganz sicher, wenn er lebte, würde er Mittel und Wege finden, mich zu benachrichtigen. Ich muß Gewißheit haben. Vorher finde ich keine Ruhe.«

»Ich sehe schon, du mußt dorthin.«

»Aber wie?«

»Wie ich schon sagte, nichts ist unmöglich.«

»Granny...«

»Sie wird alt. Sie ist einsam. Sie braucht ihre Enkelkinder um sich. Aber du bist nicht das einzige.«

»An wen denkst du?«

»Als erstes fahren wir nach Amsterdam. Ich schlage vor, du schreibst deinem Vater und verständigst ihn von deinem bevorstehenden Besuch. Du mußt deine Halbgeschwister kennenlernen. Vielleicht kannst du sie sogar mit nach England nehmen. Eins von den Enkelkindern könnte vielleicht der Ausgleich sein, den deine Großmutter braucht. Auf diese Weise hättest du dann womöglich deine Freiheit. Schließlich erbt einer von den Jungen, falls Philip nicht zurückkehrt, die Villa und das Geschäft. Dann sollte er auch was davon verstehen.«

Ich starrte ihn an. »Raymond, wie raffiniert du bist! Ich hätte nie gedacht, daß du so listige Pläne machen könntest!«

»Der Mensch ist zu allem fähig, wenn er verliebt ist«, erwiderte er.

Ich schrieb an meinen Vater und erhielt umgehend Antwort. Er freue sich. Seine Frau Margareta, seine Söhne Jan und Charles und seine kleine Wilhelmina seien entzückt von der Aussicht, mich kennenzulernen.

Ich zeigte Granny M. den Brief.

»Hm.« Sie rümpfte die Nase, aber ich glaube, sie war ganz zufrieden.

Raymond war begeistert. Er meinte: »Es wäre vielleicht am günstigsten, wenn du einen Monat bei ihnen bliebest.«

»Einen Monat! Aber ich freue mich doch so auf Frankreich und Deutschland...«

»Ich dachte, du hättest weitere Ziele?«

Ich lächelte ihn an und dachte: Ich liebe dich, Raymond Billington. Warum zögere ich? Vielleicht, wenn wir fort sind...

Ich ging in Ann Alices Zimmer und saß dort in aller Abgeschiedenheit. Es war sehr still, nur der Wind rauschte in der Eibe vor dem Fenster.

Ich betrachtete das Bett, die Kommode mit den Schubladen, wo ich das Tagebuch gefunden hatte, und wartete, wie immer in diesem Zimmer, auf ein Zeichen, auf Ann Alices Stimme, die über die Jahre hinweg zu mir käme.

Nichts. Sogar meine Gedanken schweiften ab, und ich überlegte, was ich einpacken mußte. Mit einemmal wurde mir bewußt, daß mein Alptraum nicht wiedergekehrt war, seit Raymond vorgeschlagen hatte, ich solle ihn und die Seinen auf der Europareise begleiten.

Amsterdam hat mich vom ersten Augenblick an bezaubert. Obwohl ich erst wenige Städte kannte, war ich überzeugt, daß es auf der Welt nicht seinesgleichen hatte, und heute, da ich einigermaßen weitgereist bin, bin ich immer noch der Meinung.

Da steht die Stadt auf dem Amsteldeich am Arm der Zuidersee, durch den Fluß und die Kanäle in fast hundert kleine, durch dreihundert Brücken verbundene Inselchen unterteilt.

Mein Vater besaß ein großes, imposantes Haus an der Prinsengracht. Hier sowie an der Kaisersgracht und der Heerengracht lagen die meisten großen Häuser. Die Treppe vor der Haustür führte direkt auf die Straße und hatte ein Geländer aus auf Hochglanz poliertem Messing. Die Giebel an der Vorderfront waren reich verziert, und das Innere des Hauses war sehr geräumig, aber am meisten fiel mir die glänzende Sauberkeit auf. Die Flure waren aus Marmor und die Wände in herrlichem Blau und Weiß gekachelt, wohl damit sie leicht saubergehalten werden konnten. Die Türen waren erlesen geschnitzt, an den großen Fenstern waren Spiegel angebracht, damit man beobachten konnte, was auf der Straße vorging. Die Möbel waren viel schlichter als bei uns zu Hause.

Mein Vater umarmte mich, und binnen Sekunden wußte ich, daß ich recht daran getan hatte, hierherzukommen. Ich mochte Margareta auf Anhieb gut leiden. Sie war mollig und hatte ein rundes Gesicht mit einer herrlich glatten Haut und strahlenden hellblauen Augen. Sie war anfangs etwas nervös, aber das war ganz natürlich. Ich ergriff ihre Hände und gab ihr einen Kuß. Sie errö-

tete leicht und lachte; da wußte ich gleich, daß ich sie mögen würde.

Ich wurde meinen Halbgeschwistern vorgestellt. Wie aufregend,
mit einer kompletten neuen Familie zusammenzutreffen! Mein
erster Gedanke war: Wie dumm, daß wir uns nicht schon vor Jahren getroffen haben.

Jan war fünfzehn, Charles war zwölf und Wilhelmina neun Jahre
alt.

Die Kinder umringten mich. Jan meinte, es sei das Schönste, das
man sich vorstellen könne, eine große Schwester zu haben, die
man noch gar nicht kannte. Sie sprachen fließend Englisch, denn
sie waren zweisprachig aufgewachsen, und so hatten wir keine
Verständigungsschwierigkeiten.

Ich mochte sie alle sehr gern und war begeistert, daß sie mich so
freundlich empfingen. Ich fühlte mich besonders zu dem Ältesten,
Jan, hingezogen; er erinnerte mich an Philip, wie er mit fünfzehn
war. Ich war richtig gerührt, als er mich seine Schwester nannte.

Mein Vater spürte das. Ich merkte, wie tief er bedauerte, daß
Philip und ich unsere Kindheit fern von ihm verbracht hatten.

Sie waren sehr gastfreundlich zu den Billingtons. Mein Vater be-
kundete ihnen seine Dankbarkeit, weil sie mich auf ihre Reise mitgenommen hatten. Grace und ich wurden im Haus an der Prinsengracht einquartiert. Die Herren wohnten in einem nahe gelege-
nem Hotel.

Es war erstaunlich, wie rasch wir miteinander vertraut wurden.
Jan wurde mein Schatten. Er wollte mir alles zeigen. Er genoß es
sichtlich, uns durch die Stadt zu führen. Stolz zeigte er uns die Sehenswürdigkeiten: die hohe Brücke, wo die Amstel in die Stadt
fließt, die Grachten und die schönen Häuser. Er ging mit uns zu
den Wällen, wo wir die Windmühlen sehen konnten, die jetzt zum
Kornmahlen benutzt wurden.

Die Billingtons hatten nur eine Woche für Holland vorgesehen,
und trotz meiner Neugier auf die anderen Länder schied ich doch
ungern von meiner neuen Familie. Ich sprach mehrmals mit Raymond darüber, der meinte: »Du fühlst dich heimisch bei ihnen.
Ihr seid dabei, euch näherzukommen. Wenn du jetzt abreist, geht

alles mehr oder weniger so weiter wie bisher. Ihr bleibt vielleicht in Verbindung, aber das reicht nicht aus für unser Vorhaben.«

»Du meinst, ich soll den ganzen Monat bei ihnen bleiben?«

Er nickte und machte ein sehr ernstes Gesicht. »Mir scheint, das ist die beste Lösung. Du mußt ihnen das Gefühl geben, daß du mit ihnen zusammensein möchtest, daß sie wirklich deine Familie sind. Du und Jan versteht euch besonders gut... vielleicht läßt es sich machen... daß du ihn mit nach England nimmst.«

»Glaubst du, sie würden ihn gehen lassen?«

»Das weiß ich nicht, aber ich sehe nichts, was dagegen spräche. Warum soll er seine Großmutter nicht besuchen?« Er nahm meine Hände. »Unsere Pläne nehmen allmählich Gestalt an. Du möchtest zu einem Abenteuer aufbrechen, das dir sehr viel bedeutet. Wenn du gefunden hast, was du suchst, werden wir heiraten. Ich kenne dich gut genug, um zu begreifen, daß du nicht glücklich wirst, solange du nicht weißt, was deinem Bruder zugestoßen ist. Ich könnte sagen, heirate mich, und ich fahre mit dir dorthin. Aber das wäre reine Bestechung, und sosehr es mich auch verlockt, es ist nicht meine Art. Außerdem wäre es schwierig, meinen Vater und das Geschäft so lange allein zu lassen. Trotzdem glaube ich, daß es sich machen ließe... wie fast alles, zu dem man fest entschlossen ist. Nein, ich möchte, daß du mich nur aus dem einen Grund heiratest... drücke ich mich unklar aus?«

»Nein, ganz klar. Du bist ein Schatz, Raymond.«

»Heißt das, du magst mich ein wenig?«

»Nicht nur ein wenig. Ich mag dich sehr. Manchmal denke ich, wie dumm von mir, die Chance nicht zu ergreifen und dich zu heiraten. Danke, danke für deine Hilfe. Du meinst also, ich könnte sie überreden, Jan mit mir nach England fahren zu lassen. Du denkst, Granny wird ihn liebgewinnen. Und im Grunde deines Herzens denkst du, daß Philip nie zurückkommt und Jan seinen Platz nicht nur bei meiner Großmutter und mir einnimmt, sondern auch als Erbe des Hauses mit allem Drum und Dran.«

»Vielleicht plane ich alles viel zu genau, dabei spielt das Leben nicht immer so, wie wir uns das denken, und doch... mir schwebt alles genau vor, und selbst wenn du deinen Traum, der – verzeih mir – ein bißchen übertrieben ist –, dich auf die Suche nach deinem Bruder zu machen, aufgeben müßtest, so könnte Jan dir doch helfen, deinen Bruder zwar nicht zu vergessen, aber weniger um ihn zu trauern.«

»Grace möchte aber sicher nicht in Amsterdam bleiben«, wandte ich ein.

»Ich weiß nicht, was sie davon hält.«

»Ich werde euch um eure Europareise beneiden.«

»Du kannst jetzt noch nichts entscheiden. Warte noch ein paar Tage ab.«

Ich spürte, daß mein Vater auf ein Gespräch mit mir wartete, und eines Abends nach dem Essen war es soweit. Die Kinder waren zu Bett gegangen, Margareta war beschäftigt, und so war ich mit ihm allein. Er sprach sehr ernst, und es lag ihm viel daran, zu erklären, warum er uns so vernachlässigt hatte. »Ich wollte dich und Philip immer sehen. Ich habe sehr viel an euch gedacht. Aber eure Großmutter ist recht unnachgiebig. Sie war außer sich, als ich wieder heiratete und in Holland blieb.«

Ich lächelte. »Hauptsächlich, weil du den Landkarten wegen des Exportgeschäftes untreu wurdest.«

»Margareta wollte in ihrer Heimat leben und eine eigene Familie haben. Ich hätte euch Kinder gern hergeholt, aber eure Großmutter war strikt dagegen. Ich mußte nachgeben. Ich fand, ich hatte ihr ohnehin schon genug zugefügt, und konnte nicht auch noch von ihr verlangen, auf die Kinder zu verzichten.«

»Bist du glücklich, Vater?«

»So gut es eben geht. Ich habe dich und Philip sehr vermißt. Und jetzt diese Sorge um ihn. Warum mußte er auch so weit fort? Die Gegend dort ist voller Gefahren.«

»Er mußte gehen. Der Drang war so stark, er konnte nicht widerstehen. Er ist nicht wie du, Vater. Er liebt die Kartographie. Für ihn ist es ein romantisches und aufregendes Gewerbe. Ein wenig bin ich auch so.«

»Das liegt wohl im Blut. Es vererbt sich auf einige von uns. Ich hatte es nie, aber stell dir vor, Jan hat es in sich. Er redet dauernd von Landkarten und überhäuft mich mit Fragen.«

Mein Herz klopfte schneller. Jan war interessiert. Das war zu schön, um wahr zu sein.

»Ich habe Jan sehr gern, Vater.«

»Ja, ich sehe, daß ihr zwei euch besonders gut versteht. Das freut mich sehr.«

»Vater, möchtest du, daß ich den ganzen Monat hier bei euch bleibe?«

»Meine liebe Annalice, nichts wäre mir lieber. Aber wäre das nicht ein Opfer für dich? Du hast dich doch so auf die Reise gefreut.«

»Das stimmt. Aber was ist das alles gegen die Entdeckung einer neuen Familie?«

»Wir behalten dich herzlich gerne hier bei uns.«

»Ich möchte Jan unbedingt besser kennenlernen. Ich bin überzeugt, daß Granny ihn liebgewinnen würde. Und du sagst, er interessiert sich sehr für Kartographie. Läßt du ihn darin ausbilden?«

»Wenn seine Begeisterung anhält, natürlich.«

»Du hast ja noch Charles, der im Exportgeschäft dein Nachfolger werden kann.«

»Ich halte nichts davon, die Menschen zu ihrem Beruf zu zwingen. Sie müssen selbst entscheiden. In diesem Punkt waren deine Großmutter und ich uns nie einig.«

»Ich weiß. Sie trauert schrecklich um Philip.«

»Aber es besteht noch Hoffnung...«

»Die wird im Laufe der Zeit immer schwächer. Ich wüßte gern... würdest du Jan erlauben, uns zu besuchen?«

»Meinst du, daß es deiner Großmutter recht wäre? Sie war damals gegen die Heirat.«

»Ich weiß, daß es ihr Wunsch ist, auch wenn es ihr schwerfällt, es auszusprechen. Und ich möchte es schrecklich gern.«

»Wir sollten Jan fragen.«

»Darf ich?«

»Solltest du nicht lieber zuerst deine Großmutter fragen?«

Ich schüttelte den Kopf. »Ich kenne sie. Wenn ich mit Jan nach Hause käme, wäre sie entzückt. Sie würde ihn augenblicklich in ihr Herz schließen. Er ist Philip so ähnlich... in seiner Begeisterung für die Kartographie. Es würde ihr sehr helfen, es würde uns beiden helfen. Und Jan auch – er könnte vielleicht eine Weile bei uns bleiben und sich mit dem alten Benjamin Darkin anfreunden. Philip war ständig im Laden, und ich auch. Jan ist offensichtlich einer von uns.«

»Du mußt ihn vorsichtig aushorchen und herausfinden, was er wirklich will.«

Für mich bestand kein Zweifel daran, daß Jan die Gelegenheit sofort ergreifen würde, dennoch wollte ich, wie mein Vater riet, vorsichtig an die Sache herangehen.

Raymond war begeistert, als ich es ihm erzählte. »Das Schicksal ist auf unserer Seite«, meinte er. »Ich hab' eine Idee. Wie wäre es, wenn wir Jan fragen, ob er mit uns kommen mag? Sicher möchte er etwas von der Welt sehen. Dann brauchten wir nicht auf deine Gesellschaft zu verzichten.«

»Raymond«, rief ich, »du hast die phantastischsten Ideen!«

Als ich meinen Vater bat, Jan mit uns reisen zu lassen, zögerte er. Er wolle zuerst mit Margareta sprechen.

Ich fragte mich, ob sie bereit wäre, ihren Sohn ziehen zu lassen. Sie war klug genug, um zu sehen, wohin das führen würde. Sie wußte vermutlich, daß Jan gern nach England gehen wollte. Ich war etwas unsicher, was Margareta betraf. Meinen Vater verstand ich. Er hing an seinen Kindern, aber seine größte Zuneigung galt seiner Frau. So war es auch mit meiner Mutter gewesen, und dies war der Grund, weshalb er imstande war, uns Kinder bei der Großmutter zu lassen. Obwohl er seine Kinder liebte und das Beste für sie wollte, war es Margareta, die seine große Liebe besaß. Von ihr würde viel abhängen.

Margareta hatte ihre Lieben gern daheim um sich, und es war nicht sicher, ob sie ihrem ältesten Sohn erlauben würde, von zu Hause fortzugehen, und sei es nur für kurze Zeit.

Ich glaube, sie rang mit sich und kam zu dem Schluß, da Jan gern Kartograph werden wollte, sei es gut für ihn, in das Familiengeschäft einzusteigen, wenn sich ihm die Möglichkeit bot. Und sie sah wohl ein, daß es eine glänzende Erfahrung für ihn wäre, vorher ein wenig auf Reisen zu gehen. Jedenfalls wurde die Erlaubnis erteilt, und als ich Jan vorschlug, uns auf der Reise zu begleiten, war seine Aufregung groß. Er war traurig gewesen, weil er dachte, ich würde bald abreisen, und hatte sich gefragt, wann er mich wohl wiedersehen würde – was für mich ungeheuer schmeichelhaft war. Und als er nun hörte, er dürfe mit uns kommen, die deutschen Wälder sehen, die Burgen am Rhein, die Schweizer Seen und die Großstädte anderer Länder, war er wie närrisch vor Freude.

Am Tag der Abreise begleitete uns die ganze Familie zum Bahnhof. »Auf bald«, riefen sie mir zu, denn es war abgemacht, daß ich auf der Rückreise noch drei Tage bei ihnen verbringen sollte, bevor wir nach England heimkehrten.

Es war wunderbar, Jans Aufregung zu sehen, lange Gespräche mit ihm zu führen, über Seen zu gleiten, die grasbewachsenen Hügel um das Schloß im Schwarzwald zu erklimmen, wo wir für drei Nächte abgestiegen waren.

An einem dieser Tage saß ich im Freien, hörte dann und wann das Klingen einer Kuhglocke, nahm den harzigen Geruch der Tannen wahr und war beinahe zufrieden. Wenn es nur Philip gewesen wäre, der an meiner Seite saß. Doch ich riß mich zusammen, und unvermittelt fragte ich: »Jan, würdest du gern mit nach England kommen?«

»Nach England? Ist das dein Ernst, Annalice?«

»Ja. Wir könnten dich mitnehmen. Du könntest eine Weile bleiben und sehen, ob es dir gefällt. Ich würde dir unser Geschäft zeigen. Es wird dir gefallen mit den vielen Karten und den Druckerpressen. Unser Geschäftsführer Benjamin Darkin gilt als einer der besten Kartographen Englands. Er würde dir zeigen, wie die Landkarten hergestellt werden. Das ist wirklich hochinteressant.«

Jan schwieg. Ich beobachtete ihn mit angehaltenem Atem.

Als er sich mir zuwandte, glitzerten seine Augen vor Aufregung.

»Meine Eltern lassen mich bestimmt nicht gehen«, seufzte er.

»Ich glaube doch.«

»Mein Vater vielleicht.«

»Deine Mutter auch.«

»Du kennst sie nicht, Annalice.«

»Doch, doch. Ich habe nämlich schon mit ihnen gesprochen. Sie sind einverstanden. Jetzt liegt es nur noch an dir.«

Er verstummte. Mein sensationeller Vorschlag hatte ihn völlig verblüfft.

Das war eine aufregende Reise. Nie werde ich die Majestät der Schweizer Berge vergessen, die Schönheit der Seen, die Schiffsfahrt auf dem Rhein, den Anblick der sagenhaften Burgen hoch über dem Fluß. Wir verweilten in kleinen Städten, wo man jeden Moment den Auftritt des Rattenfängers hätte erwarten können, und kamen durch Wälder, die den perfekten Hintergrund für die Gestalten aus den Märchen der Gebrüder Grimm abgaben.

Die Herren hatten viele geschäftliche Verabredungen, währenddessen Grace, Jan und ich zusammen Kirchen besichtigen gingen, wir schlenderten über Märkte, durch schmale Kopfsteingassen und über breite Prachtstraßen, und wenn ich Jans Begeisterung sah, konnte ich beinahe glauben, ich sei wieder ein Kind, und Philip sei bei mir.

Als wir einmal zusammen einen Abhang hinabliefen, sagte Jan zu mir: »Das Schönste, was einem passieren kann, ist, plötzlich eine erwachsene Schwester zu haben.«

»Nein«, gab ich zurück. »Das Schönste ist, einen Bruder zu finden.«

Wir lachten, aber ich fürchtete, meine Bewegung zu verraten.

Er bedeutete mir sehr viel. Er war in mein Leben getreten, als Philips Verschwinden mich so quälte. Ich brauchte zu dieser Zeit Hilfe, und diese Hilfe konnte nur er mir geben.

Als wir in das Haus an der Prinsengracht zurückkehrten, war der Jubel groß. »Margareta hat einen Festschmaus bereitet«, sagte mein Vater, und den ganzen Abend erzählten wir von unseren Erlebnissen. Wir saßen lange auf. Vater und Margareta waren wohl ein wenig bedrückt, weil sie an Jans Abreise dachten.

Ich sagte: »Es ist so lieb von euch, ihn mitkommen zu lassen. Und die Entfernung zwischen uns ist gar nicht so groß. Wir sind ja nicht am anderen Ende der Welt.«

»Es ist traurig für uns, daß er fortgeht«, sagte Margareta, »aber

Kinder müssen das Nest verlassen und fliegen lernen wie kleine Vögel. Und wenn sie es können, ist es ganz natürlich, daß sie zuweilen weit fort fliegen.«

»Es ist sein leidenschaftlicher Wunsch, Kartograph zu werden«, warf ich ein. Und mein Vater bestätigte: »Unverkennbar.«

»Granny wird ihn liebgewinnen. Glaubt mir, sie braucht ihn. Ich brauche ihn auch. Und er muß irgendwohin, wo er den ersehnten Beruf erlernen kann.«

»Du hast recht«, erwiderte mein Vater. Er sah Margareta an. Sie nickte und lächelte wehmütig.

»Ihr habt es so gut«, sagte ich. »Hier bei euch habe ich Glück und Harmonie gespürt. Ihr habt euch, ihr habt Charles und Wilhelmina. Und Jan ist ja auch da... nur über eine kleine Wasserfläche.«

»Ja, das stimmt«, sagte mein Vater. »Um ehrlich zu sein, wir haben uns schon oft Gedanken gemacht wegen Jan. Ich wollte mich hier in der Stadt nach jemandem umschauen, bei dem er lernen könnte. Er ist fünfzehn, da wird es allmählich Zeit.«

»Und seinen offenbar angeborenen Wunsch darf man nicht übergehen«, fügte Margareta hinzu, »und dazu müssen wir unsere selbstsüchtigen Gefühle hintanstellen. Man kann die Kinder nicht ewig halten...«

»Vielleicht könnt ihr uns ja mal besuchen kommen... alle zusammen. Granny würde sich freuen. Man muß nur das Eis brechen, die dummen Differenzen vergessen.«

»Mir scheint, das ist dir gelungen, Annalice«, lächelte mein Vater.

»Leider reist ihr morgen schon ab«, sagte Margareta. »Deine Freunde sind wirklich reizende Leute.«

Mein Vater sah sie liebevoll an. Ich wußte, was sie dachten. Für sie war es beschlossene Sache, daß ich Raymond heiraten würde.

Ich sagte nichts. Aber wenn ich sie so glücklich beisammen sah, fragte ich mich, ob es nicht töricht von mir sei zu zögern.

Ich dachte an alles, was Raymond für mich getan hatte. Sogar daß ich hier war, hatte ich ihm zu verdanken. Ohne ihn wäre ich jetzt in der Villa und wartete auf eine Nachricht, die nie kam.

Alle fanden, es sei ein Glück für mich, von Raymond Billington geliebt zu werden. Und alle konnten sich gewiß nicht irren.

Alles lief bestens, genau wie wir es vorausgesehen hatten. Als ich mit meinem Halbbruder nach Hause kam, war Granny erstaunt und wohl auch etwas pikiert, weil es ohne ihr Wissen arrangiert worden war, aber bald schon überwog ihre Freude.

In kürzester Zeit hatte Jan ihr Herz erobert. Seine Ähnlichkeit mit Philip stimmte sie traurig und tat doch gleichzeitig wohl. »Er ist von Kopf bis Fuß ein Mallory«, stellte sie fest. »An ihm ist nichts Holländisches dran.«

»Du würdest seine Mutter mögen, Granny«, sagte ich. »Sie ist eine nette, schlichte und liebenswerte Person.«

»Ich sehe schon, du bist von ihnen allen behext.«

Sie war tief bewegt und vermochte es bei aller Mühe nicht zu verbergen.

»Trotzdem, du bist sehr waghalsig, Annalice«, sagte sie beinahe zornig. »Gehst heimtückisch hin und leitest dies in die Wege. Ich glaube, das war von Anfang an deine Absicht.«

»Ach weißt du, Granny, ich fand das schon immer ein bißchen albern, diesen Familienzwist und so. Vergiß nicht, es ist immerhin meine Familie... und deine.«

»Ich sehe schon, wenn ich nicht aufpasse, wirst du über kurz oder lang über uns alle bestimmen.«

Aber trotzdem war sie hoch erfreut. Ich glaube, insgeheim bewunderte sie mich. »Laß mich sie zu Weihnachten einladen«, schlug ich vor. »Wäre das nicht lustig?«

»Ich weiß nicht. Erst mal sehen, wie Jan sich hier einlebt.«

»Er ist gern hier. Benjamin sagt, er erinnert ihn sehr an...«

»Ich weiß. Ich sehe es ihm an. Er hat es in sich. Weiß der Himmel, was in seinen Vater gefahren ist.«

»Jan ist ganz erpicht aufs Geschäft. Er interessiert sich für alles. Benjamin sagt, die ganze Zeit heißt es, was ist dies? und was ist das?«

»Ich weiß. Und zudem hat er dich sehr gern. Und ich glaube, seine alte Großmutter ist ihm auch nicht unsympathisch.«

»Er sagte mir, er wollte schon immer nach England. Sein Vater habe von uns und der Villa erzählt, und er habe England immer als seine Heimat gesehen.«

»Ein vernünftiger Junge.«

Er tat uns wohl. Wir mußten unseren Kummer vor ihm verbergen und sprachen in seiner Gegenwart nicht von Philip.

Anfang Mai besuchten wir die Billingtons wieder. Jan kam mit. Er hatte sich außerordentlich gut eingelebt. Sicher hatte er hin und wieder etwas Heimweh, aber wenn ich ihn fragte, ob er gern nach Hause möchte, versicherte er nachdrücklich, er wolle bleiben.

Die meisten Nachmittage verbrachte er im Geschäft.

Granny hielt Verbindung mit seinem Vater, sie schrieben sich jetzt regelmäßig. Er wollte von Jans Fortschritten hören, und sie war glücklich, daß sie nun wieder auf freundschaftlichem Fuße standen. Allerdings war Jans schulische Ausbildung ein kleines Problem, aber Granny hatte den Hilfspfarrer, der sehr belesen war und sich gern etwas nebenbei verdiente, beauftragt, Jan vormittags zu unterrichten, bis wir wüßten, wie lange Jan bei uns bleiben würde. Dann sollte eine andere Regelung getroffen werden. Granny meinte, wenn er Kartograph werden wolle, könne er gar nicht früh genug damit anfangen, und in der Familienfirma habe er ideale Möglichkeiten.

Mein Vater war einverstanden, dennoch wurde beschlossen, daß Jan vorerst weiterhin vom Hilfspfarrer unterrichtet wurde.

»Siehst du«, sagte Granny zu mir, »wenn die Menschen übereilte Abmachungen treffen, vergessen sie oft die praktischen Einzelheiten.«

»Welche«, gab ich ihr zu verstehen, »später immer noch geregelt werden können.«

Sie nickte und sah mich mit einer Mischung aus Zuneigung und widerwilliger Bewunderung an.

Ich setzte mich nach wie vor oben in das Zimmer und dachte an Ann Alice. Ich war jetzt neunzehn, und immer noch hatte ich das unheimliche Gefühl, daß unser beider Leben miteinander verknüpft war. Leider konnte ich mit niemandem darüber sprechen.

Granny hätte es lächerlich gefunden und es mir ohne zu zögern gesagt. Raymond wäre vielleicht derselben Meinung gewesen, aber er hätte sich bemüht, mich zu verstehen.

Welche Freude, am Bahnhof von Raymond und Grace begrüßt zu werden. »Wir haben Gäste«, eröffnete uns Raymond. »Alte Freunde der Familie. Felicity Derring und ihre Tante, Miss Cartwright. Ihr werdet euch bestimmt gut verstehen.«

Er erkundigte sich bei Jan, wie es ihm bei uns gefalle, und Jan erzählte ihm begeistert von seinem Tun. »Jans Tage sind vollgestopft«, sagte ich. »Nachmittags ist er im Geschäft, und vormittags lernt er mit dem Hilfspfarrer.«

Jan zog ein Gesicht. »Ein notwendiges Übel«, gab ich ihm zu verstehen.

»Am liebsten wäre ich den ganzen Tag im Geschäft«, sagte er.

»Seine ganze Leidenschaft«, bemerkte ich.

»Dann läuft ja alles bestens. Das freut mich.«

Als Raymond mir aus der Kutsche half, die uns vom Bahnhof zum Haus gebracht hatte, flüsterte er mir zu: »Unser kleiner Plan hat geklappt.«

»Du hättest General werden sollen.«

»Kriege sind schwerer zu handhaben als Familienzwistigkeiten.«

Im Haus wurden wir von der Familie begrüßt, und man stellte uns Felicity und ihre Tante vor.

Felicity war hübsch, ungefähr in meinem Alter. Sie hatte braune Haare und große braune Augen. Sie wirkte schmächtig, war nicht sehr groß, eher zierlich und ausgesprochen weiblich. Neben ihr kam ich mir riesig und etwas plump vor. Die Tante war ebenfalls klein und benahm sich ein wenig hektisch.

»Felicity und Miss Cartwright sind alte Freunde der Familie«, erklärte Mrs. Billington. »Wir haben alle schon von Ihren Reiseerlebnissen gehört. Ah, und das ist Jan. Wie schön, dich kennenzulernen.«

Es war dieselbe behagliche Atmosphäre wie immer, in der ich mich so wohl und geborgen fühlte.

Aber diesmal war es etwas anders, wegen der Gäste. Beim Abendessen erfuhr ich einiges über sie.

»Weißt du schon, wann du zu deinem Verlobten fährst?« fragte Mrs. Billington Felicity.

»Ja, im September. Wenn ich Anfang des Monats fahre, kann ich dem schlimmsten Wetter entgehen. Es ist eine lange Reise, und wenn ich ankomme, ist dort Sommer.«

»Wie aufregend«, sagte Grace.

»Ich möchte auch gern nach Australien«, meinte Basil. »Du bist wirklich ein Glückspilz, Felicity.«

»O ja«, stimmte sie zu und schlug die Augen nieder.

Raymond sagte zu mir: »Felicitys Bräutigam lebt in Australien, und sie zieht zu ihm.«

»Das ist ja phantastisch!«

»Ich hab' ein bißchen Angst«, gestand Felicity. »Der Gedanke an die Überfahrt, und dann ein fremdes Land...«

»Ich komme ja mit, Kind«, sagte Miss Cartwright, als garantiere ihre Anwesenheit, daß alles gutginge.

»Immer brauchen wir eine Anstandsdame«, erboste sich Grace. »Warum können Männer allein reisen und Frauen nicht?«

»Weil ein Mann sich besser schützen kann als eine Frau«, erwiderte ihre Mutter.

»Aber manche Männer sind ausgesprochen schwach«, bemerkte Grace. »Und manche Frauen sind sehr stark.« Sie sah Miss Cartwright und mich an.

Ich sagte: »In unserer Gesellschaft werden die Frauen eben als minderwertig behandelt.«

»Aber nein«, widersprach Raymond. »Wenn wir übermäßig besorgt sind, dann nur, weil wir euch so schätzen, daß wir euch unbedingt vor jedem Mißgeschick bewahren wollen.«

»Ich finde, daß man uns jegliche Chancen verweigert.«

Alle beteiligten sich interessiert an dieser Diskussion über die Rechte der Frauen in unserer modernen Gesellschaft; sie war ein typisches Tischgespräch bei den Billingtons. Es wurde eine erregte und kontroverse Unterhaltung, an der Granny M. und ich uns lebhaft beteiligten. Felicity sprach wenig. Ich gewann den Eindruck, daß sie ein recht schüchternes kleines Ding war.

Später bat ich Raymond, mir mehr von ihr zu erzählen. »Es war eine stürmische Romanze. William Granville kam für ein paar Monate her. Er war auf der Suche nach einer Frau und fand Felicity. Dabei ist sie kaum geeignet für ein Leben im Busch. Wenn William in Sydney oder Melbourne oder sonst einer Stadt lebte, das wäre etwas anderes. Aber ich kann mir Felicity nicht auf einem riesigen Landgut vorstellen, wo sie mit Dürren und Waldbränden und all den Katastrophen, von denen man immer wieder hört, fertig werden muß.«

»Nein, dafür scheint sie kaum geeignet. Und sie reist im September?«

»Ja. Miss Cartwright begleitet sie. Felicity ist eine Waise und lebt bei ihrer Tante, seit sie vor ein paar Jahren ihren Vater verlor. Miss Cartwright hat was von einem Dragoner, wie du sicher schon gemerkt hast. Gut, daß Felicity sie auf der Reise bei sich hat.«

»Soweit ich sehe, ist Miss Cartwright von der Verlobung sehr angetan.«

»William Granville ist ein recht imponierender Mann. Er ist nicht mehr ganz jung, schätzungsweise fünfzehn Jahre älter als Felicity. Sie hat sich damals Hals über Kopf in ihn verliebt. Es muß sehr romantisch gewesen sein. Hoffentlich gefällt es ihr da draußen... Übrigens, wie ich sehe, versteht sich Jan gut mit deiner Großmutter.«

»Sie ist sehr stolz auf ihn. Auch Benjamin ist voll des Lobes, und du kannst dir vorstellen, wie sie das freut. Einmal hörte ich, wie sie zu jemandem von ›meinem Enkel‹ sprach, und du hättest den Stolz in ihrer Stimme hören sollen. Es war eine großartige Idee, ihn mit nach England zu nehmen.«

»Sie wäre sonst zu einsam, wenn du von zu Hause fortgehst. Sag, wann können wir heiraten, Annalice? Meine Familie möchte es gern wissen. Sie finden, es ist unvermeidlich, und verstehen nicht, warum wir zögern.«

»Wissen Sie... über Philip Bescheid?«

»Natürlich.«

»Und sie verstehen es nicht?«

Er schüttelte den Kopf. »Sie finden, ich sollte bei dir sein, um dich zu trösten, wenn...«

»Du sprichst, als wäre es ganz sicher. Aber wo ist er? Warum hören wir nichts von ihm?«

»Ich weiß es nicht.«

»Es quält mich so.«

»Heirate mich... und ich fahre mit dir hin. Ich gebe alles auf, und wir machen uns gemeinsam auf die Suche.«

Das war ein verlockender Vorschlag. Es war ja mein Wunsch, dorthin zu gehen, wohin Philip gegangen war, und die Idee war bestechend.

Ich weiß nicht, warum ich zögerte. Es war fast, als hörte ich Ann Alices Stimme: Nein, so nicht. Wenn die Zeit kommt, Raymond zu heiraten, wirst du es wissen.

»Warum nicht, Annalice?« Er nahm mich in die Arme und drückte mich an sich. Es war so tröstlich, so festgehalten zu werden. Ich barg mein Gesicht an seinem Rock.

»Heute abend verkünden wir es«, flüsterte er.

Ich entzog mich ihm. »Nein, Raymond. Das ist nicht der richtige Weg. Du kannst euer Geschäft nicht einfach im Stich lassen. Ich muß womöglich lange Zeit fortbleiben. Denk nur an die weite Reise bis dorthin...«

»Es könnte unsere Hochzeitsreise werden.«

»Eine Hochzeitsreise, auf der vielleicht eine Tragödie ans Licht kommt. Nein, das geht nicht.«

»Überleg es dir noch einmal.«

»Ja«, sagte ich. »Ich werde es mir überlegen.«

Ich weiß nicht, wie ich auf die Idee kam, daß Felicity in Raymond verliebt war. War es die Art, wie sie ihn ansah? Wie ihre Stimme sich änderte, wenn sie mit ihm sprach?

Freilich, Raymond war ein sehr stattlicher Mann. Jede wäre stolz auf ihn gewesen. Mir war klar, wie töricht es war, daß ich die Verlobung immer wieder hinausschob. Ich wußte selbst nicht recht warum. Es hing mit dem Tagebuch zusammen. Noch immer verwahrte ich es hinten in der Schublade bei meinen Handschuhen und Schals, ganz wie Ann Alice. Es war ein Impuls, ein Instinkt, fast als ob sie mich führte.

Und derselbe Instinkt ließ nun nicht zu, daß ich Raymond mein Ja-wort gab.

Ich dachte viel über Felicity nach. Ich suchte ihre Gesellschaft. Es war nicht leicht, mit ihr zu reden. Sie war ziemlich verschlossen. Vielleicht hatte sie etwas zu verbergen?

Felicitys Mutter, so erfuhr ich, war gestorben, als Felicity drei Jahre alt war, und Miss Cartwright, die Schwester ihrer Mutter, hatte Vater und Kind seitdem den Haushalt geführt. Felicity war seit frühester Kindheit in ihrer Obhut, und als ihr Vater starb, war sie vollkommen auf ihre Tante angewiesen.

Felicity gab zu, daß sie Angst vor der Reise nach Übersee hatte.

»Aber es ist doch so aufregend«, redete ich ihr zu, »und so roman-tisch. Eine stürmische Romanze, die Verlobung... und nun fah-ren Sie zu Ihrem Mann.«

»Noch ist er nicht mein Mann«, sagte Felicity, und der Klang in ih-rer Stimme gab mir einen Hinweis, wie ihr zumute war. Ich fragte sie, wie lange sie Mr. Granville vor der Verlobung gekannt hatte.

»Nur einen Monat«, erwiderte sie.

»Das ist nicht sehr lang«, bemerkte ich.

»Es ging alles so schnell, damals schien es mir ganz richtig.«

»Ich glaube, es wird alles gut werden.«

»Da bin ich nicht so sicher.«

»Aber Sie haben ja Miss Cartwright bei sich. Jemanden aus der Heimat.«

Sie nickte. »Und Sie... Ich nehme an, Sie werden Raymond heira-ten.«

»Oh, das steht noch nicht fest.«

»Aber er möchte es, und Sie sicher...«

»Ich finde, so etwas darf man nicht überstürzen.«

Sie lief rot an, und da wurde mir bewußt, wie taktlos meine Be-merkung war. »Es sei denn«, fügte ich hinzu, »man ist sich absolut sicher.«

»O ja«, stimmte sie zu, »es sei denn, man ist sich sicher.«

Ich hätte Felicity gern noch viel mehr gefragt, aber sie hielt ihre Gefühle so zurück, als fürchte sie, sie preiszugeben.

Raymond hatte eine Idee: »Wie wäre es, wenn du Felicity und Miss Cartwright begleiten würdest?«

»Wie bitte?« rief ich aus.

»Das ist doch die Chance. Allein würde man dich nie ziehen lassen. Auf diese Weise kämst du nach Australien. Vielleicht erfährst du dort etwas. Miss Cartwright paßt auf dich auf. Sie bleibt eine Weile dort, und dann könnt ihr zusammen zurückkommen.«

»Ach, Raymond, du hast die herrlichsten Einfälle!«

»Ich weiß doch, daß du keine Ruhe findest, solange du nicht weißt, was deinem Bruder zugestoßen ist. Möglicherweise kannst du an Ort und Stelle etwas erfahren. Er ging doch zuerst nach Australien. Bestimmt hat jemand in Sydney von ihm gehört. Du könntest versuchen, mit dem jungen Mann Verbindung aufzunehmen, mit dem er fortging. David Gutheridge, nicht wahr? Womöglich ist er noch in der Gegend, wenn er von dort aus auf eine Expedition ging. Dann wärest du gleich am richtigen Ausgangspunkt. Und zudem könntest du Felicity Gesellschaft leisten. Ich glaube, ihr ist etwas beklommen zumute, und es täte ihr gut, eine Freundin bei sich zu haben. Sie käme sich dann in dem fremden Land nicht ganz so verloren vor.«

»Eine tolle Idee. Ich bin gespannt, was Felicity dazu sagen wird. Sie kennt mich ja kaum.«

»Sie freut sich bestimmt, eine Freundin bei sich zu haben. Und Miss Cartwright auch. Für die Rückreise.«

»Wie ich schon einmal sagte, Raymond, du bist ein raffinierter Bursche.«

»Ich könnte ja auch für eine Weile dorthin kommen und dir bei deiner Suche zur Hand gehen.«

»Würdest du das tun?«

»Allerdings können wir nur zusammen fahren, wenn du mich heiratest. Den Konventionen können wir nicht so weit trotzen, daß wir unverheiratet reisen.«

»Ich weiß nicht, was ich ohne dich anfangen würde, Raymond. Wenn ich bedenke, wie sich alles verändert hat, seitdem du auf der Konferenz erschienen bist, kann ich nur staunen.«

»Das war Schicksal.« Er küßte mich sanft auf die Stirn.

»Und was wird Granny zu diesem Vorschlag sagen?«

»Es dürfte nicht leicht sein, sie zu überreden.«

Ich lachte. »Ganz sicher nicht.«

»Du mußt es behutsam angehen. Sie kennt dich gut und hat dich sehr lieb. Sie möchte dich glücklich sehen und weiß, wie sehr dich das Verschwinden deines Bruders bedrückt. Sie traut dir auch zu, daß du allein zurechtkommst. Ein Wink hier und da... um sie an den Gedanken zu gewöhnen. Laß es ganz natürlich scheinen, daß du mit Felicity nach Australien gehst. Und wenn Miss Cartwright sieht, daß ihre Nichte sich eingelebt hat, kommt ihr zusammen zurück. Ich finde das eine plausible Lösung.«

»Ja, es erscheint mir durchaus vernünftig«, sagte ich. »Anfangs, als du es vorschlugst, fand ich es ziemlich gewagt.«

»Wir gehen die Sache ganz behutsam an.«

»Ach, Raymond, ich liebe dich.«

»Dann laß uns den Plan ändern. Wir gehen zusammen.«

Ich schüttelte den Kopf.

»Wenn ich Philips Verschwinden aufgeklärt habe, komme ich zurück und heirate dich.«

»Das ist ein Versprechen«, sagte er.

Auf hoher See

An einem strahlenden Septembertag schifften Felicity, Miss Cartwright und ich uns auf der *Southern Cross* nach Australien ein. Endlich wurde wahr, was ich mir immer vorgenommen hatte, dennoch war mir bange zumute, ließ ich mich doch auf ein ungewisses, vielleicht sogar enttäuschendes Abenteuer ein.

Granny M. hatte sich nur schwer überreden lassen. »Ein fruchtloses Unterfangen«, hatte sie gewarnt. »Was willst du tun, wenn du dort ankommst?«

»Das wird sich zeigen. Aber ich muß endlich die Wahrheit wissen.«

»Ich bin erstaunt, daß Raymond dir zugeredet hat. Ich hätte gedacht, er würde alles tun, um dich zurückzuhalten.«

»Raymond versteht mich. Er weiß, ich kann nicht glücklich werden, solange ich keine Gewißheit habe. Philip ist ein Teil von mir, das mußt du verstehen, Granny. Wir sind immer zusammen gewesen. Ich kann ihn nicht einfach aus meinem Leben verschwinden lassen, ohne zu wissen, was mit ihm ist.«

»Glaubst du, ich empfinde nicht genauso? Denkst du, du bist die einzige, die Gefühle hat?«

»Aber nein, Granny. Wenn ich etwas herausgefunden habe und zurückkomme, heirate ich Raymond. Er versteht alles. Deshalb unterstützt er mich auch.«

»Ich will dich nicht auch noch verlieren.«

»Keine Bange, Granny. Ich komme zurück. Vielleicht bringe ich Philip mit.«

»Was glaubst du denn, wo er ist? Denkst du, er versteckt sich vor uns?«

»Ich weiß es nicht, Granny. Aber ich werde es herausfinden. Versuch doch, mich zu verstehen. Außerdem hast du ja jetzt Jan bei dir...«

»Hm. Schätze, er will als nächster nach Australien. Und wie werde ich erfahren, wie es dir ergeht?«

»Granny, es ist doch bloß eine Reise. Felicity und Miss Cartwright sind bei mir, und mit ihr komme ich zurück.«

Granny war zwar nicht einverstanden mit meinem Vorhaben, aber sie fügte sich.

Ich hatte Felicity und Miss Cartwright inzwischen näher kennengelernt. Miss Cartwright war eine aufrichtige, etwas selbstgerechte Frau, und manchmal riet ich schon, was sie sagen würde.

Nicht so Felicity. Oberflächlich besehen erschien sie einfältig, ja ausgesprochen langweilig. Aber ich war nicht sicher, daß dies ihr wahres Wesen war. Ich hatte den Eindruck, daß sie etwas verbarg. Ich hätte gern gewußt, was.

Ich überlegte, was ich in Sydney unternehmen sollte. Ich würde die beiden wohl zunächst zu dem Landgut in Neusüdwales, einige Meilen außerhalb von Sydney, begleiten und mich eine Weile dort aufhalten, bis Miss Cartwright die Rückreise antreten würde. Aber was konnte ich dort schon herausfinden? Es war kaum wahrscheinlich, daß Felicitys Zukünftiger Philip kannte. Das wäre zuviel verlangt gewesen.

Immerhin, ich war unterwegs und besaß den unerschütterlichen Glauben, daß etwas mich führen würde. Ich dachte nach wie vor an Ann Alice und hatte das seltsame Gefühl, daß sie mich beobachtete und mir den Weg wies.

Granny, Raymond und Jan kamen mit zum Hafen. Es war tröstlich zu sehen, wie Jan seinen Arm um Granny legte, wie um ihr beizustehen. Ihr Mund war vor Mißbilligung und unterdrückter Bewegung zu einem Strich zusammengekniffen. Dennoch spürte ich, daß sie mich verstand. Wäre sie in meinem Alter gewesen und hätte sich diese Gelegenheit ergeben, sie hätte genauso gehandelt.

Sicher glaubte sie nicht daran, daß ich das Rätsel lösen würde, aber ihr war klar, daß ich etwas *tun* mußte. Ich konnte nicht untätig bleiben, und sei es nur, um am Ende vor mir selbst sagen zu können, daß ich alles versucht hatte, wenn auch ohne Erfolg.

Ich war froh, als das letzte Lebewohl gesagt war. Solche Augenblicke sind immer furchtbar traurig. Raymond nahm meine Hände und sagte: »Wenn du zurückkommst...«

»Ja«, bestätigte ich, »wenn ich zurückkomme... Und danke, Raymond, danke für alles, was du für mich getan hast.«

Ich klammerte mich einen Moment an ihn. Dann gab ich Granny und Jan noch einen Kuß und ging an Bord, ohne mich noch einmal umzudrehen.

Was für ein Lärm! Was für ein Gewimmel überall! Die Leute liefen anscheinend ziellos hin und her. Befehle wurden erteilt, Sirenen tuteten.

Felicity und Miss Cartwright hatten eine Kabine zusammen. Meine lag gleich nebenan, ich teilte sie mit einer jungen Australierin, die mit ihren Eltern reiste.

Ich sah mich in dem kleinen Raum um, der für die kommenden Wochen mein Zuhause sein sollte. Er enthielt zwei Schlafkojen, einen Frisiertisch mit mehreren Schubfächern und einen Wandschrank. Kurz darauf kam meine Reisegefährtin herein, ein großes Mädchen ungefähr in meinem Alter, sonnengebräunt, mit dichtem, drahtigem Blondhaar und mit forschem Auftreten.

»Hallo«, sagte sie. »Wir sind also Stallgefährtinnen, wie? Bißchen eng hier, aber wir werden uns schon vertragen, nicht? Hast du was dagegen, wenn ich die obere Koje nehme? Ich kann es nicht leiden, wenn jemand über mir herumkriecht.«

Ich sagte, es mache mir nichts aus.

»Hoffentlich hast du nicht soviel Zeugs«, sagte sie. »Ist nicht sehr geräumig hier, nicht? Ich heiße Maisie Winchell. Pa und Ma sind ein paar Kabinen weiter. Wir handeln mit Wolle. Und wohin treibt es dich? Laß mich raten. In den Hafen der Ehe, stimmt's? Irgendein Australier kam rüber, um sich eine Frau zu suchen, und dich hat er gefunden.«

»Falsch. Aber ich reise mit einer Freundin, bei der es sich so verhält. Ich heiße Annalice Mallory.«

»Hübscher Name, Annalice. Du kannst Maisie zu mir sagen. Drüben mußt du lernen, dich ganz offen und zwanglos zu geben.«

»Ich will es versuchen, Maisie«, sagte ich.

Wir teilten den Wandschrank und die Schubfächer unter uns auf. Anschließend ging ich nach nebenan, um zu sehen, wie Felicity und Miss Cartwright zurechtkamen.

Miss Cartwright beklagte sich über Platzmangel, und Felicity meinte, gut, daß ihre Überseekoffer im Gepäckraum seien.

Hinterher begaben wir uns in den Speiseraum. Es waren nur wenige Leute dort. Der Kapitän war nicht anwesend, ich nahm an, er war auf der Brücke, um das Schiff aus dem Hafen zu manövrieren. In unserer Nähe saß ein Herr, der uns beobachtete. Er sah sehr gut aus, war ziemlich groß, mindestens 1,85 m, und hatte breite Schultern. Ich fand sein offensichtliches Interesse für uns indiskret und aufdringlich. Seine hellblonden Haare wirkten sonnengebleicht, als habe er viel Zeit im Freien verbracht. Seine dunkelblauen Augen stachen in dem gebräunten Gesicht besonders hervor. Er lächelte mich an. Ich senkte den Blick und sah weg.

Miss Cartwright meinte, die Suppe sei nicht heiß genug. Sie hoffe, das Essen werde wenigstens genießbar sein. Sie hatte gehört, die Verpflegung auf Schiffen sei miserabel.

Felicity sprach wenig. Sie war recht blaß. Es war gewiß nicht leicht für sie, die Heimat wegen eines Mannes zu verlassen, den sie erst einen Monat kannte, als sie ihm ihr Jawort gab.

Als wir den Speiseraum verließen, saß der große Herr immer noch da. Wir mußten dicht an ihm vorbei. »Guten Abend«, sagte er. Mir blieb nichts anderes übrig, als seinen Gruß zu erwidern.

»Ich glaube, uns steht eine rauhe Nacht bevor«, bemerkte er. Ich nickte und ging rasch weiter.

Miss Cartwright sagte: »So eine Unverschämtheit! Spricht uns einfach an! Und sagt so mir nichts, dir nichts, daß es eine rauhe Nacht wird! Das schien den auch noch zu freuen!«

»Vielleicht wollte er bloß höflich sein«, meinte ich.

»Ich nehme doch an, daß der Kapitän oder die Offiziere uns die Leute vorstellen werden, mit denen wir hier verkehren.«

»Ich bezweifle, daß es so förmlich zugehen wird«, erwiderte ich.

»Warten wir's ab.«

Ich wünschte ihnen eine gute Nacht und ging in meine Kabine. Während ich meine Sachen auspackte, kam Maisie herein. Sie bestätigte die Meinung des Fremden, daß wir eine rauhe See haben würden. »Warte nur, bis wir aus der Bucht kommen«, sagte sie und grinste dabei.

»Du bist wohl eine sehr erfahrene Reisende.«

»Pa kommt ungefähr alle zwei Jahre rüber. Wir handeln mit Wolle, wie gesagt. Unser Besitz liegt nördlich von Melbourne. Ma begleitet ihn, und ich mag nicht allein zurückbleiben. Ich werf' ganz gern mal einen Blick in die Alte Welt. Aber ich freu' mich immer wieder auf zu Hause. Bei uns geht es viel freier und ungezwungener zu.«

»Du findest uns wohl ziemlich förmlich?«

Sie sah mich bloß an und lachte. »Klar.« Und dann erzählte sie mir von ihrem Besitz in der Nähe von Melbourne.

Es wurde wirklich eine rauhe Nacht. Ich wachte auf, weil ich fast aus meiner Koje geschleudert wurde.

»Das ist noch gar nichts«, sagte Maisie beinahe vergnügt über mir. »Hoffentlich bist du seefest. Versuch, einfach nicht dran zu denken. Das ist das ganze Geheimnis. Und frische Luft... das hilft. Ich bin müde. Gute Nacht.«

Ich lag noch eine Weile wach und lauschte auf das Knarren des Holzes und das Pfeifen des Windes und die Wellen, die an das Schiff schlugen. Schließlich schlief ich ein.

Als ich am nächsten Morgen aufwachte, hatte der Wind sich immer noch nicht gelegt. Es war schwierig, in der Kabine zu stehen, aber es gelang mir, zur Toilette zu taumeln und mich anzukleiden. Ich fühlte mich durchaus wohl, aber für alles brauchte man wegen des Schlingerns viel mehr Zeit.

Maisie sagte in der oberen Koje: »Ich stehe auf, wenn du draußen bist. So wollen wir's von jetzt an immer halten. Es ist nicht genug Platz für zwei, um sich gleichzeitig anzuziehen. Hast du Lust auf Frühstück?«

»Bloß eine Tasse Kaffee und ein Butterbrot.«

»Gut. Ich an deiner Stelle würde an die frische Luft gehen. Wenn du was zu dir nehmen kannst, um so besser. Essen und frische Luft.«

Ich ging nach nebenan, um zu sehen, wie es Felicity und Miss Cartwright erging.

Sie fühlten sich beide nicht wohl und wollten nur in Ruhe gelassen werden. Im Speiseraum war kaum jemand anwesend. Ich nahm Kaffee und ein Butterbrot zu mir und begab mich, Maisies Rat befolgend, an Deck.

Die Wellen überspülten die Planken, und ich konnte nur mit Mühe stehen. Ich fand ein trockenes Plätzchen unter den Rettungsbooten. In eine Decke gehüllt, die ich in einem Spind fand, setzte ich mich hin und betrachtete die tobende See.

Jemand taumelte das Deck entlang. Es war der große Mann, den ich im Speiseraum gesehen hatte. Ich war leicht verärgert, aber auch neugierig. Es hätte mich nicht gewundert, wenn er mir hierher gefolgt wäre, und er nahm tatsächlich neben mir Platz.

»Oh, guten Morgen«, sagte er. »Sie sind aber eine tapfere junge Dame. Trotzen den wilden Elementen.«

»Man sagte mir, frische Luft sei das beste.«

»Sofern man den Mut dazu hat. Neunzig Prozent unserer Passagiere stöhnen in ihren Kojen. Wußten Sie das?«

»Nein. Sind es wirklich so viele?«

»Wie viele haben Sie im Speiseraum gezählt? Wie viele sind hier? Zum Glück nur zwei, das ist viel interessanter, als wenn es mehr wären.«

»Finden Sie?«

»Allerdings. Aber ich bin unhöflich. Ich hätte natürlich um Erlaubnis bitten müssen, mich zu Ihnen zu setzen.«

»Ist es dafür jetzt nicht etwas spät?«

»Es ist sozusagen ein *fait accompli*. Wo kann man sich sonst hinsetzen? Dies ist das einzige trockene Fleckchen, hier unter den Rettungsbooten. Habe ich Ihre Erlaubnis?«

»Und wenn ich nein sage?«

»Würde ich trotzdem bleiben.«

»Dann ist Ihre Frage ziemlich überflüssig, oder?«

»Ich sehe, Sie sind eine sehr logische junge Dame. Gestatten Sie, daß ich mich vorstelle. Mein Name ist Milton Hemming. Und wie heißen Sie?«

»Annalice Mallory.«

»Annalice. Gefällt mir. Ein ungewöhnlicher Name. Paßt zu Ihnen.«

»Danke. Wie lange wird dieses Wetter anhalten? Reisen Sie viel?«

»Was das Wetter betrifft, kann man nie sicher sein. Es kann eine stürmische oder eine ruhige Überfahrt werden. Das liegt im Schoße der Götter. Die Antwort auf Ihre zweite Frage lautet ja. Ich mache diese Reise oft. Ich fahre durchschnittlich einmal jährlich nach Hause.«

»Nach England?«

»Ja. Ich habe drüben eine Zuckerplantage, aber ich komme regelmäßig geschäftlich nach London. Was führt Sie nach Australien?«

»Ich begleite eine Freundin, die sich dort verheiraten wird, und ihre Tante.«

»Ich glaube, ich habe noch keine Überfahrt gemacht, ohne daß wenigstens eine junge Dame an Bord war, die im Begriff war, sich in Australien zu verheiraten. Die Männer werden einsam, so fern der Heimat. Sie fahren nach Hause auf der Suche nach einer Braut und lassen sie kommen, um die Einsamkeit mit ihnen zu teilen. Ich dachte zuerst, auch Sie seien unterwegs, um einem einsamen Mann Gesellschaft zu leisten. Ich bin froh, daß es nicht so ist.«

»Tatsächlich?«

Er lachte. »O ja. Ich könnte den Gedanken nicht ertragen, daß eine junge Dame wie Sie sich mit allem plagt, was das Leben auf einem Landgut im Busch so mit sich bringt. Die schöne Haut würde in der unbarmherzigen Sonne Schaden nehmen. Sie wissen gar nicht, wie gut Sie es in Ihrer regnerischen Heimat haben, wo die Sonne nicht die Ernte ausdörrt und das Vieh umbringt, und wo kein Hurrikan die Arbeit von Jahren davonbläst, und wo es keine Heuschreckenplagen gibt...«

»Das hört sich ja wie die sieben Plagen im alten Ägypten an.«

»So ist es auch.«

»Warum leben Sie dann dort?«

»Ich lebe nicht im Busch. Ich lebe auf Cariba. Das ist eine Insel, mehr als hundert Meilen vor der australischen Küste. Ich habe von meinem Vater da draußen eine Zuckerplantage geerbt. Aber eines Tages werde ich sie verkaufen und nach Hause zurückkehren.

Dann erstehe ich ein Gutshaus mit viel Land und werde ein englischer Gutsherr.«

»Gutsherren leben gewöhnlich schon seit Generationen auf ihrem Grund und Boden.«

»Ach, wenn's weiter nichts ist... Sagen Sie, was haben Sie in Australien vor?«

»Ich werde an der Hochzeit meiner Freundin teilnehmen und noch eine Weile bleiben. Dann werde ich wohl mit ihrer Tante zurückfahren.«

»Ich komme ziemlich oft nach Sydney. Können wir nicht Freunde werden?«

»Das geht nicht so schnell! Freundschaft kann man nicht nach einer kurzen Begegnung schließen. Man muß sie hegen. Sie muß wachsen.«

»Dann wollen wir sie hegen.«

»Das ist ein recht voreiliger Entschluß«, erklärte ich. »Wir sind erst gestern an Bord gegangen. Im Speiseraum haben wir uns zum erstenmal gesehen.«

»Wir werden uns gut verstehen. Sie sind genauso keck wie ich.«

»Wie kommen Sie darauf?«

»Das lugt unter den perfekten Manieren der wohlerzogenen jungen Dame hervor. Was tun Sie zum Beispiel jetzt? Sitzen hier draußen mit einem Mann, dem Sie nicht förmlich vorgestellt wurden.«

»Dafür muß man mir mildernde Umstände zubilligen. Das Wetter trieb mich heraus, und da dies der einzige Platz ist, wo man sich hinsetzen kann, war es unvermeidlich, daß wir uns hier trafen. Das Schiff gehört mir nicht, daher kann ich Ihnen nicht befehlen, mich allein zu lassen.«

»Logisch gedacht. Aber ich glaube trotzdem, daß ich recht hatte, was Ihre Vorwitzigkeit betrifft. Es wird sich mit der Zeit herausstellen.«

»Ich glaube, der Wind läßt etwas nach. Ich werde hineingehen und nach meinen Reisegefährtinnen sehen.«

»Sind sie unpäßlich?«

»Leider ja.«

»Es wird etwas dauern, bis sie sich erholt haben.«

»Deshalb will ich ja nach ihnen sehen.«

Ich stand auf, taumelte gegen die Reling. Ich wäre fast gefallen, hätte er mich nicht aufgefangen. Sein Gesicht war meinem ganz nahe. Ein äußerst verwirrender Mann.

»Seien Sie vorsichtig«, mahnte er. »Eine Welle könnte Sie über Bord spülen. Kommen Sie nicht zu nahe an die Reling. Erlauben Sie mir, daß ich Sie hinunterbegleite?«

Er legte seinen Arm um mich und drückte mich eng an sich. Wir rutschten mehr über das Deck, als daß wir gingen. Ich rang nach Luft und war dankbar für seinen starken Arm.

Ich stolperte zu den Kabinen hinab, wo ich eine sehr bleiche Miss Cartwright fand, und Felicity sah kaum besser aus. »Das ist ja entsetzlich«, stöhnte sie. »Wie lange müssen wir das ertragen? Ich dachte, ich würde sterben.«

»Ich glaube, es wird schon besser.«

»Dem Himmel sei Dank.«

»Wo sind Sie gewesen?« fragte Miss Cartwright.

»An Deck. Meine Kabinengefährtin meinte, das wäre das beste.«

»Du siehst so frisch aus«, sagte Felicity. »Fast, als hätte es dir Spaß gemacht.«

Ich dachte lächelnd: Ja, das stimmt.

Nach zwei Tagen besserte sich das Wetter. Miss Cartwright war arg mitgenommen. Sie hatte mehr gelitten als Felicity und wünschte gewiß, sie hätte sich nie auf eine so risikoreiche Reise eingelassen. Wir waren erst drei Tage unterwegs, und sie hatte die ganze Strecke noch vor sich. Diese Aussicht machte sie ganz verzagt.

Unterdessen kannten Milton Hemming und ich uns schon besser. Wie der Geist aus Aladins Wunderlampe tauchte er auf, wo immer ich war.

Zugegeben, ich genoß es, daß er mir nachstellte, zumal er ein Herr war, dem auf dem Schiff der größte Respekt erwiesen wurde. Er war anscheinend ein Freund des Kapitäns und stand auch mit der übrigen Mannschaft auf gutem Fuß.

Als wir Madeira, unseren ersten Anlaufhafen, erreichten, erkundigte sich Mr. Hemming, ob wir an Land gingen. Ich erwiderte: »Ja, natürlich.« Miss Cartwright aber meinte, es schicke sich nicht für Damen, unbegleitet fortzugehen.

Mr. Hemming sah sie ernst an und sagte: »Wie klug von Ihnen, Madam! Es wäre wahrhaft unschicklich für Damen, allein zu gehen. Bitte erlauben Sie mir, Sie zu begleiten.«

»Ach, Mr. Hemming, das kann ich nicht annehmen. Wir kennen uns doch kaum.«

»Aber Madam, Sie und ich können gemeinsam aufpassen, daß den jungen Damen kein Leid geschieht.«

Wie ich etwas erstaunt bemerkte, war Miss Cartwright von ihm ganz begeistert. Er war in ihren Augen ein ›richtiger Herr‹, und deswegen achtete sie ihn. Sie zögerte ein wenig, aber die Aussicht auf einen Ausflug in seiner Begleitung war allzu verlockend. »Gut, Mr. Hemming, wenn wir beide mitkommen...«

Es wurde ein herrlicher Tag. Mr. Hemming mietete einen Ochsenkarren, und wir fuhren über die Insel. Mr. Hemming zeigte uns die Sehenswürdigkeiten, und zum Schluß schlug er vor, bei einem Freund von ihm, der einen Weinkeller besaß, den berühmten Madeirawein zu kosten.

Wir besichtigten zunächst den Weinkeller, nahmen später an einem runden Tisch Platz, wo man uns sodann den Madeirawein kredenzte. Er war köstlich. Vielleicht lag es am Wein, daß Felicity gesprächig wurde. Sie genoß den Ausflug sichtlich und meinte, sie würde gern längere Zeit auf dieser schönen Insel verbringen.

»Ah, aber dann würde sich Ihre Ankunft in Australien verzögern«, hielt Milton Hemming ihr entgegen. »Sicher können Sie es kaum erwarten, hinzukommen.«

Ihr kurzes Zaudern verriet mir – und ich bin überzeugt, auch Milton Hemming – eine ganze Menge. Heute kenne ich Felicitys Geheimnis. Sie war eine recht zaghafte junge Frau, und da ihr neues Leben nun in greifbare Nähe rückte, fragte sie sich, ob sie nicht voreilig gehandelt hatte.

»O ja... ja, natürlich«, sagte sie, zu heftig, um überzeugend zu wirken.

»Wo liegt das Gut?« fragte Milton Hemming.

»Ein paar Meilen außerhalb von Sydney.«

»Wie heißt es? Vielleicht kenne ich es.«

»Granville. Das ist der Name meines Verlobten. Das Gut heißt nach ihm.«

»William Granville?« fragte Milton Hemming in recht kühlem Ton.

»Ja.«

»Kennen Sie ihn?« fragte ich.

»Vom Sehen. Ich bin ungefähr einmal im Monat in Sydney. Dort trifft man im Hotel Viehzüchter und Leute aus der Umgebung. Daher kenne ich ihn.«

»So ein merkwürdiger Zufall«, rief Miss Cartwright.

»Nicht unbedingt«, erklärte Milton Hemming. »Wissen Sie, Australien ist nicht London. Es ist sehr dünn besiedelt. Da kommen die Menschen von weit her und treffen sich in ein und demselben Hotel. Es ist durchaus nicht merkwürdig, wenn man da allen möglichen Leuten begegnet.«

»Nein, sicher nicht«, sagte ich. Aber irgendwie hatte ich ein unbehagliches Gefühl.

Miss Cartwright ließ sich zu einem zweiten Glas Wein überreden, und danach kicherte sie unentwegt. Vergnügt kehrten wir auf dem Ochsenkarren zum Schiff zurück.

Mein Unbehagen hielt an. Ich war überzeugt, daß Milton Hemming etwas über William Granville wußte und sich in der Weinstube nur deshalb zurückgehalten hatte, weil es etwas Unangenehmes war.

Sobald ich mit ihm allein wäre, wollte ich ihn unumwunden danach fragen. Ich hatte das Gefühl, Felicity beschützen zu müssen. Falls etwas nicht stimmte, sollten wir es erfahren, fand ich.

Ich lauerte Milton Hemming auf und sagte: »Ich möchte Sie gern sprechen, irgendwo, wo wir ungestört sind.«

Er hob verwundert die Brauen. »Ich bin entzückt.«

Wir fanden ein abgeschiedenes Plätzchen an Deck und setzten uns.

»In der Weinstube fiel William Granvilles Name«, begann ich. »Sie wissen etwas über ihn, nicht wahr?«

»Ein wenig«.

»Was wissen Sie?«

»Daß er nicht weit von Sydney ein Landgut hat.«

»Das wissen wir alle. Was wissen Sie sonst noch?«

»Was wollen Sie wissen? Größe? Augenfarbe? Haarfarbe?«

»Seien Sie nicht albern. Felicity ist im Begriff, ihn zu heiraten. Wenn etwas nicht stimmt, sollten wir es erfahren. Bitte sagen Sie es mir.«

»Was wollen Sie denn unternehmen, falls Sie meinen, daß etwas nicht stimmt?«

»Ich könnte Felicity informieren. Wir könnten beschließen...«

»Man soll mit seiner Meinung über andere Leute immer vorsichtig sein. Man könnte sich irren.«

»Warum haben Sie dann gesagt, daß...«

»Meine liebe Miss Mallory, ich habe gar nichts gesagt.«

»Nein, aber angedeutet. Sie kennen ihn, aber offensichtlich halten Sie mit etwas zurück.«

»Ich kenne den Mann nicht persönlich. Ich habe nur Gerüchte über ihn gehört.«

»Hören Sie auf, wie die Katze um den heißen Brei zu schleichen, und sagen Sie mir, was das für Gerüchte sind.«

»Wenn Sie darauf bestehen. Ich habe gehört, daß er zuviel trinkt.«

»Aha. Und deshalb haben Sie sich so reserviert verhalten?«

»Ich wüßte nicht, daß ich mich irgendwie verhalten hätte.«

»Ihr Schweigen war sehr vielsagend.«

»Tut mir leid, wenn ich die junge Dame beunruhigt habe.«

»Felicity hat nichts gemerkt. Aber ich mache mir Sorgen.«

Er legte seine Hand auf meine. »Sie sind sehr nett«, sagte er. Ich entzog ihm meine Hand. »Was wissen Sie sonst noch über ihn?«

Er zuckte nur die Achseln und wollte weiter nichts sagen.

Wir erhoben uns. »Möchten Sie gern einen Deckspaziergang machen oder mir bei einem Aperitif Gesellschaft leisten?«

»Nein, danke. Ich gehe wieder in meine Kabine.«
Er hatte mein Unbehagen nicht besänftigt. Er hatte es eher noch verstärkt.

Als wir aus Madeira ausgelaufen waren, kam abermals schlechtes Wetter auf. Felicity wurde damit diesmal offenbar viel besser fertig als beim letzten Sturm. Miss Cartwright aber wurde sehr krank. Sie war zwei Tage ans Bett gefesselt, und auch als die See wieder ruhiger war, konnte sie sich nicht mehr richtig erholen.
Wir befanden uns inzwischen in den warmen Gewässern der Westküste Afrikas, und es war sehr angenehm an Deck. Miss Cartwright saß in einem Deckstuhl, sie sah sehr blaß aus, und Felicity vertraute mir an, daß sie sehr um sie besorgt sei.
»Wenn sie gewußt hätte, wie sie unter der rauhen See leidet, hätte nichts sie bewegen können, mitzukommen, dessen bin ich sicher«, sagte sie. »Noch so ein Wetter, und ich bekomme wirklich Angst um sie.«
Miss Cartwright blieb nicht lange an Deck. Sie wollte wieder in ihre Kabine zurück. Felicity und ich brachten sie hinunter und wären bei ihr geblieben, aber sie wollte schlafen. Wir kehrten an Deck zurück, und Milton Hemming gesellte sich zu uns.
»Miss Cartwright sieht schlecht aus«, meinte er, und Felicity sagte, sie fürchte, ihre Tante sei wirklich recht krank.
»Wenn wir uns dem Kap nähern, können wir wieder schlechtes Wetter bekommen«, erklärte Milton Hemming.
»Ach du liebe Zeit«, seufzte Felicity.
»Miss Cartwright gehört leider zu den Menschen, die die See nicht vertragen. Und wenn sie nach Australien kommt, steht ihr noch die ganze Rückreise bevor.«
»Ich wollte, sie könnte heimkehren«, sagte Felicity.
»Das ließe sich leicht bewerkstelligen.«
»Wie das?«
»Sie könnte von Kapstadt aus umkehren.«
»Allein?«
»Es sei denn, wir würden sie begleiten«, fügte ich hinzu und sah Felicity an. »Aber das geht nicht.«

»Als ich sah, wie krank sie wurde, habe ich nachgedacht«, warf Milton Hemming ein. »Ich kenne Kapstadt gut. Ich habe Freunde dort.«

»Sie haben anscheinend überall Freunde«, bemerkte ich.

»Ich bin oft auf Reisen. Ich komme viel herum. Da sammelt man Menschen.«

»Wie Souvenirs?«

»Hm, sozusagen. Also, ich könnte etwas arrangieren...«

Felicity starrte aufs Meer hinaus. Wünschte sie sich, sie selbst könnte von Kapstadt aus heimkehren?

»Ich spreche mit Miss Cartwright«, sagte Milton Hemming.

Am folgenden Tag kam Miss Cartwright wieder an Deck. Felicity und ich nahmen sie in unsere Mitte. Sie sah wahrlich krank aus, und im hellen Sonnenlicht wirkte ihre Haut ausgesprochen gelblich.

Nicht lange, und Milton Hemming schlenderte vorüber. Er kam wie zufällig herbei, um mit uns zu plaudern.

»Miss Cartwright, welche Freude!« Er zog sich einen Stuhl heran. »Darf ich Ihnen Gesellschaft leisten?«

»Gern«, gestattete Miss Cartwright hocherfreut.

»Ich vernahm mit Bedauern, daß Sie krank sind«, sagte er. »Manche Menschen sollten nie eine Seefahrt machen.«

»Und zu denen gehöre ich«, stöhnte Miss Cartwright. »Ich versichere Ihnen, Mister Hemming, wenn ich das hier hinter mir habe, mache ich nie wieder eine Seereise.«

»Leider haben Sie aber noch eine weite Strecke vor sich, und dann steht Ihnen die Rückreise bevor.«

»Sprechen Sie nicht davon, ich bitte Sie. Mir graut davor.«

»Sie könnten die Reise natürlich abkürzen.«

»Abkürzen? Wie?«

»Indem Sie von Kapstadt aus umkehren.«

Ihre Augen leuchteten auf, doch das Leuchten erlosch sogleich.

»Aber Mister Hemming, ich muß meine Nichte ihrem zukünftigen Ehemann übergeben. Felicity und Miss Mallory sind in meiner Obhut.«

»Und Sie haben Ihre Pflicht hervorragend erfüllt. Nur, Miss

Cartwright, wie können Sie das weiterhin tun, wenn Sie krank sind?«

»Ich muß eben gegen meine Schwäche ankämpfen.«

»Selbst eine so entschlossene Dame wie Sie kommt nicht gegen die Seekrankheit an.«

»Ich muß mein Bestes tun.«

»Falls Sie beschließen, von Kapstadt aus umzukehren, könnte ich das leicht arrangieren.«

»Was? Ist das Ihr Ernst?«

»Ich könnte eine Schiffspassage für Sie buchen. Ich habe Freunde, die diese Fahrt ständig machen. Ich könnte Sie ihnen vorstellen, damit Sie die Reise nicht allein machen müßten.«

»Mister Hemming, Sie sind so gut, aber leider, ich muß mich um meine Nichte kümmern.«

»Miss Felicitys Zukünftiger wird sie doch sicher in Sydney abholen. Von da an wird er sich um sie kümmern.«

Miss Cartwright schwieg. Sie sah schon etwas besser aus. Ihre Wangen hatten einen Hauch von Farbe bekommen. Das machte offensichtlich die Aussicht, bald auf heimischem Boden zu sein.

Sie lachte leise. »Das ist so lieb von Ihnen. Aber unmöglich.«

»Keineswegs. Es ließe sich ganz einfach arrangieren.«

»Aber die beiden...«

»Sie sind sehr tüchtige junge Damen. Ich würde mich dafür einsetzen, daß ihnen nichts geschieht. Sie könnten sie beruhigt meiner Obhut überlassen.«

Die Dreistigkeit des Mannes erstaunte mich. Er drängte Miss Cartwright geradezu zur Umkehr. Warum nur? Er gab mir Rätsel auf. Daß er mir den Hof machte, faszinierte mich. Er war ausgesprochen beharrlich, ganz anders als Raymond. Dieser Mann wäre zu allem fähig. Mir wurde immer klarer, wie gewissenhaft, wie zuverlässig Raymond war.

»Ach, Mister Hemming...« murmelte Miss Cartwright.

»Bedenken Sie doch, Miss Cartwright, die weite Strecke, die noch vor Ihnen läge. Sicher, Sie müssen die Rückreise von Kapstadt überstehen, aber Sie wären bereits zu Hause, wenn wir in Australien ankommen, und würden rasch wieder genesen.«

»Bei Ihnen hört sich das alles so einfach an, Mister Hemming.«

»Überlegen Sie es sich; es ist nicht unmöglich.«

Sodann wechselte er das Thema und erwähnte Kapstadt mit keinem Wort mehr. Aber die Saat war gesät.

Ich merkte Miss Cartwright an, daß sie unentwegt über seinen Vorschlag nachdachte und mit sich rang. Konnte sie es mit ihrem Gewissen vereinbaren, uns die Reise allein fortsetzen zu lassen? Die Aussicht war zu verlockend. Sie hatte uns erzählt, wie sehr sie ihr Haus und ihren Garten vermißte. Sie fand die Hitze fast ebenso unerträglich wie die tobenden Stürme. Sie war nicht dazu geschaffen, durch die Weltgeschichte zu reisen.

Die Tage vergingen. Nach und nach träufelte Milton Hemming, unterdessen unser ständiger Begleiter, immer mehr von seiner honigsüßen Versuchung in ihr Ohr. Ich staunte über sein Geschick. Er suchte sie nie direkt zu überreden, aber alles, was er sagte, lief darauf hinaus, daß eine Umkehr ratsam sei. Bevor wir nach Kapstadt kamen, konnte er nichts unternehmen, aber bis dahin mußte er wissen, wie sie sich entschieden hatte. Wir würden drei Tage dort bleiben und die ganze Zeit für die Vorkehrungen brauchen.

Ich dachte viel über Mr. Hemming nach. Er war ein Mann, der nichts ohne Beweggrund tat; und daß er pausenlos um mich herum war, konnte nur eines bedeuten. Ich war nicht so naiv, daß ich das nicht begriffen hätte. Ich hatte keine Ahnung, ob er verheiratet war, aber ich hatte den Eindruck, daß er sich nie etwas versagte, was er begehrte, und war überzeugt, daß er schon viele Frauen gekannt hatte. Er wirkte sehr erfahren. Ich war fasziniert von ihm und fragte mich, wie weit unsere Freundschaft wohl gehen würde, wenn ich mich auf seine Avancen einließe.

Er war auf dem Rückweg von England zu seiner Plantage. Er hatte erwähnt, daß die Männer in die alte Heimat fuhren, um nach einer Ehefrau Ausschau zu halten. Ob es sich bei ihm auch so verhielt? Wenn ja, dann hatte er offenbar keine gefunden; dabei konnte ich mir nicht vorstellen, daß er bei irgend etwas kein Glück hatte – schon gar nicht, wenn es darum ging, eine Frau zu erobern.

Ich hätte mich gern etwas distanziert, aber das war nicht so einfach, denn er war ständig zugegen. Die Passagiere munkelten schon über uns. Ich gebe zu, es schmeichelte mir, Mittelpunkt romantischer Intrigen zu sein. Es verlieh dem Leben eine gewisse Würze.

Wie Milton Hemming vorausgesagt hatte, hatten wir bei der Umrundung des Kaps wieder rauhe See, und diesmal faßte Miss Cartwright ihren Entschluß. Sie bekannte, daß sie um mich etwas besorgt sei, da ich die Rückreise nach England allein würde antreten müssen.

Milton Hemming versicherte ihr, daß er meine Passage arrangieren und dafür sorgen wolle, daß ich in der Gesellschaft von Freunden von ihm reiste, die nach England zurückkehrten. Sie habe wirklich nichts zu befürchten. Seine Versicherungen, im Verein mit dem Wetter, halfen ihr, sich zu entscheiden. Sie wollte nach Hause, denn in ihrem gegenwärtigen Zustand war sie nicht imstande, auf uns aufzupassen – sie war nur eine Last.

Sobald wir anlegten, wollte Milton Hemming die Vorkehrungen für ihre Rückreise treffen.

In Kapstadt mußten wir Miss Cartwright ständig versichern, daß sie uns unbesorgt allein lassen könnte. In Sydney würde William Granville uns abholen. Ich wollte bis nach der Hochzeit bei Felicity bleiben, und Mr. Hemming würde mir dann behilflich sein, eine Schiffspassage nach Hause zu buchen. Dank seiner Tüchtigkeit würde alles bestens klappen.

Und er erwies sich als wirklich tüchtig. Er kümmerte sich um alles. Miss Cartwright sollte eine Woche in einem der besten Hotels wohnen. Er stellte sie Freunden vor, die ebenfalls nach England fuhren, und sie konnte sich darauf verlassen, daß Mr. Hemming für ihre Schutzbefohlenen genauso sorgte wie für sie.

Ich war verwundert, daß sie soviel Vertrauen in einen Mann setzte, den sie vor wenigen Monaten noch gar nicht gekannt hatte. Ich führte das auf die Macht seiner Persönlichkeit zurück. Macht war das richtige Wort. Er strahlte Macht aus, und solange diese Macht gütig war, tat sie wohl. Doch ich fragte mich, wie einem zumute sein würde, wenn man mit dieser Macht in Streit geriet.

Miss Cartwright war beim Abschied übernervös. Ich dachte schon, sie würde es sich in letzter Minute anders überlegen und aufs Schiff zurückkehren. Ständig sprach sie von der Vernachlässigung ihrer Pflicht. Ihr Gewissen focht einen furchtbaren Kampf mit ihrer Angst vor der See aus; aber schließlich unterlag das Gewissen. Und als wir aus Kapstadt ausliefen, ließen wir Miss Cartwright zurück.

Ich hatte den Eindruck, daß Milton Hemming froh war. Manchmal dachte ich wahrhaftig, er habe Miss Cartwrights Umkehr mit Vorbedacht eingefädelt. Warum nur?
Sicher hatte er wie immer seine Gründe. Und wenn ich über ihn nachdachte, sagte ich mir, er sei unverschämt, arrogant und dreist.
Nachdem Miss Cartwright fort war, schien es vernünftig, daß ich zu Felicity zog und meiner australischen Gefährtin die Kabine allein überließ. Die gemeinsame Kabine brachte uns einander näher. Wir lagen in unseren Kojen, Felicity oben, ich unten, und redeten, bis wir einschliefen. Eine gewisse Benommenheit und das sanfte Schaukeln des Schiffes förderten Vertraulichkeiten weit mehr als das Sitzen an Deck im Sonnenlicht.
Endlich sprach Felicity auch über ihre Ängste. »Ich wünschte, diese Reise ginge nie zu Ende«, sagte sie.
»So sehr genießt du sie?«
»Ja, nachdem ich mich an die See gewöhnt habe. Am Anfang war es grauenhaft. Ich hätte sterben mögen.«
»Wie die arme Miss Cartwright.«
»Es hat mich gewundert, daß sie umgekehrt ist. Das hätte ich nie von ihr gedacht. Sie hat mich immer so streng behütet.«
»Milton Hemming hat sie wohl überzeugt.«
»Sie war sehr von ihm angetan. Annalice, was hältst du von ihm?«
»Ich finde ihn interessant, irgendwie aufregend. Solche Menschen sind sehr amüsant... für kurze Zeit, auf einem Schiff. In Sydney sagen wir ihm Lebewohl, und in ein paar Monaten heißt es: ›Wie hieß doch dieser Mann auf dem Schiff...?‹«

»Das glaubst du doch selbst nicht. Er hat meiner Tante versprochen, daß er dir hilft, eine Schiffspassage nach Hause zu buchen.«

»Nun gut, vielleicht nicht in ein paar Monaten... sagen wir, in ein paar Jahren.«

»Ich glaube, ich werde ihn nie vergessen. Schon allein wegen der Art und Weise, wie er meine Tante losgeworden ist.«

»Losgeworden?«

»O ja. Er wollte, daß sie wegging, nicht?«

»Aber warum denn nur?«

»Anstandsdamen können sehr lästig sein.«

Ich lachte. »Da sie die meiste Zeit in ihrer Kabine lag, kann sie kaum lästig gewesen sein.«

»Ihre bloße Gegenwart war schon lästig. Jetzt sind wir zwei Mädchen ganz allein.«

»Felicity, du hast doch nicht etwa Angst?«

Sie schwieg einen Augenblick, und ich fuhr fort: »Doch, nicht wahr? Willst du es mir nicht sagen?«

»Am liebsten wäre ich mit meiner Tante umgekehrt.«

»Felicity! Du gehst doch zu dem Mann, den du liebst.« Wieder schwieg sie, und ich sagte: »Ich dachte mir schon, daß dich etwas bedrückt. Möchtest du nicht darüber sprechen?«

»Es ging damals alles so schnell!«

»Und du hattest dich Hals über Kopf verliebt?«

»Ich hatte mir wohl gewünscht, daß etwas geschah, weil...«

»Weil?«

»Ach nichts. William war einfach da. Ich lernte ihn auf einer Teegesellschaft bei meinen Nachbarn kennen. Wir unterhielten uns, und er fand Gefallen an mir. Danach trafen wir uns öfter, und er machte mir einen Heiratsantrag. Mir schien es das beste...«

»Und jetzt hast du Zweifel.«

»Ich meine, ich kenne ihn doch kaum. Und ich bin so weit fort von zu Hause. Es ist, als ginge ich zu einem Fremden.«

Ich suchte nach den richtigen Worten, um sie zu trösten. Mir fiel ein, was Milton Hemming von Williams Trinkgewohnheiten gesagt hatte. Arme Felicity! Sie war zu schwach und hilflos, um mit der Situation fertig zu werden, in die sie sich gebracht hatte.

»Es ist meine eigene Schuld«, fuhr sie fort. »Aber das hilft mir nicht. Es macht es eher noch schlimmer. Geschieht mir ganz recht...«

»Nein«, bestätigte ich, »es hilft nichts. Aber so schlimm, wie du es dir vorstellst, wird es schon nicht werden. Du wirst sehen, es wird dir bestimmt gefallen. Er muß sich in dich verliebt haben, sonst hätte er dich doch nicht gefragt, ob du ihn heiraten möchtest... und du mußt ihn ebenfalls gemocht haben...«

»Ganz so war es nicht. Er war auf der Suche nach einer Frau. Eine Menge wären für ihn in Frage gekommen. Zufällig hat er mich kennengelernt.«

»So ist das Leben. Es kommt darauf an, zur rechten Zeit am rechten Ort zu sein. Auf diese Weise begegnen wir unserem Schicksal.«

»Du verstehst mich nicht. Ich war geschmeichelt, weil man mich beachtete. Ich war froh, daß jemand mich heiraten wollte. Jetzt sehe ich ein, wie dumm ich war. Weißt du, es gab einen anderen. Ich liebe ihn. Ich habe ihn immer geliebt.«

»Und er?«

»Er liebt eine andere.«

»Ach, Felicity, das tut mir wirklich leid.«

»Meine Tante meinte, wir würden heiraten. Das dachten alle. Aber als er sich in die andere verliebte, war es aus. Seit ich vierzehn war, dachte ich... Wir waren befreundet, ich meine, unsere Familien waren sehr befreundet. Wir haben uns oft gesehen. Und als er sich in eine andere verliebte, da kam ich mir verloren und einsam vor, und ich war schrecklich gekränkt. Und als William sagte: ›Willst du mich heiraten und zu mir nach Australien kommen?‹, da hielt ich das für einen Ausweg... bis mir klar wurde, was das bedeutete.«

»Jetzt verstehe ich, Felicity. Ich wußte, dich bedrückt etwas.«

»Und bald werde ich dort sein, ganz allein.«

»Du hast ja deinen Mann.«

»Das... das ist es ja, wovor ich mich so fürchte.«

Ich versuchte sie zu trösten. »Ich glaube, so ist vielen Bräuten kurz vor der Hochzeit zumute.«

»Ich bin froh, daß du mitgekommen bist, Annalice.«

»Du weißt, warum.«

»Ja, wegen deines Bruders.«

Nach einer Weile sagte ich: »Felicity, schläfst du schon?«

»Nein.«

»Es wird schon alles gut werden!«

Sie antwortete nicht.

Wir überquerten den Indischen Ozean. Und wo wir uns auch aufhielten... Milton Hemming war unser ständiger Begleiter.

»Vergessen Sie nicht, ich habe Miss Cartwright versprochen, auf
Sie aufzupassen«, sagte er immer. »Sie dürfte jetzt bald zu Hause
sein, die Ärmste. Ich bin froh, daß ich ihre Leidenszeit etwas ver-
kürzen konnte.«

»Sie haben sich wirklich rührend um sie gekümmert«, sagte ich zu
ihm.

»Ich bin eben ein sehr humaner Mensch.«

»Aber ein bescheidener sind Sie nicht.«

»Ich verachte Bescheidenheit. Sie ist fast immer falsch. Wenn ich
eine schlechte Meinung von mir hätte, müßte ich annehmen, daß
die anderen mich ebenfalls so sehen.«

»Sie meinen, Sie haben immer recht. Wenn Sie also bescheiden
wären, müßte es einen Grund dafür geben. Und da dies unmöglich
sein kann, können Sie nicht bescheiden sein.«

»Etwas verquer gedacht, aber mir scheint, Sie haben recht, Miss
Mallory. Wenn wir demnächst Sydney erreicht haben, müssen
Sie mich auf Cariba besuchen.«

»Aber ich möchte eine Weile bei Felicity bleiben.«

»Ich habe doch der ehrenwerten Miss Cartwright versprochen,
mich um Sie zu kümmern!«

»Von einem Ausflug nach Cariba war aber nicht die Rede.«

»Ich möchte Ihnen die Plantage zeigen. Warum sind Sie so abwei-
send? Wie eine Eisprinzessin. Ich bin überzeugt, daß ich das Eis
zum Schmelzen bringen kann.«

»Es wundert mich, daß Sie mich eisig finden. Ich fand mich eigentlich recht freundlich.«

»Gewiß, Sie erwiesen sich dankbar für das, was ich für Miss Cartwright getan habe. Manchmal, wenn wir uns an Deck begegnen, bilde ich mir ein, Ihre Augen würden aufleuchten – so als ob Sie sich freuten, mich zu sehen.«

»Ich finde Sie unterhaltsam.«

»Tatsächlich? Soll ich Ihnen sagen, wie ich Sie finde?«

»Das werden Sie sowieso tun, ob ich es Ihnen erlaube oder nicht.«

»Da haben Sie recht. Ich finde Sie bezaubernd.« Er ergriff meine Hand und küßte sie. »Ich möchte, daß Sie nach Cariba kommen und ein Weilchen bleiben«, bat er. »Ich will Sie auf keinen Fall verlieren.«

»Wie meinen Sie das?«

»Ich bin von Ihnen wie besessen. Alles an Ihnen entzückt mich. Wie Sie aussehen, wie Sie reden, sogar Ihr kühles Verhalten mir gegenüber: Von allem bin ich bezaubert. Dies ist die schönste und aufregendste Reise, die ich je gemacht habe – und ich habe viele gemacht. Und warum? Wegen Miss Annalice Mallory.«

»Es wird wohl Zeit, Ihnen zu sagen, daß ich jemanden in England zu heiraten gedenke.«

»Das müssen Sie sich aus dem Kopf schlagen.«

Ich mußte unwillkürlich lachen. »Sie sind furchtbar arrogant.«

»Gerade das bewundern Sie an mir.«

»Wer hat gesagt, daß ich Sie bewundere?«

»Sie selbst. Auf hunderterlei Art. Dazu bedarf es keiner Worte. Sie und ich... Wir gehören zusammen. Ich nehme Sie mit auf die Plantage. Es wird wunderbar werden. Vergessen Sie diesen Mann in England. Wenn er Sie liebte, hätte er nie zugelassen, daß Sie ohne ihn ans andere Ende der Welt reisen. Wo ist er denn? *Ich* würde Sie nicht eine Sekunde aus den Augen lassen.«

»Sie sind sehr ungestüm, Mister Hemming. Bestimmt haben Sie auf Ihrer Insel eine Frau, und das hier ist das Vorspiel zu einer raffinierten Verführung.«

»Ich habe keine Frau... noch nicht. Aber ich beabsichtige das zu ändern.«

»Soll das ein Heiratsantrag sein?«

»Sie nehmen doch nicht an, daß ich einer Dame von Ihrem Stand und Ihrem Charakter etwas anderes vorschlagen würde?«

»Sie sind albern.«

»Es ist zum Verrücktwerden auf diesem Schiff. Überall sind Leute. Ich möchte mit Ihnen allein sein. Ich möchte Ihnen zeigen, was es heißt, richtig geliebt zu werden.«

»Ich weiß sehr wohl, wie es ist, geliebt zu werden. Ich war mein Leben lang von liebenden Menschen umgeben. Und wie gesagt, wenn ich nach Hause zurückkomme, werde ich jemanden heiraten, der mir sehr viel bedeutet.«

»Das glaube ich Ihnen nicht.«

Ich zuckte die Achseln. »Ob Sie es glauben oder nicht, ändert nichts an den Tatsachen.«

»Ich lasse Sie nicht fort. Ich bin der einzigen Person auf der Welt begegnet, die ich heiraten will, und lasse nicht zu, daß sie mir entschwindet.«

»Wahrscheinlich sind Sie es gewöhnt, Ihren Willen immer durchzusetzen. Aber diesmal nicht. In Anbetracht dessen, was Sie soeben gesagt haben, halte ich es für besser, wenn wir uns nicht mehr so oft sehen.«

Er lachte. »Manchmal sind Sie die perfekte englische Miss. Das gefällt mir. Aber im Grunde ist das nicht Ihre Art.«

Plötzlich nahm er mich in seine Arme und küßte mich leidenschaftlich auf den Mund. Nie zuvor war ich so geküßt worden. Ich wollte ihn wegstoßen und bekam augenblicklich seine ungeheure Kraft zu spüren. Ich war atemlos, wütend und dennoch erregt. Schließlich ließ er mich los.

»So«, sagte er. »Ich wollte, wir könnten wirklich irgendwo allein sein.«

»Begreifen Sie denn nicht, daß es Menschen auf dieser Welt gibt, die Ihrem vermeintlich unwiderstehlichen Charme entschlossen widerstehen?«

»Das geht über mein Begriffsvermögen«, sagte er.

Ich mußte mit ihm lachen. Ich hätte wütend sein sollen, deshalb versuchte ich Wut zu heucheln.

Wenn ich ehrlich war, mußte ich zugeben, daß mir die Sache gefiel. Es schmeichelte mir, daß er mir den Hof machte. Mein Instinkt sagte mir, daß er zahllose Liebesaffären hatte und ich mich nicht der Täuschung hingeben durfte, ich sei etwas anderes für ihn als seine bisherigen Eroberungen. Doch obwohl ich ihn nicht ernst nahm, fühlte ich mich rein physisch zu ihm hingezogen. So etwas hatte ich für Raymond nie empfunden. Dabei war mir vollkommen klar, daß Raymond ein besserer Mensch war.

»Ich will hoffen, daß Sie sich nicht noch einmal so benehmen«, sagte ich.

»Wenn Sie das hoffen, kennen Sie mich schlecht – aber Sie hoffen es ja gar nicht. Vielleicht hoffen Sie genau das Gegenteil.«

»Mister Hemming, ich muß Sie bitten, diesen Unsinn zu unterlassen.«

»Hören Sie sich aber förmlich an!«

»Mit voller Absicht.«

»Ich gebe zu, das hat seinen Reiz. Und wenn Sie sich eines Tages zu Ihren wahren Gefühlen bekennen, werde ich Sie sagen hören, ›ich liebe Sie, Mister Hemming‹.«

»Das werden Sie niemals hören.«

»Niemals sollte man niemals sagen. Das müssen die Menschen oft zurücknehmen. Sie auch.«

»Sie sind aber sehr optimistisch.«

»Und Sie sind sehr streng mit mir. Aber genau das liebe ich an Ihnen.«

»Einen komischen Geschmack haben Sie.«

»Ich habe den besten Geschmack der Welt. Ich habe die Königin der Frauen erwählt, die Eisprinzessin, die ich zum Schmelzen bringen werde, um unter dem Eis die leidenschaftliche Frau zu entdecken – die einzige auf der Welt, die es wert ist, meine Gattin zu werden.«

Wieder mußte ich lachen.

»Sie finden mich amüsant«, sagte er. »Das ist ein Anfang.«

»Wären Sie es nicht, würde ich Ihr Benehmen äußerst geschmacklos finden.«

»Keineswegs, meine Liebe. Es ist durchaus nach Ihrem Geschmack.«

Er hatte von Heirat gesprochen. Und ich malte mir aus, wie es sein würde, mit ihm verheiratet zu sein und zu ihm auf die Plantage zu ziehen. Einmal im Jahr würden wir nach England fahren. Auch in Sydney würden wir häufig sein. Aber das war nicht so wichtig. Ich dachte an ihn, diesen großen, imponierenden Mann, an die Art, wie er sprach und wie er Miss Cartwright behext hatte. Es gab kein anderes Wort dafür. Auf sein Zureden hin hatte sie sich fügsam nach Hause schicken lassen und ihre Nichte der Obhut eines Fremden übergeben. Nur ein Zauber konnte das bewirken. Und nun hatte ich das Gefühl, daß er auch mich mit einem Zauber belegt hatte.

Wenn ich in meiner Koje lag, stellte ich mich schlafend, damit Felicity meine Träume nicht störte, die sich meistens um ihn drehten. Wie er mich geküßt und an sich gedrückt hatte! Das hatte mich neugierig gemacht, wie es wohl sein würde, mit einem solchen Mann in Liebe vereint zu sein.

Doch ich durfte nicht dauernd an ihn denken, sondern mußte mich auf den eigentlichen Zweck meiner Reise besinnen, die ich ohne Raymonds liebevolle Unterstützung nicht hätte antreten können. Ich durfte nichts unversucht lassen, um Philip zu finden, und dann wollte ich zu Raymond zurückkehren.

Wir näherten uns nun rasch dem Ende unserer Reise. Noch zwei Tage, und wir würden in Sydney sein.

Felicity war übernervös. »Versprich mir, daß du eine Weile bei mir bleibst«, bat sie.

Ich hätte sie gern daran erinnert, daß der Zweck meiner Reise die Suche nach meinem Bruder war. Doch in einem schwachen Augenblick des Mitleids versprach ich ihr, eine Weile zu bleiben. Aber zuvor wollte ich in Sydney Verbindung mit dem Botaniker aufnehmen, mit dessen Expedition Philip aufgebrochen war. Er wußte vielleicht etwas, und wenn er eine Spur hätte, müßte ich ihr folgen. Trotzdem wollte ich bei Felicity bleiben und sie nach der Hochzeit in ihr neues Heim begleiten... vielleicht für eine Woche. Damit schien sie zufrieden.

Am letzten Abend war ich mit Milton Hemming allein. Es war ein warmer, samtiger, windstiller Abend, und die Sterne, unter denen ich das Kreuz des Südens erkennen konnte, hoben sich klar vom nachtblauen Himmel ab.

»Jetzt sind wir bald da«, sagte Milton Hemming.

»Haben Sie schon alles gepackt, bereit, das Schiff zu verlassen?«

»Das schon. Aber ich bin nicht bereit, *Sie* zu verlassen.«

»Wie schön der Himmel ist. Die Sterne wirken so nah.«

»Wir haben einen herrlichen Sternenhimmel auf Cariba. Cariba wird Ihnen gefallen.«

»Sie sehnen sich bestimmt nach Ihrem Paradies.«

»Kein Paradies auf Erden ist vollkommen. Etwas fehlt immer. Jetzt aber habe ich eine gefunden, die...«

»Und sie hat sich bereit erklärt, mit Ihnen zu gehen?«

»Nicht mit Worten. Aber ich lese in ihren Gedanken.« Er nahm meine Hand. »Sie möchte genausogern mit mir zusammensein wie ich mit ihr. Aber manchmal ist sie ziemlich prüde. Die englische Erziehung. Aber sie vermag nicht, mich zu täuschen.«

»Vielleicht täuschen Sie sich selbst. Es sei denn, Sie sprechen von einer, die ich nicht kenne.«

»Sie wissen, von wem ich spreche. Es kann nur eine einzige sein.«

»Seien wir doch vernünftig.«

»Das bin ich immer.«

»Sie haben mich geradezu verfolgt... Die Reise ist fast zu Ende. Es war als amüsantes Spielchen gedacht, nicht wahr? Um sich die eintönigen Tage auf See zu vertreiben. Dennoch ist es Ihnen nicht gelungen, mich zu verführen. Geben Sie zu, daß Sie das im Sinn hatten?«

»Ich leugne es nicht.«

»Sie sind wirklich schamlos.«

»Die Verführung sollte das Vorspiel zu einer lebenslangen Liebesaffäre sein.«

»Ihre Worte sind so ausgefallen wie Ihre Ideen.«

»Wollen wir eine Weile ernst sein?«

»Nichts wäre mir lieber.«

»Dann will ich mit größtem Ernst sprechen. Ich kann Ihnen in

Sydney nicht Lebewohl sagen. Sie müssen mir versprechen, mich auf meiner Insel zu besuchen. Cariba ist wunderschön. Sie haben es sich zweifellos als einsame Insel mit Palmen, Sandstränden und Eingeborenen in Kanus vorgestellt. Das gibt es alles, aber Cariba ist auch eine blühende Gemeinde. Dank dem Export von Zucker. Wir haben uns der Naturschätze der Insel bedient. Es ist eine ziemlich große Insel, die größte von vieren. Wir haben richtige Docks und ein recht gutes Hotel. Der Zucker hat die Insel reich gemacht. Sie müssen unbedingt kommen.«

Ich zögerte.

»Ich habe auf der Plantage ein großes Haus. Sie können gern dort wohnen. Aber wenn Sie nicht einverstanden sind, gibt es, wie gesagt, ein ganz passables Hotel. Versprechen Sie mir, daß Sie kommen werden.«

»Ich kann nichts versprechen.«

»Meine Güte, sind Sie stur!«

»Da sehen Sie, wie unausstehlich ich sein kann.«

»Ach was. Ich liebe sogar Ihre Sturheit. Ich bin so vernarrt in Sie, daß ich alles an Ihnen vollkommen finde.«

»Ich habe Felicity versprochen, eine Weile bei ihr zu bleiben.«

Er nickte. »Aber lange werden Sie bestimmt nicht bleiben. Wissen Sie, Sie haben mir fast nichts über sich und Ihre Familie erzählt. Ich weiß nur, daß Sie mit Felicity reisen, um ihr Gesellschaft zu leisten.«

»Sie haben mir auch nichts von sich erzählt.«

»Das hole ich nach, wenn Sie nach Cariba kommen. Ich weiß, daß Sie bei Ihrer Großmutter leben. Ich nehme an, daß Ihre Eltern tot sind.«

»Meine Mutter ist tot. Mein Vater hat wieder geheiratet und lebt in Holland.«

»Ich möchte alles über Sie wissen. Annalice, meine Annalice, das ungewöhnliche Mädchen mit dem ungewöhnlichen Namen. Annalice Mallory. Es gibt eine bekannte kartographische Firma dieses Namens.«

»Das sind wir.«

»Aber, dann müssen Sie ja ...«

»Ja?«

»Ein junger Mann aus dieser Familie war mal auf Cariba. Gerade fällt es mir ein! Muß etwa zwei Jahre her sein. Wie hieß er doch gleich? Ich bin fast sicher, sein Name war Mallory, und er hatte mit Landkarten zu tun.«

Mein Herz schlug sehr schnell. Ich konnte kaum sprechen. »Philip... Hieß er Philip?«

»Philip Mallory... Ja, ich glaube, so hieß er.«

»Und er war auf Cariba?«

»Ja. Eine ganze Weile.«

Meine Kehle war wie ausgetrocknet. Ich fand keine Worte. Zu denken, daß er Philip gesehen hatte und mir die ganze Zeit, während wir uns in leichtfertigem Wortgeplänkel ergingen, diesen wertvollen Hinweis hätte geben können!

»Was ist aus ihm geworden?« fragte ich atemlos.

»Das weiß ich nicht. Er war da und ist dann wieder gegangen.«

»Er war mein Bruder.«

»Ihr Bruder. Natürlich. Mallory... Ich hatte ihn bis zu diesem Augenblick ganz vergessen.«

»Bitte sagen Sie mir alles, was Sie von ihm wissen. Was ist aus ihm geworden? Er ist nicht nach Hause gekommen. Was hat er auf der Insel gemacht?«

»Warten Sie. Jetzt fällt es mir wieder ein. Er hatte eine Karte und wollte einen bestimmten Ort finden, von dem anscheinend niemand etwas wußte. Ich erinnere mich nur verschwommen. Er hat mich nicht sehr interessiert. Auf unsere Insel kommen so viele Menschen mit den seltsamsten Vorstellungen.«

»Bitte versuchen Sie sich zu erinnern. Es ist sehr wichtig für mich.«

»Ich bin ihm nur einmal im Hotel begegnet. Ich glaube, er war dort abgestiegen. Mehr weiß ich nicht.«

»Er war auf Cariba!«

»Ja, das steht fest.«

Ich war wie erschlagen. Hier war ein, wenn auch dürftiger, Hinweis. Philip hatte in dem Hotel auf Cariba gewohnt. Vielleicht erinnerte sich das Personal an ihn und konnte mir etwas sagen.

Ich war schrecklich aufgeregt. Noch nicht in Sydney angekommen, hatte ich bereits die erste Entdeckung gemacht.

»Jetzt werden Sie nach Cariba kommen«, sagte Milton Hemming.

»Ja«, erwiderte ich, »ich werde nach Cariba kommen.«

Ich stand mit vielen anderen Passagieren über die Reling gelehnt, als wir in den Hafen einliefen. Mir zur einen Seite stand Felicity, zur anderen Milton Hemming. Er hielt meine Hand. Ich wollte protestieren, aber ich wollte nicht, daß die vielen Menschen auf uns aufmerksam wurden. Ich war überzeugt, daß diese Situation ihn amüsierte.

Felicity wirkte nervös, und auch ich interessierte mich nicht sonderlich für die kleinen Buchten, die Strände und das üppige Grün; ich dachte vielmehr an Philip, der hier mit den Botanikern eingelaufen war, und fragte mich, was mir die nächsten Wochen enthüllen würden.

In dem Hotel auf Cariba gab es bestimmt Leute, die sich an ihn erinnerten. Ich mußte mit ihnen reden. Sobald Felicity verheiratet war und ich mein Versprechen, eine Woche bei ihr zu bleiben, eingelöst hatte, wollte ich nach Cariba.

Jeden Mittwoch ging ein Schiff zur Insel, und Milton Hemming würde mich sicher willkommen heißen. Natürlich würde ich das Angebot, in seinem Haus zu wohnen, nicht annehmen; mich interessierte vielmehr das Hotel, in dem Philip abgestiegen war.

Wir gingen jetzt ins Dock. Bald würden wir anlegen.

»Welch ein Anblick!« flüsterte Milton. »Sind Sie nicht beeindruckt?«

»Wer wäre das nicht?«

Eine Menschenmenge hatte sich am Kai versammelt und erwartete die Ankommenden.

Ich sah Felicity an.

»Ist dein William dabei?«

Sie schaute furchtsam in die Menge. »Es ist noch zu weit weg. Ich kann nichts erkennen.«

»Er ist bestimmt da.«

Sie schauderte.

Die Leute kehrten in ihre Kabinen zurück, um ihr Handgepäck zu holen. Milton Hemming ließ meinen Arm los, und wir gingen von Bord.

Ein Mann kam auf uns zu, den Hut in der Hand, ein Lächeln im Gesicht.

Felicity sagte mit dünner Stimme: »Das ist William.«

»Felicity, endlich!« Er umarmte sie. »Ich dachte schon, du kämst nie an.«

Felicity stellte vor: »William, das ist Annalice Mallory.« Er drückte mir so fest die Hand, daß es schmerzte. »Willkommen in Sydney.«

Er hatte Säcke unter seinen leicht blutunterlaufenen Augen. Er sah mich abschätzend an, und mir war sehr unbehaglich zumute. Er war korpulent, aber auch recht groß; er wirkte auf mich wie einer, der zu Zügellosigkeit neigt.

Felicity erklärte: »Tante Emily hat uns in Kapstadt verlassen. Sie war so krank, daß sie umkehren mußte.«

»Die Ärmste!«

»Und das ist Mister Milton Hemming, der uns liebenswerterweise geholfen hat.«

»Wir sind uns schon mal begegnet«, sagte Milton.

»Ja, ich weiß, im Hotel. Sie kommen von den Inseln, nicht wahr? Zucker?«

»Stimmt. Ich war geschäftlich in England und hatte das Vergnügen, die Damen an Bord kennenzulernen. Ich nehme an, Sie werden bald auf Ihr Gut zurückkehren?«

»Wir bleiben ein paar Tage in der Stadt. Wir heiraten hier, das ist einfacher. Ich habe Zimmer im *Crown* bestellt.«

»Was ist mit unserem Gepäck?« fragte Felicity.

»Du hast wohl eine Menge Koffer?«

»Natürlich, ich mußte doch so viel mitnehmen.«

»Klar. Keine Bange. Ich lasse sie direkt zum Gut schicken. In Sydney kommst du sicher mit den Sachen aus, die du bei dir hast, und wenn du in dein neues Heim kommst, wartet dein Gepäck schon auf dich.« Er wandte sich Milton zu. »Ich nehme an, Sie müssen noch bis Mittwoch warten, bis das Schiff nach Cariba geht.«

»Ganz recht. Aber vielleicht bleibe ich noch etwas länger in Sydney.« Er lächelte mir zu. »Ich habe einiges zu erledigen.«

»Wir nehmen eine Droschke zum Hotel«, sagte William Granville. »Ist nicht sehr weit.«

Ich war zu aufgeregt, um viel von der Stadt wahrzunehmen. Mir war sehr beklommen zumute. Was mochte nur in Felicity gefahren sein, daß sie sich bereit erklärt hatte, diesen feisten Kerl zum Mann zu nehmen? Es war offensichtlich, daß sie ihn nicht liebte. Aber schließlich war es ihre Entscheidung, und es ging mich nichts an. Ich dachte daran, daß ich Milton Hemming bald würde Lebewohl sagen müssen. Unsere Wortgefechte würde ich vermissen, die uns beiden soviel Vergnügen bereiteten. Aber ich würde ja nach Sydney zurückkehren und an einem Mittwoch nach Cariba hinausfahren, dort Erkundungen über Philip einziehen und dabei auch mit Milton Hemming zusammentreffen. Ich mußte mir eingestehen, daß ich mich darauf freute.

Doch meine Sorge um Felicity ließ sich nicht verdrängen. Sie war im Begriff, einen Mann zu heiraten, für den sie nichts übrig hatte. Was um alles in der Welt hatte sie bewogen, ihm ihr Jawort zu geben? Warum meinte sie, nur weil der andere sie sitzenließ, müsse sie den erstbesten nehmen, der des Weges kam? Fürchtete sie, eine alte Jungfer zu werden wie Miss Cartwright? Es war der reine Wahnsinn, und ich ahnte, daß sie es schon bereute. Aber selbst jetzt war es noch nicht zu spät. Noch war sie nicht verheiratet.

Wir waren bald beim Hotel angelangt. Es war ein geräumiges Haus mit roten Samtvorhängen, dicken roten Teppichen und sehr viel Messing. Milton Hemming wurde vom Personal mit großem Respekt behandelt. Er schien hier gut bekannt zu sein. Leise flüsterte er mir zu: »Ich steige immer hier ab, wenn ich in Sydney bin.« Und mit lauterer Stimme fuhr er fort: »Wollen wir uns vor dem Essen auf einen Aperitif treffen?«

William Granville meinte, das sei eine ausgezeichnete Idee.

Man zeigte uns unsere Zimmer. Meins und Felicitys lagen nebeneinander. Mein Zimmer war ein großzügig möblierter hoher Raum mit einem Fenster zur Straße. Die Ausstattung war ähnlich wie in der Empfangshalle, mit schweren roten Samtvorhängen an Messingstangen. Alles machte einen erfreulich sauberen Eindruck.

Ich war ein wenig durcheinander. Hier war ich nun, meilenweit von zu Hause weg, aufgebrochen zu einer recht vagen Mission; und ich ahnte, daß ich mich auf etwas einließ, mit dem ich nicht gerechnet hatte. Felicitys Heirat stand unmittelbar bevor, und diese Aussicht machte mich ehrlich besorgt. Ihr Bräutigam war mir vom ersten Moment an unsympathisch gewesen. Ich traute ihm nicht. Er machte geradezu einen verlebten Eindruck auf mich, wenngleich er nach außen hin sehr freundlich war. Er hatte sich offenbar gefreut, als er Felicity sah, und ich sollte die Menschen nicht nach der ersten Begegnung beurteilen!

Meine Gedanken kreisten ständig um Felicity und natürlich auch um Milton Hemming. Es ärgerte mich, daß sich der Mann ständig in meine Gedanken stahl. Er war der geborene Eindringling und immer dort, wo er nicht erwünscht war. Oder war er etwa doch erwünscht? War ich deshalb betrübt, weil er bald das Schiff auf die Insel nehmen würde?

Eigentlich sollte ich all dies vergessen und mich auf meine Mission besinnen. Ich war hier, um herauszufinden, was Philip zugestoßen war, und danach sollte ich nach Hause zurückkehren, Raymond heiraten und in Frieden leben.

Ich packte meinen kleinen Koffer aus, wusch mich und zog mich um, und als ich fertig war, klopfte Felicity an meine Tür.

»Komm herein. Wie ist dein Zimmer?«

»Genau wie dies.«

»Ist ganz gemütlich.«

Wir ergingen uns in Belanglosigkeiten, weil wir fürchteten, auszusprechen, was uns durch den Kopf ging.

»William schien hocherfreut, dich zu sehen«, sagte ich leichthin.

»Ja.«

»Wart's ab. Es wird alles gut werden.«

Sie nickte ohne Überzeugung.

Ich legte meinen Arm um sie und gab ihr einen Kuß. Sie klammerte sich einen Moment an mich. »Du kommst doch mit uns aufs Land?«

»Wenn du es wünschst... für ein Weilchen. Aber William möchte bestimmt in den Flitterwochen nicht gestört werden.«

»Du hast es aber versprochen!«

»Ja, ich weiß. Ich komme mit, für eine Woche oder so. Bis du dich eingelebt hast.«

Damit schien sie getröstet.

Es klopfte an der Tür. Ein Hausmädchen sagte, sie sei gekommen, um uns zu den Herren hinunterzuführen.

Als ich am nächsten Morgen erwachte, fiel heller Sonnenschein in mein Zimmer. Ich blieb eine Weile still liegen und besann mich, daß ich in Sydney war und meine Suche beginnen konnte. Ich wollte mich gleich an diesem Morgen nach David Gutheridge erkundigen. Ich erinnerte mich, daß einmal von einer australischen botanischen Gesellschaft die Rede war. David war bestimmt mit ihr in Verbindung getreten. Wer weiß, vielleicht hatte ich unverhofftes Glück und traf ihn dort an. Doch meine Gedanken schweiften zum vorhergehenden Abend zurück. Wir hatten unseren Aperitif getrunken und dann riesige Steaks gegessen, die den Männern sichtlich mundeten, aber für Felicity und mich viel zu groß waren. »Wir in Australien haben einen großen Appetit«, erklärte William Granville. »Das liegt daran, daß wir uns soviel im Freien aufhalten.«

Er trank viel und mit Genuß, und gleichzeitig ging eine Veränderung mit ihm vor. Er tätschelte Felicitys Hand und legte sie auf seinen Schenkel. Felicity sah ausgesprochen unglücklich aus.

Im Verlauf des Gesprächs erfuhr ich, daß Granville seit zwanzig Jahren hier lebte. Er war achtunddreißig Jahre alt, wirkte aber wesentlich älter.

»Als erstes müssen die Damen morgen große Hüte kaufen«, sagte Milton, »nicht wahr, Granville? Wir können nicht zulassen, daß sie sich die zarte Haut ruinieren. Die australische Sonne kann sich auf Ihren Teint verheerend auswirken, meine Damen.«

»Ja, morgen gehen wir einkaufen, Annalice«, sagte Felicity.
Ich fand den Abend ziemlich peinlich. Milton Hemming merkte es
mir an, und ich war froh, als ich in mein Zimmer gehen konnte.
Ich dachte, Felicity würde noch hereinkommen, aber das tat sie
nicht. Darüber war ich recht erleichtert. Natürlich hätte ich sie
gern getröstet, aber ich konnte nichts tun außer ihr raten, umgehend nach England zurückzukehren. Aber durfte ich das? Die Entscheidung lag allein bei ihr.
Als ich mich angezogen hatte, klopfte ich an Felicitys Tür. Sie lag
noch im Bett. »Ich habe Kopfweh«, klagte sie. »Ich denke, ich
bleibe noch ein Weilchen liegen.«
»Dann gehe ich hinunter und lasse dir dein Frühstück aufs Zimmer bringen.«
Sie sah mich flehend an, und ich dachte schon, sie würde mir sagen, daß sie es sich anders überlegt habe. Doch drängte ich sie
nicht. Sie sollte sich mir nur anvertrauen, wenn sie es wünschte.
Ich ging hinunter und ließ ihr Kaffee, Brot und Butter hinaufbringen, dann setzte ich mich zum Frühstück. Der Kellner schien enttäuscht, daß ich kein Steak bestellte. Als ich fertig war, erkundigte
ich mich beim Empfang nach der Adresse der australischen botanischen Gesellschaft und wie ich dorthin käme. Man sagte mir, es
seien nur zehn Minuten zu Fuß vom Hotel. Man beschrieb mir
den Weg, und ich fand die botanische Gesellschaft ohne Schwierigkeiten. Ich ging hinein. Ein Mann an einem Pult sah mich
freundlich an.
»Guten Morgen«, sagte ich. »Vielleicht können Sie mir helfen.
Ich suche Mister David Gutheridge.«
»Ich glaube nicht, daß wir hier jemanden dieses Namens haben.«
»Wirklich nicht? Er ist vor fast zwei Jahren aus England gekommen. Er ist Botaniker, und ich nehme an, er hat sich mit Ihrer Ge-
sellschaft in Verbindung gesetzt. Ich wollte fragen, ob Sie eine
Ahnung haben, wo ich ihn finden könnte.«
»Wenn Sie einen Moment warten möchten, sehe ich mal nach, ob
irgend jemand hier Ihnen helfen kann. Nehmen Sie Platz.«
Ich setzte mich und wartete gespannt.
Nach einer Weile kam der junge Mann zurück.

»Wollen Sie bitte mitkommen.«

Ich stand auf und folgte ihm. Vor einer Glastür blieb er stehen, öffnete sie, trat zur Seite und ließ mich eintreten.

Ein Mann erhob sich von einem Schreibtisch.

»Guten Morgen. Wie ich höre, erkundigen Sie sich nach Mister David Gutheridge.«

»Ja, er war vor einiger Zeit auf einer Expedition hier.«

»Das war vor etwa zwei Jahren.«

»Richtig. Ich dachte, daß er sich hier gemeldet hat und daß Sie mir vielleicht seine Adresse geben können.«

»Er läßt seine Post hierherschicken, aber er ist augenblicklich nicht in Sydney.«

»Sie wissen, wo er ist?« Ich war ganz aufgeregt.

»Wir wissen nie, wo sich die Leute auf ihren Expeditionen aufhalten. Gewöhnlich haben sie vor, an einen bestimmten Ort zu gehen, werden dann abgelenkt und schlagen eine andere Richtung ein. Ich weiß nur, daß er nach Queensland und von da aus zum Barrier-Riff wollte. Einige dieser Inseln haben eine Flora, die man sonst nirgends findet.«

»Ach.« Ich war enttäuscht.

»Er ist seit sechs Monaten unterwegs«, sagte der Mann. »Neulich hörten wir, daß er auf dem Festland ist... es kann gut sein, daß er in Kürze hier auftaucht.«

»In Kürze? In einer Woche oder zwei?«

»Nein, das ist kaum anzunehmen. Ich schätze, frühestens in einem Monat.«

»In einem Monat!« Ich war niedergeschlagen. Aber wenigstens kannte man ihn hier. Das war immerhin ein Schritt vorwärts.

»Wenn er kommt, würden Sie ihm ausrichten, daß ich hier war? Und würden Sie ihn bitten, sich mit mir in Verbindung zu setzen? Ich werde auf diesem Gut sein, wenn nicht, teile ich Ihnen meine geänderte Anschrift mit. Das Gut liegt etwas außerhalb von Sydney, ich bin dort bei Freunden.«

»Das mach' ich gern.«

»Mein Name ist Mallory.«

»Ach... sind Sie verwandt mit den Kartographen?«

»Dàs ist meine Familie.«

»Wir hatten hier einen Mallory aus England ... ja, er kam mit David Gutheridge.«

»Das war mein Bruder. Ich bin auf der Suche nach ihm. Wissen Sie, wann er Sydney verlassen hat?«

»Leider nein. Er war nur ein-, zweimal mit Mister Gutheridge bei uns.«

»Vielen Dank«, sagte ich. »Sie waren sehr liebenswürdig.«

»Ich richte Mister Gutheridge aus, daß Sie hier waren, sobald er zurückkommt. Ihre Anschrift haben Sie mir ja gegeben.«

Ich trat in den Sonnenschein hinaus.

Es war ein Anfang. Kein sehr vielversprechender, aber immerhin ein Anfang.

Als ich zum Hotel zurückkam, lief ich Milton Hemming in die Arme. »Schade, daß Sie ohne mich ausgegangen sind!« rief er.

»Es ist angenehmer am frühen Morgen. Später wird es bestimmt heiß. Wo sind die anderen?«

»Der Bräutigam schläft wohl noch. Und die Braut ebenfalls. Ich schlage vor, daß wir eine kleine Stadtrundfahrt machen. Kommen Sie, wir nehmen eine Droschke.«

Ich ließ mich in eine Kutsche verfrachten und dachte dabei immer noch an David Gutheridge, der vielleicht den Schlüssel zur Lösung des Rätsels besaß.

Milton zeigte mir den Hafen und die Stadt und erzählte mir etwas von ihrer Geschichte. Ich vergaß meine Enttäuschung darüber, daß ich David Gutheridge nicht angetroffen hatte. Sicher würde er bald zurückkehren und mir etwas sagen können. Die Gegenwart von Milton Hemming machte mich optimistisch. Sein Glaube, daß alles möglich sei, steckte mich an, seine positive Natur färbte auf mich ab.

Wir hielten vor einem Geschäft und kauften einen Sonnenhut für mich, und für Felicity wählte ich einen blaßlila Hut, der ihr bestimmt gut zu Gesicht stand.

»Jetzt kann ich beruhigt sein«, meinte Milton. »Die schöne Haut ist geschützt. Wann werde ich Sie auf Cariba begrüßen dürfen?«

»Ich weiß nicht. Aber ich bleibe nicht lange bei Granville.«

»Sicher nicht. Dort halten Sie es bestimmt nicht lange aus.«

»Ich bin etwas besorgt wegen Felicity. Wenn Sie irgend etwas wissen, was gegen diesen Mann spricht, hat sie ein Recht, es zu erfahren.«

Er schwieg einen Augenblick, als ringe er mit sich, was ungewöhnlich bei ihm war. »Sie sieht ihn doch mit eigenen Augen«, sagte er schließlich.

»Er hat gestern abend eine Menge getrunken, und trotzdem war er nüchtern.«

»Er ist es gewöhnt und kann, wie man so sagt, einen Stiefel vertragen. Ich weiß nicht, wie sich das auswirkt. Er hat sicher nicht zu trinken aufgehört, als wir ihn verließen, sondern in seinem Zimmer allein weitergezecht.«

»Meinen Sie nicht, daß wir es Felicity sagen sollten?«

»In solchen Situationen ist es immer schwierig zu entscheiden, ob man jemanden informieren soll oder nicht. Ich meine, Felicity wird es schon selbst sehen. Vielleicht liebt sie den Burschen ja. Liebe macht blind. Wir alle müssen uns unser Leben selbst gestalten.«

»Wenn sie verheiratet sind, ist es zu spät. Ich habe das Gefühl, daß sie im Begriff ist, ihr Leben zu verpfuschen.«

»Meine liebe Annalice, das muß sie selbst entscheiden.«

»Sie meinen nicht...«

»Ich meine, Sie sollen aufhören, sich Sorgen zu machen. Sie muß allein damit fertig werden. Gehen Sie mit ihr, bis sie sich eingewöhnt hat. Denken Sie etwas mehr an sich... an uns. Und kommen Sie so bald wie möglich nach Cariba. Das Schiff fährt jeden Mittwoch. Ich werde dasein. Ich erwarte Sie.«

Ein böses Zwischenspiel

Eine Kutsche trug uns aus der Stadt in den Busch hinaus zu Granvilles Landgut.

Felicity war nun Mrs. Granville. Seit der Heirat, die erst wenige Tage zurücklag, wirkte sie noch verschlossener als sonst. Es war schwer zu sagen, wie ihr zumute war. Milton Hemming war inzwischen auf seine Zuckerinsel zurückgekehrt.

Es war eine stille, bescheidene Hochzeit gewesen. In Sydney fanden häufig solche Trauungen statt; eine Feier in weißem Brautkleid, mit Kranz und Blumenstrauß wäre hier fehl am Platz gewesen.

Und nun rumpelte die Kutsche mit mir, Mr. Granville, seiner jungen Frau und sechs weiteren Passagieren dahin. Wir hatten die Stadt hinter uns gelassen und befanden uns auf freiem Feld. Ich war fasziniert von den hohen Eukalyptusbäumen, die man hier überall sah. Die Kutsche schaukelte bedenklich, aber den anderen Mitreisenden, ausgenommen Felicity, schien das nichts auszumachen.

Felicity machte ein resigniertes Gesicht, so als könne sie nichts mehr überraschen. Ich wünschte, sie würde sich mir anvertrauen wie schon einmal vor der Heirat; es würde ihr bestimmt helfen.

Granvilles Besitz lag eine Tagesreise von Sydney entfernt. Es war noch hell, als wir Lalong Creek erreichten, eine kleine Stadt, die aus einer Lehmstraße, einem Gasthaus, etlichen Läden und ein paar verstreuten Häusern bestand. Die Kutsche hielt vor dem Gasthaus, wo die Pferde gewechselt wurden, und hier war unsere Reise zu Ende.

Mir war recht beklommen zumute. Dies war unsere nächstgelegene Stadt, und ich konnte mir nicht vorstellen, daß wir oft hierherkommen würden.

Ein Mann mit einem Strohhut, in Kordhose und braunem Hemd erhob sich lässig von der Bank vor dem Gasthaus und spie in hohem Bogen Kautabak aus.

Ich sah Felicity an. Sie machte ein gottergebenes, unbeteiligtes Gesicht, als müsse sie sich mit allem abfinden, und sei es noch so unerfreulich.

»Ah, Slim«, sagte William Granville. »Haste den Buggy da?«

»Klar, Herr. Warte hier seit einer Stunde.«

»Gut. Wir fahren sofort los.«

Steif von der langen Fahrt, stiegen wir aus. Slim verschwand und kehrte mit einem Vehikel zurück, das sie hier Buggy nannten, ein leichtes vierrädriges Gefährt, von einem grauen Pferd gezogen.

»Jetzt ist es nicht mehr weit«, meinte William Granville. »Nur noch etwa fünf Meilen.«

Er half uns in den Wagen und verstaute unser Handgepäck, setzte sich neben Felicity, und ich nahm gegenüber Platz. Ich war verlegen, denn jedesmal, wenn ich aufsah, ruhte sein Blick auf mir. Seine Augen hatten einen seltsam zynischen Ausdruck. Er hatte wohl gemerkt, daß ich ihn nicht leiden konnte.

Die Kutsche fuhr durch eine karge Landschaft. Viele Bäume hatten graue Rinden, was ihnen ein unheimliches Aussehen verlieh.

»Die sehen aus wie Gespenster«, bemerkte ich.

»Ja«, sagte William Granville. »Die Eingeborenen trauen sich im Dunkeln nicht in ihre Nähe. Sie glauben, es sind die Geister von Menschen, die gewaltsam zu Tode gekommen waren und nun keine Ruhe finden.«

Er legte seinen Arm um Felicity und drückte sie an sich. »Hier sieht's anders aus als zu Hause, wie?«

Ich glaubte, sie zusammenzucken zu sehen, war aber nicht sicher.

»Ich hoffe, ihr seid gute Reiterinnen«, fuhr er fort.

»Ich reite gern«, erwiderte ich. »Felicity auch, glaube ich.«

Felicity nickte.

»Ihr findet Reitpferde im Stall. Aber paßt auf, daß ihr euch nicht verirrt. Das kann hier leicht passieren.«

Er verfiel in Schweigen. Ich betrachtete die Landschaft, die Büsche, die duftenden Mimosen.

»Mach mal 'n bißchen schneller, Slim«, befahl William Granville. »Will noch vorm Dunkelwerden ankommen.«

»Jawohl, Herr«, erwiderte Slim und trieb das Pferd an. Es kam so unerwartet, daß ich nach vorn geworfen wurde. William Granville fing mich auf. Ein paar Sekunden hielt er mich so, daß mein Gesicht ganz dicht an seinem war. Ich roch den Whisky und fand seine Nähe äußerst abstoßend. Rasch machte ich mich los. »Fahr lieber wieder etwas langsamer, Slim«, brummte er. »Den Damen wird es ungemütlich.« Er grinste mich an. Ich schwieg.

Die Pferde platschten durch einen Bach. Mein Mantel bekam etwas schmutziges Wasser ab, das ich mit einem Taschentuch wegwischte.

»Gemach, Slim. Jetzt spritzt du die Dame auch noch naß.« Ich hatte das Gefühl, daß er sich über mich lustig machte und es genoß, mich zu demütigen. Mein einziger Gedanke war: Ich geh' hier weg, sobald ich nur kann.

Die Sonne stand tief am Horizont. Ich wußte, daß es hier keine lange Dämmerung gab. Die Dunkelheit würde rasch und plötzlich kommen.

Granville sagte: »Wir sind jetzt bereits auf meinem Grund und Boden. Das gehört alles mir. Wenn etwas hier billig ist, dann ist es Land... Land und Arbeitskräfte.«

Wir rumpelten weiter. Es war jetzt fast dunkel. Und dann waren wir da.

»Hier ist dein neues Heim, Felicity. Na, wie findest du es? Nicht wie zu Hause, wie? Keine schicke Villa, die schon seit hundert Jahren steht. Keine Sprossenfenster, Säulen und dergleichen. Hier baut man Häuser, um vorübergehend darin zu wohnen, die müssen keine fünfhundert Jahre halten. Du wirst dich dran gewöhnen.« Er half uns aus der Kutsche, und wir betrachteten Felicitys neues Heim. Es hatte zwei Stockwerke und etliche Nebengebäude. Das Holz war von schmutziggrauer Farbe. Der Anstrich blätterte von der Tür, das Holz hatte dunkle Flecken, und über der Veranda befand sich ein Balkon, dessen Geländersprossen brüchig waren. Glastüren führten auf diesen Balkon. Die Haustür ging auf, und eine Frau erschien. Ich schätzte sie auf Anfang Dreißig. Ihr dichtes Haar trug sie zu einem Knoten aufgesteckt, sie hatte schmale, schräge Augen, die ihr ein beinahe orientalisches Aussehen verliehen. Sie war groß, mit ausladenden Hüften und Brüsten und schmaler Taille. Sie sah ausgesprochen imposant aus, wirkte aber auf mich irgendwie abstoßend. Ihre Augen ruhten auf mir, und ich erkannte blitzartig, daß sie mich für die neue Mrs. Granville hielt. Ihr Blick verhieß nichts Gutes.

»Da sind wir endlich, Millie«, sagte William Granville. »Dies sind Mrs. Granville und ihre Freundin, Miss Mallory. Mrs. Maken hält hier alles in Ordnung, nicht wahr, Millie? Sie sorgt für meine Bequemlichkeit.«

Etwas an der Art, wie sie miteinander umgingen, ließ mich vermuten, daß er mit seiner Haushälterin auf sehr vertraulichem Fuße stand.

»Tretet ein«, forderte er uns auf, und Mrs. Maken fügte hinzu: »Willkommen auf Gut Granville.«

»Danke«, erwiderte ich. Felicity nickte, sie schien sprachlos. Jetzt galt Mrs. Makens Aufmerksamkeit Felicity, und ich war überzeugt, daß mein erster Eindruck richtig war.

Wir traten in eine kleine Diele. Durch eine offene Tür sah ich in eine große Küche, wo trotz der Hitze ein riesiges Feuer brannte.

»Jetzt brauchen wir erst mal was zu essen«, sagte William Granville. »Wir sind fast verhungert. Den ganzen Tag waren wir unterwegs. Die Kutsche hat uns durchgerüttelt, was die Damen nicht gewöhnt sind, Millie. Kommen direkt aus der alten Welt. Na, wie steht's mit dem Essen?«

»Ist alles fertig.«

»Vielleicht könnten wir uns zuerst waschen«, schlug ich vor.

»Da haben wir's, Millie. Die Damen möchten sich waschen.«

»Ich lasse ihnen heißes Wasser bringen. Soll ich sie nach oben führen?«

»Das mach' ich selbst. Kümmere du dich ums Essen.«

Wir traten in einen großen, spärlich möblierten Raum mit Holzboden und Strohmatten. William Granville zündete eine Öllampe an, das Licht flackerte in dem fast dunklen Zimmer.

»Leider siehst du dein neues Heim zum erstenmal im Dunkeln«, sagte er. »Was bist du so still, meine Liebe?«

»Ich bin sehr müde.«

»Natürlich, natürlich. Macht nichts. Jetzt bist du ja zu Hause.«
Wir gingen die Treppe hinauf.

»Dies ist das Brautgemach«, erklärte er. Ich sah die Glastüren, die
auf den Balkon führten. »Die Fenster müssen geschlossen bleiben.
Wegen der Mücken. Die können eine rechte Plage sein. Mücken
und anderes Getier. Im Busch muß man sich an vieles gewöhnen.
Jetzt zeige ich euch noch Miss Mallorys Zimmer.«

Es lag am Ende des Flurs, und ich war froh, möglichst weit von ihnen weg zu sein. Es war ein kleiner Raum mit nackten Dielen,
Strohmatten und einem Messingbettgestell. Eine Waschschüssel,
ein Schrank und ein Stuhl – das war die ganze Einrichtung.

»Hier werden Sie schlafen, solange Sie uns mit Ihrer Gegenwart
beehren«, sagte Granville.

»Danke.« Er bedachte mich wieder mit diesem Blick, den ich
fürchtete und haßte.

Ich sah aus dem kleinen Fenster. Trotz der Dunkelheit erkannte
ich die Nebengebäude und in der Ferne die Büsche.

Ein junges Mädchen brachte heißes Wasser. Ich dankte ihr, nahm
das Wasser und kehrte William Granville den Rücken zu. Ich war
erleichtert, als er draußen war, und mein einziger Wunsch war:
Wie bald kann ich von hier weg? Aber der Gedanke, Felicity zu
verlassen, behagte mir gar nicht. Wie konnte sie nur? Sie sah
doch, wie er war. Oder war er in England anders gewesen? Mir
kam er hinterhältig vor.

Als ich mich gewaschen hatte, ging ich rasch zu dem Zimmer, das
er als Brautgemach bezeichnet hatte, und klopfte an die Tür.

»Wer ist da?« Felicitys Stimme klang ängstlich.

»Ich bin's, Annalice.«

»Komm herein.«

Ich trat ein. Sie sah mich einen Moment an, und ich dachte schon,
sie würde in Tränen ausbrechen. Ich nahm sie in die Arme und
drückte sie an mich. »Du wirst sehen, es wird alles gut werden«,
tröstete ich sie. »Im Dunkeln sieht alles schlimmer aus, als es ist.
Morgen früh wird es besser sein.«

»Ich bin so froh, daß du hier bist.«

Am liebsten hätte ich aufgeschrien: »Ich gehe weg. Ich kann nicht hierbleiben. Das Haus hat so etwas...« Aber ich sagte nichts. Es hätte sie nur noch mehr aufgeregt.

Wir gingen zusammen hinunter. Mrs. Maken stand in der Diele und führte uns in die Küche. »Üblicherweise essen wir hier«, erklärte sie. »Aber manchmal auch im Freien. Dann wird auch draußen gekocht.«

Auf dem Herd standen Pfannen und ein Kessel. William Granville saß bereits an einem langen Holztisch, der möglichst weit vom Feuer entfernt aufgestellt war. Mrs. Maken tat uns Suppe auf. Danach gab es kaltes Fleisch. William Granville aß gierig und mokierte sich über unseren »damenhaften Appetit«.

»Das wird sich hier im Busch bald ändern«, bemerkte er mit einem Blick auf Felicity.

Ich war erleichtert, als die Mahlzeit vorüber war.

»Und nun zu Bett«, sagte William Granville. »Das können wir jetzt gebrauchen.« Er legte Felicity die Hand auf die Schulter und lächelte mich an.

Ich lag in meinem Bett. Die Sterne schienen hell und warfen etwas Licht durch mein Fenster. Dabei dachte ich sehnsüchtig an mein behagliches Heim in England und wünschte, ich könnte mein wachsendes Unbehagen abschütteln.

Ich mußte ständig an Felicity denken. Wie mochte es ihr in diesem Augenblick ergehen? Mich schauderte. Als ich sie bei den Billingtons kennenlernte, hatte ich den Eindruck, daß sie sich auf die Ehe freute. Aber vielleicht hatte sie nur die Aussicht auf eine abenteuerliche Reise ans andere Ende der Welt gereizt. Und nun, da sie mit der Wirklichkeit konfrontiert wurde, schienen die Lebensgeister sie zu verlassen. Vielleicht konnte sie die Ehe mit William Granville nur ertragen, wenn sie die eigenen Empfindungen betäubte?

Aber was tat ich hier? Wenn doch nur Miss Cartwright bei uns geblieben wäre. Was hätte sie wohl zu diesem Haus gesagt, zu dem Mahl in der Küche, der sinnlichen Haushälterin...

So rasch wie möglich mußte ich hier weg. Ich konnte in die kleine Stadt reiten und mich erkundigen, wann die nächste Kutsche nach Sydney ging. Dort würde ich im Hotel absteigen, und am ersten Mittwoch...

Wie schön würde es sein, Milton Hemming wiederzusehen! In diesem Augenblick gab es nichts auf der Welt, was ich mir heißer wünschte.

Ich wachte früh auf, und bei Tageslicht schien alles viel unproblematischer. Granville hatte uns gesagt, daß es Reitpferde gäbe. Wir könnten die Gegend erkunden. Zwar hatte die Landschaft etwas Eintöniges, da konnte man sich leicht verirren. Aber es gab sicher Orientierungspunkte. Es würde schön sein, wieder einmal zu reiten.

Es war noch etwas Wasser zum Waschen vom Vorabend im Krug. Auf die Annehmlichkeiten der Zivilisation mußte man hier verzichten. Dann kleidete ich mich an und ging hinunter. Unten war alles still. Ich öffnete die Tür und trat hinaus. Die Morgenkühle war sehr angenehm. Ich ging ums Haus herum, und mein Blick fiel auf den hölzernen Balkon mit dem brüchigen Geländer. Ich versuchte nicht daran zu denken, wie es sein mußte, mit einem Mann wie Granville verheiratet zu sein.

Auf einmal spürte ich jemanden hinter mir. Ich drehte mich um. Es war Mrs. Maken. »Bißchen frische Luft schnappen?« fragte sie.

»Ja, es ist herrlich heute morgen.«

»Bevor es heiß wird.« Ihre Augen musterten mich abschätzig von oben bis unten. Sie blickte zum Balkon hinauf und sah mich dann vielsagend von der Seite an. »Kommen Sie herein, ich mache Ihnen Frühstück«, sagte sie. »Kaffee, wenn Sie wollen, dazu hab' ich frische Fladen.«

Wir setzten uns an den Küchentisch. Sie stützte die Arme auf und beobachtete mich mit bösem Lächeln.

Nach dem Frühstück machte ich einen Spaziergang, und als ich etwa eine Dreiviertelstunde später zurückkam, war Felicity auf und William Granville im Begriff, das Haus zu verlassen.

»Ihr Damen könnt euch ein wenig umsehen. Millie wird euch alles zeigen, nicht wahr, Millie?«

Mrs. Maken sagte, es sei ihr ein Vergnügen.

Sobald William Granville fortgeritten war, besserte sich Felicitys Stimmung ein wenig. Die Aussicht auf einen Tag ohne ihn war wohl eine ungeheure Erleichterung für sie. Ich schlug vor, uns die Pferde anzusehen und vielleicht auszureiten, und kurz darauf waren wir unterwegs. Eine großartige Landschaft mit riesigen Eukalyptusbäumen breitete sich vor uns aus, und die Wildnis zog mich in ihren Bann. »Ich könnte ewig weiterreiten«, sagte ich zu Felicity.

»Du meinst, möglichst weit weg von diesem Haus?«

»Du wirst dich daran gewöhnen. Es ist bloß am Anfang etwas fremd. Wollen wir in die kleine Stadt?«

»Glaubst du, wir können sie finden?«

»Sicher. Wir folgen der Straße und versuchen uns zu erinnern, welchen Weg wir gestern abend gekommen sind. Wir werden uns schon nicht verirren.«

Felicity machte ein Gesicht, als wäre es ihr einerlei.

»Auf dem Gut müssen eine Menge Leute arbeiten«, stellte ich fest.

»Ja. Es ist riesig. Man braucht mehrere Tage für einen Rundritt.«

»Ich nehme an, dein Mann muß sich jetzt überall sehen lassen, nachdem er so lange weg war.«

Sie schwieg. Ich wünschte, sie würde mit mir reden. Vielleicht könnte ihr das helfen.

Wir ritten eine Weile schweigend weiter. »Schau!« rief ich dann. »Wir sind da.«

»Und was wollen wir hier?« fragte Felicity.

»Uns umsehen.«

Wir kamen zu dem Gasthaus. Draußen war ein Pfosten, wo man die Pferde anbinden konnte.

»Willst du hinein?« fragte Felicity.

»Ja.«

»Warum? Willst du etwas zu dir nehmen?«

»Nein. Ich brauche nur eine Auskunft.«

Ich öffnete die Tür. Mehrere Männer saßen herum und tranken Bier. Sie blickten auf, als ich, gefolgt von Felicity, eintrat. Ich beachtete sie nicht und ging zu dem Mann hinter der Theke. »Können Sie mir sagen, um wieviel Uhr die Kutsche nach Sydney hier abfährt?« fragte ich.

»Das kann man bei diesen Straßen nie so genau wissen, Miss.«
Einer der Männer rief: »Um zehn, wenn sie pünktlich ist... kann
auch elf werden... oder zwölf. Das weiß man nie, bei diesen Straßen.«

»Sonntags hat es keinen Zweck«, sagte ein anderer. »Sonntags
fährt keine Kutsche. Und dienstags auch nicht. Bloß montags,
mittwochs und samstags.«

»Vielen Dank«, sagte ich.

Wir kamen hinaus zu unseren Pferden. Felicity schwieg, bis wir
aufgestiegen waren, dann sagte sie: »Du gehst doch nicht fort,
nicht wahr?«

»Es war nicht ausgemacht, daß ich ewig bleibe, oder?«

»Ich dachte nicht, daß du schon so bald gehen würdest.«

»Noch bin ich nicht weg. Ich wollte nur wissen, wann die Kutsche
fährt.«

»Das hätte man dir auch im Haus sagen können.«

»Ich hatte aber Lust, mich selbst zu erkundigen.«

»Diese Männer in der Wirtschaft waren schrecklich.«

»Ach was, so schlimm waren sie doch gar nicht. Sie haben mir gesagt, was ich wissen wollte. Du wirst dich mit der Zeit an diese
Leute gewöhnen. Sie haben eben andere Manieren als bei uns, das
ist alles.«

»Ich glaube, ich werde mich nie daran gewöhnen.«

»Doch, doch, du wirst sehen.«

»Annalice, du reist doch jetzt noch nicht ab?«

»Du weißt, der Grund meiner Reise ist, herauszufinden, was aus
meinem Bruder geworden ist.«

»Ja, ich weiß.«

»Hier draußen werde ich nichts erfahren.«

»Nur noch ein Weilchen. Und geh nicht, ohne es mir zu sagen, ja?
Ich könnte es nicht ertragen, wenn ich eines Morgens aufwachte,
und du wärst fort.«

»Ich verspreche, daß ich nicht abreise, ohne es dir vorher zu sagen.«

Dabei ließen wir es bewenden. Sie hatte mir zu verstehen gegeben,
daß sie schreckliche Angst hatte.

Die Tage vergingen. Oft war ich drauf und dran, Felicity zu sagen, daß ich fort müsse. Dann besann ich mich, daß ich ohne sie diese Reise gar nicht hätte antreten können. Da durfte ich sie jetzt, wo sie mich brauchte, nicht im Stich lassen. Nur konnte ich nichts tun, um sie vor dem Mann zu retten, den sie geheiratet hatte. Ich konnte ihr lediglich tagsüber Gesellschaft leisten.

Auf dem Landgut waren eine Menge Leute; alle hatten sonnengebräunte Gesichter und trugen Strohhüte. Manchmal kamen die Männer ins Haus oder sie saßen davor, spielten Karten und tranken Bier. Es war ein ständiges Kommen und Gehen. Es gab Unmengen Schafe auf dem Gut, denn William Granville »machte in Wolle«.

Die Männer sangen viel, und wenn sie uns sahen, wurden sie etwas spöttisch, was wohl halb auf Ablehnung, halb auf Bewunderung zurückzuführen war.

William Granville war häufig unter ihnen. Abends saßen sie draußen, und ich konnte sie bis in mein Zimmer hören. Sie lachten und redeten lautstark, stimmten oft ein Lied an und tranken die ganze Zeit.

Ich lag im Bett und lauschte. Immer wieder sagte ich mir, ich werde die nächste Kutsche nach Sydney nehmen. Aber wenn der Morgen kam und ich Felicity sah, wußte ich, daß ich sie noch nicht allein lassen konnte.

Ich war jetzt eine Woche hier. Es kam mir wie ein Monat vor. Felicity und ich ritten viel aus. Oft dachte ich, sie sei drauf und dran, sich mir anzuvertrauen, aber sie tat es nicht. Inzwischen fand ich es an der Zeit abzureisen, und wenn sie so ungern hier war, könnte sie ja mit mir kommen. Doch war ich nicht sicher, ob es klug war, einer Ehefrau zu raten, ihren Mann zu verlassen.

Es war an einem Abend. Ich war schon eine volle Woche da. Die Männer saßen draußen, sie tranken und redeten, und manchmal brachen sie in plötzliches Gelächter aus. Es war schon fast Mitternacht. Mir war immer etwas bange, bis ich William Granville ins Eheschlafzimmer gehen hörte, und erst wenn sich die Tür hinter ihm geschlossen hatte, schlief ich beruhigt ein. Meine Türe hatte keinen Schlüssel, und ich fürchtete, er könnte in mein Zimmer kommen.

Er polterte vor sich hinmurmelnd die Treppe hinauf, was mich vermuten ließ, daß er mehr als sonst getrunken hatte. Ich hörte, wie sich die Schlafzimmertür hinter ihm schloß. Und zum wiederholten Male begann ich, meine Abreise zu planen. Ich nahm mir vor, am nächsten Morgen mit Felicity zu sprechen. Während ich noch überlegte, was ich sagen sollte, hörte ich, wie leise eine Tür aufging. Ich war augenblicklich auf der Hut. Ich stand auf und lauschte. Die Tür hing schief in den Angeln, und auf der einen Seite war ein Spalt, durch den ich in den Flur spähen konnte. Mein Herzschlag setzte aus. William Granville kam in einem Nachthemd, das ihm bis an die Knie reichte, über den Flur. Ich schauderte vor Furcht. Bereit, mich zu verteidigen, dachte ich: Morgen gehe ich endgültig.

Er war stehengeblieben und öffnete eine Tür. Sie führte in Mrs. Makens Zimmer.

Er ging hinein.

Schwer atmend vor Erleichterung lehnte ich mich gegen die Tür. Meine Vermutung hatte sich bestätigt. Mrs. Maken war seine Geliebte, daher ihre Abneigung gegen seine Frau. Das war ungeheuerlich. Nur wenige Schritte von dem Zimmer, wo seine Ehefrau lag! »Der Mann ist ein Ungeheuer«, sagte ich zu mir. An Schlafen war nicht mehr zu denken. Ich hüllte mich in meinen Morgenrock und setzte mich ans Fenster.

Im hellen Sternenlicht sah das Land unheimlich aus. Die Eukalyptusbäume in der Ferne ähnelten gespenstischen Wächtern.

Ich muß etwas tun, überlegte ich. Ich muß fort, aber ich kann Felicity nicht ungeschützt zurücklassen.

Plötzlich hatte ich eine Idee.

Ich holte Schreibpapier und Federhalter hervor. Es war gerade hell genug, daß ich sehen konnte. Ich schrieb:

Lieber Raymond!
Ich bin sehr besorgt. Hier geht alles schief. Die Heirat war ein großer Fehler. Felicity ist unglücklich, und ich weiß

auch warum. Das Leben hier ist hart, und Felicity würde
es sogar dann schwerfallen, wenn sie einen guten Mann
hätte. Aber William Granville ist ein Ungeheuer. Das mag
übertrieben klingen, aber glaube mir, es ist so. Er ist
ihr untreu. Seine Haushälterin ist seine Geliebte. Sie
verachtet Felicity. In diesem Augenblick, es muß ein Uhr
morgens sein, ist er bei der Haushälterin. Ich möchte
fort, aber Felicity bittet mich, sie nicht zu verlassen.
Sie wird beinahe hysterisch, wenn ich davon spreche.
Man muß etwas unternehmen. Raymond, Du warst immer so gut. Du hast mir so viel geholfen. Was kann man
hier tun? Leider mußte Miss Cartwright nach Hause
zurück, aber das wirst Du unterdessen ja wissen. Jetzt
hat Felicity niemanden, der sie vor ihrem Mann schützt.
Bitte hilf ihr. Sie braucht jemanden, der sich um sie kümmert.
Ich bleibe, solange ich kann, aber das Leben in diesem Hause
ist mir zuwider. Felicitys Mann ist mir höchst unsympathisch. Bitte, Raymond, dies ist ein Hilferuf. Rate mir, was ich
tun soll. Ich möchte, daß Felicity fortgeht, aber sie hat ein
starkes Pflichtbewußtsein. Er ist ja schließlich ihr Mann.
Mit meinen Erkundungen bin ich ein wenig vorangekom-
men. Ich glaube, in meinem Brief, den ich in Sydney aufgab, erwähnte ich schon, daß wir einen Herrn namens Milton Hemming kennengelernt haben.
Miss Cartwright hat Dir bestimmt von ihm erzählt. Stell
Dir vor, er erinnert sich, daß Philip in einem Hotel auf
der Insel gewohnt hat, wo Mr. Hemming eine Zuckerplantage besitzt. Die Insel heißt Cariba. Ich möchte dorthin,
sobald ich hier fort kann, aber vorher möchte ich gern
mit David Gutheridge sprechen. Wenn Philip in dem Hotel
auf Cariba gewohnt hat, müßten die Leute ihn dort kennen. Ich mache also Fortschritte... aber leider geht es langsam.
Meine Hauptsorge gilt Felicity. Ich wollte, Du wärst hier.
Du würdest wissen, was zu tun ist.

Hoffentlich findest Du mich nicht hysterisch. Aber ich mache mir wirklich Sorgen.
Deine Dich liebende Annalice

Ich versiegelte den Brief. Morgen, am Mittwoch, ging die Kutsche. Sie nahm die Post nach Sydney mit – und von dort würde der Brief per Schiff nach England befördert.
Es würde lange dauern, bis er Raymond erreichte, und deshalb mußte ich unbedingt morgen vor zehn Uhr im Gasthaus sein, damit ich die Kutsche nicht verpaßte.
Ich wollte den Brief nicht dem Hirten anvertrauen, der immer die Briefe in die kleine Stadt brachte und die ankommende Post dort abholte. William Granville wäre womöglich neugierig, und ich traute ihm ohne weiteres zu, daß er Briefe öffnete und las. Der machte vor nichts halt.
Dann huschte ich wieder ins Bett. Während ich schrieb, war im Flur kein Geräusch zu hören gewesen. William Granville verbrachte demnach die ganze Nacht bei seiner Haushälterin.
Schließlich schlief ich ein. Ich erwachte sehr früh und ging hinunter. Mrs. Maken war nicht da. Das Feuer war ausgegangen. Ich machte mir auf einem Spirituskocher Kaffee und strich etwas Butter auf einen alten Fladen von gestern. Das mußte genügen.
Felicity kam zu mir hinunter. Ich fand, sie sah etwas besser aus. Die Aufmerksamkeiten ihres Gatten waren ihr letzte Nacht erspart geblieben, und das mußte eine große Erleichterung für sie gewesen sein. Wahrscheinlich wäre sie heilfroh, wenn er alle Nächte mit seiner willfährigen Haushälterin verbringen würde.
»Ich habe Lust auf einen Morgenritt«, sagte ich. »Ich habe einen Brief geschrieben und möchte ihn in die Stadt bringen. Es ist Mittwoch, da kann die Kutsche ihn noch mitnehmen.«
»Ich komme mit«, sagte Felicity.
»Fein. Zieh dich rasch um.«
Kurz darauf waren wir unterwegs. Wir ritten zu dem Gasthaus. An der Theke wurde die Post eingesammelt und ausgegeben. Felicity warf einen Blick auf den Brief, als ich ihn aufgab. Nun wußte sie, daß ich an Raymond geschrieben hatte. Daran war nichts Un-

gewöhnliches, ich war schließlich mit ihm verlobt, wenn auch nicht offiziell. Was sie wohl gesagt hätte, wenn sie wüßte, was in dem Brief stand?

Als ich den Brief aufgegeben hatte, fühlte ich mich besser. Allerdings würde es Wochen dauern, bis Raymond ihn erhielt, und noch einmal so lange, bevor ich Antwort bekäme. Trotzdem, ich hatte etwas getan. Ich fühlte mich stets besser, wenn ich handeln konnte.

An diesem Tag war uns das Glück gewogen. Ein Lehrjunge kam mittags ins Haus mit einer Meldung, die William Granville sehr besorgt machte. Der Junge hatte etliche Schafe gefunden, die man dringend behandeln mußte, wenn sie nicht eingehen sollten; überdies müßten mehrere Zäune repariert werden. William Granville mußte also mit ein paar Männern fort. Er schätzte, daß er mindestens eine Woche außer Haus wäre.

Meine Stimmung besserte sich. Eine Woche ohne ihn! Da konnte ich meinen Entschluß eine Weile aufschieben, zudem war mein Brief an Raymond ja unterwegs!

William Granville mußte noch am selben Tag aufbrechen, und ich sah die kleine Gruppe mit Freuden ziehen.

Felicity war geradezu verwandelt. Sie erwachte wie zu neuem Leben, und erst jetzt wurde mir klar, wie eingeschüchtert sie gewesen war. Mir graute vor der Vorstellung, was sie in ihrer Ehe zu erdulden hatte.

In dieser Nacht schlief ich ruhiger. Keine Furcht, kein Warten, bis er in seinem Zimmer war.

Am nächsten Morgen gingen wir reiten. Es war ein herrlicher Tag. Wir umrundeten die kleine Stadt und ritten zu einem Flüßchen. Es war ein schönes Fleckchen Erde, eine Oase mitten im Busch. Das Flüßchen glitzerte silbern im Sonnenlicht, und in der Ferne sah ich die grauen Bäume, die im schimmernden Licht recht unheimlich aussahen.

Felicity blickte sehnsüchtig zum Horizont. Nun, da sie etwas ruhiger war, hätte ich gern mit ihr über meine Abreise gesprochen, aber ich wollte uns diesen Tag nicht verderben – unseren ersten

Tag der Freiheit. Wir hatten ja noch die ganze Woche vor uns. Doch dann brachte sie das Thema selbst zur Sprache. »Du willst fort, nicht wahr?«

»Das muß ich doch, oder? Ich bin schließlich nicht hier zu Hause.«

»Du wirst nach England zurückkehren und Raymond heiraten. Du bist der glücklichste Mensch der Welt.«

»Ach, man weiß nie, was kommt.«

»Annalice, was soll ich nur tun?«

»Wie meinst du das?«

»Ich meine mein Leben. Ich halte es hier nicht aus. Ich kann... ihn nicht ertragen. Nie hätte ich gedacht, daß die Ehe so ist. Was da alles passiert – ich hatte keine Ahnung.«

»Möchtest du darüber sprechen?«

»Ich kann nicht. Es ist unsäglich... jede Nacht.«

»Letzte Nacht...«, begann ich.

»Letzte Nacht?«

»Ich weiß Bescheid. Ich hörte ihn aus eurem Zimmer kommen. Er ging zu Mrs. Maken.«

Sie nickte. »Ich war froh. Ich habe Gott dafür gedankt. Annalice, du hast ja keine Ahnung. Wenn ich das gewußt hätte. Ich dachte, es wäre schön, romantisch... Aber William habe ich nie gewollt.«

»Ich weiß. Du hast mir gesagt, daß du einen anderen liebst.«

»Er hätte so etwas nie getan. Manchmal denke ich, ich werde verrückt. Ich halte es einfach nicht aus.«

»Versuche ruhig zu bleiben. Wir haben eine Gnadenfrist von einer Woche. Laß uns überlegen, was wir tun können. Morgen geht die Kutsche nach Sydney. Wir könnten mitfahren, weg von hier.«

»Aber er ist doch mein Mann, Annalice! Ich bin mit ihm verheiratet.«

»Das heißt noch lange nicht, daß du seine Demütigungen ertragen mußt.«

»Doch, ich muß. Manchmal denke ich, ich werde mich daran gewöhnen... außerdem hat er ja noch Mrs. Maken.«

»Das würdest du hinnehmen?«

»Ich muß.«

»Ich würde mir das nicht gefallen lassen. Ich würde keine Nacht länger bleiben.«

»Er läßt mich bestimmt nicht gehen.«

»Ich würde nicht gerade behaupten, daß er dich abgöttisch liebt.«

»Er verachtet mich. Ich glaube, er hat mich von Anfang an verachtet.«

»Aber warum hat er...?«

»Er kam nach England, um sich eine Frau zu suchen. Er wollte eine, die gefügig war und Geld hatte. Da kam ich wohl gerade recht.«

»Geld?«

»Ja, mein Vater hat mich wohlversorgt zurückgelassen. Vorher habe ich fast nie an Geld gedacht. William aber braucht mein Geld, um seinen Besitz zu vergrößern. Er möchte nach Gold schürfen. Du siehst, in mancher Hinsicht bin ich ihm nützlich, auch wenn ich ansonsten zu nichts tauge.«

»Ach, meine arme Felicity. Du mußt hier weg, und dazu brauchst du Hilfe.« Ich war froh, daß ich den Brief an Raymond abgeschickt hatte, dennoch wünschte ich, ich hätte die Sache mit dem Geld früher gewußt, dann hätte ich es ihm noch mitteilen können. Aber ich würde einen zweiten Brief schreiben – er sollte noch dringlicher werden als der erste.

»Hör zu, da gibt es nur eins, wir reiten jetzt in die Stadt und buchen unsere Plätze für die Kutsche.«

»Ich kann nicht weg, Annalice. Er würde mich zurückholen. Dann wäre alles nur noch schlimmer. Er würde mir das nie verzeihen. Er würde dafür sorgen, daß ich nie wieder weglaufe, und mich wie eine Gefangene halten.«

»So hilflos bist du nicht. Ich bin ja da. Wir gehen zusammen weg.«

»Bei dir hört sich alles so einfach an. Du hast es leicht im Leben. Du bist glücklich dran. Raymond liebt dich...«

Der Ton, in dem sie seinen Namen sprach, bewirkte, daß mir plötzlich ein Licht aufging. »Du liebst Raymond, nicht wahr?«

Sie schwieg eine kleine Weile, dann sagte sie leise: »Es war mehr oder weniger abgemacht. Alle sagten, er warte nur, bis ich erwachsen sei. Wir waren immer zusammen. Wir haben uns so gut verstanden, aber dann... hat er sich in dich verliebt. Du bist ganz anders als ich. Du bist klug, und ich bin ziemlich dumm. Aber Raymond mochte mich anscheinend, wie ich war. Er war immer so zärtlich, so fürsorglich. Alles ging gut, bis... er dich kennenlernte.«

Ich starrte vor mich hin. Die arme Felicity! Und ich war schuld an ihrem Unglück!

»Ach, Felicity, es tut mir schrecklich leid.«

Tränen glitzerten auf ihren Wangen. »Du kannst nichts dafür«, schluchzte sie. »Seine Gefühle für mich waren wohl nicht stark genug. Es war mehr eine Gewohnheit, und er brauchte nur dir zu begegnen, um das zu erkennen. Danach ging alles schief, und nun bin ich hier bei William.«

»Deswegen hast du ihn geheiratet! Ach, Felicity, wie konntest du nur?«

»Ich wollte fort. Ich wollte dich und Raymond nicht zusammen sehen. Das hätte ich nicht ertragen.«

»So ein Schlamassel«, sagte ich. »So ein gräßlicher Schlamassel.«

»Du warst so lieb zu mir. Ohne dich hätte ich das alles nicht ausgehalten. Ich wäre auf und davon geritten und hätte mich verirrt, oder ich hätte mich vielleicht in einem Fluß ertränkt.«

»Jetzt bin ich mehr denn je überzeugt, daß wir abreisen sollten.«

»Er würde mich bestimmt finden.«

»Ach was. Die Welt ist groß. Und wenn wir wieder in England sind, kann Raymond uns helfen.«

»Ich kann Raymond nicht ins Gesicht sehen.«

»So ein Unsinn! Er ist dein Freund. Er hat dich gern.«

»Aber er liebt *dich*.«

»Dich liebt er auch. Du mußt wieder nach Hause. Du hast hier eine gräßliche Erfahrung gemacht, aber schließlich liegt dein Leben noch vor dir.«

»Annalice, bleib bei mir. Ohne dich halte ich es nicht aus.«

»Hör mal ganz ruhig zu. Wir haben eine ganze Woche für uns. Laß uns keine Zeit verlieren. Wir buchen Plätze für die erste Kutsche, die nach Sydney geht. Wir nehmen das nächste Schiff nach Cariba. Milton Hemming wird uns ganz bestimmt helfen.«

»Der ist auch in dich verliebt.«

»Du sprichst zu leichtfertig von Liebe, Felicity. Milton Hemming ist zuerst einmal in sich selbst verliebt.«

»Nein, nein, ich glaube, er ist in dich verliebt.«

»Er ist sehr hilfsbereit und weiß bestimmt Rat in deinem Fall.«

»Es tut gut, mit dir zu reden.«

»Es täte noch besser, zu handeln. Laß uns zu dem Gasthaus gehen.«

»Nicht heute, Annalice, bitte. Morgen vielleicht...«

»Ich finde, wir sollten sofort buchen. Vielleicht kommen wir nicht gleich mit der ersten Kutsche mit, sie hat ja nur Platz für neun Passagiere. Was, wenn sie ausgebucht ist?«

»Ich kann mich nicht entscheiden, Annalice. Bitte gib mir Zeit bis morgen.«

»Also gut. Bis morgen. Komm, reiten wir los. Wir haben eine Woche. Genießen wir unsere Freiheit.«

Ich hätte es mir denken können, daß sie fortwährend zögerte. Stets bat sie um Zeit. Sie hatte entsetzliche Angst vor ihrem Mann; ich fragte mich verwundert, wie sie sein bestialisches Wesen ertragen konnte. Ich hätte das keinen Tag ausgehalten; aber ich hätte ihn auch gar nicht erst geheiratet. Zweifellos hatte er sich in England besser benommen. Vermutlich war er in ähnlichen Umständen wie Felicity geboren und aufgewachsen und wußte, was sich gehörte. Aber mich hätte er bestimmt nicht täuschen können.

Durch seine Abwesenheit wiegte sich Felicity in Sicherheit. Sie schlief nachts durch und wartete nicht mehr zitternd, daß er käme. Doch sie wirkte wie gelähmt, unfähig zu handeln. Mir war klar, daß er sie nicht einfach ziehen lassen würde. Er hatte sie zu einem bestimmten Zweck hierhergebracht – um ihm Söhne zu gebären und um ihm die Mittel zum Ausbau seines Landes zur Verfügung zu stellen – und er würde gewißlich dafür sorgen, daß sie diesen Zweck erfüllte.

Vielleicht dachte sie, wenn sie schwanger wäre, würde er sie eine Zeitlang in Ruhe lassen. Die Haushälterin wäre ja allezeit für seine Bequemlichkeit, wie er es nannte, bereit. Im Grunde war es aber eine unerträgliche Situation und dumm von Felicity, sich dareinzufügen. Ich redete ständig auf sie ein. Wieder und wieder erklärte ich, wie einfach es sein würde, nach Sydney zu fahren, das Schiff nach Cariba zu nehmen und Milton Hemming um Rat zu bitten. Wenn sie es wünschte, könnten wir sie auch auf ein Schiff nach England setzen, dann wäre sie in Sicherheit. Ich aber wollte bleiben, um meine Erkundungen nach meinem Bruder fortzusetzen.

Doch wenn sie mir auch zuhörte, es endete jedesmal mit: »Aber er würde mich finden.«

So vergingen die Tage. Drei, vier, fünf... und insgeheim war ich überzeugt, daß sie nicht bereit war, mitzukommen. Ich wäre durchaus allein gegangen, aber sie bedrängte mich so sehr zu bleiben, und eingedenk dessen, was sie mir von Raymond erzählt hatte, fühlte ich mich verpflichtet nachzugeben.

William kehrte eines Nachmittags zurück. Die Stimmung im Haus änderte sich. Die bedrohliche Atmosphäre hielt wieder Einzug.

An diesem Abend waren viele Arbeiter da. Essend und trinkend saßen sie vor dem Haus. Ich ging in mein Zimmer hinauf und wachte... wartete, daß er heraufkäme. Es war nach Mitternacht, als ich ihn die Treppe hinaufpoltern und in das Schlafzimmer mit dem Balkon stürmen hörte.

Ich konnte nicht schlafen, sondern dachte an Felicity, die nicht den Mut hatte zu fliehen, als sich ihr die Gelegenheit bot. Ich fragte mich, was aus ihr werden würde. Wer weiß, vielleicht verirrte sie sich eines Tages absichtlich oder ertränkte sich in einem Fluß. Oder, was wahrscheinlicher war, sie fügte sich in ihre Rolle, gebar ein Kind nach dem anderen, wurde unansehnlich, abgehärmt, geistlos, fand sich ab mit dem harten Leben, das ihr beschieden war.

Wieder verging eine Woche. Ich war schon drei Wochen da. Unglaublich, daß ich so lange hatte bleiben können. Ob David Gutheridge vielleicht schon wieder in Sydney war? Ich mußte endgültig fort, was immer auch geschehen mochte. Ich wollte Felicity sagen, entweder sie käme mit, oder wir müßten uns trennen.

Eines Samstagnachmittags hörte ich unten einen großen Tumult. Ich blickte aus dem Fenster und sah eine Gruppe Männer aufgeregt miteinander reden. William Granville trat zu ihnen. Ich konnte Gesprächsfetzen vernehmen. »Drüben bei den Pickerings... Buschklepper... bloß die Frauen zu Hause. Alle Männer bei der Arbeit... Mrs. Pickering und ihre zwei Töchter...«

»Junge Mädchen... Dreizehn und fünfzehn, soviel ich weiß.«

»Diese Teufel«, sagte einer.

»Sie sollen zu fünft gewesen sein.«

»Fünf gegen drei Frauen... mein Gott!«

»Haben das Haus ausgeraubt... jeden Pfennig haben sie mitgenommen... und einen Haufen Sachen. Keiner weiß, ob Mrs. Pickering durchkommt. Die Ärmste... muß zusehen, wie dieser Abschaum ihre Töchter...«

»Was sind das für Kerle? Hat jemand eine Ahnung?«

»Keinen Schimmer. Scheint eine Bande zu sein, die in der Gegend ihr Unwesen treibt. Vor denen ist keine Frau sicher.«

Ich zog mich zurück. Eine schreckliche Geschichte. Felicity und ich mußten unbedingt fort von hier.

Alles sprach von dem gräßlichen Vorfall bei den Pickerings. William Granville ritt in die Stadt. Als er zurückkam, rief er mich und Felicity in den großen Raum neben der Küche. Auf dem Tisch lagen mehrere Pistolen.

William sah mich boshaft an. »Wie gut schießen Sie?«

»Ich? Ich habe noch nie eine Waffe in der Hand gehabt.«

»Nun, dann werden Sie es jetzt lernen.« Er legte Felicity seine Hand auf die Schulter. Ich merkte, wie sie zusammenzuckte. Er merkte es auch, und sein Griff wurde brutal fest. Sie stand regungslos.

»Und du, meine Liebe, wie gut kannst du mit einer Waffe umgehen?«

»Überhaupt nicht.«

»Das hätte ich mir denken können!« Laut rief er: »Dann werdet ihr es eben lernen. Hier in der Gegend treiben sich Buschklepper herum. Sie stehlen und haben es auf Frauen abgesehen. Deshalb werdet ihr schießen lernen. Wenn einer in eure Nähe kommt, müßt ihr eure Pistolen gebrauchen. Hier draußen darf man nicht zimperlich sein. Sie kommen tagsüber, weil erst abends die Männer zu Hause sind. Die kommen nur, wenn sie denken, daß die Frauen allein sind. Ihr zeigt eure Pistolen und schießt, wenn es sein muß, verstanden?«

»Ja«, antwortete ich, »ich verstehe.«

Er nickte und grinste mich an. »Kluges Kind. Und jetzt werde ich mit euch üben. Ich bring' euch bei, wie man mit einer Pistole umgeht. Aber meine liebe Frau wird es wohl nie begreifen. Die ist imstande und richtet sie gegen sich selbst. Dies, meine Liebe, ist der Lauf, da draus wird geschossen.«

Felicity stand unbeteiligt da.

»Und jetzt wird geübt, auf der Stelle. Jede von euch nimmt eine Pistole. Das sind jetzt eure. Die habt ihr immer bei euch, ob ihr ausreitet oder zu Hause seid, bis man die Kerle geschnappt hat. Und jetzt raus mit euch, ich gebe euch gleich eine Lektion.«

Nicht weit vom Haus war ein Metallstück an einem Strauch befestigt, dort fanden die Schießübungen statt. Mrs. Maken kam auch mit. Sie war eine recht gute Schützin. Alle Frauen erhielten Pistolen.

Ich beherrschte die Kunst des Schießens ziemlich schnell, und traf ich auch nicht ins Schwarze, so gingen meine Schüsse doch immerhin in das Metallstück.

William Granville meinte: »Gar nicht schlecht. Halten Sie sie fester, so.« Seine Finger umschlossen die meinen. Er wußte, daß mir diese Berührung zuwider war, und ich war überzeugt, daß er das genoß. Er hatte eine Neigung zum Sadismus.

Felicity verfehlte die Zielscheibe. Er sagte sarkastisch: »Wir müssen auf der Hut sein, wenn meine liebe Frau eine Waffe in Händen hat.«

Am Ende der ersten Lektion wußte ich immerhin, wie man eine

Pistole lud und abfeuerte. »Sie können jeden Tag üben«, sagte William Granville zu mir. »Dann werden Sie eine recht gute Schützin.«

»Danke«, erwiderte ich kühl.

Wir gingen ins Haus. Felicity sah gekränkt aus. Er demütigte sie mit Freuden, und ich war sicher, daß sie sich vor ihm mehr fürchtete als vor den Buschkleppern.

Mir machten die Schießübungen richtig Spaß. Ich schlief mit der Pistole am Bett, so daß ich sie jederzeit griffbereit hatte, und wenn ich ausritt, trug ich sie im Gürtel. Erstaunlich, welch ein sicheres Gefühl das vermittelte.

Mit der Zeit wurde ich wirklich recht geschickt. Ich konnte die Pistole ziehen und binnen Sekunden mein Ziel treffen. Mit Felicity war es hoffnungslos. Sie fürchtete sich vor der Pistole wie vor allem anderen hier.

Zwei Tage nach der ersten Lektion machte ich wieder Übungen. Das Haus war still. Felicity schlief wohl. Sie war oft erschöpft, was ich mehr William Granville als der Hitze zuschrieb.

William trat zu mir. Ich fuhr mit Schießen fort. »Gut«, sagte er. »Sehr gut. Sie schießen großartig.«

Ich steckte meine Pistole weg und wandte mich ab.

»Sie sind 'ne prima Frau, Annalice. Sie würden sich besser an das Leben hier draußen gewöhnen.«

»Das finde ich nicht. Ich reise sowieso bald ab.«

»Meine Frau bittet Sie aber zu bleiben, stimmt's?«

»Sie war überaus gastfreundlich.«

»Ich auch, hoffe ich. Dies ist mein Grund und Boden. Ich wünsche nicht, daß Sie fortgehen. Ich habe Sie gerne hier.«

»Danke.« Ich trat einen Schritt aufs Haus zu. Er stellte sich mir in den Weg. »Ich wünschte, ich hätte Sie zuerst kennengelernt.«

Ich hob die Brauen und tat so, als verstünde ich nicht.

»Bevor ich meine Frau kennenlernte«, fuhr er fort. »Dann hätte ich Ihnen einen Heiratsantrag gemacht.«

»Das hätte wohl kaum etwas genützt.«

»Ach, ich weiß nicht. Wir haben viel gemeinsam.«

»Überhaupt nicht.«

»Sie gefallen mir. Sie haben Mumm.«

Ich wollte weiter aufs Haus zugehen, aber er packte meinen Arm. Sein Gesicht war dicht an meinem. Der starke Whiskygeruch verursachte mir Übelkeit. Er mußte es gemerkt haben, denn er drückte meinen Arm so fest, daß es schmerzte.

»Lassen Sie mich sofort los«, zischte ich ihn an.

Er lockerte seinen Griff, jedoch ohne loszulassen. »Wir beide könnten viel Spaß miteinander haben«, sagte er.

»Ich verachte Sie«, gab ich zurück. »Und bei der nächsten Gelegenheit verlasse ich Ihr Haus.«

Er lachte. »Das werden Sie nicht tun. Wenn die kleine Felicity Ihnen was vorheult, bleiben Sie. Nur noch einen Tag, dann noch einen. Mir ist es nur recht. Ich denke viel an Sie. Es gibt 'ne Menge Dinge, die ich Ihnen gern zeigen würde.«

»Ich lege keinen Wert darauf.«

Ich entwand ihm meinen Arm und ging ins Haus. Trotz meiner äußerlichen Ruhe kochte ich innerlich vor Wut. Morgen, gelobte ich mir, reite ich in die Stadt und buche einen Platz in der Kutsche.

Schon seit geraumer Zeit hatte ich gemerkt, daß er mich mit lüsternen Augen ansah. Aber jetzt hatte er sich zum erstenmal über seine Gefühle geäußert, und es wurde höchste Zeit abzureisen.

An diesem Abend wartete ich in meinem Zimmer, bis er in sein Schlafzimmer ging. Meine Pistole hatte ich in Reichweite. Ich hörte seine Schritte; eine Tür ging auf und knallte zu. Ich atmete erleichtert auf. Ich stellte einen Stuhl hinter meine Tür, damit ich sofort aufwachte, falls er versuchen sollte, hereinzukommen.

Etwas später hörte ich eine Tür aufgehen. Ich packte die Pistole, sprang aus dem Bett und spähte durch den Türspalt. Jemand war auf dem Flur. Nein, das war nicht William Granville. Es war Mrs. Maken. Sie schlich leise zu dem Zimmer mit dem Balkon, öffnete die Tür und trat ein.

Was hatte das zu bedeuten?

Ich wartete. Fünf Minuten vergingen. Zehn Minuten.

Dann ging mir ein Licht auf. Sie war dort drinnen, bei ihm und Felicity. Das war ja ungeheuerlich! Was für Orgien wollte er jetzt frönen? Der Mann war lüstern, pervers und unersättlich.

Ich mußte fort, und Felicity mußte mit.

In dieser Nacht schlief ich kaum. Am nächsten Tag wollte ich meinen Platz in der Kutsche buchen, komme, was da wolle.

Am nächsten Morgen machte Felicity einen derart abwesenden Eindruck, als sei sie nicht von dieser Welt. Ich glaube, sie stand unter Schock. Meine Phantasie versagte dabei, mir auszumalen, was in der Nacht in jenem Schlafzimmer geschehen war.

Mit einem solchen Mann konnte sie nicht weiterleben. Das mußte ihr doch klarsein.

»Ich reite aus«, sagte ich zu ihr. »Kommst du mit?« Sie nickte. Als wir unterwegs waren, erklärte ich: »Felicity, ich reise endgültig ab. Ich kann nicht länger hierbleiben.«

»Das verstehe ich.«

»Kommst du mit mir?«

»Ich kann nicht, Annalice. Ich trau' mich nicht.«

»Du weißt, daß ich fort muß, aber ich kann es nicht ertragen, dich hier allein zurückzulassen.«

»Ich muß bleiben. Ich habe mir die Suppe eingebrockt, wie man so sagt, und muß sie auch auslöffeln.«

»Nein, das mußt du nicht. Es gibt immer einen Ausweg. Komm mit mir. Ich buche heute morgen Plätze für uns.«

»Ich kann nicht.«

»Ich weiß, was vorgefallen ist. Ich will offen sein. Dies ist nicht die Zeit, sich was vorzumachen. Ich habe ihn in Mrs. Makens Zimmer gehen sehen, und letzte Nacht...«

»Ach, Annalice...«

»Ja, letzte Nacht hab' ich gesehen, wie sie zu euch hineinging. Ach, Felicity, es ist grauenhaft. Das mußt du dir nicht gefallen lassen. Die Ehe kann geschieden werden. Ich frage Milton Hemming, was zu tun ist. Komm doch mit mir.«

»William würde uns verfolgen.«

»Bestimmt nicht.«

»Doch... wegen des Geldes...«

»Laß es uns versuchen. Wenn wir in Sydney sind, nehmen wir das Schiff nach Cariba. Milton Hemming hilft uns bestimmt. Er hat sehr viel Erfahrung und wird wissen, was zu tun ist. Niemand muß ertragen, was man dir zumutet. Das ist ungeheuerlich.«

»Ich kann mit keiner Menschenseele darüber sprechen, nicht mal mit dir«, sagte sie kläglich.

»Das muß ein Ende haben. Ich traue dem Mann nicht. Ich habe auch Angst vor ihm und will keine Nacht länger als unbedingt nötig unter diesem Dach bleiben. Ich buche jetzt meinen Platz in der Kutsche. Sei vernünftig, Felicity. Laß mich für dich mit buchen.«

»Ich kann nicht. Ich trau' mich nicht. Er würde mich umbringen.«

»Das würde er nicht wagen.«

»Um des Geldes willen ist er zu allem fähig.«

»Willst du dich lebenslänglich verurteilen zu etwas, wovon du bereits einen Vorgeschmack bekommen hast? Milton Hemming hat mich andeutungsweise vor William gewarnt. So weit reicht sein übler Leumund, daß sogar Milton davon gehört hat.«

»Ich habe schreckliche Angst, aber noch mehr würde ich mich fürchten, wenn er erführe, daß ich einen Platz in der Kutsche gebucht habe.«

»Wie sollte er das erfahren?«

»Die Leute könnten es ihm erzählen.«

»Das Risiko mußt du eben eingehen.«

»Ich kann nicht fort. Ich kann einfach nicht.«

»Dann muß ich ohne dich abreisen, Felicity.«

»Ach, Annalice, bitte ...«

»Ich bin schon zu lange hier. Ich kann nicht länger bleiben. Ich muß fort.«

Felicity schloß die Augen. Ihr Gesicht nahm wieder diesen resignierten Ausdruck an. Ich wurde ärgerlich. Nie hätte ich mich mit etwas abgefunden, was mir dermaßen zuwider wäre. Ich hätte gekämpft.

Aber Felicity war keine Kämpfernatur.

Nur, jetzt konnte ich nicht abermals nachgeben. Ich mußte unentwegt an diesen Mann denken, seine blutunterlaufenen Augen, seinen whiskygeschwängerten Atem. Früher oder später würde er sich an mich heranmachen. Ich war flink, ich war stark. Aber er war stärker.

Entschlossen ritt ich in die Stadt.

Ich sah Felicity nicht an, aus Angst, daß ich schwach würde. Wir banden die Pferde an und traten in das Gasthaus. An der Theke erkundigte ich mich nach Plätzen in der Kutsche. Die Samstagskutsche war voll ausgebucht. Für Montag war noch etwas frei.

»Wie viele, Miss, zwei?«

Ich sah Felicity an. Sie schüttelte den Kopf.

»Einer«, sagte ich. »Ein Platz für die Kutsche am Montag.«

Ich trat in den Sonnenschein hinaus. Meine Erleichterung rang mit Traurigkeit und Bangnis; denn stand meine Flucht auch kurz bevor, so mußte ich doch Felicity zurücklassen.

Noch zwei Tage, und ich würde frei sein! Montag früh würde ich in die Stadt fahren. Slim würde es mir bestimmt nicht abschlagen, mich und mein Gepäck zu transportieren.

Ich versuchte, die unglückliche Felicity zu trösten, aber sie vermochte nur zu sagen: »Was soll nur werden, wenn du nicht mehr da bist?«

»Es ist noch nicht zu spät. Vielleicht ist noch ein Platz in der Kutsche frei.«

Aber sie wollte nicht.

Ich packte meine Sachen zusammen. Montagabend würde ich in Sydney sein. Dienstag wollte ich zur botanischen Gesellschaft gehen und dann für Mittwoch einen Platz nach Cariba buchen. Ich mußte zugeben, die Aussicht, Milton Hemming wiederzusehen, gab mir Auftrieb. Ich würde ihm erzählen, was hier vorging. Ich hatte nicht die Absicht, Felicity im Stich zu lassen. Ich würde schon einen Weg finden, ihr zu helfen.

Es war ein Samstagabend wie jeder andere, doch schien das Gelage draußen ausgelassener als sonst. Um Mitternacht löste sich die Versammlung auf, die Männer kehrten in ihre Quartiere zurück. Ich hörte William Granville in sein Zimmer gehen und die Tür schließen. Ich atmete auf. Ich wollte ihm etwas Zeit lassen, bis er sich hingelegt hatte, und dann zu Bett gehen, aber nicht, ohne zuvor den Stuhl gegen die Tür gestellt zu haben.

Zehn Minuten vergingen. Ich legte mich ins Bett. Ungefähr fünfzehn Minuten später hörte ich schleichende Schritte im Flur. Abrupt setzte ich mich auf und griff nach meiner Pistole. Mein Herz klopfte wie wild. Die Schritte verhielten vor meiner Tür. Der Stuhl wurde ein Stückchen verrückt. Es folgte ein scharrendes Geräusch, dann fiel er rückwärts um. William Granville war in meinem Zimmer! Im Sternenlicht sah ich sein grinsendes Gesicht, furchterregend, lüstern, entschlossen. Ich sprang aus dem Bett, die Pistole schußbereit in der Hand. »Noch ein Schritt, und ich schieße«, schrie ich.

Er starrte mich verwundert an. »Wildkatze«, flüsterte er. »Sie würden mich doch nicht erschießen, oder?«

»O doch.«

»Mich kaltblütig ermorden, in meinem eigenen Haus?«

»In Ihrem Haus, und zwar heißblütig. Ich koche vor Wut. Ich verachte Sie. Ich mißtraue Ihnen. Sie sind kein Mensch. Sie sind ein Tier. Glauben Sie, ich weiß nicht, was hier vorgeht? Ich wollte Felicity mit fortnehmen, aber sie will nicht, aus mißverstandenem Pflichtbewußtsein. Zurück! Wenn Sie sich rühren, schieße ich.«

»Aber, aber«, sagte er. »Ich bin bloß gekommen, um zu sehen, ob bei Ihnen alles in Ordnung ist. Ich dachte, ich hätte was gehört, wie wenn jemand herumschleicht, Buschklepper womöglich.«

»Hier ist niemand. Gehen Sie, und wenn Sie mein Zimmer noch einmal betreten, schieße ich, ohne Sie zu warnen.«

»Hitzkopf! Wildkatze! Eine Tigerin sind Sie. Ich tu' Ihnen doch nichts. Sie gefallen mir. Ich könnte Sie richtig gern haben. Ich mag Frauen, die was auf'm Kasten haben. Wollen Sie mir keine Chance geben?«

»Hinaus mit Ihnen.«

»Das ist doch nicht Ihr Ernst, oder?«

Er versuchte, sich um das Bett herumzuschlängeln.

»Noch ein Schritt, und ich schieße. Ich werde Sie nicht verfehlen. Sie haben selbst gesagt, ich bin eine gute Schützin.«

»Das wäre Mord.«

»Ich schieße Sie in die Beine. Und es wäre Notwehr. Ich sage den Leuten, daß Sie mich vergewaltigen wollten und daß Sie Ihre Haushälterin zu sich und Ihrer Frau ins Bett geholt haben. Selbst in diesem freien Land würden Sie verachtet und bestraft werden, wenn ich alles erzählt habe, was ich über Sie weiß.«

Er gab sich mit einemmal geschlagen und sah mich haßerfüllt an.

»Schon gut, du Hexe, du Wölfin«, fluchte er. »Hältst dich wohl für was Besseres, wie? Scher dich aus meinem Haus. Auf der Stelle.«

»Ich geh' morgen früh.«

»Und wo willst du hin? Im Freien nächtigen? Das dürfte der Dame schlecht bekommen.«

»Ich geh' in das Gasthaus. Montag fahre ich mit der Kutsche nach Sydney. Wenn ich in dem Gasthaus kein Zimmer bekomme, schlafe ich sonstwo... im Aufenthaltsraum... ganz egal. Wenn ich bloß von hier wegkomme.«

»Hau ab«, schrie er mich an. »Ich bin froh, wenn ich dich los bin.«

Damit ging er, den Stuhl beiseite tretend, aus dem Zimmer und schlug die Tür hinter sich zu. Ich sank aufs Bett. Mir schlotterten die Knie, und meine Hände zitterten so, daß ich die Pistole fast nicht mehr halten konnte. Meine Zähne klapperten. Ich dachte, wenn er zurückkommt, wie kann ich mich wehren? Ich lag still, alle Sinne alarmiert. Ich hörte ihn nach unten gehen. Ich wartete, lauschte, ob er wieder heraufkäme, versuchte, meine zitternden Gliedmaßen unter Kontrolle zu bringen. Morgen würde ich fortreiten und fragen, ob ich im Gasthaus übernachten könne. Gewiß würde mir irgendwer für eine Nacht Obdach geben, und Montag früh wäre ich schon unterwegs. Der gräßliche Alptraum wäre vorüber.

Was machte er nur? Ich konnte nichts hören. Eine Stunde verging. Meine Gliedmaßen zitterten nicht mehr. Doch hielt ich die Pistole immer noch umkrampft.

Dann hörte ich ihn. Er kam die Treppe herauf. Ich spähte durch den Türspalt und hörte ihn vor sich hin murmeln. Seine große Gestalt schwankte etwas. Er mußte sehr betrunken sein. Oben an der Treppe zögerte er kurz, dann ging er auf das Schlafzimmer mit dem Balkon zu.

Fünf Minuten später hörte ich einen Schuß. Mit der Pistole in der Hand rannte ich durch den Flur und riß die Tür zum Eheschlafzimmer auf. Die Balkontür stand weit offen. Felicity war auf dem Balkon und hielt sich an einem abgebrochenen Holzstück fest.

»Felicity!« rief ich. »Was ist geschehen?«

Sie versuchte zu sprechen, brachte aber kein Wort hervor. Mit dem Kopf wies sie auf das Geländer, dessen vorderer Teil fast ganz weggebrochen war. Ich blickte hinunter. William Granville lag unten auf der Erde hingestreckt. Ein Stück weiter lag die Pistole. Seine Haltung war so unnatürlich, und ich wußte instinktiv, daß er tot war.

Ich fuhr nicht mit der Kutsche am Montag. Ich blieb bei Felicity. Ich quartierte sie von dem Raum mit den schlimmen Erinnerungen in mein Zimmer um. Mein Bett war breit genug für uns beide. Sie befand sich in einem Zustand, in dem man sie nicht allein lassen durfte.

Sie war wie betäubt und starrte nur noch mit trübem Blick vor sich hin. Ich fürchtete schon um ihren Verstand. Im Haus herrschte ein ständiges Kommen und Gehen. William Granvilles Leichnam wurde fortgebracht. Der Schuß war durch seinen Kopf gegangen.

Beamte aus Sydney kamen und stellten eine Menge Fragen. Wie war er gestürzt? wollten sie wissen. Er hatte sich an den Balkon gelehnt, und der hatte nachgegeben.

Ich war ganz ruhig. Felicity hatte mir nicht erzählt, was geschehen war, und ich wagte nicht, sie zu fragen. Hatte sie, am Ende mit ihrer Geduld, den tödlichen Schuß selbst abgefeuert? Dafür hatte ich volles Verständnis. Ich war ja selbst drauf und dran gewesen, ihn zu erschießen. Auch für das sanfteste Gemüt gibt es eine Grenze der Zumutbarkeit.

Man nahm an, daß die Buschklepper hier herumgestrichen waren. Ich erklärte, der Verstorbene sei abends in mein Zimmer gekommen, weil er glaubte, etwas gehört zu haben. Er meinte, es seien Buschklepper. Damit sprach ich die reine Wahrheit. Man vermutete, daß er draußen Fremde gehört hatte und mit der Pistole auf den Balkon getreten war. Der Balkon war reparaturbedürftig. Seit Monaten fehlte eine Geländersprosse. Man konnte sich leicht vorstellen, wie es passiert war. Granville war mit seiner Pistole auf den Balkon gestürzt und hatte vergessen, daß das Holz morsch war; er hatte sich übers Geländer gelehnt und sich im Stürzen selbst erschossen. Die Pistole war ihm aus der Hand geflogen und ein paar Meter neben ihm gelandet.

Ich glaube, zu Hause hätte man die Angelegenheit gründlicher untersucht. Aber hier galt ein Menschenleben nicht viel. Die Menschen erschlossen ein neues Land, und damit waren zahllose Risiken verbunden. Der Tod war keine Seltenheit.

Mrs. Maken sagte aus, daß er uns allen nach dem Überfall der Buschklepper auf die Pickerings Pistolen gegeben hatte. Mr. Granville sei sehr darauf bedacht gewesen, die Frauen nicht ungeschützt zu lassen.

»Die Buschklepper müssen für vieles geradestehen«, meinte ein Beamter. Aber ich war nicht sicher, ob sie auch für William Granvilles Tod zuständig waren.

Ich sagte, ich wolle so bald wie möglich fort. Mrs. Granville habe einen Schock erlitten, und ich fürchte, sie werde sich erst davon erholen, wenn wir den Schauplatz der Tragödie verlassen hätten.

Doch zuerst galt es noch, das Begräbnis zu überstehen. Vor der Stadt gab es einen kleinen Friedhof. Williams Grab befand sich in der Nähe von Mrs. Pickerings, die nach dem Überfall der Buschklepper gestorben war. Eine Anzahl Leute waren von weit her gekommen, um an der Beerdigung teilzunehmen. Man brachte Felicity großes Mitgefühl entgegen. Während ich sie beobachtete, fragte ich mich besorgt, ob sie womöglich ihre Ruhe verlieren und ihre wahren Gefühle verraten würde.

»Die Ärmste«, flüsterte eine Frau. »Ich möchte diese Buschklepper eigenhändig umbringen. Wenn man sie findet, werden sie gelyncht, das steht fest. Erst die arme Mrs. Pickering... wie die gelitten hat! Und jetzt Mr. Granville.«

Unser Schweigen wurde als Trauer aufgefaßt. Slim kutschierte uns zum Haus zurück.

Wie sich herausstellte, hatte William Granville erhebliche Schulden gemacht, die nur durch den Verkauf seines Besitzes beglichen werden konnten. Felicity erklärte sich teilnahmslos mit allem einverstanden. Sie wolle nichts vom Hab und Gut ihres verstorbenen Mannes haben, sagte sie zu mir. Sie wolle nur fort von hier und vergessen.

Ich packte unsere Sachen und traf die Vorkehrungen für unsere Abreise. Felicity weigerte sich, allein im Haus zu bleiben, aber in die Stadt wollte sie auch nicht. Wenn ich dorthin mußte, ließ ich sie ein Stückchen außerhalb warten. Sie konnte die Beileidsbezeugungen nicht ertragen. Sie war mit ihren Nerven am Ende.

Ich buchte Plätze für die Kutsche am Mittwoch, elf Tage nach William Granvilles Tod.

Felicity war zu Tode erschöpft, und ich war froh darüber, weil sie deswegen nachts tief schlief. Meistens saß ich am Fenster und beobachtete sie und bemühte mich, mir nicht auszumalen, was in jenem Zimmer vorgegangen war.

Der Balkon war inzwischen repariert worden. Ich war noch einmal in das Zimmer gegangen und hatte vom Balkon hinuntergeblickt. Die neuen Geländersprossen hoben sich hell von den alten ab. Wie war es passiert? fragte ich mich. Vielleicht würde Felicity es mir eines Tages erzählen. Aber fragen würde ich sie nie.

Plötzlich wurde mir eiskalt. Ein Kribbeln fuhr über meine Haut. War dies das Gefühl, bei dem man sagte, die Haare stünden einem zu Berge?

Ich war nicht allein. Blitzschnell drehte ich mich um. Fast erwartete ich, William Granville mit diesem lüsternen Grinsen dort stehen zu sehen.

Aber ich sah nur in Mrs. Makens rätselhafte Augen. »Oh«, sagte sie, »ein letzter Blick?«

Ich erwiderte: »Der Balkon scheint ja jetzt stabil zu sein.« Meine Stimme klang hoch und unnatürlich.

»Schrecklich, was hier passiert ist«, fuhr sie fort. »Die Buschklepper müssen für vieles herhalten.«

Ich nickte. »Hier wird sich einiges ändern. Was haben Sie vor, Mrs. Maken?«

»Ich bleibe, bis alles erledigt ist. Die Anwälte haben mich darum gebeten. Jemand muß ja hiersein, und so, wie es um Mrs. Granville steht...«

»Ausgezeichnet, daß Sie bleiben. Ich hatte mir schon Gedanken darüber gemacht.«

»Und dann habe ich ein Angebot von einem Herrn in Sydney. Ich kann als Haushälterin bei ihm anfangen.« Sie lächelte selbstgefällig.

»Das freut mich«, sagte ich.

»Und Sie reisen ab. Für Mrs. Granville ist es das beste. Sie konnte sich nicht an das Leben bei uns hier draußen gewöhnen.« Sie blickte sich noch einmal im Zimmer um, aber ich sah ihr an, daß sie bereits Pläne für ihr Leben im Haushalt des Herrn in Sydney machte.

Ich war vom Balkon ins Zimmer getreten und mußte an ihr vorbei, um zur Tür zu kommen. Im Geiste sah ich sie mit Felicity und William Granville in diesem Zimmer. Sie sah mich hinterhältig an, und ich fragte mich, ob sie meine Gedanken lesen konnte. Eine unangenehme Frau.

Unser letzter Abend. Felicity lag im Bett, schlief aber nicht. Ich saß am Fenster. Mir war nicht nach Schlafen zumute. Den Schlaf würde ich nachholen, wenn ich hier fort wäre.

An diesem Abend vertraute Felicity sich mir an. »Warum sitzt du am Fenster, Annalice?«

»Ich bin nicht müde. Unser letzter Abend, Felicity. Ich bin so erleichtert, daß wir morgen fortgehen. Dann sagen wir diesem Haus auf immer Lebewohl und werden dies alles vergessen.«

»Aber nicht die eine Nacht. Die hat sich mir auf ewig eingeprägt.« Ich schwieg, und sie flüsterte: »Es war nicht, wie die Leute sagen, Annalice. Das ist nicht die Wahrheit. Ich muß mit jemandem darüber reden.«

»Dann erzähl's mir.«

»An dem Abend kam er herauf. Er lachte vor sich hin. Er hatte eine Menge Whisky getrunken, aber betrunken war er nicht, nicht so wie später. Er ging hinaus, ich dachte, er ginge zu Mrs. Maken. Er sagte immer, sie wäre viel besser als ich... Er blieb lange weg. Ich dachte, er würde die Nacht bei ihr verbringen, wie so oft. Mir war es recht. Es war schön, wenn er weg war. Ich war Mrs. Maken dankbar dafür, daß sie so viel besser war als ich... in gewissen Dingen.«

Plötzlich schauderte sie und setzte sich auf, die Augen auf die Tür gerichtet.

»Er kann nicht hereinkommen«, sagte ich. »Er ist tot. Und ich bin froh darüber.«

»Ich auch. Es klingt gemein, aber ich bin froh, daß er tot ist.«

»Mit der Zeit wirst du das alles vergessen. Bald wirst du wieder zu Hause sein. Nur kann ich nicht mitkommen. Ich habe noch etwas zu erledigen.«

»Ich weiß. Doch ich möchte lieber bei dir bleiben, Annalice.«

»Fein. Dann bleiben wir zusammen und gehen nach Cariba.«

»Ja. Und später fahren wir gemeinsam nach Hause.«

Sie legte sich lächelnd zurück und sagte: »Aber ich muß dir von der Nacht erzählen. Und du mußt mir sagen, daß ich nicht gemein bin.«

»Das bist du bestimmt nicht. Was auch geschehen ist, er hat es verdient.«

»Er kam wieder ins Zimmer. Ich schlief. Ich war so müde, Annalice. Ich war immer müde. Diese gräßlichen Nächte...«

»Denk nicht mehr daran. Erzähl weiter.«

»Als er eine Stunde später zurückkam, war er sehr betrunken. Er sah fürchterlich aus. Er schrie: ›Wach auf. Ich muß wohl mit dir vorliebnehmen.‹ Ja, das hat er gesagt. Es schoß mir durch den Kopf, daß er sich vielleicht mit Mrs. Maken gestritten hatte. Dann schien etwas bei mir auszuklinken. Ich konnte es einfach nicht mehr ertragen. Ich stieß ihn weg – das gelang mir nur, weil er so betrunken war –, sprang aus dem Bett, nahm die Pistole und schrie ihn an: ›Wenn du mich anrührst, erschieße ich mich.‹«

»O nein, Felicity!«

»Doch, doch... Er hat mich ausgelacht. Ich wußte nicht mehr

ein noch aus. Fast hätte ich es getan. Ich konnte ihn nicht mehr ertragen. Es war so erniedrigend, so demütigend. Ich kam mir so besudelt vor... nicht wert zu leben. Er stürzte auf mich zu, und ich lief auf den Balkon. Dann griff er nach mir und wollte mir die Pistole wegnehmen. Er lachte. Er war sehr betrunken. Und plötzlich... vielleicht habe ich ihn geschubst, ich weiß es nicht. Ich kann mich nicht deutlich erinnern. Der Balkon gab nach... Die Pistole ging los... sie flog mir aus der Hand und fiel hinunter... und er lag daneben... über und über voll Blut. Ich hab' geschrien... und dann kamst du herein.«

»So war das also«, sagte ich.

»Ja. Möglich, daß ich den Schuß abgefeuert habe, der ihn tötete.«

»Es war ein Kampf. Die Pistole ist losgegangen. Denk nicht mehr daran. Es ist vorbei. Was auch geschehen ist, du konntest nichts dafür. Jetzt bist du frei, Felicity. Morgen gehen wir fort von hier und lassen dies alles für immer hinter uns.«

Bald darauf schlief Felicity ein. Ich ging nicht zu Bett. Ich saß im Sessel und nickte ein wenig ein. Später sah ich die Dämmerung heraufziehen, die Dämmerung des Tages unserer Abreise.

Am nächsten Tag rumpelten wir nach Sydney, und mit jeder Minute besserte sich meine Stimmung. Der Alptraum ist vorüber, dachte ich.

Wir kamen am Abend in Sydney an und stiegen im Hotel *Crown* ab. Nach einer kräftigen Mahlzeit gingen wir schlafen, und am nächsten Morgen fühlten wir uns frisch und ausgeruht.

Ich ließ Felicity im Hotel zurück und begab mich zur botanischen Gesellschaft. Ich hatte Glück. David Gutheridge war von seiner Expedition zurück und hielt sich in Sydney auf. Er wohnte in einem kleinen Hotel nicht weit vom *Crown*, wo ich ihn glücklicherweise antraf.

Er begrüßte mich herzlich und führte mich in einen kleinen Salon.

»Wir hatten lange keine Nachricht von Philip«, begann ich.

»Seltsam«, meinte er. »Ich habe auch nichts mehr von ihm gehört. Ich habe mich damals erkundigt, aber niemand konnte mir etwas über ihn sagen.«

»Wo haben Sie sich erkundigt?«

»In einem Hotel auf einer Insel... der größten der Gruppe. Cariba.«

»O ja, ich habe gehört, daß er dort war.«

»Offensichtlich war das eine Zeitlang sein Ausgangspunkt. Er war auf der Suche nach einer bestimmten Insel, nicht wahr? Er hatte eine Karte, und das Seltsame war, daß die Insel sich nicht dort befand, wo sie der Karte nach zu vermuten war. Und sie war auch auf keiner anderen Karte verzeichnet. Philip war aber sicher, daß diese Insel irgendwo existierte, und er wollte sie unbedingt finden.«

»War das das letzte, was Sie von ihm gehört haben?«

»Auf Cariba, ja. Ja, dort habe ich zum letztenmal von ihm gehört. Die Leute sagten, er sei ganz plötzlich abgereist.«

»Ach.«

Er sah mich mitleidig an. »Ich bedaure, daß ich Ihnen nicht weiterhelfen kann.«

»Und Sie haben keine Ahnung, wohin er von Cariba aus gegangen sein könnte?«

»Leider nein. Vielleicht ist er in einem Boot irgendwohin gefahren. In dieser Gegend können rasch Sturmböen aufkommen, und so ein kleines Boot hat dann kaum eine Chance.«

»Komisch, daß er niemandem gesagt hat, wo er hin wollte. Vielleicht kann jemand in dem Hotel zur Klärung seines Verschwindens beitragen.«

»Schon möglich. Wenn ich etwas höre, Miss Mallory, setze ich mich mit Ihnen in Verbindung. Sie fahren doch nach Cariba? Es gibt dort nur ein Hotel. Wenn ich etwas hören sollte, oder wenn mir etwas einfällt, schreibe ich Ihnen.«

»Das ist nett.«

»Sie haben sich eine schwierige Aufgabe vorgenommen.«

»Ich weiß. Aber ich bin entschlossen herauszufinden, was meinem Bruder zugestoßen ist.«

»Viel Glück«, sagte er herzlich.

Am folgenden Mittwoch bestiegen Felicity und ich das Schiff nach Cariba.

Auf Cariba

Donnerstag morgen ankerten wir vor Cariba. Felicity und ich hatten die Nacht dösend an Deck verbracht. Die See war ruhig, hin und wieder sah ich einen phosphoreszierenden Schimmer von atemberaubender Schönheit auf dem Wasser. Das Kreuz des Südens über uns mit seinen Myriaden Sternen machte mir bewußt, wie weit wir von zu Hause entfernt waren – aber wir waren ja unterwegs nach Cariba, wo ich etwas über Philip zu erfahren hoffte. Und ich würde Milton Hemming wiedersehen.

Das Leben war voller Abenteuer – manchmal gefährlich –, aber ich glaubte, nichts, was mir noch bevorstünde, könne schlimmer sein als die entsetzlichen Erlebnisse, die hinter uns lagen.

Felicity war verändert, seit sie mir anvertraut hatte, was in jener Nacht wirklich geschehen war. Es schien, als habe das Gespräch sie etwas erleichtert. Arme Felicity! Sie hatte wirklich Unzumutbares erduldet. Aber das war Gott sei Dank zu Ende – einerlei, wie dieses Ende zustande gekommen war.

Die Sonne stand plötzlich am Himmel. Das Wasser schimmerte im Morgenlicht, und vor mir lag die Inselgruppe. Ich zählte vier, und ja, noch eine, etwas abseits von den anderen. Schnell weckte ich Felicity. »Schau, Felicity, wir sind bald da.«

Wir lehnten uns über die Reling. Felicity lächelte. Ich nahm ihre Hand. »Du siehst schon ganz gut aus«, sagte ich.

»Ich fühl' mich auch besser. Ich habe in meinem Stuhl herrlich und traumlos geschlafen. Das tat gut.«

»So wird es von jetzt an auch bleiben.«

»Das habe ich dir zu verdanken«, sagte sie. »Ich werde nie vergessen, was du für mich getan hast.«

Ihre Worte machten mich nachdenklich. Ohne mich wäre das alles nie passiert. Sie hätte Raymond geheiratet, wenn ich nicht gewesen wäre. Ich stellte mir Felicity als Raymonds Frau vor, eine gute Ehefrau und Mutter, deren Leben ereignislos verlief und die sich nie träumen ließ, daß es auf der Welt einen Menschen wie William

Granville geben könnte. Zum erstenmal kam mir in den Sinn, wie gut Felicity und Raymond zusammenpaßten. Raymond würde jeder Frau ein perfekter Gatte sein... welche auch immer er heiratete.

Seltsam, daß ich, die ich ihn heiraten wollte, ihn mir so gut mit einer anderen vorstellen konnte.

Doch nun lag Cariba vor uns. Ein neues Abenteuer stand uns bevor, das dieses Mal besser ausgehen mußte.

Die Inseln lagen grün und üppig unter einem Dunstschleier. Felicity beschattete die Augen. »Eine liegt etwas abseits«, stellte sie fest.

»Ja. Möchte wissen, wie sie heißt, und ob dort auch Menschen leben.«

Wir näherten uns der größten Insel – Cariba. In dem kleinen belebten Hafen lagen mehrere Boote. Wir mußten weiter draußen ankern. Das Wasser war zu seicht, um direkt in den Hafen einzulaufen. Kleine Boote würden uns an Land bringen. Sie ruderten soeben auf uns zu. Halbwüchsige Jungen grinsten zu uns herauf und riefen uns auf Pidgin-Englisch zu, wir möchten Münzen hinunterwerfen, nach denen sie tauchen könnten. Wir warfen Geldstücke in das Wasser, das so klar war, daß man bis zum Grund sehen konnte.

Lachend beobachteten wir die geschmeidigen braunen Körper, die wie Fische tauchten und sich durchs Wasser schlängelten. Wenn sie eine Münze fanden, hielten sie sie triumphierend in die Höhe, warfen sie in ihr Boot und riefen: »Mehr, mehr.« So ging es eine Weile, bis man uns sagte, wir möchten uns für die Überfahrt an Land bereit halten.

Wir kletterten eine halsbrecherische Strickleiter hinunter in ein Boot, und dann wurden wir zur Insel gerudert. Ich war sehr aufgeregt. Hier war Philip zum letztenmal gesehen worden. Es mußte hier doch Leute geben, die etwas über ihn wußten!

Die Sonne stieg höher, es wurde merklich wärmer. Weiße Häuser glitzerten im Sonnenlicht, und ich entdeckte ein großes Gebäude, das ich für das Hotel hielt.

Cariba war beileibe keine einsame Insel. Auf dem Kai standen Unmengen von Kisten für die Verschiffung in alle Welt bereit. Ich sah welche mit grünen Bananen und andere mit Früchten, deren Namen ich nicht kannte. Es wimmelte von Menschen aller Hautfarben, schwarz, braun, weiß. Alle eilten lärmend durcheinander.

Ich sagte zu Felicity: »Wir gehen gleich ins Hotel. Die Leute hier können uns sagen, wie wir hinkommen.«

Das Boot war jetzt fast da. Einer der beiden großen Schwarzen, die uns gerudert hatten, sprang ins Wasser und machte das Boot fest. Dann trug er uns ans Ufer, damit wir keine nassen Füße bekamen.

Plötzlich hörte ich ein Rufen – und da war er und bahnte sich einen Weg durch die Menge. Seine weißen Zähne blitzten in dem sonnengebräunten Gesicht.

»Ich dachte schon, Sie würden nie kommen«, sagte Milton.

Ich war lächerlicherweise gerührt, und mir ging der absurde Gedanke durch den Kopf, daß meine Sorgen nun ein Ende hätten.

Er teilte Befehle aus, forschte nach unserem Gepäck, und jedermann schien ihm zu gehorchen. Ich lachte glücklich. »Sie kommen mir vor wie der große weiße Häuptling.« Grinsend nahm er meinen und Felicitys Arm. »Sie sind gewiß ganz erschöpft. Bestimmt hatten Sie eine schlaflose Nacht.«

»Wir sind hin und wieder eingenickt, nicht wahr, Felicity?«

»Es war so friedlich an Deck, und die Nacht war wunderschön.«

»Da haben Sie Glück gehabt. Es kann auch ganz anders sein. Jetzt will ich zusehen, daß man Ihr Gepäck ins Haus schickt.«

»Welches Haus?«

»Meins natürlich. Sie sind doch meine Gäste!«

»Nein, nein«, sagte ich, »wir steigen im Hotel ab.«

»Kommt nicht in Frage.«

»Ich bestehe darauf. Ihre Gastfreundschaft in allen Ehren, aber wir müssen ins Hotel. Ich habe dort einiges zu erledigen.«

»Jedesmal, wenn das Schiff von Sydney kam, habe ich hier gewartet. Ihr Zimmer ist bereit. Allerdings wußte ich nicht, daß Sie mitkommen würden, Mrs. Granville.«

»Das ist eine lange Geschichte«, sagte ich. »Doch davon später. Wir werden im Hotel wohnen.«

Er sah mich verschmitzt an. »Ich sehe schon, wenn ich Sie nicht mit Gewalt in mein Haus schleppe, bleibt mir nichts anderes übrig, als Sie ins Hotel zu bringen. Vielleicht kann ich Sie wenigstens überreden, mich später zu besuchen.«

»Gern. Und halten Sie mich bitte nicht für undankbar. Ich weiß Ihre Liebenswürdigkeit zu schätzen und bin dankbar für Ihre Hilfe. Aber ich muß im Hotel wohnen. Wir wollen vorerst in kein Haus mehr. Mrs. Granville hat Schreckliches hinter sich.«

Er machte ein betroffenes Gesicht. Die Nachricht war also noch nicht bis Cariba gedrungen.

»Ein Unfall«, bemerkte ich kurz und gab ihm mit Blicken zu verstehen, er möge in Felicitys Gegenwart nichts weiter sagen.

»Das tut mir leid«, wandte er sich an Felicity.

»Lassen Sie uns jetzt ins Hotel gehen«, sagte ich rasch.

»Kommen Sie. Ist das Ihr Handgepäck?« Er rief einen Mann herbei. »Bring das ins Hotel.«

»Ist es das große weiße Gebäude mit den Balkonen?« fragte ich.

»Ja. Es ist ganz behaglich. Ich sehe zu, daß man Ihnen gute Zimmer gibt.«

Wir waren bald da. Drei Stufen führten zur Tür, die uns ein kleiner schwarzer Junge eilfertig aufhielt. Wir betraten die Empfangshalle. Hinter dem Pult saß eine fast weiße Frau, ein Viertelblut, nahm ich an.

»Guten Morgen, Mr. Hemming«, sagte sie.

»Ich bringe Ihnen zwei Gäste, Rosa. Ich möchte, daß sie die besten Zimmer des Hotels bekommen... nach vorne, mit Balkon und Blick auf den Hafen.« Er wandte sich uns zu: »Es wird Ihnen gefallen. Es ist ein geschäftiger Hafen, da ist immer etwas los.«

»Wir haben im Augenblick nur eins mit Balkon frei, Mr. Hemming. Nebenan ist noch eins ohne.«

Ich sagte zu Felicity: »Das nimmst du doch gern, nicht?«

»Ja, ja.«

»Wenn es abends kühler wird, werden Sie froh um den Balkon sein«, sagte Milton Hemming.

»Felicity kann meinen mitbenutzen, wenn sie will. Wir nehmen die beiden Zimmer.«

»Gut. Sie werden heute abend bei mir speisen. Tagsüber können Sie sich ausruhen. Das werden Sie brauchen nach der Reise. Ich hole Sie um sieben ab. Und jetzt möchte ich die Zimmer sehen.«

»Selbstverständlich, Mr. Hemming«, sagte Rosa und gab einem livrierten Mann ein Zeichen.

Die Zimmer waren geräumig, mit großen Doppelbetten, Jalousien gegen die Sonne und kleinen Strohmatten auf blanken Fußböden. Über den Betten waren Netze.

»Vergessen Sie nie, die zuzuziehen«, ermahnte uns Milton Hemming. »Sonst sind Sie am Morgen bei lebendigem Leibe aufgefressen. Und lassen Sie tagsüber die Jalousien zu.«

Er öffnete die Glastür, die auf den Balkon führte. »Schauen Sie, Sie haben einen herrlichen Blick auf den Hafen. Wenn die Sonne untergegangen ist, können Sie hier draußen sitzen. Es wird Ihnen gefallen.«

Ich trat hinaus. Felicity zögerte. Ich nahm ihren Arm und zog sie heraus. Ich legte meine Hand auf das schmiedeeiserne Balkongitter. Es war solide. Felicity zitterte etwas, als wir wieder ins Zimmer traten.

»Sie müssen Hunger haben«, meinte Milton. »Ich sage Bescheid, daß man Ihnen etwas heraufschickt.«

»Sie denken aber auch an alles«, sagte ich.

»Ich habe schrecklich lange auf diesen Tag warten müssen. Was hat Sie bloß aufgehalten?«

»Das erzähle ich Ihnen ein andermal.«

»So«, sagte er, »dann lasse ich Sie jetzt allein. Um sieben Uhr hole ich Sie ab. Wenn Sie etwas brauchen, läuten Sie. Ich habe Anweisung gegeben, daß man sich um Sie kümmert.«

»Es ist sehr beruhigend, einen so mächtigen Freund zu haben.«

»Ich möchte, daß Sie Ihren Aufenthalt auf meiner Insel genießen.« Er nahm meine Hand und drückte sie fest. Seine Augen leuchteten. Er freute sich sichtlich, daß ich gekommen war.

Als er fort war, sagte ich zu Felicity: »So, da wären wir. Endlich.«

»Mister Hemming ist wirklich gut zu uns.«

»Er hat uns damals auf dem Schiff sehr geholfen. Weißt du noch, wie er sich um deine Tante gekümmert hat?«

»Ich dachte immer, er wollte sie loswerden.«

»Warum denn nur?«

»Damit er dich öfter sehen konnte. Tante Emily war immer da... ein richtiger Anstandswauwau, nicht?«

»Sie wollte doch fort!«

»Manchmal denke ich, er hat sie dazu gebracht, daß sie es wollte.«

Ich lachte. »Er ist eine starke Persönlichkeit.«

»Gut, daß wir ihn auf unserer Seite haben. Ich hätte ihn nicht gern gegen mich.«

Eine hochgewachsene Negerin kam mit einem Tablett herein. Darauf waren Brötchen und ein Teller mit Obst – Mangos, Bananen und Ananas. Und Milch, Kokosmilch, wie sich herausstellte. Alles war sehr appetitlich angerichtet.

Nach dem Essen schlug ich Felicity vor, ihre Koffer auszupacken, die man inzwischen heraufgebracht hatte. »Und danach machst du ein Nickerchen.« Ich ging mit ihr zu ihrem Zimmer. Die Jalousien waren herabgelassen. Ich war froh, daß es keinen Balkon gab, der womöglich Erinnerungen geweckt hätte.

»Ich bin auch schrecklich müde«, gestand sie.

»Dann leg dich erst mal hin. Auspacken kannst du später.«

»Und du bist nebenan?«

»Natürlich.«

»Du gehst nicht weg, ohne es mir zu sagen?«

»Das verspreche ich dir. Wenn du mich brauchst, mußt du bloß herüberkommen.« Ich gab ihr einen Kuß und ließ sie allein. Ich ging in mein Zimmer und trat auf den Balkon. Unter mir liefen die Menschen geschäftig hin und her. Draußen lag das Schiff. Es blieb ein paar Tage hier, um Fracht aufzunehmen. Ich lauschte dem Lärmen und Treiben, beobachtete die farbenfroh gekleideten Frauen in ihren langen fließenden Gewändern. Viele trugen Blumen um den Hals. Die meisten hatten lange schwarze Haare, waren sehr schön und bewegten sich mit vollendeter Grazie. Die Männer waren einfacher gekleidet, etliche trugen nur einen Lendenschurz und waren mit Kistenabladen beschäftigt, wobei sie unentwegt schrien. Es war eine farbige, faszinierende Szenerie. Dann ging ich ins Zimmer zurück und packte ein paar Sachen aus. Aber ich war zu müde. Ich legte mich aufs Bett und war binnen kurzem fest eingeschlafen.

Gegen fünf Uhr wachte ich auf, und mir fiel ein, daß Milton Hemming uns um sieben abholen wollte. Ich stand auf und klopfte an Felicitys Tür. Sie schlief noch, ihr Gesicht sah ganz friedlich aus, und ich war mit einemmal glücklich. Sie wird alles vergessen, sagte ich mir. Diese Insel ist der beste Ort dafür.

Ich setzte mich an ihr Bett und rief leise ihren Namen. »Ich bin's, Annalice. Weißt du, wie spät es ist?«

Sie schlug die Augen auf und blickte verstört um sich. Einen Moment muß sie gedacht haben, sie sei wieder in dem Schlafzimmer, das sie mit ihrem Mann teilte.

»Ist ja gut«, beruhigte ich sie rasch. »Wir sind auf Cariba. Du hast tief geschlafen. Ich auch. Das hatten wir nötig.«

Sie setzte sich auf. »Wie spät ist es?«

»Kurz nach fünf.«

»Und er kommt um sieben.«

»Ja, wir müssen uns fertigmachen. Hast du daran gedacht, ein Kleid herauszuhängen?«

»Ja, das blaue. Ich habe es nie angehabt, als wir...«

»Da hätte es auch nicht hingepaßt.«

»Ich hab' fast alles zurückgelassen, was ich dort getragen habe. Ich mag die Sachen nicht mehr sehen.«

»Wo hast du das blaue Kleid? Aha, ich seh's schon. Sehr hübsch.«

»Er wird mich gar nicht beachten. Er wird die ganze Zeit nur Augen für dich haben.«

»Du irrst. Ihm entgeht nichts.«

»Er scheint hier sehr einflußreich zu sein.«

»Es ist sozusagen seine Insel. Die Plantage gehört ihm, und ich glaube, daß alle von ihm abhängig sind.«

»Was ziehst du an?«

»Das rote.«

»Das ist sehr farbenfroh. Aber so was trägt man hier ja.«

»Das paßt ja auch zu den Blumen und allem.«

»Wie lange werden wir hierbleiben, Annalice?«

»Hast du schon Sehnsucht nach Hause?«

»Ich glaube, richtig sicher fühle ich mich erst, wenn ich daheim bin.«

»Du weißt, warum ich hier bin. Ich muß wissen, was aus meinem Bruder geworden ist. Sobald ich es herausgefunden habe, kann ich abreisen. Aber wenn du schon früher fort möchtest...«

»Nein, das schaffe ich nicht, zurück nach Sydney, und dann auf ein Schiff...«

»Mister Hemming würde alles für dich arrangieren, du brauchtest dich um nichts zu kümmern.«

»Nein, nein, ich möchte bei dir bleiben. Ich glaube, mir gefällt es hier. Ich muß mich erst etwas erholen, bevor ich nach Hause zurückkehre.«

»Dazu hättest du auf der langen Seereise Zeit genug.«

»Die Reise möchte ich lieber mit dir zusammen machen. Ich bleibe bei dir. Hoffentlich erfährst du bald etwas über deinen Bruder.«

»Das hoffe ich auch. So, und jetzt gehe ich rüber und mache mich fertig, und du mußt dich auch anziehen.«

»Annalice?«

»Ja?«

»Es ist wunderbar, von allem weit weg zu sein... allem entflohen.«

Milton Hemming holte uns um sieben Uhr ab und fuhr uns in einer blankpolierten, von zwei prächtigen Pferden gezogenen Kutsche zu seinem Haus. »Die benutze ich nur selten«, erklärte er. »Hier kommt man mit Reiten besser voran. Sie möchten sicher gern Reitpferde. Ich lasse Ihnen zwei zum Hotel schicken.«

»Sie verwöhnen uns.«

»Es ist eine Ehre für mich, daß Sie meine Insel besuchen.«

Der Tag neigte sich dem Ende zu, die Sonne ging um halb sieben unter – und zwar immer, das ganze Jahr hindurch. Es gab keine Jahreszeiten wie zu Hause. Keinen Winter, keinen Sommer, nur die Trocken- und die Regenzeit. Ich war froh, daß wir uns nicht in letzterer befanden.

Wir kamen zu einem Eisentor, das weit offenstand, und fuhren auf einer Auffahrt mitten durch hohes Zuckerrohr auf das große weiße, imposante Haus zu. Die untergehende Sonne tauchte die Szenerie in rotschimmerndes Licht. Und wo man hinsah, war Zuckerrohr.

Ich hielt staunend den Atem an.

»Gefällt es Ihnen?« fragte Milton Hemming.

»Es ist... überwältigend.«

»Was haben Sie denn erwartet?«

»So großartig hatte ich es mir nicht vorgestellt. So etwas habe ich noch nie gesehen.«

»Sie waren ja auch noch nie auf einer Zuckerplantage. Ich bin froh, daß die Fabrik und das Kesselhaus nicht zu sehen sind. Die sind nicht ganz so malerisch.«

Wir waren auf einem Kiesweg zum Stehen gekommen. »Wir sind da.« Er sprang aus dem Wagen, und wie durch Zauber erschien ein Mann, um sich der Pferde anzunehmen. Milton hakte mich und Felicity unter und führte uns ins Haus.

Die hohe Halle war im Stil eines englischen Landhauses gehalten. An den Fenstern hingen leichte Seidenvorhänge; schwerer Samt wäre in diesem Klima nicht angebracht gewesen. Um einen Tisch standen elegante Stühle. Achtzehntes Jahrhundert, schätzte ich.

»Ich hoffe, mein Haus gefällt Ihnen«, sagte Milton. »Wollen wir uns hierhersetzen und einen erfrischenden Trunk zu uns nehmen, bevor wir zum Essen hineingehen?«

»Es ist wie zu Hause«, meinte Felicity.

Er lächelte erfreut.

Ein sich lautlos bewegendes Mädchen in einem langen, lose sitzenden Baumwollgewand mit einem Muster von roten und weißen Rosen auf blauem Grund brachte Getränke; um Hals und Arme hatte sie rote Perlen.

»Das ist ein hiesiges Erfrischungsgetränk«, erklärte Milton. »Es enthält nur ganz wenig Alkohol. Es ist für ein heißes Klima gedacht.«

Es schmeckte köstlich. Er erzählte uns, daß er unterdessen von der Tragödie gehört habe; die Nachricht war mit dem Schiff herübergekommen. »Das muß ein schlimmer Schock gewesen sein. Die Bedrohung durch Buschklepper nimmt immer mehr zu. Aber hier haben Sie nichts zu befürchten. Wir sind eine gesetzestreue Insel. Die Strafen für Missetaten sind so schwer, daß sich niemand diesem Risiko aussetzt.« Er erzählte uns von der Insel und wie der Zucker angebaut und vermarktet wurde.

Er führte uns in ein sehr hübsches Speisezimmer, das unserem zu Hause glich. Es hatte sogar einen großen Wandteppich. Glastüren gingen auf einen Innenhof. Milton schlug vor: »Nach dem Essen können wir uns dort hinaussetzen. Nach Sonnenuntergang ist es sehr angenehm. Ich werde Ihnen Fächer geben lassen, damit Sie die Insekten abwehren können. Sie werden sie auch tagsüber gegen die Hitze brauchen können.«

Das Mahl war ungewöhnlich. Es gab Fisch, wie ich ihn noch nie gekostet hatte. Zum erstenmal im Leben probierte ich gebackene Brotfrucht. »Man muß erst auf den Geschmack kommen«, erklärte Milton. »Mit der Zeit wird es Ihnen gut schmecken.« Es gab alle möglichen Früchte und das Spezialgetränk der Insel. Es war meine beste Mahlzeit, seit ich von zu Hause fort war.

Nach dem Essen gingen wir in den Innenhof. Wir bekamen wunderschöne, aus bunt bemaltem Elfenbein gefertigte Fächer. Meiner war blau und grün, Felicitys war rot und weiß.

»Damit Sie an mich denken, wenn Ihnen die Hitze unerträglich wird«, sagte Milton, und in einem duftenden Blumenmeer von rotem Hibiscus, rosa Jasmin und Gladiolen verbrachten wir den Abend.

Ich war berauscht von dem Duft und dem Getränk, das doch stärker war, als Milton zugegeben hatte, und war von träumerischer Zufriedenheit erfüllt, weil ich dem Alptraum in Granvilles Haus entkommen war, weil meine Suche jetzt beginnen konnte, weil alles so fremdartig und schön war und weil ich mich in Milton Hemmings Gesellschaft sehr wohl fühlte.

In der Nacht lag ich im Bett und dachte verträumt an den Abend zurück. Ich konnte den schweren Duft des roten Jasmins noch riechen, hörte noch das plötzliche Surren eines Insekts, das an eine Lampe stieß.

»Flugkäfer«, hatte Milton gesagt. »Die sind harmlos. Sie werden sich daran gewöhnen. Sie werden hier noch viele seltsame Dinge kennenlernen.«

Um zehn hatte er uns zum Hotel zurückgebracht. Er meinte, wir müßten uns ausschlafen. Eigentlich wollte ich im Bett den Abend noch einmal überdenken, aber die Müdigkeit war stärker.

Als ich am nächsten Morgen aufwachte, war ich ganz frisch. Ich warf mein Moskitonetz beiseite, sprang aus dem Bett, zog die Jalousie hoch und trat auf den Balkon. Unter mir erwachte der Hafen bereits zum Leben. Ochsenkarren kamen herangefahren, wohl von den umliegenden Hügeln. Leute, die ihre Waren verkaufen wollten, bauten ihre Stände auf. Auf dem Wasser schaukelten Fischerboote.

Man brachte mir Wasser aufs Zimmer, ich wusch mich und kleidete mich an. Dann klopfte ich an Felicitys Tür. Ich erhielt keine Antwort und trat ein. Felicity lag auf dem Rücken und starrte zur Decke. Als ich näher kam, sah ich Tränen auf ihren Wangen.

»Felicity!« rief ich erschrocken. »Was fehlt dir?«

»Er war da... in der Nacht... Er ist wieder da... Er war hier... wie in dem schrecklichen Zimmer.«

»Das hast du geträumt. Du bist auf Cariba. Schau, da unten ist der Hafen.«

Sie zitterte am ganzen Leib. »Ich werde nie von ihm loskommen«, murmelte sie.

»Hör zu, Felicity, er ist tot. Er kann dir nichts mehr anhaben. Es ist vorbei.«

Sie schüttelte den Kopf, ihre Zähne klapperten, ihre Augen blickten leer, und ich merkte, daß sie mir nicht zuhörte. Erschrocken und verwirrt wußte ich nicht, was ich tun sollte.

Zuerst dachte ich, sie hätte einen Alptraum gehabt, der mit dem Tageslicht verblassen würde. Aber offenbar war es etwas Ernsteres. Sie lag völlig reglos da und schien mich nicht zu hören.

Jetzt packte mich die Angst. Mir wurde klar, daß ich die Sache zu einfach gesehen hatte, als ich dachte, ich bräuchte sie nur vom Schauplatz des Entsetzens wegzubringen, und schon würde sie vergessen. Sie hatte einfach zu viel durchgemacht, und ich konnte nicht erwarten, daß sie das alles überwand, nur indem man sie einfach woandershin brachte.

Da fiel mir Milton ein. Bei ihm würde ich Hilfe finden. Ich lief hinunter und sagte zu Rosa: »Meine Freundin ist krank. Ich mache mir Sorgen um sie. Könnten Sie Mr. Hemming benachrichtigen?«

»Selbstverständlich. Ich schicke sofort jemanden hin.«

»Vielen Dank.«

Sie rief einen Mann herbei, der sich sogleich auf den Weg machte.

»Die arme Dame«, sagte Rosa. »Sie ist nicht sehr kräftig.«

»Nein. Sie hat Schlimmes durchgemacht.«

»Der Doktor macht sie bald wieder gesund.«

Die dunklen Augen musterten mich voll Neugier. Offenbar wußte man hier von William Granvilles plötzlichem Tod und daß Felicity seine Witwe war.

Ich kehrte zu Felicity zurück. Sie lag noch genau so da wie vorhin und starrte ins Nichts. Ich setzte mich an ihr Bett und nahm ihre Hand. »Ist ja gut, Felicity. Ich bin bei dir.« Sie antwortete nicht, aber der Druck ihrer Finger sagte mir, daß sie beruhigt war.

Kurz darauf hörte ich Milton heraufkommen und ging ihm entgegen. »Felicity ist so seltsam«, sagte ich. »Sie nimmt anscheinend nichts wahr. Sie hatte eine schlimme Nacht, Alpträume... Aber es scheint etwas Ernsteres zu sein.«

»Kann ich sie sehen?«

Sie blickte ängstlich auf, als er eintrat.

»Keine Angst«, beruhigte ich sie. »Das ist Mister Hemming. Er will dir helfen.«

Sie preßte die Zähne zusammen. »Er ist nicht tot«, flüsterte sie. »Er ist hier...«

Ich sah Milton an.

»Ich schicke nach Doktor Norton«, sagte er. Er verließ das Zimmer, während Felicity völlig teilnahmslos vor sich hinblickte.

Ich hörte Milton zurückkommen und ging in den Flur hinaus. »Sie leidet unter einem verspäteten Schock«, meinte er. »Jetzt erst zeigen sich die Auswirkungen von jener schrecklichen Nacht. Sie braucht Ruhe und gute Pflege. Norton ist ein feiner Kerl. Ich kenne ihn seit Jahren. Er wird sein möglichstes für sie tun.«

»Ich mache mir große Sorgen um sie.«

Er legte seine Hand auf meine Schulter. »Ich bin doch hier. Sie können mir vertrauen. Ich kümmere mich um Sie beide.«

Ich wandte mich ab. Ich war so gerührt, daß ich nicht sprechen konnte.

Der Arzt kam und untersuchte Felicity. Er gab ihr ein Schlafmittel. Dann gingen Milton und ich mit ihm hinunter, setzten uns im Freien vor dem Hotel an einen Tisch und unterhielten uns.

Dr. Norton sagte: »Sie steht unter hochgradiger Schockwirkung. Sie hatte wohl ein furchtbares Erlebnis?«

»Ja«, sagte ich. »Ihr Mann ist eines gewaltsamen Todes gestorben, und sie war dabei, als es passierte.«

»Der Fall Granville«, deutete Milton an.

»Oh. Das erklärt vieles. Die Ärmste, es muß zugleich Schmerz und Schock gewesen sein.«

»Die Ehe war nicht glücklich«, wandte ich ein. »Mrs. Granville konnte sich nicht an dieses Dasein gewöhnen. Sie hat in England ein ruhiges Leben geführt und hatte keine Ahnung, auf was sie sich einließ.«

»Ich verstehe. Sie wird genesen, aber das braucht seine Zeit. Sie muß viel ruhen. Ich habe ihr ein Schlafmittel gegeben und schicke nachher noch ein paar Tabletten ins Hotel, und morgen sehe ich wieder nach ihr. Sie sollten aber die Tabletten an sich nehmen. Geben Sie ihr jeden Abend eine vorm Zubettgehen. Zwei könnten schädlich sein – und mehr als zwei tödlich. Achten Sie darauf, daß sie sie nicht finden kann. Geben Sie ihr heute abend eine Tablette, dann dürfte sie die Nacht durchschlafen.«

Als der Doktor fort war, ging ich hinunter. Milton war noch da. »Nun?« fragte er.

»Sie ist ganz ruhig. Aber ich mache mir schreckliche Sorgen um sie. Sie sah so verstört aus.«

»Ich hatte den Eindruck, sie stand kurz vor dem völligen Zusammenbruch. Aber keine Angst, Norton versteht sein Handwerk. Ein Glück, daß wir ihn hier auf der Insel haben. Sogar die Einheimischen halten ihn für eine Art Wunderdoktor.«

»Danke, daß Sie gekommen sind.«

»Meine liebe Annalice, ich stehe Ihnen stets zu Diensten.«

Ich lächelte ihn an. Er kam mir ganz anders vor, sanft, fast zärtlich, und ich empfand eine tiefe Sympathie für diesen Mann.

»Setzen Sie sich einen Augenblick«, bat er. »Sie dürfen sich jetzt nicht unterkriegen lassen. Sie müssen stark sein, eine Trösterin und gute Krankenschwester. Es wäre wirklich besser, wenn Sie zu mir ziehen würden.«

»Ich muß hierbleiben.«

»Sie hätten es bei mir bequemer – Sie und Felicity.«

»Nein. Ich bleibe hier.«

»Reden wir offen miteinander. Ich weiß, warum Sie nicht zu mir ziehen wollen. Erstens möchten Sie Ihre Erkundungen fortsetzen, und zweitens meinen Sie, es sei nicht *comme il faut*. Aber die Konventionen sind hier nicht so streng wie in England. Sie denken, Sie können mir nicht trauen, und da wir offen miteinander sind, will ich Ihnen ein Geheimnis verraten: Sie haben recht.«

Ich lachte zum erstenmal, seit ich Felicity so verzweifelt in ihrem Zimmer angetroffen hatte.

Dann wurde er plötzlich ernst. »Seien Sie versichert, daß ich immer da bin, um Ihnen zu helfen, wenn Sie in Schwierigkeiten sind.«

»Dafür bin ich Ihnen dankbar.«

»Eines Tages werde ich allerdings mehr wollen als Ihre Dankbarkeit.«

»Bitte... nicht jetzt...«

»Ich habe lediglich eine Tatsache geäußert. Ich sehe, wie bekümmert Sie sind. Was immer geschieht, ich werde Ihnen beistehen.«

»Danke.«

»Felicitys Reaktion ist nur zu verständlich. Sie war schließlich zugegen, als er stürzte und sich tötete.«

Ich nickte. Dann platzte ich heraus: »Es war nicht nur das. Das war nur der Höhepunkt. Es war schon vorher...«

Er sah mich fragend an.

Und dann sprudelte alles aus mir heraus... die Ankunft in dem Haus, die gräßlichen Nächte, die Felicity in dem Balkonzimmer ertragen mußte, die Rolle, die Mrs. Maken dabei spielte, wie Felicity sich stumm damit abfand, ihre aufgestauten Emotionen, über die sie nicht mal mit mir sprechen konnte.

»Er hatte einen üblen Ruf. Suff und Weiber. Aber man nimmt Klatschgeschichten und Gerüchte ja nicht immer ernst.«

»In diesem Fall hätte kein Gerücht schlimm genug sein können.«

Ich erzählte ihm von den Pistolen und wie der Mann eines Nachts in mein Zimmer gekommen war und ich ihn mit der Waffe bedroht hatte.

»Großer Gott!« entfuhr es Milton.

»Ich hätte nie gedacht, daß ich einen Menschen töten könnte, aber ich glaube, ihn hätte ich umgebracht. Ich machte ihm angst, denn er sah, daß es mir ernst war, und wußte, daß ich leidlich gut schießen konnte.«

»Und dann, in jener Nacht auf dem Balkon...«

»Es hieß, er hätte Buschklepper erwischt und wollte auf sie schießen.«

»Und dabei waren gar keine Buschklepper da?«

»Ich weiß nicht. Ich glaube, für Felicity war das Maß voll. Es gab ein Handgemenge, und dann löste sich ein Schuß, und Granville stürzte.«

»Kein Wunder, daß sie in so einem Zustand ist. Ich bin froh, daß Sie sie hierhergebracht haben. Wir werden sie gemeinsam gesund pflegen.«

Meine Lippen zitterten ein wenig. »Ich bin froh, daß wir hier sind... bei Ihnen. Wie kann ich Ihnen nur danken.«

»Das haben Sie soeben getan«, sagte er, »auf eine Art, die mir mehr bedeutet als alles andere.«

Eine Zeitlang saßen wir schweigend und blickten auf den Hafen. Der Bote des Arztes kam mit den Tabletten. Ich brachte sie in mein Zimmer und steckte sie zu der Landkarte in eine Schublade. Dann ging ich zu Felicity und setzte mich ein Weilchen zu ihr. Sie schlief friedlich.

Als ich hinunterkam, war Milton immer noch da. »Sie schläft«, sagte ich.
Er nickte. »Wir werden zusammen zu Mittag essen, und dann müssen Sie ruhen. Siesta ist hier an der Tagesordnung. Nachmittags ist es so heiß, da kann man gar nichts anderes tun als schlafen. Von zwei bis vier ruht alles. Heute abend komme ich nachsehen, wie es Ihnen beiden geht.«
Ich konnte nichts essen außer etwas Obst. Bevor ich mich anschließend auf mein Zimmer zurückzog, schaute ich zu Felicity hinein. Sie lag mit geschlossenen Augen auf dem Rücken, ihr Gesicht sah friedlich aus.
Aber ich konnte nicht schlafen. Mir ging alles mögliche durch den Kopf. Wenn sie wirklich krank wäre? Was, wenn sie den Verstand verloren hätte? Was sollte ich tun? Ich war doch für sie verantwortlich. Ich tröstete mich mit dem Gedanken: Er ist da. Er wird mir helfen. Und darüber nickte ich ein.
Felicity schlief den ganzen Tag. Bei Sonnenuntergang ging ich zu ihr und setzte mich an ihr Bett. Sie schlug die Augen auf und lächelte. »Ich bin müde, so müde«, flüsterte sie.
»Du brauchst Ruhe und viel, viel Schlaf.«
Lächelnd schloß sie die Augen.
Ich ging hinunter. Milton war schon da, und wir speisten zusammen im Hotel. Ich war ziemlich schweigsam, er aber plauderte fröhlich, und als er mir eine gute Nacht wünschte, nahm er meine Hände und küßte mich zärtlich auf die Wange.
»Denken Sie daran, wenn Sie sich ängstigen, brauchen Sie nur nach mir zu schicken.«
Ich ging hinauf und sah ihm vom Balkon meines Zimmers nach, als er davonritt. Er drehte sich noch einmal um und warf mir eine Kußhand zu.
Ich lächelte und winkte zurück. Dann war er fort. Ich ging zu Felicity. »Ist es jetzt Nacht?« fragte sie.
»Ja.«

»Ich fürchte mich vor der Nacht.«

»Das brauchst du nicht hier auf Cariba.«

»Ich habe solche Alpträume!«

»Ich bin ja nebenan. Du brauchst nur zu klopfen.«

»Du bist so lieb zu mir, Annalice.«

Ich gab ihr einen Kuß und blieb bei ihr sitzen, bis sie eingeschlafen war. Danach ging ich in mein Zimmer.

Gegen zwei Uhr wurde ich durch ein Klopfen an der Wand geweckt. Hastig stand ich auf, zog meinen Morgenrock über und lief zu Felicity. Sie saß aufrecht im Bett und blickte verstört um sich.

»Nein, nein«, stöhnte sie.

»Ist ja gut«, rief ich. »Ich hab' das Klopfen gehört. Ich bin bei dir. Hast du geträumt?«

»Er war hier...«, stammelte sie. »Der Whisky... ich konnte ihn riechen. Ich hasse Whisky, weil... weil...«

»Hör zu«, beruhigte ich sie. »Es ist alles vorbei. Du mußt vergessen. Ich gebe dir eine Tablette, der Doktor hat gesagt, du sollst jeden Abend eine nehmen. Danach wirst du gut schlafen und angenehme Träume haben.«

Ich holte die Tablette aus meinem Zimmer. Felicity nahm sie folgsam ein. »Ich bin hier auf Cariba, nicht wahr. Du bist bei mir, und er ist tot... tot. Er lag da mitten in all dem Blut...«

»Er ist tot und begraben«, versicherte ich. »Er kann dir nichts mehr anhaben.«

»Nein.«

»Leg dich wieder hin und mach die Augen zu. Ich bleibe hier, bis du eingeschlafen bist. Und wenn du einen bösen Traum hast, brauchst du dir bloß zu sagen, ›es ist ja nur ein Traum‹.«

Die Tablette wirkte rasch, und kurz darauf atmete Felicity ganz ruhig. Ich wollte schon gehen, als ich sie murmeln hörte: »Raymond... warum... ach wenn doch nur... ach, Raymond...«

Dann schlief sie ein. Ich stand auf und ging in mein Zimmer. Ich konnte nicht einschlafen. In was für einen Wirrwarr waren wir doch verstrickt! Sie liebte Raymond. Wenn doch Raymond nur käme und ihr sagte, daß er sie auch liebte! Das brauchte sie mehr als alles andere, und auch ich wünschte es glühend, denn mir wurde immer klarer, daß ich, würde ich Cariba – und damit Milton Hemming – Lebewohl sagen, nie mehr richtig glücklich sein könnte.

Sobald ich am nächsten Morgen auf war, ging ich zu Felicity. Sie hatte immer noch den abwesenden Blick, aber sie war wenigstens friedlich.

Ich frühstückte im Hof hinter dem Hotel. Rosa kam zu mir und erkundigte sich nach Felicity. Ich erklärte, es ginge ihr etwas besser, sie sei aber immer noch sehr müde.

»Arme Mrs. Granville. Mr. Hemming ist ehrlich um sie besorgt... und um Sie. Er ist ein sehr einflußreicher Herr. Die Insel ist von ihm abhängig. Das vergessen wir nie... und er auch nicht.«

War das eine versteckte Kritik?

»Die Plantage ist gut für die Insel«, fuhr sie fort. »Der ganze Wohlstand hier...« Sie machte eine weitschweifende Handbewegung. »Alle Welt braucht Zucker. Unsere Plantage ist größer als die von den Manuels auf der Nachbarinsel. Mr. Manuel ist vor kurzem gestorben, als Mr. Hemming in England war. Mrs. Magda leitet sie jetzt. Eine sehr kluge Dame.«

»Das ist ja hochinteressant. Kann man die anderen Inseln besichtigen?«

»Vielleicht nimmt Mr. Hemming Sie mal mit, wer weiß? Vielleicht auch nicht.« Dann sagte sie plötzlich: »Verzeihen Sie, ich habe zu tun.«

Ich dachte an die Nachbarinsel und fragte mich, wie diese Mrs. Magda Manuel wohl sein mochte. Nach dem Frühstück ging ich zu Felicity. Sie schlug die Augen auf, und ich fragte sie, ob sie etwas frühstücken möchte. Zu meiner Freude bejahte sie, und ich bestellte etwas Milch, Obst und Brot.

Danach schlief sie wieder ein, und ich ging hinunter und trat vor das Hotel. Auf der Terrasse saßen etliche Leute unter Sonnenschirmen an den Tischen. Ich nahm an einem Tisch Platz. Ein Kellner fragte, ob ich etwas wünschte. Ich verneinte. »Ein herrlicher Morgen«, sagte ich zu ihm. Er meinte, später würde es sehr heiß werden. Dann fragte ich ihn nach seinem Namen. Er hieß Obadiah.

»Arbeiten Sie schon lange hier im Hotel?«

»Meiner Treu, Lady, ich hab' schon hier gearbeitet, als ich so klein war.« Er deutete die Größe eines etwa zehnjährigen Buben an. »Hab' die Türen aufgemacht in einer schicken Uniform. War tagein, tagaus froh und glücklich. Der Master hat zu mir gesagt: ›Du bist fleißig, Obadiah, wer weiß, was aus dir mal wird.‹ Das war aber nicht dieser Master. Es war der andere.«

»Der andere?«

»Dem hier sein Vater. Feiner Kerl, wie der Master. War dem Master sein Papa. Und jetzt muß sich der Master 'ne Frau nehmen und 'n paar Kinderchen kriegen, damit's mit der Plantage weitergeht.«

»Aha. Der Master ist Mr. Hemming.«

»Genau, der ist der Master. Wir wollen, daß er Frau und Kinder hat. Wir dachten, er würde eine mitbringen, als er zurückkam. Von den hiesigen ist keine die Richtige für den Master. Allerdings wäre da Mrs. Manuel. Aber die war nicht frei, als er fortreiste. Das ist jetzt was anderes.«

Schon wieder diese Mrs. Manuel! Sie mußte wohl eine gute Freundin von Milton Hemming sein. Ich spürte einen leichten Stich. War es Eifersucht? Ging mich das wirklich etwas an?

»Und was ist nun mit dieser Mrs. Manuel?« fragte ich.

»Oh, wir werden sehen. Ist gut so. Der Master kam ohne Frau zurück... wer weiß.«

»Sie meinen, Mrs. Manuel ist jetzt frei und könnte die Frau des Masters werden?«

»Der Master mag nicht, wenn man über ihn redet.«

Ich wechselte das Thema. »Obadiah, können Sie sich zurückerinnern... ungefähr zwei Jahre?«

»Zwei Jahre. Warum... wofür?«

»Sie erinnern sich bestimmt an Leute, die hier abgestiegen sind, nicht wahr? Leute aus Übersee.«

Obadiah tippte sich grinsend an den Kopf. »Ist alles hier drin«, sagte er. »Ich kann mich Jahre über Jahre zurückerinnern.«

»Erinnern Sie sich an einen Herrn, der eine Weile hier gewohnt hat, namens Philip Mallory?«

»Ein Mister Philip Mallory. Kommt mir bekannt vor.«

»Ein junger Mann. Er war vor etwa zwei Jahren hier.«

Obadiah verdrehte die Augen und sagte: »Gewiß. Ich erinnere mich an ihn. Ein sehr netter Herr.«

»Er war mein Bruder.«

»Ihr Bruder, Lady, was Sie nicht sagen!«

»Sie müssen ihn öfters gesehen haben.«

»O ja. Hab' ihn gesehen.«

»Und was ist geschehen?«

»Na ja, er war hier... und dann war er nicht mehr hier.«

»Wohin ist er gegangen? Haben Sie eine Ahnung?«

Obadiah kratzte sich nachdenklich den Kopf.

»War das nicht einer von denen, die was mit Landkarten zu tun haben?«

»Ganz recht.«

»Oh, dann ist er wohl kartieren gegangen, nehm' ich an.«

»Wohin ist er abgereist?«

»Er ist einfach verschwunden.«

»War jemand bei ihm?«

»Kann ich nicht sagen.«

»Denken Sie nach. Wie lange hat er hier gewohnt?«

Obadiah schüttelte den Kopf. »Kann eine Woche gewesen sein. Können auch zwei gewesen sein... oder auch drei, vier...«

»Sie sagten eben, er ist verschwunden, ohne zu sagen wohin. Er hat sich bestimmt nicht einfach davongemacht. Schließlich muß er seine Rechnung bezahlt haben.«

»Davon weiß ich nichts. Mit Rechnungen hat Obadiah nichts zu tun.«

Mit ihm kam ich nicht weiter. Aber immerhin erinnerte er sich an Philip. Vielleicht wußten andere im Hotel mehr. Ich sprach an diesem Morgen mit etlichen Hotelangestellten. Die meisten erinnerten sich an Philip, und an seiner Abreise schien nichts Mysteriöses gewesen zu sein. Er war gekommen und gegangen wie alle anderen Hotelgäste.

Ich schlenderte zum Wasser hinunter. Enttäuscht fragte ich mich, ob ich überhaupt jemals etwas entdecken würde. Ich hatte meine ganze Hoffnung auf Cariba gesetzt, und nun, da ich hier war, kam ich nicht weiter.

Deprimiert ging ich zum Hotel zurück. Auf der Treppe trat mir Milton Hemming entgegen.

»Ich habe Ihnen ein Pferd gebracht«, sagte er. »Ich habe es hier im Stall untergestellt. Kommen Sie, schauen Sie es sich an. Wie geht es Felicity?«

»Etwas besser. Sie schläft die meiste Zeit und kommt mir ruhiger vor.«

»Fein.« Ich folgte ihm zum Stall hinter dem Hotel, und er zeigte mir eine hübsche kastanienbraune Stute. »Sie heißt Excelsior. Ist sie nicht hübsch?«

»Sehr«, bestätigte ich.

»Sie ist ein sanftes Tier. Nur, reiten Sie nachmittags nicht aus. Da ist es zu heiß für das Pferd und für Sie.«

»Ich weiß nicht, wie ich Ihnen danken soll.«

Er sah mich eindringlich an und meinte: »Sie werden schon einen Weg finden, um Ihre Dankbarkeit zu beweisen.«

Ich schwieg, und er fuhr fort: »Eigentlich müßte ich Ihnen dankbar sein. Ich bin sehr glücklich, weil Sie hier sind. Ich hoffe, Sie werden sehr lange bleiben.«

»Wer weiß? Vielleicht möchten Sie mich loswerden, wenn ich zu lange bleibe?«

»Niemals. Ich möchte Sie heiraten, und das würde heißen, daß Sie für den Rest unseres Lebens bei mir bleiben.«

»Mich heiraten!«

»Machen Sie nicht so ein überraschtes Gesicht. Meine Absichten sind Ihnen doch bekannt.«

»Das schon, aber ich war nicht sicher, daß heiraten dazugehört.«

»Hier ist nicht der Ort für ein ernstes Gespräch«, sagte er und führte mich durch die Hotelhalle in ein kleines Zimmer, das auf den Hafen hinausging. Es hatte einen Balkon mit Stühlen darauf. Milton schloß die Tür, und wir setzten uns auf den Balkon.

»Jetzt wollen wir uns mal ernsthaft unterhalten«, begann er.

»Ich möchte Sie hier haben, bei mir... für immer. Heiraten Sie mich.«

»Waren Sie in England, um nach einer Frau Ausschau zu halten?«

»Ich nehme an, jeder Mann hält unbewußt nach einer Frau Ausschau.«

»Ihre Suche war wohl nicht erfolgreich?«

»Im Gegenteil. Ich fand meine Frau auf dem Schiff, als ich aus England kam. Die Mission – falls es denn eine Mission war – war überaus erfolgreich.«

»Nicht, wenn die Frau nicht einverstanden ist.«

Er rückte näher an mich heran und legte mir seinen Arm um die Schultern. »Ich durchschaue Sie, liebste Annalice. Im Grunde wollen Sie mich, aber wagen nicht, es sich einzugestehen. Was Sie in Australien erlebt haben, hat Sie ebenso berührt wie Felicity. Aber das war keine richtige Ehe.«

»Natürlich glaube ich nicht, daß alle Ehen so sind. Sonst wäre ja die Welt voller Wahnsinniger.«

»Hören Sie zu«, sagte er. »Eine Weile werden Sie es hier auf den Inseln ertragen. Später möchte ich die Plantage verkaufen und nach England heimkehren, denn wenn es um die Ausbildung der Kinder geht, müssen wir zu Hause sein. Wir wollen doch nicht, daß sie uns verlassen und am anderen Ende der Welt zur Schule gehen.«

»Ich bin doch verlobt«, warf ich ein.

»Mit einem, der Sie so weit fortläßt!«

»Das hatte seinen Grund.«

»Welchen?«

»Das geht nur meinen Verlobten und mich etwas an.«

»Ich hätte Sie nicht fortgelassen.«

»Schließlich habe ich meinen eigenen Willen.«

»Und es war Ihr Wille, ihn zu verlassen. Der Mann muß keine sehr starken Gefühle für Sie haben. Ich bin da ganz anders.«

»Ich habe Sie hier, auf dem Schiff und in Sydney erlebt«, erwiderte ich. »Hier sind Sie wie ein kleiner Gott. Die Leute haben Ehrfurcht vor Ihnen, sie verneigen sich, beten Sie beinahe an...

und doch benehmen Sie sich in manchen Dingen wie ein grüner Junge.«

»Sie meinen, in der Liebe?«

»Ja. Sie bilden sich ein, Sie brauchen zu mir nur von Heirat zu sprechen, und schon werfe ich alles beiseite und sage: Oh, haben Sie vielen Dank.«

»Das ist die wahre Liebe«, gab er zurück. »Lassen Sie mich nicht im dunkeln tappen. Warum sind Sie hierhergekommen? Und warum hat dieser Verlobte das zugelassen? Warum wollte er Sie auf Monate aus dem Weg haben?«

»Er wußte, wie wichtig es für mich war. Ich will es Ihnen erklären.« Ich erzählte ihm von der Entdeckung der Karte und wie Philip von der Insel besessen war. »Bis hierher ging seine Spur, seitdem ist er verschollen.«

»Hat er nicht geschrieben?«

»Sein letzter Brief kam aus Australien. Er erwähnte, daß er auf eine Insel wollte. Er kam hierher nach Cariba. Ich muß herausfinden, wohin er von hier aus ging und was ihm zugestoßen ist.«

»Sie sagen, Sie haben eine Karte?«

»Ja, eine Kopie derjenigen, die wir in unserem Haus gefunden haben. Ich habe sie angefertigt. Es ist eine akkurate Kopie. Ich verstehe etwas von diesen Dingen.«

»Haben Sie die Karte hier?«

»Ja. Soll ich sie holen?«

Er nickte. Ich ging in mein Zimmer und holte die Karte. »Insel Eden«, murmelte er. »Die Karte ist nicht korrekt. Eine solche Insel gibt es nicht.«

»Aber sie ist auf der Karte verzeichnet.«

»Wer hat die Originalkarte gemacht?«

Ich erzählte ihm von dem versteckten Zimmer und wie wir die Karte und das Tagebuch gefunden hatten.

»Sie sind verstört und suchen Parallelen«, sagte er, »weil das Mädchen fast denselben Namen trug wie Sie. Meine liebe Annalice, Sie haben also doch eine romantische Ader. Ich bin froh, daß ich das entdeckt habe. Eine Zeitlang dachte ich schon, Sie seien ein nüchterner Verstandesmensch.«

»Hätte Sie ein solcher Fund etwa nicht gereizt?«

»Aber sicher. Ihr Bruder kam also auf seiner Suche hierher und ist dann auf höchst mysteriöse Weise verschwunden. Wo ist er von hier aus hingegangen? Es wird schwierig sein, das herauszufinden. Aber diese Insel – falls sie existiert – dürfte nicht schwer zu entdecken sein. Sie haben die Karte. Schauen Sie, hier ist Cariba, und hier sind die anderen Inseln. Hier ist die eine, die etwas abseits liegt. Der Karte nach dürfte die Insel Eden etwa dreißig Meilen entfernt sein. Ich bin oft in diesen Gewässern gesegelt. Ich würde sagen, daß es nördlich, südlich, östlich oder westlich auf mindestens hundert Meilen kein Land gibt.«

»Was bedeutet das?«

»Wer immer diese Karte gezeichnet hat, hat eine Insel hineingesetzt, die nicht existiert.«

»Ich glaube, daß es sie doch gibt. Er könnte sich in der Lage geirrt haben. Er hat die Karte aus dem Gedächtnis gezeichnet.«

»Als Angehörige einer Kartographenfamilie sollten Sie wissen, daß man sich beim Zeichnen einer Karte nicht auf sein Gedächtnis verlassen darf.«

»Ich weiß, ich weiß. Aber irgend etwas muß doch daran sein.«

»Es sei denn, der Mann hätte sich die Insel ausgedacht.«

»Das wäre möglich. Nachdem er die Insel besuchte, erlitt er Schiffbruch. Er wurde völlig erschöpft aufgefischt.«

»Träume vielleicht. Halluzinationen.«

»Daran habe ich auch schon gedacht. Aber wo ist Philip?«

»Vielleicht ist sein Schiff gekentert, oder ihm ist sonst etwas zugestoßen. Sie waren ja draußen im Busch. Sie haben erlebt, daß das Leben mancherorts wenig gilt. Vielleicht ist er Räubern in die Hände gefallen.«

»Was soll ich nun tun?«

»Um Hilfe bitten.«

»Und wo?«

»Wissen Sie denn nicht, daß ich Ihnen stets zu Diensten stehe?«

Ich war so glücklich, daß ich es nicht zu verbergen vermochte. Ich sah ihn dankbar an. Es hätte nicht viel gefehlt, und ich wäre in Tränen ausgebrochen.

Meine Rührung entging ihm nicht, und er sagte: »Wie ich Sie liebe. Ich liebe Sie in allen Stimmungen. Stark und entschlossen und manchmal etwas bissig. Und nun ängstlich und lieb und, geben Sie's zu, ziemlich hilflos.« Er nahm mich in die Arme und drückte mich an sich. »Als erstes«, sagte er, »müssen wir versuchen, diese Insel zu finden. Wir brauchen ein ziemlich großes Boot... natürlich nicht so ein Schiff wie das, mit dem Sie aus Sydney kamen, aber auch nicht gerade ein kleines Ruderboot. Wir nehmen die Karte mit und ziehen los. Und sei es nur, um Sie zu überzeugen, daß die Insel Eden nicht existiert, zumindest nicht an der auf der Karte verzeichneten Stelle. Aber eins möchte ich vorher noch klären: Wenn Sie das Geheimnis aufgedeckt haben, werden Sie dann nach England zurückkehren?«

»Das habe ich vor.«

»Und den jungen Mann heiraten, der fröhlich monatelang auf Sie verzichtet hat?«

»Er ist sehr verständnisvoll. Er weiß, daß ich keine Ruhe finde, solange ich nicht herausgefunden habe, was Philip zugestoßen ist.«

»Ich hätte Sie nicht allein ziehen lassen! Ich wäre mitgekommen.«

»Wann fahren wir mit dem Boot hinaus?«

»Das hängt vom Wetter ab. Überlassen Sie das mir. Unterdessen versuche ich, über den Aufenthalt Ihres Bruders hier auf Cariba alles herauszubringen, was ich nur kann. Außerdem möchte ich Ihnen die Insel zeigen. Ich hole Sie heute nachmittag um fünf Uhr ab, wenn es etwas kühler ist, und führe Sie durch die Plantage. Hinterher werden Sie mit mir zu Abend speisen. Doch rate ich Ihnen, sich während der Tageshitze in Ihrem Zimmer aufzuhalten.«

Wir standen auf. Er ergriff meine Hände. »Sofern es möglich ist, über den jetzigen Aufenthalt Ihres Bruders etwas herauszufinden, werden wir es tun«, versicherte er. »Kommen Sie.«

Wir gingen in die Halle, und Milton sagte zu Rosa, er wünsche den Geschäftsführer des Hotels zu sprechen. Rosa verließ ihr Pult, um ihn zu holen. Kurz darauf wurden wir in ein Zimmer geführt, wo Milton überschwenglich von einem kleinen kaffeebraunen Herrn begrüßt wurde. Er wurde mir als der Geschäftsführer des Hotels vorgestellt.

Milton bat um die Unterlagen der letzten drei Jahre. Philips Name stand darin. Er hatte sich drei Wochen hier aufgehalten. Auch der Geschäftsführer erinnerte sich an ihn. Er sei ein sehr angenehmer Gast gewesen, habe seine Rechnung bezahlt und sei dann ausgezogen. Dem Datum seiner Abreise nach – es war ein Sonntag – konnte er nicht das Schiff nach Sydney genommen haben. Das war eigenartig. Nein, der Geschäftsführer hatte Philip nicht abreisen sehen. Er wolle sein Personal befragen, ob sich jemand erinnerte.

Die Befragung des Personals brachte nichts zutage. Niemand hatte Philip abreisen sehen. Es war rätselhaft, aber Milton war überzeugt, daß wir Hinweise finden würden, mit deren Hilfe wir ihn früher oder später aufspürten.

Um Felicity machte ich mir nicht mehr ganz so große Sorgen. Zwar war sie sehr still und abwesend, aber es ging ihr besser. Sie hielt sich am liebsten in ihrem Zimmer auf. Die gräßlichen Alpträume hatten nachgelassen. Der Arzt hatte mich jedoch gewarnt, sie könnten jederzeit wiederkommen. Felicity brauchte fortwährend Trost und Zuspruch.

Ich sah Milton Hemming jeden Tag. Er kam, erkundigte sich nach Felicitys Befinden und unternahm dann etwas mit mir. Ich ritt mit ihm über die Insel und genoß die Tage. Er hatte mich auf seiner Plantage herumgeführt, was zu einem völlig neuen Erlebnis für mich wurde. Ich hatte keine Ahnung gehabt, wie Zucker erzeugt wurde, und seine Schilderungen faszinierten mich.

Wir streiften zu Fuß über die schmalen Wege zwischen dem hohen Rohr – wir wirkten daneben wie Zwerge, denn die Rohre waren mindestens drei Meter hoch und etwa vier Zentimeter dick. Milton erklärte, das Klima sei genau richtig für den Zucker: warm, feucht, mit Seewind und sehr heißen Perioden. Wir besichtigten die riesigen Mahlwerke und das Kesselhaus. Die Leute – zumeist Einheimische – hielten mit der Arbeit inne und grinsten mich an: Einer zeigte mir einen Mungo, der die Ratten und weißen Ameisen, die Plagen der Plantage, dezimieren sollte.

»Es würde Ihnen schwerfallen, dies alles zu verlassen«, sagte ich. »Es ist doch Ihr Leben.«

»Nein, nein. Es ist nur Mittel zum Zweck. Mein Vater hat die Plantage aufgebaut. Er hatte Erfolg damit und hat die Insel zu dem gemacht, was sie heute ist. Ich habe sein Werk nur fortgeführt. Er wollte heimkehren, sobald die Zeit reif war. Leider war ihm das nicht vergönnt, aber für mich wird es eines Tages soweit sein.«

»Aber diese Menschen sind doch alle von Ihnen abhängig!«

»Natürlich werde ich nicht gehen, bevor ich nicht einen geeigneten Nachfolger gefunden habe. Aber es gibt noch etwas, das mir viel wichtiger ist.«

»Und das wäre?«

»Sie.«

»Das ist nicht so einfach.«

»Nein. Aber auch nicht unüberwindlich.«

Nach unserem Rundgang über die Plantage speiste ich wieder mit ihm zu Abend. Er meinte: »Wenn Sie des Hotels überdrüssig sind, können Sie und Felicity jederzeit bei mir wohnen.«

»Das Hotel ist ganz behaglich«, erwiderte ich. »Man kümmert sich dort rührend um Felicity. Sie braucht nur zu läuten, und schon erscheint jemand bei ihr.«

Und dann kam der Tag, an dem wir zu unserer Seefahrt aufbrachen. Ich konnte Felicity unbesorgt der Obhut des Hotelpersonals überlassen. Ich war sehr gespannt, was wir entdecken würden.

Das Boot war nicht groß, es wurde von drei Mann bedient. Die Karte hatte ich bei mir. Wir schifften zwischen den Inseln hindurch, und zum erstenmal konnte ich die etwas abseits liegende Insel näher in Augenschein nehmen.

»Das ist die Löweninsel«, erklärte Milton. »Sie werden gleich sehen, warum sie so heißt. Über einer kleinen Bucht steigt die Klippe steil an. Von weitem sieht sie wie ein liegender Löwe aus.«

»Da liegt ja ein Boot. Steht dort ein Haus?«

»Ja. Die Insel gehört einer reichen Goldgräberfamilie aus Australien. Eine Art Ferieninsel. Die Leute sind nicht sehr oft dort, nehme ich an. Die bleiben immer unter sich. Da! Jetzt können Sie den liegenden Löwen erkennen.«

Wir betrachteten den liegenden Löwen von weitem und fuhren nicht näher an die Insel heran.

Bald hatten wir die Inselgruppe hinter uns. »Man braucht ein recht solides Boot, um hier herauszufahren«, sagte Milton. »Bei einem plötzlichen Sturm würde ein leichtes Boot schnell kentern. Vielleicht ist es Ihrem Bruder so ergangen.«

Ich schwieg. Im Augenblick mochte man das kaum glauben. Die See war so ruhig, fast unbewegt. Ich sah fliegende Fische übers Wasser gleiten, und in der Ferne machte ich spielende Delphine aus. Es war eine schöne, friedliche Szenerie.

Milton hielt die Karte in der Hand. »Nach meiner Schätzung müßte die Insel hier liegen. Man kann meilenweit sehen, aber weit und breit ist kein Land in Sicht.«

»Nichts«, bestätigte ich. »Nichts als tiefblaue See.«

»Wir kurven ein wenig hier herum, wenn Sie möchten, aber da ist nichts, absolut nichts. Da muß irgendwo ein Irrtum vorliegen.«

»Ich muß mich wohl damit abfinden, daß es die Insel nicht gibt. Aber ich verstehe das nicht. Es ist eine genaue Kopie der Karte, die wir gefunden haben.«

»Ich nehme an, Ihr Bruder hat das Original?«

»Ja. Er hat sie mitgenommen.«

»Nun, ich fürchte, wir müssen die Suche aufgeben. Zurück nach Cariba.«

Ich betrachtete die unendliche Wasserfläche und dachte an den jungen Schiffbrüchigen, der bewußtlos auf dem ruhigen Meer trieb. Wie lange er so getrieben war, wußte er nicht mehr. Hatte er Wahnvorstellungen gehabt? Hatte er von einer Insel geträumt, wo alles vollkommen war?

Das Meer war heute so schön, so ruhig. An manchen Stellen wechselte das tiefe Blau zu hellem Grün. Ich wollte Milton gerade darauf aufmerksam machen, als er sagte: »Wir hatten Glück mit dem Wetter. Schauen Sie. Da hinten können Sie wieder die Löweninsel sehen.« Ich sah hin und vergaß die Farben des Meeres.

Ich war etwas deprimiert, weil ich mir nun eingestehen mußte, daß es die Insel Eden nicht gab. Sie war der Traum eines Schiffbrüchigen.

Die Tage vergingen – welchen Vorwand hatte ich noch, um zu bleiben? Ich brachte nichts Wesentliches über Philip heraus. Es hatte sich erwiesen, daß die Insel Eden nicht existierte – jedenfalls nicht dort, wo sie der Karte nach sein sollte. Aber Felicity war ja noch da. Ich redete mir ein: »Wir können nicht abreisen, bevor es ihr wieder gutgeht.«

Natürlich wollte ich bleiben. Ich wollte Milton Hemming täglich sehen, wollte mich in seiner Bewunderung sonnen.

Ich stand gern an meinem Balkonfenster und beobachtete Milton, wenn er zum Hotel geritten kam, und war stolz, daß er so geachtet war. Wenn er mich dann auf dem Balkon erblickte, hielt er an und lächelte, und ich sah seine strahlenden blauen Augen in seinem sonnengebräunten Gesicht. Welch weiblichem Wesen hätten die Aufmerksamkeiten eines solchen Mannes nicht geschmeichelt?

Wo würde das hinführen? Die Unsicherheit erhöhte den Reiz. Aber eines Tages mußte ich doch nach Hause und dieses exotische Leben aufgeben. Mein Leben lang würde ich mich daran erinnern, und ein Dasein ohne ihn würde mir sehr trübselig vorkommen. Doch noch wollte ich nicht an die Zukunft denken, sondern nur in der Gegenwart schwelgen.

Felicity ging es etwas besser. Tags zuvor hatte sie am späten Nachmittag, als die Sonne nicht mehr so stechend war, mit mir im Hof gesessen. Noch immer zuckte sie zusammen, wenn jemand Fremdes sie ansprach, aber immerhin hatte sie ihr Zimmer für ein Weilchen verlassen.

Hin und wieder wurde sie noch von Alpträumen gequält. Dann klopfte sie an die Wand, und ich sprang aus dem Bett und lief zu ihr. Das Entsetzen in ihren Augen, wenn sie aus einem solchen Traum erwachte, erschreckte mich. Es würde noch lange dauern, bis sie sich ganz erholt hätte. Doch es war tröstlich, daß sie auf dem Wege der Besserung war. Sie plauderte mit dem Zimmermädchen Maria, das unsere Zimmer in Ordnung hielt, uns heißes Wasser und Felicity das Essen hinaufbrachte. Ich nahm das Mittagessen oft mit ihr zusammen ein. Morgens schlief sie lange, deswegen frühstückte ich unten. Wenn ich in Miltons Begleitung ausging, was häufig vorkam, bat ich Maria, sich um Felicity zu kümmern und ihr, falls sie nach mir fragte, auszurichten, ich würde nicht lange fortbleiben.

Maria war gesprächig und hilfsbereit. Sie war jung und schlank, mit langen schwarzen Haaren, lustigen braunen Augen und hellbrauner Haut. Ihre Perlenketten und Armbänder klimperten beim Gehen. Sie trödelte gern in meinem Zimmer herum, denn sie interessierte sich sehr für meine Kleider. Einmal überraschte ich sie, als sie in meinem Schrank kramte, aber ich konnte ihr nicht richtig böse sein; ihre Neugier war nur zu natürlich, und sie war ansonsten so zuvorkommend.

Eines Morgens saß ich gerade auf dem Balkon, als eine Frau von überaus auffallendem Äußeren zum Hotel kam. Sie war groß und trug das dunkle Haar hochgesteckt, sie schritt mit der erlesenen Anmut, wie ich es bei den Frauen der Insel beobachtet hatte. Aber sie war ganz anders als die übrigen. Sie machte den Eindruck einer wichtigen Persönlichkeit, als ich sie durch die Menge gehen sah. Sie trug ein enganliegendes weißes Kleid und eine goldene Kette um den Hals.

Gleich darauf kam Maria in mein Zimmer. Es war eine Gewohnheit von ihr, einfach hereinzuplatzen, und obwohl ich sie gebeten hatte anzuklopfen, vergaß sie es oft.

»Miss Mallory«, schwatzte sie mit heller, erregter Stimme, »unten fragt eine Dame nach Ihnen.«

»Oh. Wer ist es?«

Maria war so überwältigt, daß es ihr sekundenlang die Sprache verschlug. »Es ist Mrs. Manuel«, stieß sie schließlich hervor.

»Ist das die Dame, die ich vorhin gesehen habe? Groß, dunkel, in Weiß?«

Maria nickte.

»Ich komme herunter«, sagte ich.

Mrs. Manuel saß in der Empfangshalle. Ich gewahrte Rosa hinter dem Pult sowie etliche Bedienstete, gespannt, als erwarteten sie, daß etwas Außerordentliches geschehe.

Mrs. Manuel erhob sich. »Miss Mallory«, sagte sie, »ich bin gekommen, um Sie zu besuchen. Ich bin Magda Manuel.«

»Wie nett, Sie kennenzulernen. Ich habe schon von Ihnen gehört.«

»Hier auf den Inseln hören alle alles.«

»Ich habe von Milton Hemming von Ihnen gehört.«

Ringsum war es ganz still. Alle lauschten aufmerksam, als sei diese Begegnung von großer Bedeutung.

»Vielleicht können wir uns anderswo unterhalten«, schlug ich vor.

Rosa verriet, daß sie gelauscht hatte, indem sie treuherzig sagte: »O ja, Miss Mallory. Kommen Sie hier entlang.« Sie führte uns in das Balkonzimmer, das auf den Hafen hinausging, wo ich vor kurzem mit Milton gesessen hatte.

»Wünschen Sie eine Erfrischung?« fragte ich Mrs. Manuel.

»Ja, gern.«

Wir setzten uns nebeneinander auf den Balkon. »Ich hatte schon seit geraumer Zeit vor, Sie aufzusuchen«, begann Mrs. Manuel.

»Aber wir haben auf der Plantage so viel zu tun.«

»Auf der Plantage?«

»Ach, wußten Sie das nicht? Ich komme von der Nachbarinsel. Wir haben dort eine Plantage. Nicht so groß wie die hier... aber sie macht eine Menge Arbeit. Ich kann meine Leute nicht so in Schach halten wie Milton. Mir fehlt das Gefühl dafür. Genau wie meinem Mann. Milton mußte uns erst einiges beibringen.«

»Dann haben Sie also auch eine Zuckerplantage.«

»O ja... es ist alles ein bißchen viel für mich. Ich habe vor kurzem meinen Mann verloren. Ich weiß nicht, wie ich es ohne Miltons Hilfe schaffen würde.«

Die Erfrischung wurde von einem Mann gebracht, der uns nur zögernd wieder verließ. Ich vermutete, daß außerhalb dieses Zimmers alle über mich und Magda Manuel sprachen.

»Milton hat von Ihnen gesprochen, und da dachte ich, ich besuche Sie mal«, sagte sie. »Sie müssen mal zum Abendessen zu mir kommen. Sie sind mit einer Freundin hier, nicht wahr?«

»Ja, aber sie war sehr krank und ist noch nicht genesen.«

»Sie waren noch nicht auf der Nachbarinsel, oder? Wohl kaum, denn sonst wüßte ich davon.«

»Nein, aber ich habe oft hinübergeblickt. Sie sieht wunderschön grün und einladend aus.«

»Das Grüne ist das Zuckerrohr...«

»Verwalten Sie die Plantage allein?«

»Nicht ganz. Ich habe einen guten Mann. Er war die rechte Hand meines Mannes. Aber ich möchte Sie nicht mit meinen Angelegenheiten langweilen, sondern Sie lieber fragen: Wollen Sie zum Essen zu uns kommen?«

»Mit Vergnügen.«

»Ich sage Ihnen noch Bescheid, an welchem Tag. Milton wird Sie hinüberrudern. Es ist ja nicht weit. Paßt es Ihnen nächste Woche? Sie wollen uns doch noch nicht so bald verlassen?«

»Eigentlich schon, aber ich muß warten, bis Mrs. Granville wieder in der Lage ist zu reisen.«

»Natürlich.« Sie erhob sich. Sie bewegte sich sehr anmutig; und die Sonne brachte das Gold in ihren Ohren und an ihrem Hals zum Glitzern. Eine schöne Frau. Ich ging mit ihr durch die Empfangshalle zum Ausgang und gewahrte die Augen, die uns folgten. Sobald wir außer Sicht wären, würde das Flüstern einsetzen. Ich sprach am Abend mit Milton über sie. Ich hätte gern gewußt, ob er den Rest des Tages mit ihr verbracht hatte.

Er war gekommen, um, wie des öfteren, mit mir zu Abend zu essen. Er lud mich oft zu sich nach Hause ein, aber mir bangte davor, außerdem wollte ich Felicity nicht zu lange im Hotel allein lassen. Ich wollte möglichst in Rufweite bleiben.

Wir saßen vor dem Essen noch im Hof, als ich zu ihm sagte: »Ich hatte heute morgen Besuch. Eine Freundin von Ihnen.«

»Magda.«

»Hat sie es Ihnen erzählt?«

»Ja.«

»Ich nehme an, sie ging zu Ihnen, als sie mich verlassen hatte.«

»Das stimmt.«

»Sie erzählte mir, daß sie auf der anderen Insel eine Plantage hat.«

»Richtig. Kleiner als die hier.«

»Das sagte sie auch. Sie führt sie selbst.«

»Sie hat einen guten Verwalter, der ihr dabei hilft. Ihrem Mann lag diese Arbeit nicht. Er hätte es gar nicht erst anfangen sollen.«

»Sie sagte, Sie hätten ihnen geholfen.«

»Ein paar Ratschläge, als ihr Mann noch lebte.«

»Hier scheinen alle darüber zu tuscheln, daß sie mich besucht hat.«

»Magda hatte über lange Zeit ein schweres Leben. Ihr Mann hatte einen Unfall im Mahlwerk. Er war schwer verletzt und war seitdem Invalide.«

»Und Sie waren ein guter Freund von ihm und haben ihm geholfen.«

»Ich habe ihnen den Verwalter besorgt. Ein ausgezeichneter Mann.«

Ich konnte es mir lebhaft vorstellen. Der Gatte, der kein Ehemann mehr war; die lebenslustige Frau, jung und schön, und Milton, der auf ihre Insel kommt, um ihnen als guter Freund beizustehen... vor allem ihr.

Und das wußten die Inselbewohner natürlich. Vielleicht hatten sie gedacht, Milton würde die Witwe heiraten. Und plötzlich war ich auf der Bildfläche erschienen. O ja, mir war alles klar. Ich hatte eine Rivalin. Ich mußte unaufhörlich an diese geschmeidige Schönheit denken, neben der ich mir fast plump vorkam. Sie paßte viel besser in das Leben auf dieser Insel als ich. Ich hätte gern gewußt, was Milton für Magda empfand. Ich bildete mir ein, seine Stimme habe etwas sanfter geklungen, als er von ihr sprach, und ich spürte einen eifersüchtigen Stich. Das war ja lächerlich. Ich sagte mir fortwährend, sobald Felicity genesen sei, wolle ich heimkehren und Raymond heiraten.

Schatten der Vergangenheit

Zwei Tage später saß ich nach dem Frühstück an meinem Lieblingsplatz auf der Terrasse mit Blick auf das Wasser. Die ständig wechselnde Szenerie faszinierte mich immer wieder. Ein Mann kam vorüber. Ich hatte ihn tags zuvor gesehen und hielt ihn für einen Hotelgast, offenbar Engländer. Neben meinem Stuhl blieb er stehen. »Guten Morgen.«

»Guten Morgen«, erwiderte ich.

Er zögerte. »Darf ich mich setzen?«

»Bitte sehr.«

Er nahm neben mir Platz. »Ich habe Sie schon öfter gesehen«, sagte er. »Gefällt es Ihnen hier?«

»O ja, sehr.«

»Sie kommen aus England, nicht wahr?«

»Ja.«

»Ich bin aus Australien.«

Wir schwiegen eine Weile, dann sagte er: »Ich habe gehört, daß Sie sich nach einem gewissen Philip Mallory erkundigen.«

Ich merkte gespannt auf. »O ja, haben Sie ihn gekannt?«

»Nicht richtig. Ich war vor etwa zwei Jahren hier und habe mit ihm gesprochen, so wie jetzt mit Ihnen.«

»Er war mein Bruder.«

»Na, so was!«

»Ja. Ich bin Annalice Mallory. Haben Sie je wieder von meinem Bruder gehört?«

»Nein, ich habe nur ein paarmal mit ihm gesprochen. Dann bin ich abgereist. Ein paar Monate später kam ich zurück, und als ich nach ihm fragte, hieß es, er sei nicht mehr hier.«

»Und niemand weiß, wo er hinging?«

»Er hatte mir von einer Insel erzählt, die er besuchen wollte.«

»Ja, ja, das stimmt.«

»Es schien ihm sehr daran gelegen, sie zu finden. Offenbar hatte er schon mehrere vergebliche Versuche unternommen.«

Jetzt wurde ich sehr aufgeregt. Dieser Mann erzählte mir mehr, als ich bisher von irgendwem erfahren hatte.

»Wir haben nie gehört, was meinem Bruder zugestoßen ist«, sagte ich. »Wir haben vergeblich auf Nachricht von ihm gewartet.«

»Das muß furchtbar für Sie gewesen sein.«

»Wenn ich doch nur herausfinden könnte, was aus ihm geworden ist. Wenn ich diese Insel fände...«

»Die hiesigen Gewässer sind gut kartiert. Da dürfte es doch nicht so schwierig sein.«

»Diese Insel scheint aber nicht dort zu sein, wo sie sein sollte.«

»Sind Sie hier, um nach der Insel Ausschau zu halten?«

»Ich bin eigentlich gekommen, um mich nach meinem Bruder zu erkundigen. Ich will wissen, was aus ihm geworden ist.«

»Wann haben Sie zuletzt von ihm gehört?«

»Vor zwei Jahren.«

»Das ist eine lange Zeit.«

»Die Leute hier kannten ihn. Ich habe mit ihnen gesprochen, aber sie konnten mir nicht mehr sagen als Sie. Mir scheint, mit Ihnen hat er sich mehr unterhalten als mit den meisten hier, denn er hat Ihnen immerhin von der Insel erzählt.«

»Ich denke, es war ganz natürlich, daß er sich mit mir unterhielt. Er kam soeben aus England, und ich bin auch Engländer, obwohl ich in Australien lebe. Wir kamen ins Gespräch, und dabei wurde die Insel erwähnt.«

»Und weiter können Sie sich an nichts erinnern?«

»Da war nichts weiter. Wir saßen nur ein-, zweimal vormittags etwa eine halbe Stunde beisammen und unterhielten uns. Das ist alles.«

Ich war enttäuscht. Es war dasselbe, was ich wieder und wieder gehört hatte.

»Mein Name ist John Everton«, stellte er sich vor. »Ich hoffe, Sie nehmen es mir nicht übel, daß ich Sie angesprochen habe.«

»Keineswegs. Ich interessiere mich für jede auch noch so geringe Kleinigkeit, die ich über meinen Bruder erfahren kann.«

»Ich wünschte, ich könnte Ihnen behilflich sein.«

Wir redeten noch etwas über die Insel, dann verließ er mich. Am nächsten Morgen kam er wieder zu mir. »Ich habe viel über unser Gespräch nachgedacht«, sagte er. »Diese Insel ... sie macht mich neugierig.«

»Offenbar existiert sie gar nicht.«

»Woher wollen Sie das wissen?«

»Weil ich draußen war und sie gesucht habe. Wo sie sein sollte, ist nichts.«

»Hatten Sie eine Karte dabei?«

»Ja.«

»Und diese Insel war darauf verzeichnet?«

»Ja.«

»Aber dann muß sie doch dort sein.«

»Es ist eine sehr alte Karte ... oder vielmehr eine Kopie davon.«

»Wo haben Sie die her? Es kommt mir höchst ungewöhnlich vor, daß etwas auf einer Karte verzeichnet ist, das nicht existiert.«

»Es ist die Kopie einer Karte, die man bei mir zu Hause fand.«

»Bei Ihnen zu Hause! Was ...? Verzeihen Sie, ich bin zu neugierig.«

»Nein, überhaupt nicht. Wir haben die Karte in unserem Haus gefunden. Sie lag an die hundert Jahre dort. Die Insel war auf ihr verzeichnet.«

»Haben Sie die Karte hier?«

»Nur eine Kopie.«

»Könnte ich ... wäre es ... wäre es zuviel verlangt, sie mir zu zeigen?«

»Keineswegs. Ich gehe sie holen.«

Als ich ihm die Karte brachte, studierte er sie mit gespannter Aufmerksamkeit. »Und dies ist die Insel«, sagte er, darauf deutend. »Die Insel Eden.«

»Den Namen gab ihr der Mann, der die Originalkarte zeichnete.«

Er sah mich verständnislos an.

»Das ist eine lange Geschichte«, sagte ich. »Man fand die Karte in unserem Haus bei einem Umbau. Das hat alles ausgelöst. Mein Bruder wollte die Insel finden.«

»Und deshalb kam er hierher ...« Er legte seinen Finger auf die Insel. »Ich habe diese Gewässer befahren. Eine solche Insel gibt es nicht. Die Karte muß falsch sein. Sind Sie sicher, daß dies die Karte ist, die man in Ihrem Haus fand?«

»Es ist eine genaue Kopie. Ich habe sie gefertigt.«

»Sie? Eine ausgezeichnete Arbeit.« Er gab mir die Karte zurück. »Ich finde das alles hochinteressant. Ich wollte, ich könnte Ihnen helfen.«

»Es war sehr nett, sich mit Ihnen zu unterhalten.«

Am nächsten Morgen war er wieder da. »Ich finde einfach keine Ruhe«, sagte er. »Heute morgen um fünf wachte ich auf und hatte eine Idee. Um diese Zeit habe ich immer die besten Ideen. Ich bin gespannt, was Sie davon halten.«

»Erzählen Sie.«

»Es geht um die Karte und die Insel. Die Karte irrt. Ich wüßte gern, wer das Original gemacht hat.«

Nach einigem Zögern sagte ich: »Sie wurde von einem Schiffbrüchigen gemacht, den es auf eine Insel verschlug. Er blieb eine Weile dort, und als er einmal vor der Insel fischte, kam Sturm auf, und er wäre fast ertrunken. Er trieb eine Zeitlang umher und wurde dann von einem Schiff aufgenommen. Anschließend zeichnete er die Karte.«

»Gütiger Himmel! Das erklärt vieles.«

»Sie meinen, die Insel hat es gar nicht gegeben. Der Mann litt unter Halluzinationen. Daran haben wir auch schon gedacht.«

»So könnte es natürlich gewesen sein, aber das meinte ich nicht. Er hat die Karte aus dem Gedächtnis gezeichnet. Das könnte die Erklärung sein. Er kann sich um Meilen geirrt haben.«

»Ja, das wäre möglich. Aber außer dieser Inselgruppe gibt es auf Hunderte von Meilen keine Inseln.«

»Und wenn seine Insel eine von diesen wäre?«

»Wie das? Sie sind alle deutlich auf der Karte verzeichnet.«

»Dort ist eine Insel... sie liegt etliche Meilen von den anderen entfernt. Vier sind dicht beieinander, aber diese hier liegt abseits.«

»Meinen Sie die Löweninsel? Die der Goldgräberfamilie gehört?«

»Ja, die meine ich.«

»Aber die ist auf der Karte verzeichnet. Hier sind die vier Inseln und da die fünfte, die abseits liegt.«

»Richtig, aber den Schiffbrüchigen könnte es auf diese Insel verschlagen haben, und er war der Meinung, er seit weit von dieser Gruppe entfernt.«

Als ich zögerte, fuhr er fort: »Meinen Sie nicht, daß sich eine Nachforschung lohnte?«

»Die Insel ist doch in Privatbesitz.«

»Warum ihr nicht einen Besuch abstatten? Die Leute dort wissen vielleicht etwas mehr über die Geschichte der Insel.«

»Meinen Sie, das ließe sich machen?«

»Ich wüßte nicht, was dagegen spräche. Hören Sie, die Sache interessiert mich sehr. Ich denke seit heute früh um fünf darüber nach. Es ist ein ruhiger Tag. Ich könnte Sie hinüberbringen. Mit einem Boot könnten wir auf der Stelle aufbrechen.«

Ich überlegte. Warum nicht? Ich hatte heute morgen nichts vor. Milton wollte abends vorbeikommen. Für Felicity war gut gesorgt. Ich nahm nicht einen Augenblick an, daß die Löweninsel die Insel Eden war, aber ich hatte mir gelobt, jedem Hinweis zu folgen, und sei er noch so abwegig.

Ich sagte zu.

Ich ging zu Felicity. Sie lag noch im Bett. Sie wolle am Morgen faulenzen und erst später aufstehen, sagte sie.

»Ich fahre zu einer der Inseln«, erklärte ich. »Ich werde den ganzen Vormittag fort sein. Mach dir also keine Sorgen, wenn ich erst etwas später zurückkomme.«

»Auf eine der Inseln?«

»Ja, um sie mir mal anzusehen. Jemand hat es mir angeboten.«

Felicity nickte und schloß die Augen.

Bald glitten wir übers Wasser. Eine sanfte Brise wehte, es war sehr angenehm. Ich sah den liegenden Löwen immer näher kommen.

»Ist das kein unbefugtes Betreten?« fragte ich, als das Boot landete.

»Ich glaube, so schlimm ist es nicht.«

Ich stand auf dem Sandstrand und blickte zurück. Von Cariba und den anderen Inseln war nichts zu sehen.

»Ich hätte gedacht, sie wären so nahe, daß man sie von hier aus sehen könnte«, bemerkte ich.

»Wir sind auf der anderen Seite der Insel.«

Ich sah mich um. In einer Bucht lagen zwei Schiffe, eins davon war ziemlich groß.

»Was nun?« fragte ich.

»Gehen wir einfach los.«

»Aber wie können wir erkennen, ob wir tatsächlich auf der Insel Eden sind?«

»Ich weiß es nicht. Wir müssen einfach abwarten, was geschieht.«

Und es geschah etwas. Ein Mann kam auf uns zu. Er war mittelgroß, hatte blonde Haare und hellblaue Augen. Hatte ich wirklich das Gefühl, ihn schon einmal gesehen zu haben – oder bildete ich mir das erst hinterher ein?

Er streckte seine Hand aus und sagte: »Willkommen auf meiner Insel.« Ich gab ihm die Hand. Er sagte: »Darf ich mich vorstellen – ich bin Magnus Perrensen.«

Ich war vollkommen fassungslos. Noch heute fällt es mir schwer, mich deutlich an jenen Tag zu erinnern. Von dem Augenblick an, als er meine Hand nahm und sprach, war mir, als lebte ich in einem Traum. Ich starrte den Mann nur an. In diesem Moment war ich nicht mehr ich selbst. Ich war Ann Alice, und er, der Geliebte von vor langer Zeit, stand nun auf der Löweninsel vor mir.

»Und ich bin Annalice Mallory«, sagte ich zu ihm.

»Endlich bist du gekommen«, gab er zur Antwort.

»Ich... ich verstehe nicht. Was bedeutet das?«

»Du weißt doch, wer ich bin«, erwiderte er. »Wir haben uns eine Menge zu sagen.«

Wir hatten John Everton total vergessen, der verwirrt und unsicher dabeistand.

»Gehen wir ins Haus«, sagte Magnus Perrensen.

Wir gingen einen Hügel hinauf. Ich gab mir alle Mühe, meine fünf Sinne beisammenzuhalten. Ich dachte, ich träume. Wie konnte er Magnus Perrensen sein? Der war doch seit Jahren tot.

Das Haus war prachtvoll. Flimmernd weiß lag es in der Hitze, bunte Blumen blühten ringsum im Garten, und meine verwirrte Stimmung verlieh alledem eine unwirkliche Aura. Magnus Perrensen führte uns in eine kühle, gefliete Halle. John Everton, der bislang geschwiegen hatte, staunte ehrfürchtig. »Das ist ja großartig.«

»Sie hätten Miss Mallory schon früher hierherbringen sollen«, sagte Magnus Perrensen.

»Auf die Idee, die Insel zu besuchen, ist Mr. Everton erst heute morgen gekommen«, erklärte ich, und als ich sprach, kam ich mir gleich normaler vor. Die Erinnerung, wie ich Everton vor dem Hotel getroffen und mit ihm den Ausflug besprochen hatte, brachte mich in die Wirklichkeit zurück.

Wir traten in einen Raum, dessen hohe Fenster aufs Meer hinausgingen. Magnus Perrensen wandte sich an John Everton: »Durch ein merkwürdiges Zusammentreffen waren Miss Mallorys und meine Familie vor vielen Jahren miteinander verbunden. Wir haben eine Menge zu besprechen. Es war ein Glücksfall, daß Sie sie heute hierhergebracht haben. Ich danke Ihnen.«

»Das freut mich«, erwiderte John Everton unbeholfen.

»Wir bekommen hier nicht oft Besuch. Wir laden auch niemanden ein. Dies ist eine Art Refugium für meine Familie. Wenn wir hier sind, möchten wir allein sein.«

»Vielleicht hätten wir Sie nicht stören sollen...«, begann ich.

Er sah mich vorwurfsvoll an. »Sie sind willkommen... und wie.«

Ein Diener erschien, und Magnus Perrensen wies ihn an, kühle Getränke zu bringen.

Ich mußte ihn unentwegt ansehen, und die Erinnerung an die Nacht kam zurück, als ich im Bett saß und Ann Alices Tagebuch las. Damals war etwas mit mir geschehen... als ich in jenem Zimmer saß... als ich ihr Grab pflegte... und nun hier auf einer fernen Insel... saß ich Magnus Perrensen von Angesicht zu Angesicht gegenüber.

Natürlich war mir klar, daß dies nicht der junge Mann war, der bei uns im Geschäft gearbeitet hatte, der Ann Alice heiraten und sich mit ihr auf die Suche nach der Insel begeben wollte, sowenig wie ich das Mädchen war, das in Klein-Stanton begraben lag. Aber ein Teil dieser Menschen lebte in uns fort, und ich war überzeugt, daß ich kurz vor einer großen Entdeckung stand.

Schließlich sagte Magnus Perrensen: »Mr. Everton, Sie möchten sich sicher gern die Insel ansehen. Miss Mallory und ich haben uns aufgrund unserer familiären Verbindungen eine Menge zu erzählen. Allerdings brauchen Sie ein Pferd. Ich schicke Ihnen jemanden mit, der Sie herumführt. Das Mittagessen wird um ein Uhr serviert.«

»Ich muß unbedingt bald wieder zurück«, erklärte ich. »Eine Freundin von mir ist im Hotel. Sie ist krank und wird sich fragen, wo ich bleibe.«

»Wenn Sie gleich nach dem Mittagessen aufbrechen, würden Sie in der größten Tageshitze auf dem Wasser sein.«

»Dann muß ich vorher aufbrechen«, beharrte ich.

Er lächelte mich an. »Nun gut. Nur eine Stunde... Aufbruch in einer Stunde. Ich werde veranlassen, daß man Sie in einer Stunde zurückbringt, Mr. Everton. Damit bleibt uns etwas Zeit, uns zu unterhalten, und nächstes Mal wird es ausführlicher.«

Und dann war ich mit ihm allein.

»Sie wundern sich vielleicht«, begann er.

»Allerdings.«

»Ist Ihnen bekannt, was vor Jahren geschah?«

Ich erzählte ihm von der Sturmnacht, und wie wir das Tagebuch gefunden hatten.

»Dieser Magnus Perrensen war mein Urgroßvater.«

»Dann kennen Sie die ganze Geschichte?«

»Sie wurde in meiner Familie weitererzählt. Mein Urgroßvater erzählte sie meinem Großvater, von ihm ging sie an meinen Vater über, dann an mich. Wir wurden alle Magnus genannt, um die Tradition fortzusetzen. Und Sie sind Annalice... ein kleiner Unterschied zu Ann Alice... und doch so ähnlich.«

»Dies ist aber nicht die Insel...«, sagte ich.

Er schüttelte den Kopf.

»Erzählen Sie mir, was Sie wissen«, bat ich.

»Wie gesagt, die Geschichte wurde in meiner Familie weitererzählt. Als mein Urgroßvater nach Klein-Stanton zurückkehrte, fand er seine zukünftige Braut tot. Sie sei, wurde ihm erzählt, an der Pest gestorben. Er glaubte es nicht. Man machte ein seltsames Geheimnis um die Sache, und dann war da das Zimmer. Die Leute redeten viel darüber. Der ansässige Zimmermann und Baumeister hatte es zugemauert und vertäfelt. Überraschenderweise ging es von Stund an mit seinem Geschäft aufwärts. Mein Urgroßvater glaubte, es hatte damit zu tun, daß dieser Mann eine Beobachtung in dem Zimmer gemacht hatte und der Preis für sein Schweigen Geld war, mit dessen Hilfe er sein Geschäft ausbauen konnte.«

»Was hatte er bloß in dem Zimmer gesehen?«

»Mein Urgroßvater glaubte, daß Ann Alice ermordet wurde. Ihre Stiefmutter und deren Geliebter hatten sie umgebracht. Sie wurde vermutlich erschossen. Das Zimmer mußte über und über mit Blut bespritzt gewesen sein. Dank der Pest konnten sie den Beweis ihres Verbrechens verbergen. Im Nachbarort wurde der Lagerraum eines Schneiders zugemauert, weil er verpestete Ware enthielt, und mit dieser Methode kamen sie auch davon. Ohne die Pest und den bestechlichen Zimmermann wäre ihnen das nicht gelungen.«

»Das hört sich ganz plausibel an.«

»Ich glaube, als Sie mich sahen, dachten Sie einen Moment, ich sei jener Magnus Perrensen. Glaubten Sie vielleicht, Sie seien Ann Alice geworden?«

»Ich habe ihr Tagebuch gelesen, und das ist mir noch sehr lebhaft in Erinnerung. Etwas schien mit mir geschehen zu sein, nachdem ich es gelesen hatte. Ich fühlte mich als Teil von ihr, und als ich Sie am Strand sah und Sie Ihren Namen nannten, da war mir einen Moment sehr seltsam zumute. Ja, ich dachte, die Zeit hätte sich zurückgedreht. Aber jetzt erzählen Sie mir bitte alles, was sich zugetragen hat. Die Insel Eden gab es nicht, nicht wahr?«

Er schüttelte den Kopf. »Lassen Sie mich berichten, was ich weiß, und dann sind Sie an der Reihe. Dies ist die Geschichte, die man sich in unserer Familie erzählt. Mein Urgroßvater Magnus Perrensen kam nach Groß-Stanton zurück. Er war in London gewesen, um Vorkehrungen für seine Heimreise zu treffen. Er wollte Ann Alice mitnehmen.«

Ich nickte. Das war genau, was ich im Tagebuch gelesen hatte.

»Er kehrte zurück und erfuhr, daß sie tot war. An der Pest gestorben, sagte man. Sie war schon begraben; unter solchen Umständen brachte man die Leute rasch unter die Erde. Man hatte ihr Zimmer verschlossen aus Angst, daß die Gegenstände infiziert sein könnten. Aber diese Geschichte wollte er nicht glauben. Die Stiefmutter und der Mann, den er für ihren Liebhaber hielt, waren ihm sehr suspekt. Er war verzweifelt. Er wollte die Wahrheit erfahren, und er wollte Rache. Er befragte den Zimmermann, doch die Antwort stellte ihn nicht zufrieden. Mehr konnte er nicht tun. Er war jung und Ausländer, und die Leute in der Villa waren reich und mächtig. Mit der Zeit gab er seine Nachforschungen auf und kehrte nach Hause zurück. Aber er fand keine Ruhe, sondern brach auf, um die Insel zu suchen.«

»Hat er sie gefunden?«

Er schüttelte den Kopf. »Nein. Die Insel gab es nicht. Zuerst wollte er es nicht glauben. Es dauerte lange Zeit, bis er sich damit abfand. Doch dann mochte er diese Gegend nicht mehr verlassen, deshalb ging er nach Australien und begann sich dort für die Goldgräberei zu interessieren. Er glaubte immer noch, er würde die Insel wiederfinden, aber sosehr er auch suchte, dort, wo er sie vermutete, war nichts.«

»Glauben Sie, es war eine Halluzination, die Ihr Urgroßvater hatte? Er war doch nur kurze Zeit auf der Insel. Seltsam, daß er noch ein zweites Mal Schiffbruch erlitt. Glauben Sie, er hat sich das Ganze nur eingebildet?«

»Ich nehme an, daß wir uns zu diesem Schluß bequemen müssen, auch wenn er sich nie ganz damit abfand. Sehen Sie, die Insel war vollkommen... allzu vollkommen. Die liebenswerten Eingeborenen... und überall Gold. Es war ein Traum, ein Idealbild. Vielleicht hat er seinen Irrtum irgendwann eingesehen, ich weiß es nicht. Immerhin fand er Gold und betrieb die Goldgräberei in großem Stil. Er war besessen vom Gold, weil es das auch auf seiner Insel gab. Er wurde reich, heiratete in Melbourne und bekam einen Sohn, meinen Großvater... Das ist die Geschichte. Mein Vater hat dann die Löweninsel gekauft. Wir benutzen sie als eine Art Refugium. Manchmal kommen wir für lange Zeit hierher...«

»Sie und Ihre Familie?«

»Meistens ich allein. Ich habe keine Geschwister. Mein Vater kommt nicht mehr oft her. Er überläßt mir die Insel.«

»Und Ihre Frau... Ihre Kinder?«

»Ich bin nicht verheiratet... noch nicht.«

»Oh, haben Sie es bald vor?«

Er sah mich eindringlich an. »Ich nehme an, die meisten Menschen gedenken, irgendwann zu heiraten. Ich hatte öfters Gelegenheiten... aber etwas hielt mich zurück. Und Sie? Oder ist die Frage zu persönlich?«

»Wie meine Frage an Sie?«

Er lachte. »Wir sind uns wirklich nicht fremd, nicht wahr? Wie könnten wir auch, unter diesen Umständen?«

»Das ist wahr. O ja, ich habe vor zu heiraten. Es gibt jemanden daheim.«

»Ich verstehe vollkommen.«

»Doch zuvor kam ich mit einer Freundin hierher, und ich wollte meinen Bruder finden.«

»Ihren Bruder? Sie haben also eine Familie!«

»Ich hatte einen Bruder. Er kam hierher auf der Suche nach dieser mysteriösen Insel... und seitdem haben wir nichts mehr von ihm gehört.«

»Wie lange ist das her?«

»Zwei Jahre. Er war auf Cariba. Von da an verliert sich seine Spur. Ich habe mich auf die Suche nach der Insel begeben. Milton Hemming hat mir geholfen. Sie kennen ihn vermutlich.«

»Wer kennt ihn nicht? Und er fuhr mit Ihnen dorthin, wo Sie die Insel vermuteten?«

»Ja. Ich hatte eine Karte. Die andere, die wir nach dem Sturm in dem geheimnisvollen Zimmer fanden, hat mein Bruder. Ich habe eine Kopie gemacht. So konnten wir die Stelle suchen, wo die Insel sein sollte. Aber da war nichts.«

»Überhaupt nichts?«

»Absolut nichts.«

»Haben Sie die Kopie bei sich? Sind Sie sicher, daß sie genau ist?«

»Es ist eine exakte Kopie der Karte, die man in Ann Alices Zimmer fand. Ich habe sie selbst gezeichnet.«

»Sie?«

»Sie wissen doch, was für ein Gewerbe meine Familie betreibt.«

»Ja, natürlich. Mallory-Karten kennt jeder.«

»Ich habe ab und zu im Geschäft gearbeitet und habe genügend Erfahrung, um eine exakte Kopie anzufertigen.«

»Aha, ich verstehe. Ich wollte, ich könnte Ihnen helfen. Und was Ihren Bruder betrifft: Ich hätte ihn gern kennengelernt. Dies ist ein aufregender Morgen für mich!«

»Für mich auch. Ich habe mich noch immer nicht von der Überraschung erholt, als ich Ihren Namen hörte.«

»Und Sie wissen jetzt, daß ich nicht aus der Vergangenheit getreten bin. Ich bin kein Geist.«

»Nein, nein, alles ist ganz normal. Sie haben so vieles erklärt. Ist es nicht trotzdem außergewöhnlich, daß wir uns begegnet sind?«

»Ja, doch leider nähert sich Ihre Stunde dem Ende. Müssen Sie wirklich schon zurück?«

»Ja. Meine Freundin, Mrs. Granville, macht sich sonst Sorgen. Sie ist ziemlich nervös. Sie hat in Australien ein schreckliches Erlebnis gehabt. Ihr Mann ist plötzlich gestorben.«

»Ach ja. Ich habe davon gehört. Buschklepper, nicht wahr? Die Zeitungen waren voll davon.«

»Ich war im Haus, als es passierte. Ich habe sie mit nach Cariba genommen. Wir wollen zusammen nach Hause fahren.«

»Hoffentlich noch nicht so bald.«

»Wir werden wohl noch eine Weile bleiben. Sicher verstehen Sie jetzt, warum ich nicht möchte, daß sie sich Sorgen macht.«

»Natürlich. Man wird Ihren Begleiter bald zurückbringen. Sie kommen doch wieder?«

»Sehr gern. Bestimmt fällt mir, wenn ich weg bin, alles mögliche ein, das ich Sie noch fragen möchte.«

»Und wenn ich darf, komme ich nach Cariba.«

»Das wäre sehr nett.«

»Daß wir uns auf so wunderbare Weise gefunden haben, das ist wie ein Anfang. Ah, da kommen sie.«

»Dann muß ich Lebewohl sagen.«

»Nicht Lebewohl – auf Wiedersehen.«

John Everton kam herein. Sein Gesicht war gerötet, er wirkte sehr zufrieden. »Die Insel ist wunderbar. Schade, daß Sie nicht bleiben und sie besichtigen können.«

»Miss Mallory hat versprochen wiederzukommen«, sagte Magnus Perrensen.

Er begleitete uns an den Strand hinunter. Er küßte mir feierlich die Hand. Mir war etwas benommen zumute.

»Was für ein seltsamer Morgen«, meinte John Everton, als wir über das klare Wasser glitten. »Wer hätte gedacht, daß man uns so gastfreundlich empfangen würde? Und welch merkwürdiges Zusammentreffen, daß er Ihre Familie kannte. Haben Sie sich gut unterhalten?«

»Ja. Es ist wahrlich überaus seltsam, daß unsere Familien vor mehr als hundert Jahren in Verbindung standen.«

»Höchst erstaunlich. Es freut mich sehr, daß ich Sie zusammengebracht habe.«

»Ich danke Ihnen. Es war ein wunderbares Erlebnis.«

Und als ich den liegenden Löwen allmählich undeutlicher werden sah, hatte ich immer noch das Gefühl, ich träumte.

Ich saß in Milton Hemmings Innenhof und erzählte ihm von meinem morgendlichen Abenteuer. Ich hatte Maria gebeten, hin und wieder zu Felicity hereinzuschauen und, sollte es nötig sein, nach mir zu schicken. Maria hatte kichernd genickt. Meine Besuche bei Milton gaben den Leuten gewiß Anlaß zu Spekulationen. Er hörte sich meinen Bericht an, der ihm sichtlich nicht sehr gefiel.

»Soll das heißen, Sie sind mit diesem Mann in einem Boot hinausgefahren?«

»Na und? Ich bin schon mal mit einem Mann in einem Boot gefahren. Und nur weil dessen Name Milton Hemming war, war es in Ordnung?«

»Selbstverständlich.«

»Sehen Sie, es war so eine günstige Gelegenheit, und ich wollte nichts unversucht lassen.«

»Und Sie fuhren hinaus und trafen diesen mysteriösen Goldgräber.«

»Es war sehr merkwürdig, so etwas Außergewöhnliches ist mir noch nie passiert. Als ich am Strand stand und er sagte, er sei Magnus Perrensen, war mir, als ob ich träumte... oder als hätte man mich in eine frühere Zeit zurückversetzt. Es war wie ein Wunder. Und dann erfuhr ich, daß er ein Nachkomme jenes Mannes aus Ann Alices Tagebuch war und alles wußte, was sich seinerzeit abgespielt hatte... genauso, wie es niedergeschrieben war, weil man die Geschichte in seiner Familie von einer Generation zur anderen weitererzählt hatte.«

»Und was geschah dann?«

»Wir haben geredet und geredet... Er wollte, daß wir zum Mittagessen blieben, aber ich dachte an Felicity und wollte nicht, daß sie sich aufregte. Finden Sie diese Begegnung nicht ganz außergewöhnlich?«

»Ein wenig zu außergewöhnlich«, meinte er. »Das gefällt mir nicht.«

»Es gefällt Ihnen nicht, weil Sie nicht dabei waren und es nichts mit Ihnen zu tun hat.«

»Es hat mit mir zu tun, wenn es mit Ihnen zu tun hat. Ich möchte mehr über diesen Besucher aus der Vergangenheit wissen.«

»Er ist nicht aus der Vergangenheit. Er ist nur ein Nachfahre. Ach, es ist wirklich seltsam. Nie hätte ich gedacht, daß so etwas geschehen könnte.«

»Er ist ja plötzlich sehr umgänglich geworden. Ich habe immer gehört, daß es ihm nicht paßt, wenn Leute seine Insel betreten.«

»Es waren ja auch ziemlich außergewöhnliche Umstände.«

»Ich werde mich mal genauer über ihn erkundigen.«

»Was soll das heißen?«

»Ich mag keine mysteriösen Leute. Ab und zu kommt er hierher. Er soll sagenhaft reich sein, ihm gehören die einzigen Goldminen, die heute noch in Betrieb sind. Er muß ein Phänomen sein.«

»Und wenn einer phänomenal ist, dann wollen Sie es natürlich sein.«

»Selbstverständlich. Hoffentlich machen Sie es sich nicht zur Gewohnheit, mit Fremden herumzuziehen. Versprechen Sie mir, mich um Rat zu fragen, bevor Sie wieder etwas Unbesonnenes tun. Übrigens«, fuhr er fort, »Magda Manuel möchte, daß Sie zum Essen kommen, und schlägt vor, daß ich Sie herüberbringe.«

»Das ist nett. Ich freue mich darauf.«

»Übermorgen abend. Felicity ist auch eingeladen, falls sie sich wohl genug fühlt.«

»Ich werde sie fragen. Ich komme auf alle Fälle gern.«

Er brachte mich in seiner Kutsche zurück ins Hotel. Als er gute Nacht sagte, fügte er hinzu: »Übrigens, ich würde gern noch mal einen Blick auf diese Karte werfen.«

»Aber wir waren doch dort. Es ist wirklich nichts da.«

»Trotzdem, ich würde sie mir gerne noch mal anschauen.«

»Wie Sie wollen. Ich gebe sie Ihnen, wenn wir uns das nächste Mal sehen.«

In meinem Zimmer wollte ich die Karte herausholen, damit ich sie am nächsten Morgen nicht vergaß, und zog die Schublade auf. Die Karte war nicht da.

Ich konnte es kaum glauben. Hatte ich sie woanders hingelegt? Ich wollte am nächsten Morgen gründlich nachsehen.

Lange konnte ich nicht einschlafen. Immer wieder dachte ich an den Augenblick am Strand, als der Mann sagte: »Ich bin Magnus Perrensen.«

Sicher, es ließ sich alles logisch erklären, aber irgendwie konnte ich die logische Erklärung nicht akzeptieren. Es war fast, als wäre ich zu einem bestimmten Zweck auf die Insel gebracht worden, nämlich, um Magnus Perrensen zu begegnen.

Ich war durchaus bereit zu glauben, daß Ann Alice mich hierhergeführt hatte. Sie wollte, daß ich ihrem Geliebten begegnete, um das Leben zu leben, das ihr beschieden gewesen wäre, wenn sie nicht an dem Abend, an dem sie zum letztenmal in ihr Tagebuch schrieb, unter so tragischen Umständen ums Leben gekommen wäre.

Das Schicksal hatte uns nicht grundlos zusammengeführt. Zu welchem Zweck wohl? Ich war mir jetzt so gut wie sicher, daß ich Milton Hemming liebte. Er erregte mich, ich genoß die Wortge-plänkel mit ihm. Ich wäre mir ganz sicher gewesen, wenn es Raymond nicht gegeben hätte. Raymond liebte ich auch. Ich vertraute ihm. Vertraute ich Milton? Vielleicht nicht ganz, doch sogar das Mißtrauen hatte etwas Erregendes. Raymond würde ein treuer Ehemann sein. Und Milton? Die Anwesenheit von Magda Manuel gab mir schon jetzt Anlaß zu Vermutungen. Ich war überzeugt, daß zwischen ihnen eine tiefe Beziehung bestand. Das Leben mit ihm würde stürmisch sein, mit Raymond hingegen sanft und friedlich. Was wollte ich? Ich war unsicher.

Und jetzt war Magnus Perrensen auch noch da. Ich hatte ihn nur einmal gesehen, aber wie oft hatte ich an jenen anderen Magnus gedacht. Ich hatte das Gefühl, ihn gut zu kennen, hatte in den Sei-ten des Tagebuches mit ihm gelebt, als wäre es Wirklichkeit gewe-sen. Bis zu einem gewissen Grade *war* ich Ann Alice.

Das Leben wurde immer komplizierter.

Daß ich in jener Nacht träumte, war unvermeidlich. Ich saß in Ann Alices Zimmer am Frisiertisch und schrieb in mein Tagebuch, was ich an diesem Tag erlebt hatte. Ich war Ann Alice und lauschte die ganze Zeit auf Schritte auf der Treppe.

Ich höre Stimmen... Unten geht etwas vor... Sie kommen. Dann hörte ich die Schritte auf der Treppe. Ich blickte auf den Schlüssel in der Tür, und plötzlich fiel er aus dem Schlüsselloch. Ich hörte Atmen hinter der Tür, dann wurde sie gewaltsam geöffnet.

Ich schrie und erwachte schweißnaß unter meinem Moskitonetz. Ich war vor hundert Jahren gestorben und wiedergeboren. Ich war Ann Alice und Annalice zugleich. Ein Wachtraum hielt mich ge-fangen. Sie hatte mich gezwungen, hierherzukommen... und hier war ich, wie sie es gewünscht hatte. Ich starrte auf meine Tür. Sie wurde leise geöffnet.

Einen Augenblick dachte ich, ich träumte noch. Ich erwartete die böse Stiefmutter und ihren Liebhaber, der eine Pistole in der Hand hielt.

»Felicity!« rief ich.

In ihrem weißen Nachthemd und den lose auf die Schulter fallenden Haaren sah sie wie ein Gespenst aus. »Ich hab' dich schreien hören«, sagte sie. Sie trat an mein Bett, und ich murmelte: »Es... es war ein Alptraum.«

»Dann hast du also auch welche.«

»Die hat wohl jeder von Zeit zu Zeit.«

Sie lachte plötzlich. »Jetzt ist es umgekehrt. Jetzt komme ich zu dir, um dich zu trösten.«

Eine ungeheure Erleichterung überkam mich. Felicity glich ihrem alten Ich mehr als seit langer Zeit. Ich brachte sie in ihr Zimmer zurück und setzte mich an ihr Bett. Wir unterhielten uns eine Weile, dann schlief sie ein.

Ich ging wieder zu Bett. Doch ich war hellwach. Allmählich verblaßten die Wahnbilder. Sicher gab es für alles eine logische Erklärung.

Nachts auf einer einsamen Insel

Milton hatte mich zu der kleinen Insel gerudert, wo Magda ihre Plantage hatte. Felicity wollte ursprünglich mitkommen, ein Beweis, daß es ihr viel besser ging, doch im letzten Moment scheute sie vor einer Begegnung mit fremden Menschen zurück. So war ich denn allein mit Milton und sah ihm zu, wie er scheinbar mühelos die Ruder bediente.

Es ging kein Wind, doch ein leichter Nebel hing in der Luft. Die Stille wurde nur durch das Plätschern der Ruder im Wasser unterbrochen.

Ich war gespannt, Magda Manuel in ihrem eigenen Heim zu sehen. Ich muß gestehen, daß ich ein bißchen eifersüchtig war. Sie war mir so selbstbewußt, so schön erschienen, als sie ins Hotel gekommen war.

Während wir hinüberruderten, fragte ich Milton: »Sie ist eine gute Freundin von Ihnen, nicht wahr?« Er lächelte zweideutig: »Eine sehr gute Freundin.«

Die Entfernung war nicht groß. Wir waren bald da. Milton hängte die Ruder ein, sprang heraus und half mir aussteigen.

Ich trug ein loses, blaß lavendelfarbenes Kleid, das ich in Sydney für Felicitys Hochzeit gekauft hatte. Es war aus leichtem Stoff, genau das richtige für dieses Klima. Die Halskette aus in Gold gefaßten Amethysten, die mir Granny M. zu meinem siebzehnten Geburtstag geschenkt hatte, paßte genau zum Kleid. Ich hatte mir sehr viel Mühe mit meinem Äußeren gegeben.

Das Haus lag vom Ufer zurückgesetzt und war, wie das von Milton, von Zuckerrohr umgeben. Es war ein weißes Gebäude, kleiner als Miltons, diesem aber ansonsten nicht unähnlich.

Drei Stufen führten auf die Veranda, und oben stand Magda, um uns zu begrüßen. Sie war überaus elegant, wieder ganz in Weiß gekleidet. Ich fragte mich, ob es die Trauer um ihren Mann zum Ausdruck bringen sollte. Manche Leute trugen lieber Weiß als das bei uns zu Hause übliche Schwarz.

Ihr Kleid war tief ausgeschnitten; es betonte ihre schmale Taille und brachte ihre vollkommene Figur zur Geltung. Eine breite goldene Kette lag eng um ihren Hals, und sie trug dicke goldene Armreifen. Kreolische Ohrringe vervollständigten das Bild.

Neben ihr stand ein Mann. Er war groß, und sah er auch nicht auf herkömmliche Art gut aus, so wirkte er doch sehr sympathisch.

Sie hieß uns herzlich willkommen. »Wie froh bin ich, Sie endlich bei mir zu sehen«, sagte sie. »Ich wollte Sie schon längst einladen, aber ich mußte geschäftlich nach Sydney. Übrigens, dies ist George... Mr. Callerby.«

Er sagte guten Abend und verbeugte sich.

»Ich fürchtete schon, es käme Nebel auf, der Sie vom Kommen abhalten würde«, sagte Magda.

»Gott sei Dank ist er nur schwach«, erwiderte Milton, »er müßte schon sehr dicht sein, um uns abzuschrecken.«

Magda lachte und führte uns in einen sehr elegant möblierten Salon. Glastüren führten auf einen gepflegten Rasen, der sich direkt bis ans Meer erstreckte. Das Wasser war um diese Abendzeit rötlich gefärbt von der untergehenden Sonne, die wie ein großer roter Ball am Horizont hing. Bald würde sie versinken.

Magda bewirtete uns mit Getränken und erkundigte sich nach meinen Eindrücken von den Inseln. Ich erwiderte, daß ich sie faszinierend fände.

»Wie lange beabsichtigen Sie zu bleiben, Miss Mallory?« fragte George Callerby.

Ich zögerte. Milton beobachtete mich verschmitzt. Dann sagte ich: »Meine Reisegefährtin war krank. Ich möchte warten, bis es ihr besser geht, bevor sie sich den Anstrengungen einer so weiten Reise unterzieht.«

»Ja, ich habe von ihrer Krankheit gehört. Unsere Dienstboten erfahren alles für uns. Sie gehen in Cariba auf den Markt, wo sie alle Neuigkeiten aufschnappen und melden.«

Ich konnte mir vorstellen, daß alles über uns bekannt war. Ich spürte, daß Magda mich – und auch Milton – beobachtete. Was wohl hinter ihrer schönen Stirn vorgehen mochte?

»Wollen wir zum Essen hinübergehen?« fragte sie. Wir gingen in ein anderes Zimmer. Es war dunkel geworden, und man hatte große Öllampen angezündet. An den Fenstern waren Gitter gegen lästige Insekten angebracht, und ein Diener zog die Vorhänge zu.

Man trug Schildkrötensuppe auf. Sie schmeckte köstlich. Danach gab es Fisch. Ich gewöhnte mich allmählich an die vielen Fischsorten der hiesigen Gegend, die mit nichts, was wir zu Hause kannten, zu vergleichen waren. Anschließend folgten köstlich gewürzte Alligatorfilets.

Ich aber war weit mehr an der Gesellschaft als an den Speisen interessiert. Am Kopf der Tafel saß Magda; im Lampenlicht wirkte sie geheimnisvoll. Jedesmal, wenn ich aufblickte, ruhten ihre Augen nachdenklich auf mir. Sie machte sich wohl über meine Beziehung zu Milton ebensoviel Gedanken wie ich mir über ihre. Sie war ihm zweifellos sehr zugetan, und deshalb machte ich sie neugierig.

Sie stellten mir eine Menge Fragen über England. George Callerby war vor acht Jahren herübergekommen und hatte anfangs auf einer Farm in der Nähe von Sydney gearbeitet. Dort hatte er Milton kennengelernt, und dieser hatte vorgeschlagen, er solle die Plantage der Manuels verwalten.

»George ist genau zum richtigen Zeitpunkt gekommen«, sagte Magda. »Wir waren Milton so dankbar, daß er ihn hergebracht hat.« Sie lächelte ihr verführerisches Lächeln, wobei sie zuerst Milton, dann George ansah. »Es war die Rettung für uns«, fügte sie hinzu.

»Für mich auch«, sagte George. »Der Tag, an dem ich hierherkam, war der glücklichste meines Lebens.«

»George ist für diese Arbeit wie geschaffen«, erklärte Milton. »Das wußte ich gleich, als ich ihn das erste Mal sah.« Er betrachtete die beiden wohlwollend, und ich spürte eine starke Spannung im Raum. Ich dachte: Sie hat mich hergebeten, um mich zu begutachten. Sie ist verärgert, weil sie von seinem Interesse für mich gehört hat. Zudem ist sie sehr schön, genau die Sorte Frau, zu der er sich hingezogen fühlen könnte.

Aber ihn zog es zu mir, und ich war nicht im mindesten wie

sie. Sie war von gewinnendem Wesen und hatte Erfahrung mit Männern; sie verstand es, sie mit unaufdringlichen Schmeicheleien zu umgarnen. Ich dagegen war spitzzüngig, schrecklich unsicher und gänzlich unerfahren. Das Tischgespräch drehte sich um Liebhabereien.

»Sie müssen wissen, George ist Astronom.«

George lachte abwehrend. »Ein reiner Amateur.«

»Er kam nach Australien, weil er des Nachthimmels auf der anderen Seite der Welt überdrüssig war«, sagte Milton.

»Das«, erwiderte George und lächelte mich an, »stimmt nicht ganz.«

»Die Sterne haben mich immer fasziniert«, gestand ich. »Ein phantastischer Gedanke, einen Stern zu betrachten, den es gar nicht mehr gibt, weil er so weit entfernt war, daß sein Licht uns erst jetzt erreicht.«

»Aber es sind nicht nur die Sterne, die ihn interessieren, nicht wahr, George?« fuhr Magda fort. »Auch die Erde und ihr Alter und alles. Was sagtest du doch neulich über Klima und Eisschmelze und dergleichen?«

»Interessiert Sie das?« fragte George mich.

»Ja, sehr«, erwiderte ich.

»Ich hatte darüber gesprochen, wie sich klimatische Bedingungen auf die Erde auswirken. Solange alles im Gleichgewicht ist, bleibt das Leben voraussagbar. Aber es bedarf nur einer kleinen plötzlichen Veränderung, und das Chaos würde ausbrechen. Eine Eiszeit würde uns alle einfrieren... Oder angenommen, es würde wärmer. Das Eis an den Polen würde allmählich schmelzen. Stellen Sie sich die Wasserströme auf der Erde vor. Ganze Kontinente würden überflutet.«

»Hoffen wir, daß das nicht eintritt«, meinte Magda. »Wir klagen zwar über die Hitze, aber eine Eiszeit wäre furchtbar. Und die Vorstellung, in einer Flut unterzugehen, ist noch schlimmer.«

»Ich glaube, in den letzten hundert Jahren hat bereits eine Veränderung stattgefunden«, sagte George. »Ich habe gelesen, daß es eine Wärmeperiode gab, in der ein Teil des polaren Eises schmolz; infolgedessen sind die Meere etwas angestiegen. Was sich bei uns, die wir weit von den Polen entfernt sind, nicht ganz so stark bemerkbar machte...«

Wir waren mit dem Dessert fertig, als Magda vorschlug, daß wir wieder in den Salon hinübergingen. Ich machte ihr ein Kompliment über das ausgezeichnete Essen, und sie fragte, ob ich mir gern das Haus ansehen möchte. Ich bejahte.

»Dann lassen wir die Herren allein«, meinte sie. »Sie kennen das Haus gut und wollen es gewiß nicht noch einmal besichtigen.« Sie nahm eine Kerze und ging eine geschnitzte Treppe voran, die etwas Spanisches hatte; der Name Manuel ließ darauf schließen, daß Magdas Mann Spanier war, und sie stammte vermutlich ebenfalls aus Spanien.

»Mein Mann hat das Haus gebaut, als wir hierherkamen«, erklärte sie. »Er versuchte, es zu einem Stück Heimat zu machen. Aber das gelingt einem im Ausland niemals richtig.«

Sie zeigte mir ihr Schlafzimmer. Es enthielt ein großes Bett mit eleganten weißen Vorhängen. Ich stellte mir vor, wie Milton sie hier besuchte, und sehnte mich aus diesem Raum hinaus. Sie führte mich durch mehrere andere Zimmer. Ich nahm sie kaum wahr, sondern fragte mich, was zwischen ihr und Milton war.

Als wir wieder hinunterkamen, meinte Milton, nun sei es Zeit zum Aufbruch.

»Müssen Sie wirklich schon gehen?« fragte Magda. »Es ist noch nicht einmal elf.«

»Meine liebe Magda, ich muß die junge Dame ins Hotel zurückbringen.«

»Nun, dann müssen wir Sie wohl ziehen lassen.«

»Sie und George müssen bald mal bei mir speisen. Ein Abend zu viert.«

Man brachte mir meinen Umhang aus Kaschmirwolle, den ich gegen die Abendkühle mitgenommen hatte.

Wir traten aus dem Haus. »Es ist immer noch nebelig«, stellte Magda fest.

»Bißchen dichter geworden«, fügte George hinzu.

»Milton, meinen Sie, es ist klar genug? Sie könnten auch hier übernachten.«

»Ach, es ist ja nur ein kurzes Stück, und wenn einer den Weg kennt, dann ich. Ich bin ihn, weiß Gott, oft genug hin- und hergerudert«, sagte Milton.

Sie wechselten einen raschen Blick. Hatte das etwas zu bedeuten, oder bildete ich mir das ein? Ich malte mir aus, wie er nachts zu der Insel hinüberruderte und leise zum Haus ging. Der invalide Ehemann schlief. Magda kam Milton draußen entgegen. Sie umarmten sich leidenschaftlich... und dann ging er mit ihr hinein.

»Kommen Sie, Annalice. Sie träumen ja.«

Ja, dachte ich, von dir und Magda, und das gefällt mir überhaupt nicht, und ich verachte mich, weil ich solche Gefühle hege. Was hatte sein früheres Leben mit mir zu tun?

Er legte mir meinen Umhang um. »Es ist kühl«, sagte er. »Bei Nebel kann es richtig kalt werden.« Dann half er mir ins Boot, stieß es ab und sprang hinein. Magda und George standen winkend am Strand.

Leise glitten wir übers Wasser.

»Nun?« sagte er.

»Es war ein sehr interessanter Abend.«

»Ja, ich habe Ihnen angesehen, daß Sie gefesselt waren.«

»Sie ist eine faszinierende Frau.«

»Da stimme ich Ihnen zu.« Und dann: »Ist Ihnen kalt?«

»Ja, ein bißchen.«

»Dieser verfluchte Nebel.«

»Er scheint dichter zu werden.«

»Mir scheint, Ihnen ist etwas bange zumute. Haben Sie immer noch nicht gelernt, daß Sie mir vertrauen können?«

»Davon bin ich noch nicht ganz überzeugt.«

»Keine Sorge. Selbst wenn wir aufs Meer hinaustreiben, sind Sie bei mir in Sicherheit.«

Er ruderte eine Weile stumm weiter. Dann legte er die Ruder ein und blickte um sich. »Wo ist Cariba? Wir müßten längst dasein.«

»Jetzt haben Sie sich also doch verirrt!«

Er antwortete nicht, sondern begann wieder zu rudern. Nach wenigen Minuten ragte Land aus dem Nebel.

»Das ist aber nicht der Hafen«, sagte ich.

»Es ist auch nicht Cariba. Ich lege hier an. Hat keinen Zweck, im Nebel weiterzurudern.«

»Nicht Cariba! Aber wo sind wir dann?«

»Auf der kleinen Insel, ein gutes Stück von Cariba entfernt. Es wäre töricht, in diesem Nebel zu versuchen, dorthin zu gelangen. Der Nebel wird nicht lange anhalten. Sie werden wohl oder übel mit mir auf dieser Insel landen müssen.«

»O nein!«

»O ja. Wir haben uns im Kreis bewegt. Ich weiß jetzt genau, wo wir sind. Wir müssen hierbleiben, bis der Nebel sich auflöst.«

»Das könnte womöglich... die ganze Nacht sein.«

Er sah mich amüsiert an. »Vielleicht.«

Ich dachte bei mir: Das hat er absichtlich gemacht. Er hat die ganze Zeit gewußt, wo wir waren. Erregung und Zorn stiegen in mir hoch. Das war typisch für ihn. Man konnte ihm nicht trauen.

Das Boot scharrte auf dem Sand. Milton sprang in das seichte Wasser, hob mich heraus und watete an Land.

»Ich muß das Boot noch an Land ziehen«, sagte er, »damit es nicht fortgespült wird. Dann suchen wir uns ein Obdach.«

»Leben Menschen auf dieser Insel?«

Er grinste mich kopfschüttelnd an. »Sie ist etwa eine halbe Meile lang und nicht ganz so breit. Eigentlich nur ein aus dem Meer ragender Felsen. Sie war einmal erheblich größer, wurde aber vom Meer überspült.«

»Wo können wir hier Obdach finden?«

»Früher gab es hier ein altes Bootshaus. Als Kind bin ich öfter hier gewesen. Sehen wir nach, ob es noch da ist. Wenn ja, bietet es uns Obdach. Kommen Sie, reichen Sie mir Ihre Hand.«

Er zog mich mit sich. Plötzlich legte er seinen Arm um mich. »Sie schwanken ja«, flüsterte er. »Sträuben Sie sich nicht weiter. Oder ist Ihnen nicht wohl?«

»Das war schließlich keine gemütliche Fahrt.«

»Ich verspreche Ihnen, daß es gleich gemütlich wird.«

Wir gingen ein kleines Stück bergan. »Ein wenig hügelig«, bemerkte er. »Dem Himmel sei Dank dafür, sonst hätte das Meer alles verschlungen. Ja, da ist es... das alte Bootshaus.«

»Was soll ein Bootshaus auf einer unbewohnten Insel?«

»Es ist ein Überbleibsel aus der Vergangenheit, als hier noch Menschen lebten.«

Der Sand drang in meine Schuhe, und das Gehen wurde beschwerlicher. Milton nahm mich wie ein Paket unter den Arm und trug mich.

»Lassen Sie mich hinunter«, protestierte ich, »ich bin zu schwer.«

»Leicht wie eine Feder«, gab er zurück, ohne auf meine Forderung einzugehen. »Ah, da ist es. Etwas verfallener als damals, aber das war wohl zu erwarten.« Er stellte mich auf die Füße und stieß die Tür auf, die fast aus den Angeln fiel.

Drinnen war ein dunkles längliches Etwas. Ich sah näher hin: ein Kanu.

»Es ist noch da«, rief er aus. »Lassen Sie die Tür auf, sonst sehen wir nichts. Als Junge habe ich hier drin gelegen und so getan, als segelte ich auf hoher See. Es ist ganz gemütlich. Ich schätze, es ist über fünfzig Jahre alt. Die Dinger sehen zwar nicht solide aus, sind aber sehr robust.« Er legte seinen Arm um mich. »Hier werden wir es gemütlich haben.« Ich entzog mich ihm.

»Gehen Sie nicht hinaus. Sie werden frieren. Hier drinnen haben wir es warm und behaglich. Wir machen uns ein Ruheplätzchen im Kanu, bis der Nebel sich lichtet.«

»Man wird sich wundern, wo ich bleibe.«

»Nicht vor morgen früh.«

»Ich habe Felicity nicht gute Nacht gesagt. Sie wird sich Sorgen machen.«

»Sie weiß doch, daß Sie mit mir zusammen sind.«

»Gerade das wird sie sehr beunruhigen.«

Er lachte lauthals, dann sagte er: »Man wird denken, wir übernachten bei Magda. Wenn sie den Nebel sehen, werden sie sich sagen, daß niemand es wagen würde, jetzt zurückzurudern. Kommen Sie, wir machen uns ein behagliches Bett im Kanu.«

»O nein.«

»Ist es nicht an der Zeit? Wie lange wollen Sie mich noch hinhalten?«

»Ich glaube, Sie haben das hier absichtlich arrangiert.«

»Sie trauen mir aber eine Menge zu. Bei all meinen Fähigkeiten, das Wetter habe ich nicht in der Hand.«

»Ich glaube, Sie hätten ohne weiteres nach Cariba gefunden.«

»So?«

»Ja, und ich glaube, Sie haben mich absichtlich hierhergebracht.«

»Und das freut Sie?«

»Von wegen! Ich wollte ins Hotel zurück.«

»Sie werden unser Kanu etwas interessanter finden als Ihr jungfräuliches Bett.«

»Sie... Das war alles Absicht!«

»Den Nebel konnte ich nicht bestellen.«

»Sie haben aber die Gelegenheit ausgenutzt.«

»Ich nutze jede Gelegenheit, die sich mir bietet.«

Er nahm mich in die Arme und küßte mich. Zu meinem eigenen Schrecken erwiderte ich den Kuß, bevor ich mich mit gespielter Entrüstung entzog. Magda Manuel ging mir nicht aus dem Sinn, und ich erkannte, daß ich mir selbst genausowenig traute wie Milton. Es würde so leicht sein, alles zu vergessen, außer daß ich hier mit ihm allein war. In Wahrheit war es genau, was ich mir wünschte... mit ihm allein sein... aber ich hatte Angst davor. Das hatte teils mit meiner Bindung an Raymond zu tun, mehr aber wohl mit meinem Erlebnis auf der Löweninsel. Es war fast, als sei Ann Alice hier und bedränge mich, stark zu sein und mich meinen Gefühlen nicht hinzugeben. Wozu hatte sie mich auf die andere Seite der Erde geschickt? Ich war Magnus Perrensen begegnet und würde ihn wiedersehen. In der Stunde, die wir zusammen verbrachten, war etwas mit mir geschehen. Ich wußte, so sicher wie ich auf dieser Insel stand, daß ich Magnus Perrensen nicht zum letztenmal gesehen hatte.

Ich war auf dieser verlassenen Insel nicht mit Milton Hemming allein. Ann Alice war bei mir.

Er küßte mich immerzu. »Hab keine Angst«, murmelte er, »es war unvermeidlich, von dem Augenblick an, als wir uns zum erstenmal begegneten. Ich wußte, du bist die Richtige für mich... und du hast es auch gewußt, nicht wahr?«

Einen Moment lehnte ich mich an ihn. Geh fort, Ann Alice, dachte ich. Ich bin nicht du, ich bin ich. Dein Leben endete in deinem Zimmer, ich aber bin hier, ich bin lebendig und möchte mit diesem Mann zusammensein; denn es ist wahr: Ich liebe ihn – wenn Liebe ist, daß ich immer bei ihm sein und sein Leben mit ihm teilen will.

Er hatte meine Stimmung gleich gespürt. Er hob mich auf die Arme und setzte mich in das Kanu. Er nahm die Nadeln aus meinem Haar und schob sie in seine Tasche. Wie praktisch, dachte ich flüchtig, sicher hat er so etwas schon öfters getan.

»Wie schön du bist«, sagte er.

»Wie viele Frauen haben Sie schon auf diese Insel, in dieses Kanu gebracht?«

»Du hast die Ehre, die erste zu sein, und ich schwöre, daß es niemals eine andere geben wird. Vielleicht kommen wir zwei noch einmal her, bevor wir nach England aufbrechen. Wir werden uns an diese Nacht erinnern... an den eigentlichen Anfang.«

»Den Anfang von was?«

»Der erfüllten Liebe.«

»Denken Sie, Sie könnten mich heute nacht verführen?«

»Es ist der ideale Ort. Sehr romantisch. Draußen das sanfte Plätschern der Wellen auf dem Sand, und um uns nichts als Nebel.«

»Nein.«

»Nein?«

»Ich will nicht.«

»Meine liebste Annalice, glaubst du, ich kenne dich nicht? Du liebst mich... du willst mich... wie ich dich... und das schon seit geraumer Zeit.«

»Ich habe Ihnen doch erklärt, daß ich so gut wie verlobt bin.«

»Nach dieser Nacht wird dir klarwerden, daß das überhaupt nicht in Frage kommt.« Er nahm mich in die Arme. »Hören Sie mir zu«, sagte ich.

»Ich höre.«

»Ich weiß, daß ich Ihnen hier auf Gnade und Barmherzigkeit ausgeliefert bin. Sie sind stärker als ich. Wenn ich mich sträube, können Sie mich überwältigen. Ist das Ihre Absicht?«

»Du wirst mir freiwillig gehören.«

»Ja«, sagte ich, »freiwillig oder überhaupt nicht. Es wäre nur ein flüchtiger Erfolg, wenn Sie mich zwängen. Das wäre Vergewaltigung. Ich würde es Ihnen nie vergeben. Sie hätten vielleicht eine kurze Befriedigung, aber das würde mir verraten, was ich schon seit langem vermute.«

»Das ist nicht dein Ernst.«

»Doch, ich schwöre. Ich würde auf der Stelle mit Felicity abreisen. Ich glaube, wenn sie das Gefühl hat, sich um mich kümmern zu müssen, kehren ihre Kräfte zurück. Sie würde mich verstehen. Sie hat ähnliches erlebt. Sie konnte sich nicht wehren, weil sie mit dem Kerl verheiratet war. Ich dagegen bin frei und möchte Ihnen freiwillig angehören... nicht auf einem provisorischen Bett, weil sich gerade die Gelegenheit ergibt, sondern weil ich es will, aus freien Stücken.«

Er küßte mich zärtlich. »Ja«, sagte er, »sprich weiter.«

»Ich will es Ihnen erklären. Ich glaube, ich liebe Sie. Ich möchte mit Ihnen zusammensein. Bei Ihnen bin ich glücklicher als irgendwo sonst. Aber ich hatte Raymond Billington gern. Er ist ganz anders als Sie... zurückhaltend, fast selbstlos. Sie gehen hin und nehmen sich, was Sie wollen. Sie können mich jetzt nehmen, aber das würde bedeuten, mich für immer zu verlieren.«

»So würde es nicht sein«, widersprach er. »Ich würde dir zeigen, welche Wonnen wir uns gegenseitig schenken könnten. Du würdest sehen, wie gut wir zusammenpassen und daß wir ein Leben lang zusammen glücklich sein könnten.«

»Wie gut kennen Sie mich eigentlich?«

»Oh, sehr gut. Deshalb liebe ich dich ja, weil ich dich so gut kenne und weiß, daß du die Richtige für mich bist.«

»Wenn Sie mich so gut kennen, dann kennen Sie auch meinen Stolz. Ergeben will ich mich Ihnen nicht. Ich will Ihnen freiwillig gehören oder gar nicht. Ich war bei Felicity in dem gräßlichen Haus, wo sie nächtens so gelitten hat. Sie war nicht als einzige betroffen von dem, was sich dort abgespielt hat. Auch mich hat es berührt. Und da wußte ich, wenn ich einmal heirate oder einen Mann liebe, würde ich mich niemals unterwerfen. Ich wollte ihm ebenbürtig sein. Ich würde mich nicht bezwingen lassen... wie Felicity. Verstehen Sie das?«

»Ja. Fahr fort.«

»Ich glaube, ein Leben mit Ihnen wäre wunderbar. Aber Raymond ist auch noch da. Ich kenne ihn gut. Er ist lieb und sanft. Mit ihm könnte ich sicher glücklich werden. Es wäre nicht so aufregend wie mit Ihnen, dessen bin ich mir bewußt. Es wäre eher eine ruhige Liebe, ohne Höhen, ohne Tiefen...«

»Und du würdest es entsetzlich langweilig finden.«

»Nicht langweilig. Angenehm... und stetig.«

»Auch auf der ruhigsten See kann ein Sturm aufkommen.«

»Ja, ich weiß, aber auf Raymond könnte ich mich verlassen.«

»Und auf mich nicht.«

»Da wäre ich mir nicht so sicher. Sie haben zweifellos viele Frauen gekannt.«

»Und Raymond war selbstverständlich der vollkommene keusche Ritter. Der reinste Galahad. Ich nehme an, er sitzt zu Hause und poliert seinen heiligen Gral, ohne sich zu sorgen, was aus dir wird.«

Ich mußte unwillkürlich lachen. »Das ist ja lächerlich.«

»Du bist selbst schuld, wenn du in einer Nacht wie dieser auf einen solchen Ausbund an Tugend zu sprechen kommst.«

»Und vergessen Sie nicht«, erinnerte ich ihn, »ich bin zu einem bestimmten Zweck hierhergekommen. Ich will meinen Bruder finden. Ich habe das deutliche Gefühl, daß ich nahe daran bin, das Rätsel zu lösen.«

»Du denkst noch immer an den Fremden auf der Löweninsel?«

»Ja. Merkwürdig, manchmal habe ich das Gefühl, ich bin tatsächlich Ann Alice... mir ist, als sei sie ein Teil von mir, als sei sie durch mich wieder lebendig geworden.«

»Dieser Mann hat dich verwirrt. Ich halte ihn für gefährlicher als den heiligen Raymond.«

Ich schwieg. War er das? Hier lag ich in einem Kanu mit dem Mann, dessen bloße Gegenwart mich erregte, und es war, als wäre Ann Alice bei mir und legte mir die Worte in den Mund, als verlange sie von mir, ebenso keusch zu bleiben wie sie. Aber sie war tot. Es war, als hätte sie mich erkoren, das Leben zu vollenden, das ihr verwehrt gewesen war.

»Du hast manchmal recht merkwürdige Ideen«, sagte Milton und küßte mich auf die Stirn.

»Ich war ehrlich zu Ihnen. Sie waren Magda Manuels Liebhaber, nicht?«

Er zögerte, dann sagte er: »Sie war einsam da drüben, und ihr Mann war Invalide. Ich war sehr oft dort. Wir haben uns gut verstanden.«

»Und ihr Mann?«

»Ich glaube, er wußte Bescheid.«

»Ich verstehe... ein praktisches Arrangement.«

»Es war nie als dauernde Verbindung geplant. Ich habe immer auf dich als ideale Frau gewartet.«

»Ich glaube, sie verachtet mich.«

»Aber nein. Magda ist eine Frau von Welt. Sie hat Verständnis. Zwischen uns war nie von Heirat die Rede.«

»Haben Sie sich geliebt?«

»Das kommt darauf an, was man darunter versteht. Wir mochten uns. Wir paßten zusammen. Wir waren die allerbesten Freunde.«

»Sie müssen verstehen, wie mir zumute ist.«

»Du bist noch in den alten Konventionen gefangen. Hier draußen ist es nicht so wie zu Hause. Vielleicht liegt es am Klima.«

»Und wie steht es jetzt zwischen Ihnen und Magda?«

»Es ist vorbei.«

»Für sie nicht, glaube ich.«

»Ich kenne sie besser...«

»Sie wirkt so geheimnisvoll.«

»Das sieht nur so aus, weil du sie auf eine bestimmte Art betrachtest. Du magst es nicht, daß ich eine andere Frau gern hatte, auch nicht, bevor ich dich kennenlernte. Das gefällt mir an dir.«

Ich schwieg. Er drückte mich an sich und küßte zärtlich mein Gesicht. Ich dachte: Er liebt mich wirklich. Und ich wünschte, ich könnte ihm sagen, daß ich ihm alles sein, daß ich immer bei ihm bleiben möchte. Fast hätte ich es getan. Ich brauchte nur ein Wort zu sagen... doch hielten mich Kräfte zurück, die ich nicht ganz verstand.

Lange lagen wir eng umschlungen beieinander. Nie werde ich das leise Plätschern des Wassers draußen, die Stille, die Behaglichkeit vergessen, die Gewißheit, daß er mich genug liebte, um seine Leidenschaft zu zügeln, weil er mich für eine Frau hielt, deren Wunsch man respektieren mußte.

Unsere Liebe mußte vollkommen sein. Keine verstohlene Affäre in einem alten Kanu, nur weil der Nebel uns dorthin verschlagen hatte. Ich liebte ihn für sein Verständnis um so mehr.

Ich hatte keine Ahnung, wie spät es war, aber es mußte in den frühen Morgenstunden gewesen sein, als der Nebel sich lichtete. Milton half mir aus dem Kanu.

»Es ist jetzt ganz klar«, sagte er. »Man kann Cariba sehen.«

»Wir sind ja ganz nahe«, bemerkte ich. Ich hob ihm mein Gesicht entgegen, und er küßte mich.

»Danke«, sagte ich. »Ich werde diese Nacht nie vergessen. Sie wird zu meinen kostbarsten Erinnerungen gehören.«

»Wir werden jedes Jahr, wenn wir hier draußen sind, hierher zurückkommen, sogar dann, wenn wir uns in England niedergelassen haben.«

Ich hatte in dieser Nacht eine neue Seite seines Charakters kennengelernt. Und ich liebte ihn dafür um so mehr.

Ich saß im Boot. Er lächelte mich an und holte die Haarnadeln aus seiner Tasche. »Ich mag es lose«, sagte er, »aber es wirkt anständiger, wenn du es hochsteckst.«

Ich nahm die Nadeln, und er ergriff die Ruder und ruderte uns nach Cariba zurück.

Alle nahmen an, wir hätten die Nacht wegen des Nebels auf Magdas Plantage verbracht. Zu meiner Erleichterung rief die Angelegenheit keine übermäßige Aufregung hervor.

Felicity ging es etwas besser. Wir frühstückten gemeinsam in ihrem Zimmer, und ich berichtete ihr von Magdas Plantage. Sie zeigte etwas Interesse, was bei ihr selten vorkam. Ihre Teilnahmslosigkeit schien allmählich nachzulassen, ein Zeichen, daß ihre Genesung Fortschritte machte.

Später beobachtete ich von der Terrasse aus, wie das Schiff aus Sydney kam. Es löste jedesmal große Geschäftigkeit aus. Am Wasser ging es dann noch lärmender zu als sonst, und es gab ein Gedränge und Geschiebe unter den vielen Ochsenkarren und den Leuten, die aus ihren Häusern kamen, um den Ankömmlingen Waren feilzubieten.

Die Szenerie war mir inzwischen so vertraut, als gehörte ich hierher. Ich war noch in der Erinnerung an die vergangene Nacht gefangen. Milton hatte in dem Kanu bewiesen, daß er mich wirklich liebte. Es wäre ihm ein leichtes gewesen, meine Bedenken zu zerstreuen, aber er hatte sich zurückgehalten.

Dann kamen mir Raymond und Magnus Perrensen in den Sinn. Letzterer weckte merkwürdige Gefühle in mir. Er wirkte so altmodisch, selbst seine Sprechweise war ein wenig antiquiert. Hätte er mir erzählt, er sei tatsächlich die Wiedergeburt jenes Magnus Perrensen, ich hätte ihm bereitwillig geglaubt.

Das Schiff war eingelaufen. Leute kamen an Land. Plötzlich fuhr ich zusammen. Das konnte nicht wahr sein. Ich dachte, ich träume. Sicher war es Einbildung. Aber nein! Raymond stieg aus einer der Barkassen, welche die Leute vom Schiff an Land brachten. Ich starrte hinüber. Es mußte jemand sein, der ihm ähnlich sah. Ein Doppelgänger... aus dieser Entfernung konnte man sich durchaus irren.

Ich verließ das Hotel und lief ans Wasser hinunter in der Erwartung, die Gestalt möge sich beim Näherkommen als jemand anders entpuppen.

Doch je näher ich kam, um so sicherer wurde ich, daß ich mich nicht geirrt hatte.

»Raymond!« rief ich.

Er stellte seinen Handkoffer ab und sah mir entgegen. Ich lief zu ihm, und er fing mich in seinen Armen auf. »Annalice!«

»Raymond! Oh... Raymond! Du bist es wirklich.«

»Ich wollte dich unbedingt sehen... und Felicity«, sagte er.

»Raymond, so eine Überraschung! Warum hast du uns nicht benachrichtigt? Wir haben dich nicht erwartet... so eine Freude.«

»Ich nahm mir vor nachzukommen, als ihr abgereist wart«, sagte er. »Es gab nur noch ein paar Dinge zu erledigen. Es ist eine Geschäftsreise, weißt du. Ich mußte Leute in Sydney aufsuchen.«

»Warum hast du uns nicht geschrieben?«

»Briefe brauchen so lange. Außerdem habe ich geschrieben.«

»Wohin?«

»Nach Australien.«

»Da sind wir schon lange nicht mehr. Du weißt also gar nicht, was passiert ist? Hast du meine Briefe bekommen?«

»Einer kam, als ich gerade abreisen wollte. Etwas stimmte nicht. Du schriebst, Felicity sei unglücklich, die Ehe sei schiefgegangen. Ich bin auf dem Gut gewesen. Es wurde gerade versteigert. Man sagte mir, daß du und Felicity nach Sydney gefahren seid, und dort erfuhr ich, daß ihr das Schiff nach Cariba genommen habt.«

»Ach, Raymond, es gibt so viel zu erzählen. Du wirst sicher hier im Hotel absteigen.«

»Wo ist Felicity?«

»Sie ist hier. Sie war krank... sehr krank.«

»Krank?« fragte er bestürzt.

»Aber es geht ihr schon besser. Raymond, ich muß dir alles erzählen, bevor du sie siehst. Sie ist immer noch nicht ganz bei sich. Sie stand kurz vor einem Nervenzusammenbruch. Sie hat in Australien so viel durchgemacht. Hast du nichts vom Tod ihres Mannes gehört? Das ist wohl nicht bis England gedrungen. Die Zeitungen in Sydney waren voll davon.«

»Meine liebe Annalice, was sind das für Geschichten? Es tut so gut, dich zu sehen. Ich habe dich sehr vermißt.«

»Und du hattest die ganze Zeit vor, nachzukommen?«

»Ich war nicht ganz sicher. Es hatte mit dem Geschäft zu tun. Ich wollte nicht sagen, ich käme nach, und dann hätte es womöglich nicht geklappt.«

»Wo ist dein Gepäck?«

»Es wird gerade an Land gebracht.«

»Ich buche dir ein Zimmer im Hotel, während du dich um dein Gepäck kümmerst. Und ich möchte mit dir reden, bevor du Felicity siehst.«

»Steht es so schlimm?«

»Sehr schlimm. Aber es wird allmählich besser. Laß dein Gepäck ins Hotel bringen. Und dann laß uns miteinander reden.«

»Das hört sich so geheimnisvoll an.«

»Raymond... also wirklich, so eine Überraschung. Ich bin ja so froh, daß du da bist.«

Er küßte mir die Hand, dann lief ich ins Hotel. Rosa trug ihn unter aufgeregtem Kichern in die Gästeliste ein. Ein Freund von mir und Mrs. Granville war gekommen. Sie fand das höchst interessant, und ich sah, wie sie danach fieberte, es dem übrigen Personal mitzuteilen.

Als Raymonds Gepäck in sein Zimmer gebracht worden war, ging ich mit ihm auf die Terrasse und bestellte etwas zu trinken. Dann erzählte ich ihm alles, von der Heirat, von William Granvilles Charakter, von den Qualen, die Felicity erdulden mußte, und die in der Schießerei auf dem Balkon ihren Höhepunkt fanden.

»Das arme Kind«, sagte er. »Wie muß sie gelitten haben!«

»Kein Wunder, daß sie etwas... verstört ist.«

»Sie ist so ein sanftes Geschöpf... so behütet aufgewachsen, und gerät an so einen brutalen Kerl.«

»Es war ein großes Unglück. Sie hätte ihm nie ihr Jawort geben dürfen.«

»Ich nehme an, die Reise hat sie gereizt.«

»Ich glaube nicht, daß das alles war.«

»Wann kann ich sie sehen?«

»Am besten, du kommst mit auf ihr Zimmer.«

Er erhob sich eilfertig und folgte mir nach oben.

Ich bat ihn, draußen zu warten, und trat in ihr Zimmer. Sie saß am Fenster und betrachtete müßig drunten die Szenerie.

»Felicity«, sagte ich, »du hast Besuch.«

Sie fuhr auf. Ich weiß nicht, was sie erwartete. Den Geist von William Granville? Mrs. Maken? Jemanden aus vergangener Zeit? Ich fügte rasch hinzu: »Es ist Raymond Billington.«

»Raymond! Das kann nicht wahr sein!«

Da stand er schon im Zimmer. Sie sah ihn fassungslos an. Die Freude in ihrem Gesicht rührte mich zutiefst.

»Raymond«, rief sie und lief in seine Arme. »Du bist es nicht wirklich«, rief sie, »ich träume.«

»Doch, ich bin es wirklich«, sagte er. »Ich bin gekommen, um nach euch zu sehen... nach dir und Annalice.«

»O Raymond!« Sie weinte. Ich hatte sie lange nicht weinen sehen. Sie berührte sein Gesicht, als wolle sie sich vergewissern, daß er wahrhaftig da war.

Er hielt sie fest, wiegte sie hin und her. »Es ist ja alles gut«, sagte er. »Ich bin hier und nehme dich mit nach Hause.«

Sie legte die Hände an seine Brust. Die Tränen rollten ihr über die Wangen.

Leise schloß ich die Tür und ließ sie allein. Ich ging in mein Zimmer, und ich dachte: Sie liebt ihn, und er liebt sie auch. Ach, was für einen Schlamassel haben wir angerichtet. Und was wird nun?

Es wunderte mich nicht im geringsten, als ich Milton auftauchen sah. Er hatte von Raymonds Ankunft gehört und keine Zeit verloren, ins Hotel zu kommen.

Ich saß gerade mit Raymond und Felicity auf der Terrasse, als Milton die Stufen hinaufpolterte. Rasch erhob ich mich und ging ihm entgegen. »Raymond Billington ist gekommen«, sagte ich.

Er machte ein recht grimmiges Gesicht.

»Kommen Sie, ich stelle Sie vor. Raymond, das ist Milton Hemming. Ich habe dir von ihm erzählt. Er hat uns sehr geholfen.«

Raymond gab ihm die Hand. Ich beobachtete Milton, wie er Ray-

352

mond taxierte, doch konnte ich an seiner Miene nicht ablesen, was er von ihm hielt.

»Sie sehen heute viel besser aus«, wandte er sich an Felicity.

»Oh, es geht mir auch besser«, erwiderte sie.

Milton setzte sich zu uns. »Das ist ja eine gelungene Überraschung, was?«

»Eine große Überraschung«, erklärte ich.

»Briefe brauchen so lange«, warf Raymond ein. »Das macht eine Verständigung schwierig. Ich war in Sydney und habe mich nach den Damen erkundigt. Danach nahm ich das erste Schiff hierher.«

»Wirst du lange bleiben?«

»Nein, das geht nicht. Ich muß bald zurück. Ich glaube, das Schiff geht nur einmal die Woche.«

»Du meinst, du willst nächste Woche schon wieder abreisen?«

Raymond lächelte mich an. »Das wird sich zeigen. Ich bin ja eben erst angekommen. Wir hatten noch keine Zeit, etwas zu besprechen. Ich war zu erschrocken, als ich erfuhr, daß Felicity so krank war.«

Felicity senkte leicht errötend die Augen.

»Sie müssen alle auf die Plantage kommen und mit mir speisen«, sagte Milton.

»Ich hoffte, Sie essen heute abend mit uns im Hotel«, wandte ich ein.

»Danke, gern. Aber jetzt muß ich gehen. Ich komme um sieben.«

Ich ging mit ihm zum Stall, wo er sein Pferd abgestellt hatte, und ließ Raymond mit Felicity allein.

Milton sagte: »Du fährst doch nicht etwa mit ihm zurück?«

»Ich weiß es nicht. Das kam alles so unerwartet. Ich war ganz verblüfft, als ich ihn aus dem Boot steigen sah.«

»Und du hattest keine Ahnung von seinem Kommen?«

»Nicht die geringste.«

»Er sollte Felicity mit nach Hause nehmen. Sie ist wie umgewandelt, seit er da ist.«

»Das stimmt.«

»Es liegt an ihm, nicht wahr?«

»Ich denke, ja.«

»Die beiden sollen abreisen. Du bleibst.«

»Ich weiß nicht, Milton. Ich kann mich nicht entscheiden.«

»Ich entscheide für dich.«

»Nein. Ich muß selbst für mich entscheiden.«

Er sah mich kläglich an. »Ich frage mich, welche Aussichten ich habe, mit einem Heiligen und einem Geist als Rivalen.«

»Ich glaube nicht, daß ein Milton Hemming sich von denen einschüchtern läßt.«

Plötzlich riß er mich an sich, und ich wünschte, alle Hindernisse zwischen uns wären mit einem Schlag verschwunden.

»Wir sehen uns heute abend beim Essen«, sagte ich.

»Ich werde dasein. Dabei lerne ich diesen Tugendbold, diesen Heiligen, näher kennen, und über den geisterhaften Mann werde ich auch etwas herausbekommen. Aber ich bestehe auf meinem Anspruch: Du wirst hierbleiben und mich heiraten.«

Ich lächelte ihn an und dachte: Ja, genau das ist es, was ich möchte. Dann stieg er auf sein Pferd und ritt davon.

Spannung lag in der Luft, ausgelöst von Raymonds Ankunft. Felicitys anfängliche Hochstimmung hatte sich gelegt; sie wußte, was Raymond für mich empfand, und es gab Augenblicke, in denen ich das Gefühl hatte, daß sie mich haßte. Daß sie ihn liebte, war offensichtlich. Er war der Held ihrer Kindheit, und es stand so gut wie fest, daß sie heiraten würden, bis ich auftauchte. Kein Wunder, daß sie nicht gerade freundliche Gefühle für mich hegte.

Ich wollte Raymond sagen, daß ich ihn nicht heiraten konnte. Ich wünschte, er würde Felicity mit nach Hause nehmen und mich hier lassen. Aber es ergab sich noch keine Möglichkeit für ein Gespräch mit ihm, denn Felicity war die meiste Zeit bei uns.

Ich wollte ihm erklären, daß ich nicht nach Hause zurückkehren konnte. Vielleicht würde ich meinen Bruder nicht finden. Vielleicht hatte ich mich im Unterbewußtsein schon damit abgefunden, daß er ertrunken war und ich ihn nie wiedersehen würde. Bisher hatte ich ja eigentlich nichts über ihn herausgefunden. Ich hatte lediglich erfahren, daß ich mir meiner selbst nicht sicher war, ob ich Milton Hemming auf andere Art liebte, als ich Raymond geliebt hatte, und wenn ich mit Raymond zurückkehrte, würde ich keine glückliche Minute mehr haben, weil mein Herz in Cariba wäre.

Dies alles wollte ich ihm erklären, aber ich mußte die richtige Gelegenheit abwarten.

Am Vorabend hatte Milton wie verabredet mit uns im Hotel gegessen. Es war eine unerquickliche Mahlzeit gewesen. Milton zeigte sich angriffslustig und bestritt das Gespräch fast allein. Raymond fügte sich natürlich, wie nicht anders von ihm zu erwarten.

Ich war froh, als das Mahl vorüber war und Milton aufbrach.

»Ein sehr interessanter Mann«, lautete Raymonds Urteil. Ich glaube, Milton hätte sich über Raymond wohl nicht so schmeichelhaft geäußert.

In der Nacht konnte ich nicht schlafen. Ich suchte noch einmal alles nach der Karte ab, fand sie aber nicht. Jemand mußte sie gestohlen haben. Aber warum? Wer konnte etwas damit anfangen? Es war sehr merkwürdig.

Als ich nach der Karte suchte, fielen mir auch Felicitys Tabletten in die Hände. Sie hatte sie seit einiger Zeit nicht mehr gebraucht, und ich hatte sie fast vergessen. Zehn Stück waren noch im Fläschchen, und ich hoffte, sie würde sie nie wieder brauchen.

Während Felicity nachmittags ruhte, hatte ich eine Unterhaltung mit Raymond. Wir saßen im Hof unter einem großen Sonnenschirm. Es war sehr heiß, und die Zikaden machten einen Heidenlärm.

»Du hast also fast nichts über das Verschwinden deines Bruders erfahren?« fragte Raymond.

Ich schüttelte den Kopf. »Einige Leute haben sich an ihn erinnert. Er hat hier gewohnt, dann reiste er ab. Das ist alles, was ich erfahren habe.«

»Du hast dich verändert. Felicity übrigens auch. Glaubst du, sie wird je wieder die alte?«

»Bestimmt, unter den richtigen Bedingungen.«

»Du meinst, wenn sie wieder zu Hause wäre.«

»Ich meine, wenn sie jemanden hätte, der sich um sie kümmert…
jemand, der liebevoll und zärtlich ist… der ihr zeigen würde, daß
die Ehe nicht das ist, was sie von diesem Mann ertragen mußte.«
»Ich bin froh, daß du bei ihr warst. Sie hat gesagt, sie hätte nicht
gewußt, was sie ohne dich angefangen hätte.«
»Es war für uns beide ein grauenvolles Erlebnis.«
»Ja, es hat dich auch verändert. Hast du Heimweh?«
Ich zögerte.
»Nein, nicht wahr?« sagte er. »Das Leben hier fasziniert dich. Ich
kann das verstehen.«
»Raymond, du bist der verständnisvollste Mensch auf der Welt.«
»Und hast du nachgedacht – über uns?«
»Sehr viel.«
»Und bist du noch unsicher?«
Wieder schwieg ich.
»Ich glaube, ich verstehe«, sagte er. »Der Mann liebt dich.«
»Hm, ja… er deutet es an.«
»Und du?«
»Ich weiß nicht. Du warst so gut zu mir. Es war wunderbar mit dir,
als ich wegen Philip so verzweifelt war. Und du hast mir geholfen
zu tun, was ich wollte. Niemand hätte lieber zu mir sein kön-
nen.«
»Ich verstehe.«
»Wirklich, Raymond?«
Er nickte. »Lassen wir das, ja? Warten wir noch eine Weile. Ich bin
so unerwartet hier hereingeplatzt. Ich wünschte, ich hätte dich be-
nachrichtigt, daß ich unterwegs war.«
»Ich habe mir solche Sorgen um Felicity gemacht. Aber seit du da
bist, ist sie wie verwandelt.«
»Wir kennen uns seit unserer Kindheit.«
»Das hat sie mir erzählt. Sie ist jetzt schon wieder fast die alte. Es
ist wie ein Wunder… diese Veränderung, die mit ihr vorgeht.«
»Es wird immer besser mit ihr, dafür werde ich Sorge tragen.«
»Wann möchtest du zurück?«
»Sehr bald.«
Ich nickte. Dann erzählte ich ihm von meiner Begegnung mit Ma-

gnus Perrensen. »Du erinnerst dich, der Mann, der in dem Tagebuch erwähnt war. Er ist sein Urenkel.«

»Was für ein ungewöhnliches Zusammentreffen.«

»Wenn man es recht bedenkt, ist es gar nicht so ungewöhnlich. Die Familie kannte die Geschichte von Ann Alice und der Insel. Der ursprüngliche Magnus kam auf der Suche nach der Insel Eden hierher, dann ließ er sich in Australien nieder und betätigte sich als Goldgräber, anscheinend mit großem Erfolg. Später erwarb er die Löweninsel. Sie lag der gesuchten am nächsten. Du siehst, so betrachtet ist alles ganz plausibel.«

»Trotzdem, es ist seltsam, daß du ihm begegnet bist.«

»Ja, das war natürlich Zufall. Aber du kannst dir vorstellen, wie verstört ich war... und noch immer bin.«

»Und du hast ihn seitdem nicht mehr gesehen?«

»Es ist ja noch nicht lange her. Er sagte, er wolle mich einladen oder selbst herkommen. Das tut er bestimmt.«

»Ich verstehe. Annalice, laß uns noch ein paar Tage warten. Vielleicht bist du dir dann über deine Gefühle im klaren, wenn das nächste Schiff geht.«

»In einer Woche?«

»Womöglich kann ich noch eine Woche warten. Aber das wäre das äußerste. Ich habe noch geschäftlich in Sydney zu tun. Das war angeblich der Zweck meiner Reise.«

»Angeblich?«

»Ich wollte natürlich sehen, wie es euch erging. Als ich deinen Brief erhielt, machte ich mir Sorgen um Felicity. Ich habe von Anfang an gemerkt, daß sie wegen dieser Heirat etwas unschlüssig war.«

»Ja. Es war übereilt.«

»Ich weiß nicht, was damals in sie gefahren ist.«

Ich sah ihn fest an. »Sie liebte einen anderen.«

Er runzelte die Stirn, ohne zu antworten. War es möglich, daß er, der soviel Verständnis für andere hatte, für Dinge, die ihn selbst betrafen, so unempfänglich war?

Wir schwiegen eine geraume Weile, dann meinte er: »Nun ja, wir können bloß abwarten. In ein paar Tagen vielleicht...«

Ich sagte nichts darauf. Kurze Zeit später bemerkte ich: »Was die Zikaden für einen Lärm machen!«

Ich hätte gern gewußt, was er empfand. Nach Miltons heißen Gefühlen erschien mir Raymond kühl und nüchtern. Sein Kuß war sanft und flüchtig gewesen. Er wußte, daß Milton mich liebte, und hatte sicher gemerkt, daß Milton nicht der Mann war, der sich von seinem Ziel abbringen ließ. Wie deutlich waren meine Gefühle für Milton zu erkennen? Was würde es für Raymond bedeuten, wenn ich beschließen würde, Milton zu heiraten und auf Cariba zu bleiben? Raymonds Gemütsruhe, die ich als so tröstend empfunden hatte, ließ womöglich darauf schließen, daß seine Gefühle nicht so tief waren wie bei manchen anderen Menschen, zum Beispiel bei Milton.

Manchmal fragte ich mich, ob ich den Besuch auf der Löweninsel nur geträumt hatte. Ich hörte nichts mehr von Magnus Perrensen. Auch John Everton hatte ich nicht wiedergesehen. Ich dachte schon, er wäre abgereist.

Doch dann, am nächsten Morgen, sah ich ihn. Er saß auf der Terrasse und plauderte mit dem Zimmermädchen Maria. Maria redete mit jedem, wenn sich die Gelegenheit bot. Sie war noch geschwätziger als das übrige Personal.

Ich überlegte, ob ich John Everton bitten sollte, mich zur Löweninsel zu rudern. Aber ich konnte unmöglich ohne Einladung dorthin. Die würde gewiß kommen. Ich mußte mich nur gedulden.

Milton hatte nichts davon gesagt, daß er an diesem Abend zum Essen ins Hotel kommen würde, noch hatte er uns auf die Plantage eingeladen. Ich hatte das Gefühl, daß das mit Raymonds Anwesenheit zu tun hatte.

Milton fehlte mir. Ich war unruhig, denn ich mußte mich bald entscheiden. Bisher hatte ich mich in einem euphorischen Zustand treiben lassen und mich geweigert, den Tatsachen ins Gesicht zu sehen, hatte die Zeit mit Milton genossen und alle Entscheidungen aufgeschoben. Jetzt aber mußte ich einen Entschluß fassen. Ging ich mit Raymond und Felicity aufs Schiff, oder blieb ich bei Milton? Im Grunde wußte ich, was ich wollte, denn meine Gefühle für Raymond hatten sich geändert, und zwar wegen Felicity. Wäre ich nicht in ihrer beider Leben getreten, wäre nichts von alledem geschehen. Wenn es mich nicht gäbe, würde Raymond Felicity heiraten, und sie wäre glücklich.

Es war kurz vor Sonnenuntergang. Da ich sonst nichts zu tun hatte, beschloß ich, einen Spaziergang ans Wasser zu machen. Als ich hinunterging und den farbenprächtigen Himmel bewunderte, sah ich landeinwärts Rauch aufsteigen.

Ich blieb stehen. Ich sah eine riesige Flamme und ungeheuer viel Qualm. Ich bekam Herzklopfen, denn der Brand schien auf der Plantage zu sein.

Die Plantage stand in Flammen!

Eine entsetzliche Furcht ergriff mich. Milton war dort. Mich beherrschte nur ein Gedanke: Ich mußte zu ihm, mußte mich vergewissern, daß er in Sicherheit war.

Ich rannte zum Stall, bestieg mein Pferd und ritt in meinem leichten Kleid ohne Sattel zur Plantage.

Tatsächlich, das Anwesen stand in Flammen. Männer schrien. So etwas hatte ich noch nie gesehen, es war wie ein mächtiger brennender Turm. Die Flammen rasten durch das Zuckerrohr. Ich sah Männer mit Wassereimern am Rande stehen, Ratten und ein Mungo huschten aus dem Flammenmeer.

Ich versuchte mir einen Weg zum Haus zu bahnen.

»Bleiben Sie weg«, rief ein Mann.

»Mister Hemming«, schrie ich, »wo ist er? Ich muß zu ihm.«

Dann sah ich ihn. Er kam mir entgegen. Ich lief auf ihn zu, er fing mich in seinen Armen auf und hielt mich fest. Erleichtert stieß ich hervor: »Du bist in Sicherheit, Gott sei Dank. Ich dachte... ich hatte solche Angst. Ich hätte es nicht ertragen, wenn...«

»Macht es dir so viel aus?«

»Das weißt du doch.«

Er drückte mich fest an sich. »Jetzt hast du dich verraten.« Er lachte triumphierend.

Ich sah ihn verwundert an. »Deine Plantage brennt, und du stehst da und...«

»Dies ist der glücklichste Augenblick meines Lebens. Sieh dich nur an. Verzweifelt, in Tränen aufgelöst, verängstigt... und alles, weil du füchtetest, du hättest mich verloren. Laß dir das eine Lehre sein.«

»Wie kannst du... jetzt... ausgerechnet jetzt...«

»Es ist doch wirklich amüsant. Der beste Witz, den ich je gehört habe.«

»Du bist von Sinnen.«

»Vor Freude. Meine Geliebte liebt mich. Schau doch... Sie läßt alles im Stich... sogar den Heiligen... um zu mir zu reiten, weil sie denkt, ich bin in Gefahr. Komm ins Haus. Ich muß dir etwas sagen.«

»Deine Plantage brennt doch ab!«

»Ich muß dir sagen, wie sehr ich dich liebe.«

»Ich verstehe dich nicht. Ist es dir etwa egal? Du verlierst doch alles.«

»Was wäre das dagegen, daß ich meine Geliebte gewonnen habe. Jetzt kannst du nicht mehr zurück. Du hast dich verraten. Gib es zu.«

»Milton...«

»Ich muß dir erst was sagen. Die Plantage brennt nicht ab. Das Zuckerrohr läßt sich nach dem Brand besser schneiden.«

»Du meinst, ihr macht das absichtlich?«

Er nickte. »Das wird immer so gemacht. Wenn die Zeit reif ist, zünden wir das grüne Zuckerrohr an, um es am nächsten Morgen besser ernten zu können.«

»Also war alles Absicht.«

»Es muß natürlich sorgfältig geplant werden. Man muß warten, bis der Wind aus der richtigen Richtung weht, und die ganze Zeit achtgeben... und rund um die Felder muß man Feuerschneisen anlegen. Wenn der Brand außer Kontrolle gerät, könnte es katastrophal werden. Er könnte unter Umständen die ganze Insel zerstören.«

Ich war so erleichtert, daß ich nur noch lachen konnte.

»Und du bist losgeritten, um mich zu retten. Ach, Annalice, mein Liebling, dies ist der glücklichste Augenblick meines Lebens. Den werde ich nie vergessen. Wenn du die Angst in deinem Gesicht hättest sehen können... und das alles meinetwegen.«

»Ich hatte solche Angst.«

Er küßte mich. »Und nun bist du nicht mehr im Zweifel?«

Ich schüttelte den Kopf.

»Du bleibst bei mir. Du wirst es ihm sagen.«

»Ich glaube, er weiß es schon.«

»Ich gebe dir etwas zu trinken, dann bringe ich dich zum Hotel zurück.«

»Die werden sich wundern, wo ich geblieben bin. Ich reite allein zurück. Du mußt hierbleiben und auf das Feuer aufpassen.«

»Dafür habe ich meine Leute.« Er sah hinaus. »Es ist ohnehin bald vorbei. Die geschwärzten Halme werden morgen geschnitten. Die Operation war ein voller Erfolg, der größte, den ich je erlebt habe. Komm, ich fahre dich in der Kutsche zurück. Das Pferd schicke ich dir morgen. So wie du bist, kannst du nicht reiten. Ohne Sattel. Wie unschicklich! Und alles meinetwegen. Ach, ich bin so glücklich! Sag mir noch einmal, wie sehr du dich geängstigt hast.«

»Das weißt du doch.«

»Ich konnte es in deinem Gesicht lesen.«

Ich nippte an dem Getränk. Er setzte sich zu mir und legte seinen Arm um mich. Ich war mit einemmal sehr froh. Es war, als sei an diesem Abend alles entschieden worden. Er fuhr mich in der Kutsche zurück. Die anderen fragten, wo ich gewesen war. Ich erklärte es ihnen, und Milton erläuterte, daß man das Zuckerrohr ab und zu abbrennen mußte, um den Schnitt zu erleichtern. »Annalice hat sich meinetwegen so geängstigt. Sie dachte, ich befände mich auf meiner brennenden Plantage in Gefahr, und sie flitzte hinüber... so wie sie war... auf dem Pferd. Ich glaube, sie wollte hereinstürmen und mich den Flammen entreißen.«

»Ich weiß nicht, was ich getan hätte«, sagte ich. »Ich dachte, das ganze Anwesen brennt ab.«

»Wollen Sie nicht zum Essen bleiben?« fragte Raymond.

»Danke, nein. Ich muß zurück, um mich zu vergewissern, daß alles in Ordnung ist. Das Feuer ist unter Kontrolle, aber man kann nie wissen.«

»Das kann ich mir gut vorstellen.«

»Ich an deiner Stelle würde mich zeitig zurückziehen«, sagte Milton zu mir. »Trink ein wenig Kokosmilch, bevor du schlafen gehst, die wirkt beruhigend. Ich sage Maria, sie soll sie dir aufs Zimmer bringen.«

Schon meldete er Besitzansprüche an. Ob die anderen es bemerkten? Es war mir einerlei. Ich hätte jubeln mögen. Morgen würde ich mit Raymond sprechen müssen. Ich wollte ihm alles erklären, und er würde es gewiß verstehen.

Milton ging. »Wir sehen uns morgen abend. Den Tag lasse ich dir, um alles in Ordnung zu bringen.« Das waren seine Abschiedsworte. Er meinte natürlich, ich solle mit Raymond sprechen. Ich wollte es unbedingt, am liebsten noch an diesem Abend. Aber ich konnte es nicht tun, wenn Felicity zugegen war, und seit Raymonds Ankunft zog sie sich nicht mehr so früh in ihr Zimmer zurück. Sie wollte die ganze Zeit bei ihm sein. Ich war froh. Alles würde schließlich doch noch gut werden. Raymond würde nach Hause fahren und Felicity mitnehmen. Und demnächst, vielleicht schon bald, würden sie heiraten. Sie paßten prächtig zusammen. Raymond brauchte eine Frau, die er beschützen konnte, und Felicity brauchte Raymond, weil er der einzige Mensch auf der Welt war, der die Erinnerungen an die durchstandenen Schrecknisse auslöschen konnte.

An diesem Abend war ich so glücklich wie noch nie.

Während des Essens war ich wie abwesend und zog mich danach zeitig zurück. Das erste, was ich erblickte, als ich die Tür zu meinem Zimmer öffnete, war das Glas Milch auf dem Tisch. Ich lächelte in mich hinein. Er hatte also mit Maria gesprochen. Ich mochte zwar keine Milch, aber weil es sein Wunsch war, wollte ich sie trinken.

Ich betrachtete mich im Spiegel. Ein Fleck verunzierte das Mieder meines Kleides. Niemand hatte ihn erwähnt. Auch mein Haar war zerzaust. Aber meine Augen leuchteten. Ich sah ein wenig derangiert, aber überglücklich aus.

Ich entkleidete mich und dachte an den folgenden Tag. Zuerst mußte ich mit Raymond sprechen. Ich würde ihm alles erklären, und er würde es verstehen. Schließlich war ja Felicity da, um ihn zu trösten. Ich glaube, er liebte Felicity mehr, als ihm bewußt war.

Er war so besorgt um sie, so darauf bedacht, sich um sie zu kümmern.

Ja, alles verlief sehr zufriedenstellend.

Als ich mich ausgezogen hatte, bürstete ich meine Haare. Dann fiel mein Blick auf die Milch an meinem Bett, und ich erinnerte mich an Miltons strahlendes Gesicht, seine Augen, die so blau in seinem sonnengebräunten Gesicht leuchteten, seine triumphierende Freude, weil ich ihm meine wahren Gefühle verraten hatte.

Ich nahm das Glas und trank einen Schluck.

Kokosmilch hatte manchmal etwas Übelkeiterregendes. Ich setzte das Glas wieder ab. Mir schmeckte die Milch nicht.

Eine Weile saß ich im Bett auf und dachte an das Feuer und den Moment, als ich Milton auf mich zukommen sah, dann nippte ich noch einmal an der Milch. Sie hatte einen eigenartigen Geschmack. Als ich das Glas hinstellte, verschüttete ich etwas auf dem Tisch. Ich stieg aus dem Bett, um ein Tuch zu holen, und als ich an den Tisch zurückkam, sah ich, daß sich von der verschütteten Milch etwas abgesetzt hatte. Das hatte ich zuvor noch nie bemerkt.

Ich wischte den Tisch ab, und plötzlich war ich sonderbar müde. Ich legte mich hin, das Zimmer wankte und entschwand, und ich sank auf der Stelle in einen Tiefschlaf.

Enthüllung

Normalerweise wachte ich früh auf, doch am nächsten Morgen war es Maria, die mich aus tiefem Schlaf weckte. Meine Glieder fühlten sich bleiern an, und ich hatte große Mühe, zu mir zu kommen. Maria stand an meinem Bett und sah mich bestürzt an.

»Ist Ihnen nicht wohl?« fragte sie.

»Doch, doch. Ich habe sehr tief geschlafen.« Ich setzte mich auf und befühlte meinen Kopf. »Mir ist so komisch.« Milton hatte gestern abend gesagt, er wolle mir von Maria etwas Milch hinaufbringen lassen. Ich blickte zum Tisch. Doch nichts war zu sehen. Er sah aus wie frisch geputzt.

»Sie haben Ihre Milch nicht getrunken«, sagte Maria.

»Doch, ein wenig.«

»Sie hatten etwas verschüttet. Ich habe es aufgewischt.«

»Danke.«

»Möchten Sie jetzt warmes Wasser?«

»Ja, bitte.«

Als sie fort war, stand ich auf. Mir war schwindelig. Der gestrige Abend, das Feuer, der Ritt durch den beißenden Rauch hatten mir mehr zugesetzt, als ich zunächst annahm, vor allem aber der entsetzliche Gedanke, daß Milton etwas zugestoßen sein könnte... und dann die freudige Entdeckung, daß nichts passiert war.

Ja, und hinterher die Milch. Eigenartig! Natürlich hatte Maria sie weggenommen und das Glas gespült. Es war schließlich ihre Aufgabe, das Zimmer in Ordnung zu halten.

Ich saß grübelnd auf dem Bett, als sie mit dem warmen Wasser kam. Ich wusch mich und kleidete mich an.

Felicity klopfte und kam herein. Sie sah mich erstaunt an.

»Oh, du bist gerade erst aufgestanden.«

»Ich habe verschlafen.«

»Das sieht dir gar nicht ähnlich. Ich habe bereits mit Raymond unten auf der Terrasse gefrühstückt. Ich möchte ihm die Insel zeigen. Kommst du mit?«

»Nein, ich habe ein wenig Kopfweh. Geht ihr nur allein.«

Es war ihr anzusehen, daß die Aussicht sie freute. »Es war wohl die ganze Aufregung gestern abend. Das Feuer und alles...«

»Ja«, nickte ich, »das glaube ich auch.«

Sie ging hinaus. Wie verändert sie war! Felicity war verliebt. Das konnte Raymond nicht entgehen, dazu kannte er sie zu gut. Ich versuchte dieses benommene Gefühl loszuwerden. Was hatte ich nur? So war mir noch nie gewesen.

Unten, beim verspäteten Frühstück auf der Terrasse, fiel mir die komische Milch wieder ein. Warum hatte sich etwas abgesondert? Ich hielt es auf der Terrasse nicht mehr aus und ging wieder in mein Zimmer. War es möglich, daß mir jemand etwas in die Milch getan hatte? Warum? Um mich in einen Tiefschlaf zu versetzen? Zu welchem Zweck? Glücklicherweise hatte ich nur ganz wenig getrunken. Wenn eine solch geringe Menge schon eine derartige Wirkung hatte, was wäre geschehen, wenn ich das ganze Glas geleert hätte?

Für Felicity pflegte ich die Tabletten in Milch aufzulösen. Die Tabletten! Ich ging an die Schublade. Das Fläschchen war da. Mit zitternden Fingern schraubte ich den Deckel ab. Es waren noch sechs Tabletten drin. Vor ein paar Tagen waren es noch zehn gewesen! Wo waren die vier Tabletten geblieben? Jemand mußte sie in meine Milch getan haben. Hätte ich sie ganz ausgetrunken, was wäre dann jetzt mit mir? Jemand hatte versucht mich umzubringen!

Mir fiel ein, was der Arzt gesagt hatte. Eine Tablette reichte, damit Felicity gut schlief. Niemals mehr als eine täglich, waren seine Worte. Zwei seien zwar nicht gerade gefährlich, aber nicht ratsam. Und mehr könnten tödlich sein.

Und irgend jemand hatte vier Tabletten in meine Milch getan! Ich versuchte mich zu erinnern. Milton hatte Maria angewiesen, mir die Milch hinaufzubringen. Das Glas war schon da, als ich heraufkam. Aber warum sollte Maria mir etwas zuleide tun wollen? Und Felicity? O nein, einen Mordversuch traute ich ihr nicht zu. Und doch – wenn ich nicht wäre, wären sie und Raymond bestimmt ein Paar. Sie liebte ihn von ganzem Herzen. Und ich stand zwischen ihnen... dachte sie. Würde sie wirklich so weit gehen?

Es wäre ganz einfach gewesen. Sie wußte, daß ich die Tabletten in meinem Zimmer aufbewahrte. Ich war so oft außer Haus, da hätte sie ohne weiteres in mein Zimmer gehen und das Versteck ausfindig machen können.

Aber nein, das konnte ich mir nicht vorstellen. Dann kam mir eine andere Idee. Magda Manuel. Ihr traute ich es eher zu, einen Mord zu planen. Sie hatte Grund, mich zu beseitigen. Vielleicht hatte sie gehofft, Milton zu heiraten? Aber wie konnte sie in mein Zimmer gelangen? Sie war gestern abend nicht im Hotel gewesen, als jemand die Tabletten in meine Milch tat. Aber sie hätte jemanden vom Personal dafür bezahlen können... Je mehr ich darüber nachdachte, um so wahrscheinlicher schien es mir. Sie kannte die Insel und wußte, wie man mit den Bewohnern umging.

Da ließ ich Maria kommen. »Sie haben gestern abend die Milch auf mein Zimmer gebracht.«

»Aber ja«, sagte sie, erstaunt über so eine Frage. Ich sah sie fest an. Ihre lustigen Augen erwiderten meinen Blick und überzeugten mich, daß Maria unschuldig war.

»Sie haben den Rest weggenommen?«

»Aber ja, heute morgen. Sie wollten doch die Milch von gestern abend bestimmt nicht mehr.«

»Etwas war verschüttet.«

»Ach, nur ein bißchen. Ich hab's weggewischt.«

Was konnte ich noch sagen? Sollte ich sie fragen, ob sie die Tabletten in die Milch getan hatte? Sie würde unten alles erzählen, und jeder würde mich für verrückt halten.

»Ist gut, Maria«, sagte ich.

Mir fiel ein, daß die Karte in derselben Schublade gewesen und nun verschwunden war. Wer immer sie entwendet hatte, mußte das Fläschchen mit den Tabletten gesehen haben.

Maria kam zurück, um mein Bett zu machen und das Zimmer in Ordnung zu bringen. »Maria, haben Sie eine Landkarte von mir gesehen?«

»Eine Landkarte?«

»Ja, eine Karte. Nicht sehr groß, etwa so.« Ich zeigte es ihr mit den Händen. »Ich vermisse sie.«

»Auf der Terrasse. Da hab' ich gesehen, wie Sie jemandem eine Karte zeigten. Ist schon länger her.«

Ich dachte: Wir werden immerzu beobachtet.

»Nein, da habe ich sie nicht verloren. Ich dachte, sie wäre hier in meinem Zimmer, aber ich kann sie nicht finden.«

»Ich such' sie.«

»Ich habe schon überall gesucht.«

»Ich werd' sie finden. Mrs. Granville hat ihren Schal verloren. Konnt' ihn nicht finden. Ich hab' ihn gefunden... unterm Bett.«

Sie lachte treuherzig. »Ich find' die Karte«, fügte sie hinzu.

Nein, ich konnte Maria nicht verdächtigen.

Grübelnd ging ich hinunter, saß eine Weile herum und fragte mich, ob ich zu Milton gehen und ihm meine Befürchtungen mitteilen sollte. Er würde mich sofort aus dem Hotel zu sich holen. Ich lächelte. In seinem Haus würde ich mich sicher fühlen. Da schlenderte John Everton vorüber. »Guten Morgen«, grüßte er, »wie fühlen Sie sich?«

»Danke, gut. Und wie geht es Ihnen?«

»Sehr gut.«

Er blieb nicht stehen.

Ich saß in Gedanken versunken. Meine Erlebnisse im Hause Granville hatten mich nervös gemacht. Ließ ich vielleicht meiner Phantasie die Zügel schießen?

Magda kam vom Kai herauf. Sie sah mich und winkte. Mein erster Gedanke war: Sie ist gekommen, um nachzusehen, ob ich tot bin. Allerdings zeigte sie keine Überraschung darüber, daß sie mich dort sitzen sah. Aber warum sollte sie auch? Wenn sie gerissen genug war, meinen Tod zu planen, dann war sie gewiß auch imstande, ihre Gefühle unter Kontrolle zu halten.

»Guten Morgen. Wie nett, Sie zu sehen«, sagte sie.

»Sie sind sehr früh unterwegs.«

»Ich bin mit meinem Koch zum Einkaufen gekommen. Ich dachte, ich schaue mal bei Ihnen vorbei.«

»Wie nett von Ihnen!«

»Geht es Ihnen gut?« Sie sah mich eindringlich an, und das machte mich mißtrauisch.

»Ich gebe morgen abend ein Essen und möchte Sie dazu einladen. Ich bitte natürlich auch Milton und Ihre Freundin, wenn sie sich wohl genug fühlt. Ich höre, ein Freund von Ihnen ist ebenfalls im Hotel abgestiegen. Vielleicht möchte er gern mitkommen?«

»Er und Mrs. Granville sind ausgegangen. Ich richte es ihnen aus, wenn sie zurückkommen.«

»Ich habe nämlich etwas zu feiern.«

»So?«

»Ja. Meine Verlobung mit George.«

»Oh.« Ich kam mir mit einemmal sehr schäbig vor. Wenn sie George heiraten wollte, warum sollte sie mich dann aus dem Weg haben wollen?

»Er ist ein sehr netter Mann«, sagte ich.

»Das finde ich auch.«

»Sie werden bestimmt sehr glücklich.«

»Werden Sie kommen?«

»Mit Vergnügen.«

»Und fragen Sie Ihre Freunde. Wenn ich auf dem Markt war, gehe ich zur Plantage und lade Milton ein. Jetzt muß ich aber weiter, ich habe noch viel zu tun. War nett, Sie zu sehen. Bis bald.«

Magda und George wollten also heiraten. Wie töricht von mir, sie zu verdächtigen. Außerdem, wie hätte sie die Tabletten in die Milch tun sollen? Es gab nur zwei Menschen, die die Möglichkeit dazu hatten, nämlich Maria und Felicity.

Ich hatte Felicity immer für ziemlich passiv gehalten. War sie das aber tatsächlich? Was war wirklich in jener Nacht auf dem Balkon geschehen? Sie sagte, sie habe es nicht länger ertragen können. Sie habe gedroht, sich zu erschießen. War das die Wahrheit, oder hatte sie vielmehr ihn mit der Pistole bedroht? Hatte sie geschossen? Ich könnte es ihr nicht verübeln. Aber hatte sie es getan? Was immer der Grund war, Mord blieb Mord.

Der Schuß hatte sie womöglich vor einem Leben der Demütigungen und Qualen bewahrt. Nur ein Schuß... und jetzt... vier Tabletten konnten sie vor lebenslanger enttäuschter Sehnsucht bewahren und ihr ein Leben an Raymonds Seite ermöglichen. Ich wollte zu Milton, aber etwas hielt mich zurück. Nicht einmal zu ihm wollte ich von meinem Verdacht gegen Felicity sprechen. Mein gesunder Menschenverstand tat die Verdächtigungen als lächerliche Hirngespinste ab. Aber Felicity hatte einen Grund, mich aus dem Weg zu räumen... so wie sie sich William Granvilles hatte entledigen müssen. Aber da bestand ein Unterschied. Er war brutal zu ihr gewesen. Ich war ihre Freundin. Wie oft hatte sie gesagt, sie wüßte nicht, was sie ohne mich getan hätte. Doch ich stand zwischen ihr und der Erfüllung ihres innigsten Wunsches.

Es war unmöglich, sich Felicity als Mörderin vorzustellen, dieses stille, sanfte Mädchen. Aber was wissen wir schon von den verborgenen Abgründen in der Seele anderer Menschen?

Ich ging wieder in mein Zimmer. Ich zog die Schublade heraus. Wo konnte die Karte sein? Offenbar hatte jemand meine Sachen durchsucht.

Aber warum war die Karte verschwunden? Was sollte Felicity damit?

Es war sehr mysteriös. Ich wollte zu Milton. Aber nicht jetzt. Magda würde bei ihm sein und ihn zur Feier ihrer Verlobung zum Essen einladen. Ich dachte: Ich gehe heute nachmittag zu ihm, wenn die große Hitze vorbei ist.

Dann kehrte ich auf die Terrasse zurück und sah Magda zwischen den Marktständen. Sie hatte ihren Koch bei sich, einen sehr großen Mann in blauer Hose und weißem Hemd, das seine Haut wie Ebenholz schimmern ließ. Sie feilschten, wie es hier üblich war. Ich beobachtete sie einen Augenblick, dann sah ich Milton. Magda hatte sich zu ihm umgedreht. Sie gab ihm die Hand, und ich sah sie zusammen lachen. Dann verließ er sie und kam auf das Hotel zu. Ich lief ihm, von Erleichterung übermannt, entgegen. »Ich bin so froh, daß du gekommen bist.«

»Was für eine erfreuliche Begrüßung. Hast du schon mit Raymond gesprochen?«

Ich schüttelte den Kopf. »Ich hatte noch keine Gelegenheit. Felicity ist die ganze Zeit zugegen. Sie sind zusammen ausgegangen. Sie liebt ihn und er sie auch, auf seine Art. Ich glaube nicht, daß es sehr schwierig wird.«

»Geht es dir gut, Annalice?«

»Warum fragst du?«

»Du siehst blaß aus, abgespannt...«

»Ich muß mit dir reden. Es ist etwas Merkwürdiges geschehen. Wollen wir uns auf die Terrasse setzen?«

Als wir Platz genommen hatten, erzählte ich ihm von der Milch. Er war verblüfft. Nie zuvor hatte ich ihn sprachlos gesehen. Als er sich gefaßt hatte, sagte er: »Bist du ganz sicher wegen der Tabletten?«

»Ich habe überall gesucht. Ich habe mich bestimmt nicht geirrt. Wenn eine gefehlt hätte oder auch zwei, dann hätte ich mich verzählt haben können, aber vier...«

»Vier! Eine tödliche Dosis!« Er wurde ganz bleich und sah mich so ängstlich an, daß es allein, um ihn so zu sehen, schon die Qualen wert gewesen war.

»Es sieht so aus, als hätte mich jemand in Tiefschlaf versetzen wollen.«

»Warum?«

»Wegen etwas, das ich in meinem Zimmer hatte. Jemand, der von der starken Wirkung der Tabletten nichts wußte...«

Er schüttelte den Kopf. »Aber dann hätte man doch einfach einbrechen können.«

»Die Karte ist weg.«

»Die Karte von der Insel? Hat man sie letzte Nacht gestohlen?«

»Nein. Sie war schon vorher weg. Ich hatte sie mit den Tabletten in der Schublade aufbewahrt.«

»Merkwürdig«, sagte er. Und dann: »Du bleibst keine Nacht mehr im Hotel. Du ziehst in mein Haus.«

»Und was ist mit Felicity und Raymond?«

»Sie können hierbleiben oder mitkommen, ganz wie sie wollen. Platz ist genug da. Aber du kommst auf jeden Fall. Ich habe keine Ruhe, bevor du nicht auf der Plantage bist. Pack sofort deine Sachen und komm mit.«

»Ich muß auf Felicity warten und es ihr erklären.«

Er nickte. »Aber du wirst keine weitere Nacht im Hotel verbringen. Ich muß jetzt gehen. Ich erwarte dich vor Sonnenuntergang bei mir. Wenn du nicht erscheinst, komme ich dich holen.« Er nahm meine Hände und küßte mich. »Ich werde von nun an für den Rest unseres Lebens für dich sorgen.«

Ich sah ihm nach, bis er verschwunden war. Dann erblickte ich Magda, die sich immer noch mit ihrem großen Koch zwischen den Marktständen hindurchwand.

»Miss Mallory!«

Das war John Everton.

»Oh... guten Tag«, sagte ich.

»Ich bin froh, daß ich Sie antreffe. Ich habe eine Nachricht für Sie. Von dem Mann auf der Insel.«

»Oh!« Gespannt sah ich ihn an.

»Der Bote, der sie brachte, konnte Sie nicht finden.«

»Ich war aber hier.«

Er zuckte die Achseln. »Sei's drum; jedenfalls erinnerte er sich an mich und bat mich, Ihnen die Nachricht zu überbringen, wenn ich Sie sähe. Sie lautet, Sie möchten so bald wie möglich zur Löweninsel kommen. Perrensen hat Ihnen etwas äußerst Wichtiges mitzuteilen. Der Bote mußte gleich zurück, aber ich sagte ihm, wenn ich Sie fände, würde ich Sie hinüberbringen. Wir könnten sofort aufbrechen, wenn Sie wollen. Ein Boot ist schnell beschafft.«

»Ich möchte Ihnen keine Umstände machen.«

»Ach, ich habe ohnehin nichts zu tun. Ferien sind eigentlich nichts für mich. Ich muß mich immer beschäftigen. Das wird ein hübscher Ausflug für mich.«

»Wenn es Ihnen wirklich nichts ausmacht...«

»Bestimmt nicht. Können wir gleich aufbrechen?«

»Ja. Ich hole nur schnell meinen Sonnenhut.«

»Den werden Sie brauchen. Halten Sie sich nicht länger auf als nötig, damit wir vor der Mittagshitze zurück sein können.«

Ich lief in mein Zimmer hinauf und holte meinen Hut. Magnus Perrensen hatte mir etwas mitzuteilen. Vielleicht stand mir die Entdeckung dessen bevor, weshalb ich hergekommen war. Vielleicht hatte er Neuigkeiten von Philip.

John Everton ging mir voraus zum Boot. Magda war noch immer auf dem Markt. Plötzlich drehte sie sich um und sah mich. Sie winkte.

Dann half John Everton mir ins Boot, und wir stießen ab. »Es ist nicht so ein strahlender Tag wie letztes Mal«, meinte er. »Der Wind weht aus der falschen Richtung, deshalb wird es etwas länger dauern, bis wir dort sind.«

»Hoffentlich gibt es keinen Nebel«, sagte ich. Ich sah den liegenden Löwen näher und näher kommen. Jetzt ragte er über uns auf, der Sandstrand war in Sicht. Everton ließ das Boot auflaufen, sprang heraus und half mir aussteigen.

»Da wären wir. Hat doch nicht so lange gedauert.«

Wir gingen über den Sand zum Haus. Magnus Perrensen wartete auf der oberen Treppenstufe. Er nahm meine Hand und lächelte herzlich. »Danke, daß Sie so rasch gekommen sind.«

»Ich bin sehr neugierig. Sie haben Neuigkeiten für mich?«

»Ja. Kommen Sie herein. Machen wir's uns bequem.«

Da war es wieder, dieses unheimliche Gefühl. Das Zusammensein mit ihm brachte mir das Tagebuch in Erinnerung. Sätze von Ann Alice gingen mir durch den Kopf.

»Zuerst müssen wir etwas trinken«, sagte er. »Man wird es uns bringen.«

Er führte mich in den Raum mit den Glastüren, die aufs Meer hinausgingen.

»Ich wollte Sie schon früher herbitten«, sagte er. »Aber zuerst mußte ich mir meiner Sache ganz sicher sein, bis ich Ihnen von meiner Entdeckung erzählen konnte.«

»Da bin ich aber gespannt.«

»Zuerst der Trank. Eine Spezialität meines Dieners. Es wird Ihnen munden. Es ist sehr erfrischend.«

Ich kostete. »Danke«, sagte ich. »Und nun möchte ich hören...«

»Ja, sicher. Die Insel existiert!«

»Sie haben sie gefunden? Wo ist sie? Wie falsch war die Karte?«

»Die Karte war korrekt.«

»Aber...«

»Ja, ich weiß, Sie waren dort mit dem Herrn aus Cariba und haben nichts bemerkt. Aber Sie haben nicht richtig geschaut. Das ist verständlich. Jetzt sollen Sie alles erfahren. Nichts soll Ihnen vorenthalten werden. Ich bewundere Sie sehr. Sie sind eine so vitale Frau und so abenteuerlustig. Nur um Ihren vermißten Bruder zu finden, haben Sie sich auf eine Reise rund um die Welt begeben.«

»Ja, ja, aber ich möchte von der Insel hören. Sie sagen, die Karte ist korrekt?«

»Trinken Sie aus. Es ist sehr erfrischend.«

Ich nahm noch einen Schluck. Mir wurde langsam etwas unbehaglich. Magnus Perrensen benahm sich so seltsam. Mir schien, als mache er sich über mich lustig. Er war ganz anders als bei unserer ersten Begegnung.

»Sagen Sie mir, wo die Insel ist«, bat ich.

»Auf dem Meeresgrund.«

Ich stieß einen verblüfften Schrei aus. Und dann blitzte in mir die Erinnerung auf, wie ich mit Milton im Boot war und das hellgrüne Wasser sah, diesen andersfarbigen Fleck inmitten der blauen Weite. Bedeutet dies, daß an der Stelle das Meer nicht so tief war?

»Die Lösung ist ganz einfach«, erklärte Magnus Perrensen. »Vor ungefähr achtzig Jahren gab es eine Änderung im Witterungsablauf... nur ein Jahr lang. In den meisten Ländern war es ungewöhnlich heiß. An den Polen schmolz das Eis und floß ins Meer. Manche Länder wurden überflutet. Es war sogar hier, näher am Äquator, zu spüren, und manche Inseln waren bloß noch aus dem Meer ragende Felsen, andere gingen gänzlich unter. So auch unsere Insel.«

»Oh, jetzt verstehe ich. Ich hatte gehört, daß so etwas möglich ist. Jemand sprach davon...«

»In Zusammenhang mit der Insel?« wollte er wissen.

»Nein, ganz allgemein.«

Ich sah John Everton am Fenster vorbeigehen und fand es merkwürdig, daß er nicht mit ins Haus gekommen war.

»Ist er ein Freund von Ihnen?« fragte ich.

»Er arbeitet für mich.«

»Ach. Ich wußte gar nicht, daß Sie sich kennen. Ich dachte, wir wären zufällig hierhergekommen...«

»Er brachte Sie her... auf meine Anweisung.«

»Sie meinen, beim erstenmal?«

»Ja.«

»Warum gab er dann vor, Sie nicht zu kennen?«

»Sie werden alles erfahren, wenn es soweit ist. Sie trinken ja gar nicht.«

»Ich bin eigentlich nicht durstig.«

»Es schmeckt doch nicht unangenehm?«

»Nein, es ist sehr lecker.«

»Sie werden feststellen, es ist sehr erfrischend.«

»Ich dachte zuerst, Sie hätten Nachricht von meinem Bruder.«

»Ach ja, natürlich, Ihr Bruder.«

»Wissen Sie etwas von ihm?«

»Er war hier. Ein sehr wißbegieriger junger Mann. Ähnlich wie seine Schwester. Und er kannte sich gut aus. Er verstand eine Menge von Karten und vom Meer. Er vermutete, daß die Insel untergegangen war.«

»Haben Sie mit ihm gesprochen?«

»Ihm ist die Farbe des Meeres aufgefallen.«

»Philip hat die Insel also entdeckt.«

»Entdeckt wurde sie vor langer Zeit.«

»Aber als ich Sie das letzte Mal sah...« Ich starrte ihn an. Er hob sein Glas und prostete mir zu. Ich zögerte. Warum war er so erpicht darauf, daß ich trank? Ich hatte am Abend zuvor meine Lektion gelernt und würde nicht unbedacht trinken.

Das Ganze war überaus seltsam. Die Art, wie er mich ansah, wie er sprach, ohne klare Antworten auf meine Fragen zu geben. Ich fühlte mich immer unbehaglicher. Ich hatte den Eindruck, daß er nicht ganz normal war.

Sein Blick war kalt, und ich sehnte mich nach Miltons schützender Gegenwart.

»Ich dachte, Sie hätten mir etwas über meinen Bruder zu erzählen.«

»Ich weiß, wo er ist.«

Ich erhob mich. »Bringen Sie mich zu ihm.«

»Alles zu seiner Zeit.«

»Was soll das heißen? Warum tun Sie so geheimnisvoll? Warum sagen Sie mir nicht frei heraus, was los ist?«

»Ich möchte, daß Sie sich entspannen und trinken. Dann können wir uns vergnüglich unterhalten.«

»Nein, ich mag nicht trinken. Ich bin nicht durstig. Ich möchte nur Ihre Neuigkeiten hören.«

»Gut, ich bringe Sie zu Ihrem Bruder. Er ist auf der Insel.«

»Aber die Insel...«

»Ja, er ist auf dem Meeresgrund.«

»Sie meinen, Philip ist...«

»Er ist dort... vielmehr das, was die Fische von ihm übriggelassen haben.«

»Ich möchte gehen. Ich weiß nicht, was Sie vorhaben, aber ich möchte keine Minute länger bleiben.«

»Das ist aber nicht sehr höflich. Was würde Ann Alice dazu sagen?«

»Sie ließen mich zu einem bestimmten Zweck hierherbringen. Ich will wissen, zu welchem?«

»Das sollen Sie gleich erfahren... Ich wünschte, Sie hätten ausgetrunken. Dann wäre es viel leichter für Sie. Sie gefallen mir. Sie sind eine anziehende Frau. Ich glaube nicht, daß Ann Alice so anziehend war wie Sie. Sie hatte nicht Ihr Temperament. Zudem finde ich es höchst lobenswert, daß Sie sich auf die Suche begeben haben. Deswegen haben Sie es verdient zu erfahren, weshalb ich Sie hierherkommen ließ... bevor Sie Ihrem Bruder Gesellschaft leisten.«

»Wie bitte?«

Er nickte. »Aber jetzt noch nicht. Die Liebe der beiden wurde nie erfüllt, wußten Sie das? Ann Alice war ein schlichtes Mädchen, und mein Urgroßvater war ein ehrenwerter junger Mann, damals ein rechter Idealist. Aber er hatte sich verändert.«

»Ich wünsche, daß Everton mich auf der Stelle zurückbringt.«

»Das hier ist meine Insel. Ich mache mir nicht die Mühe und lasse Sie hierherbringen, bloß damit Sie gehen, wann es Ihnen beliebt. Mir gefällt die Vorstellung, in die Vergangenheit zurückzukehren. Ich sehe mich gern als den jungen Kartographen, der sich in England in das schöne junge Mädchen verliebt. Natürlich müssen Sie von der Bildfläche verschwinden, aber vorher wollen wir ein bißchen so tun als ob. Wir spielen die Liebenden, wir wollen genießen, wozu sie damals keine Gelegenheit hatten... oder vielleicht nicht den Mut. Die Konventionen waren damals streng... das sind sie auch heute, aber auf dieser Insel mache ich die Gesetze.«

»Ich glaube, Sie sind wahnsinnig«, sagte ich.

»Nein, ich bin ganz normal. Ich sagte Ihnen doch, ich habe Sie vom ersten Augenblick an bewundert. Sie sind geradewegs in die Höhle des Löwen gegangen, nicht? Sie sind ziemlich unvorsichtig. Genau wie Ihr Bruder. Er war zu leichtgläubig. Er wollte selbst hinunter ins Meer. Ich hatte eine Ausrüstung, nahm ihn mit... und kam ohne ihn zurück. Er wußte zuviel... hatte zuviel entdeckt, genau wie ich befürchtet hatte.«

Ich starrte ihn entsetzt an. Dann sah ich mich um. Er folgte meinem Blick.

»Sehen Sie sich nur um«, forderte er mich auf. »Es gibt kein Entrinnen. Hätten Sie ausgetrunken, wären Sie angenehm benommen... So hätte es sein sollen. Ich hätte Sie still und zärtlich geliebt, so wie mein Urgroßvater Ann Alice geliebt hätte. Aber Sie sind eigensinnig, wollen nicht trinken.«

»Haben Sie gestern abend versucht mich umzubringen?« fragte ich.

»Sie haben hier keine Fragen zu stellen. Und trinken Sie jetzt lieber aus. Es wäre besser. Ich wünsche mir eine fügsame Geliebte. Sie soll sein, wie Ann Alice gewesen wäre. Sie aber werden sich wehren. Ann Alice hätte sich nie ihrem Geliebten verwehrt.«

»Sie sind ja wahnsinnig.«

»Nein, keineswegs. Alles, was ich tue, ist auf Logik gegründet. Sie sind eine Gefahr für mich, wie Ihr Bruder. Sie sind gekommen, um ihn zu finden. Nun, Sie haben ihn gefunden und werden ihm Gesellschaft leisten.«

»Bilden Sie sich ein, Sie können mich unauffällig umbringen wie meinen Bruder? Er war hier unbekannt. Mich aber kennt man. Die Leute werden sich fragen, was aus mir geworden ist.«

»Der große Herr von Cariba? Dafür ist gesorgt. Man wird das Boot finden... zerschellt. Everton wird verschwinden und Sie ebenfalls. Ein unstrittiger Beweis, daß Sie mit Everton aufgebrochen sind.«

»Und man wird wissen, daß er mich hierherbrachte.«

»Wieso? Niemand weiß von seiner Verbindung zu mir.«

»Ich habe mehreren Leuten erzählt, daß er mich neulich hierhergebracht hat.

»Das heißt noch lange nicht, daß er Sie ein zweites Mal herbrachte.«

»Man wird wissen, daß das der einzige Grund wäre, weswegen ich mit ihm in ein Boot steige.«

»Spitzfindigkeiten. Keiner weiß, daß Sie hier sind.«

Ich saß in der Falle. Ich dachte: Er meint jedes Wort ernst. Er ist kalt und berechnend. Warum habe ich bloß das Tagebuch gefunden? Ohne das wäre Philip jetzt zu Hause... aber ich hätte Milton nie kennengelernt.

»Milton, Milton.« Im stillen sagte ich immer wieder seinen Namen. Wo bist du jetzt? Könnte ich dich doch mit meinen Gedanken erreichen.

Ich versuchte klar zu denken. Man würde mich stundenlang nicht vermissen. Felicity und Raymond würden sich wundern, wo ich wäre, wenn sie zurückkämen. Aber würden sie sich ängstigen? Sicher nahmen sie an, ich wäre zum Mittagessen auf die Plantage gegangen. Hatte jemand mich mit John Everton gesehen? Magda hatte mir zugewinkt, als ich im Begriff war, ins Boot zu steigen, aber würde es ihr wieder einfallen? Bestimmt erst, wenn es zu spät wäre.

Erst am Abend würden sie merken, daß ich verschwunden war. Wenn ich zum Strand laufen könnte... ins Boot steigen... nach Cariba zurückrudern. Aber konnte ich Perrensen entkommen? Er ist wahrhaftig wahnsinnig, dachte ich.

Wenn ich in seine kalten blauen Augen blickte, sah ich den Tod. Und ich wollte so gern leben! Ich wollte auf immer mit Milton zusammen sein, wollte das Leben genießen, das er geschildert hatte, heimkehren nach England, Kinder haben. Das war mir nie so klargewesen wie jetzt.

Vielleicht konnte ich ihn rufen. Mein ganzes Sein suchte ihn zu erreichen. Er mußte spüren, daß ich in Gefahr war. Milton, Milton, wo bist du? Milton... lautlos rief ich ihn herbei. Ich klammerte mich ans Leben. Jede Minute war kostbar.

Dieser Mann wirkte kalt und entschlossen. Er genoß die Szene zu sehr, um sie zu einem raschen Abschluß zu bringen. Vielleicht konnte ich ihn ununterbrochen am Sprechen halten...

»Sie haben versprochen, mir alles genau zu erklären«, begann ich.

»Ja?«

»Was ist das Geheimnis der Insel? Warum darf niemand wissen, daß sie dort auf dem Meeresgrund liegt?«

»Das will ich Ihnen sagen. Mein Urgroßvater, Ann Alices Geliebter, kam auf der Suche nach der Insel hierher. Er hat sie nicht gefunden, aber ihn packte das Goldgräberfieber. Gold, Sie erinnern sich. Auf der Insel gab es überall Gold. Er war vom Gold wie besessen... und fand es in Australien. Er brachte es zu bescheidenem Wohlstand, heiratete später und hatte einen Sohn, meinen Großvater, der in seines Vaters Fußstapfen trat. Aber eine Goldmine ist keine unerschöpfliche Grube. Das Gold geht zu Ende, der Wohlstand schwindet. Mein Großvater war nicht mehr jung, als er sich auf die Suche nach der Insel machte. Sie zu finden war in meiner Familie zur fixen Idee geworden... genau wie bei Ihrem Bruder und Ihnen.«

»Und weiter?« Ich sah mich nach einem Fluchtweg um. Konnte ich aus diesem Raum gelangen? Wo konnte ich mich verstecken? Ich nehme an, in Augenblicken großer Gefahr werden die Sinne schärfer. Meine Ohren horchten angestrengt. Bildete ich mir ein, eine Bewegung zu vernehmen... etwas da draußen...? Vertieft in seine Geschichte erzählte er weiter. »Mein Großvater kaufte diese Insel, um in der Nähe zu sein, wo er die andere vermutete. Es wurde sein Lebenszweck, die Insel zu finden. Und er fand sie. Er schickte Taucher hinunter. Und es gab wirklich Gold. Es schien unerschöpflich. Seit fünfzig Jahren holen wir nun das Gold herauf.«

»Deshalb sind Sie einer der wenigen erfolgreichen Goldgräber Australiens. Das Gold kommt von der Insel.«

Er nickte.

»Es gehört Ihnen aber nicht!«

Er zuckte die Achseln. »Wir mögen es nicht, wenn die Leute sich in unsere Angelegenheiten einmischen.«

»Damit niemand versucht, einen Anteil an dem Gold zu ergattern? Gehört es etwa Ihnen? Ich glaube nicht... nach dem Gesetz...«

»Es gehört meiner Familie«, sagte er bestimmt. »Und es wird in meiner Familie bleiben. Deswegen können wir keine gerissenen kleinen Spione gebrauchen.«

»Jetzt wird mir einiges klar.«

»Es ist klar und logisch, das müssen Sie zugeben.«

Ich blinzelte. Durchs Fenster sah ich ein Schiff sich der Insel nähern. Ich unterdrückte meinen Jubel. Er konnte von seinem Platz aus nicht aus dem Fenster sehen. Nur mußte ich weiterreden, mußte seine Aufmerksamkeit unentwegt auf mich lenken.

Aber seine Leute hatten das Schiff sicher gesehen. Wie viele Menschen waren außer Magnus Perrensen und John Everton noch auf der Insel? Die Taucher, mutmaßte ich, die nötig waren, um das Gold heraufzuholen, und die Dienstboten.

Ich sagte: »Und wenn ich Ihnen anbiete, fortzugehen und nichts von der Insel zu erzählen?«

»Wieso sollte ich Ihnen trauen?«

»Wenn ich Ihnen mein Wort gebe?«

»Und Ihr Bruder?«

»Er ist tot. Ich kann ihn nicht wieder lebendig machen.«

»Ich mag keine Gewalt«, wandte er ein.

»Wirklich? Sie überraschen mich.«

»Ihr Bruder hat keinen gewaltsamen Tod gefunden. Er wollte hinuntertauchen. Ich ließ ihn hinab und habe einfach die Seile gekappt. Wir haben ihn unten gelassen. Es war ganz leicht.«

»Und das haben Sie auch mit mir vor?«

»Ich wollte, Sie hätten ausgetrunken. Das hätte die Angelegenheit erleichtert.«

»Ich wäre eingeschlafen, und Sie hätten mich einfach hintergekippt. Ja, das wäre rasch und einfach gewesen.«

»Warum trinken Sie jetzt nicht aus?«

»Es ist nicht leicht, auf seinen eigenen Tod zu trinken.«

»Es muß sein, das wissen Sie genau.«

Vernahm ich das Geräusch eines Bootes auf dem Sand?

»Nichts ist gewiß«, sagte ich.

»Dies muß sein. Seit Sie das erste Mal hier waren, habe ich mir darüber Gedanken gemacht. Vielleicht hätte es damals gleich geschehen sollen. Aber Sie hatten die Karte – das hatten Sie mir erzählt –, und ich wollte nicht, daß man die Karte fand.«

»Dann haben Sie sie also aus meinem Zimmer entwendet. Aber wie?«

»Das spielt keine Rolle. Es gibt jetzt keine Karte mehr ... und bald wird es niemanden mehr geben, der sich für die Insel interessiert.«

Von draußen hörte ich einen Schrei. Ich sprang auf und lief an die Fenstertür, riß sie auf und war draußen, bevor er mich erwischte.

Milton kam den Strand herauf, und er war nicht allein, weitere Männer kletterten aus dem Boot.

»Milton!« schrie ich. »Milton!«

Ich lief auf ihn zu, und er fing mich in seinen Armen auf. Er lachte vor Erleichterung.

Ich war in Sicherheit – wie ich es bei ihm immer sein würde.

Er brachte mich auf die Plantage. Raymond war bereits dort mit Felicity, Magda und George.

Inzwischen erfuhr ich die ganze Geschichte: Milton war gerade rechtzeitig gekommen.

Sobald er mich am Morgen verlassen hatte, nahm er sich Maria vor. Er hatte den Verdacht, daß sie die Karte entwendet und die Tabletten in die Milch getan hatte. Er hatte sie so drangsaliert und bedroht und ihr solche Angst eingejagt, bis er die Wahrheit aus ihr herausbrachte.

Ja, sie hatte die Karte entwendet, sie hatte gedacht, es wäre bloß ein wertloses Stück altes Papier, nichts Kostbares wie Schmuck oder Geld. Sie hatte auch die Tabletten in die Milch getan. Es war ja nur, damit Miss Mallory gut schlief.

Warum sie es getan hatte? Weil Mr. Everton ihr Geld dafür versprochen hatte. Aber es war schiefgegangen: Miss Mallory hatte die Milch nicht getrunken; sie hatte sie verschüttet und auf dem Tisch gelassen. Darum hatte Maria kein Geld dafür bekommen... bloß für die Karte.

Magda hatte Milton aus dem Hotel kommen sehen. Maria und sie hatten ihm erzählt, daß sie mich mit John Everton in einem Boot davonfahren sahen.

Das genügte. Milton wußte nun, daß ich mich in akuter Gefahr befand – man hatte letzte Nacht bereits versucht, mich zu töten –, und war auf der Stelle zu der Insel aufgebrochen. Dazu hatte er eine Gruppe Männer mitgenommen, deren Aufgabe es war, auf den Inseln für Recht und Ordnung zu sorgen.

Während des Verhörs durfte niemand die Löweninsel verlassen. Ich wußte nicht, wie die gesetzliche Regelung hinsichtlich der Ausbeutung des Goldes lautete, aber die Ermordung meines Bruders mußte geahndet werden. Unterdessen, meinte Milton, bedürfe ich besonderer Fürsorge, und die werde er mir zukommen lassen. Und das beste Mittel – die einzige Art und Weise, wie er dies wirkungsvoll bewerkstelligen könne – sei, mich auf der Stelle zu heiraten.

Ich hatte unterdessen mit Raymond gesprochen. Er verstand. Wann hatte Raymond jemals nicht verstanden? »Ich sah, wie es um euch stand, in dem Augenblick, als ich hier ankam«, sagte er.

»Raymond, es tut mir so leid. Du warst so gut zu mir.«

»Ich möchte, daß du glücklich bist. Das ist das Wichtigste.«

»Nein. Es ist ebenso wichtig, daß du glücklich wirst. Niemand verdient das mehr als du.«

»Wird schon werden. Er ist der Richtige für dich. Ich bin nicht so abenteuerlustig wie er, nicht so bestimmend, so energisch.«

»Ich liebe ihn«, sagte ich frei heraus. »Ohne ihn könnte ich nicht glücklich werden.«

»Ich weiß. Also werde glücklich mit ihm.«

»Und du?«

»Ich kehre mit Felicity nach England zurück.«

»Paß gut auf sie auf.«

»Bestimmt«, versprach er.

Und ich wußte, er würde sein Versprechen halten.

Viel mehr gibt es nicht zu berichten. Ich war weit gereist, seit ich von England aufbrach – und ich meine nicht die räumliche Entfernung. Ich hatte mit der Vergangenheit Schluß gemacht und hatte einiges vom Leben gelernt. Oft dachte ich, wenn ich mich nicht auf diese Reise begeben hätte, so hätte ich friedlich in England gelebt, hätte geheiratet, Kinder bekommen... es behaglich gehabt, wäre vielleicht auch glücklich geworden. Aber ich hatte mich losgerissen, hatte Höhen und Tiefen erlebt. Doch was ich auch durchgemacht habe, ich werde immer daran denken, daß ich dadurch Milton gewann. So spielt das Leben. Es verläuft nicht immer glatt und eben. Man muß etwas riskieren, um den großen Preis zu erringen.

Heute bin ich mit Milton Hemming verheiratet. Raymond und Felicity sind nach England abgereist, und ich bin fest überzeugt, daß sie über kurz oder lang heiraten werden. Magda ist jetzt George Callerbys Frau, und wir sind die besten Freundinnen.

Eines Tages werden wir nach England zurückkehren. Es wird wunderbar sein, Granny M. und Jan wiederzusehen.

Milton erinnerte mich neulich daran, wie kühl und förmlich ich anfangs zu ihm war. »Ich prophezeite dir, eines Tages würdest du zu mir sagen, ›ich liebe Sie, Mr. Hemming‹. Du hast es bis jetzt nie gesagt.«

»Aber es ist wahr.«

»Bald werden wir hier alles zurücklassen. Wir kehren heim. Nachdem du mich nun fest an der Angel hast, schätze ich, daß das dein nächstes Ziel ist.«

»Ich freue mich schon auf England, Mr. Hemming, aber Heimat ist für mich, wo du bist.«

Er schien mit der Bemerkung sehr zufrieden.